DIREITO PENAL MILITAR

MARCELO UZEDA DE FARIA

DIREITO PENAL MILITAR

6.ª edição
revista, ampliada
e atualizada

coleção
SINOPSES
para **concursos**

Coordenação
Leonardo de Medeiros Garcia

26

2019

EDITORA *Jus*PODIVM
www.editorajuspodivm.com.br

EDITORA *Jus*PODIVM

www.editorajuspodivm.com.br

Rua Território Rio Branco, 87 – Pituba – CEP: 41830-530 – Salvador – Bahia

Tel: (71) 3045.9051

• Contato: https://www.editorajuspodivm.com.br/sac

Diagramação: Cendi Coelho (*cendicoelho@gmail.com*)

Capa: Ana Caquetti

ISBN: 978-85-442-2924-8

Dedico este livro a Deus.
"Bendize, ó minha alma, ao Senhor,
e tudo que há em mim
bendiga ao seu santo nome.
Bendize, ó minha alma, ao Senhor
e não te esqueças de nem um
só de seus benefícios".
(Salmos 103.1 e 2)

A Keila, minha amada esposa, com quem decidi, há mais de duas décadas, compartilhar a vida, os sonhos, as lutas e as alegrias.

"Mulher virtuosa, quem a achará?
O seu valor muito excede o de finas joias" (Provérbios 31.10).

A Kassia, minha linda primogênita, que sempre me enche de orgulho.

"Herança do SENHOR são os filhos; o fruto do ventre, seu galardão" (Salmo 124.3).

A Klarisse, minha pequena guerreira, meu milagre, a prova viva do amor de Deus.

"Sabemos que todas as coisas cooperam para o bem daqueles que amam a Deus, daqueles que são chamados segundo o seu propósito" (Romanos 8.28).

À memória de Karine, minha princesinha generosa. Na certeza de que em breve nos reencontraremos na glória vindoura.

"Ó profundidade da riqueza, tanto da sabedoria como do conhecimento de Deus! Quão insondáveis são os seus juízos, e quão inescrutáveis, os seus caminhos! Quem, pois, conheceu a mente do Senhor? Ou quem foi o seu conselheiro? Ou quem primeiro deu a ele para que lhe venha a ser restituído? Porque dele, e por meio dele, e para ele são todas as coisas. A ele, pois, a glória eternamente. Amém!" (Romanos 11.33 a 36).

Coleção Sinopses para Concursos

A *Coleção Sinopses para Concursos* tem por finalidade a preparação para concursos públicos de modo prático, sistematizado e objetivo.

Foram separadas as principais matérias constantes nos editais e chamados professores especializados em preparação de concursos a fim de elaborarem, de forma didática, o material necessário para a aprovação em concursos.

Diferentemente de outras sinopses/resumos, preocupamo-nos em apresentar ao leitor o entendimento do STF e do STJ sobre os principais pontos, além de abordar temas tratados em manuais e livros mais densos. Assim, ao mesmo tempo em que o leitor encontrará um livro sistematizado e objetivo, também terá acesso a temas atuais e entendimentos jurisprudenciais.

Dentro da metodologia que entendemos ser a mais apropriada para a preparação nas provas, demos destaques (em outra cor) às palavras-chaves, de modo a facilitar não somente a visualização, mas, sobretudo, a compreensão do que é mais importante dentro de cada matéria.

Quadros sinóticos, tabelas comparativas, esquemas e gráficos são uma constante da coleção, aumentando a compreensão e a memorização do leitor.

Contemplamos também questões das principais organizadoras de concursos do país, como forma de mostrar ao leitor como o assunto foi cobrado em provas. Atualmente, essa "casadinha" é fundamental: conhecimento sistematizado da matéria e como foi a sua abordagem nos concursos.

Esperamos que goste de mais esta inovação que a Editora Juspodivm apresenta.

Nosso objetivo é sempre o mesmo: otimizar o estudo para que você consiga a aprovação desejada.

Bons estudos!

LEONARDO DE MEDEIROS GARCIA
leonardo@leonardogarcia.com.br
www.leonardogarcia.com.br

Guia de leitura da Coleção

A Coleção foi elaborada com a metodologia que entendemos ser a mais apropriada para a preparação de concursos.

Neste contexto, a Coleção contempla:

- **Doutrina otimizada para concursos**

Além de cada autor abordar, de maneira sistematizada, os assuntos triviais sobre cada matéria, são contemplados temas atuais, de suma importância para uma boa preparação para as provas.

> Muitos dos conceitos do nosso Direito Administrativo foram concebidos ainda no período do **Estado Liberal**. Outra parte desse ramo jurídico foi concebida durante o **Estado Social**. A concepção democrática, hoje pretendida, exige a acomodação dos conceitos e normas tradicionais ao novo paradigma constitucional (**Estado Democrático de Direito**), impondo uma *"outra qualidade de Estado"*.
>
> Perceber essa mutação no direito administrativo é um diferencial que auxilia no estudo da matéria e no desenvolvimento do jurista, sendo importante para a compreensão de algumas questões objetivas, além de essencial para questões suscitadas em provas subjetivas e orais, pelas melhores bancas.

- **Entendimentos do STF e STJ sobre os principais pontos**

> Segundo precedente do STF, é compatível com o princípio da impessoalidade, dispositivo de Constituição Estadual que vede ao Estado e aos Municípios atribuir nome de pessoa viva a avenida, praça, rua, logradouro, ponte, reservatório de água, viaduto, praça de esporte, biblioteca, hospital, maternidade, edifício público, auditórios, cidades e salas de aula (STF, ADI 307/CE, rel. Min. Eros Grau, 13.2.2008).

- **Palavras-chaves em outra cor**

As palavras mais importantes (palavras-chaves) são colocadas em outra cor para que o leitor consiga visualizá-las e memorizá-las mais facilmente.

> **Cargo** é o local criado por lei dentro do serviço público que possui atribuições, nomenclatura e remuneração próprias.
>
> O cargo público, por sua vez, subdivide-se em **cargo efetivo e em comissão.**

- **Questões de concursos no decorrer do texto**

Por meio da seção **"Como esse assunto foi cobrado em concurso?"** é apresentado ao leitor como as principais organizadoras de concurso do país cobram o assunto nas provas.

> ▸ **Como esse assunto foi cobrado em concurso?**
>
> No concurso para provimento do cargo de Procurador do Estado do Ceará-2008, foi considerada incorreta a seguinte assertiva: *Ao criar uma autarquia, a administração pública apenas transfere a ela a execução de determinado serviço público, permanecendo com a titularidade desse serviço.*

Apresentação à 6.ª Edição

Há alguns anos, fui desafiado por meu amigo Professor João Mendes, coordenador do Curso Ênfase, a ministrar aulas de Direito Penal Militar numa turma preparatória para o concurso do cargo de Defensor Público Federal. Daquele desafio, que, felizmente, acabou dando muito certo, nasceu a ideia de escrever um livro, que chega agora à sua sexta edição, revista, ampliada e atualizada de acordo com a Lei n. 13.491 de 13 de outubro de 2017, que promoveu importantes modificações no conceito do crime militar impróprio em tempo de paz.

A obra mantém-se fiel ao seu objetivo dentro da coleção "Sinopses para concursos", com texto enxuto, jurisprudência atualizada e muitas questões de concursos no anexo. Alguns tópicos foram reescritos e outros novos foram acrescentados, sempre buscando expor da melhor forma ao leitor a medida certa do conteúdo que ele precisa para lograr êxito nessa empreitada tão árdua, que é a preparação e a aprovação para a carreira desejada.

Assim, é com muita alegria que apresento esta nova edição do livro "Direito Penal Militar", desejando sinceramente que você tenha uma excelente experiência de leitura.

Rio de Janeiro, julho de 2019.

MARCELO UZEDA DE FARIA

Prefácio

Talvez eu não consiga mensurar o tamanho da responsabilidade em fazer o prefácio desta edição do livro do Professor Marcelo Uzeda. Da mesma forma, não consigo mensurar o tamanho da alegria em receber este honroso convite.

Marcelo Uzeda faz parte de um seleto grupo de pensadores e operadores do Direito que estão sempre em busca da evolução do pensamento, sobretudo o pensamento crítico, sempre calcados nos princípios e nos valores constitucionais impostos pelo Estado Democrático de Direito. E isso tudo torna este livro uma obra de muita qualidade.

Contudo, isso não é o bastante. O Professor Marcelo Uzeda foi, durante muitos anos, membro das Forças Armadas, integrando a Marinha do Brasil, Instituição em que deixou registrado um brilhante período de dedicação, sempre admirado pelos companheiros de farda.

Toda essa experiência adquirida na Marinha foi depositada nesta obra, de forma que ela reúne a parte teórica e a parte prática do Direito Penal Militar. A soma desses dois fatores, aliados ao profissional destacado que é, torna o Professor Marcelo Uzeda referência no tema.

Tenho a absoluta certeza de que se trata de obra de leitura e de consulta obrigatória para todos os estudiosos e operadores do Direito Penal Militar.

Gabriel Habib

Mestre em Ciências Jurídico-Criminais pela Faculdade de Direito da Universidade de Lisboa.

Pós-graduado em Direito Penal Econômico pelo Instituto de Direito Penal Econômico e Europeu da Faculdade de Direito da Universidade de Coimbra.

Professor da pós-graduação da FGV – Fundação Getúlio Vargas.

Professor da pós-graduação da PUC-RJ.

Professor da pós-graduação do IBMEC.

Professor da pós-graduação da Universidade Cândido Mendes.

Professor da pós-graduação da FESMP/MG – Fundação Escola Superior do Ministério Público de Minas Gerais.

Professor da pós-graduação do Instituto de Educação e Pesquisa – IEP do Ministério

Público do Estado do Rio de Janeiro.

Professor da EMERJ – Escola da Magistratura do Estado do Rio de Janeiro.

Defensor Público Federal.

Prefácio

Marcelo Uzeda de Faria é Graduado em Ciências Navais pela Escola Naval (1993) e em Ciências Jurídicas pela Universidade do Estado do Rio de Janeiro – UERJ (2004) e atualmente Defensor Público Federal de 1ª Categoria. Foi militar por mais de 11 anos, tendo chegado ao Posto de Primeiro Tenente do Corpo de Fuzileiros Navais.

Unindo as duas experiências, de militar e de defensor público, a obra de sua lavra, que ora chega à sexta edição (revista, ampliada e atualizada), é voltada para a preparação em concursos públicos, mas também possui excelente serventia para a prática do operador do Direito na seara militar. Seu conteúdo, ainda que apresentado dentro de toda uma sistemática, é prático e sua linguagem é fácil e fluente, mantendo o foco em questões extremamente importantes e atuais.

O leitor atento e tenaz no estudo do presente livro terá bom êxito em sua empreitada.

Tenha uma boa leitura e um profícuo estudo!

MARCELO ELIZIÁRIO VIDAL
Pastor da Igreja Presbiteriana do Brasil

Sumário

Capítulo I

Direito Penal Militar: conceito e princípios

1. CONCEITO

O Direito Penal Militar é o **ramo especializado do Direito Penal** que estabelece as regras jurídicas vinculadas à **proteção das instituições militares** e ao cumprimento de sua destinação constitucional.

Conforme dispõe o artigo 142 da Constituição da República, "as Forças Armadas, constituídas pela Marinha, pelo Exército e pela Aeronáutica, são **instituições nacionais permanentes e regulares**, organizadas com base na **hierarquia e na disciplina**, sob a **autoridade** suprema do Presidente da República, e **destinam-se à defesa da Pátria**, à **garantia dos poderes constitucionais** e, por iniciativa de qualquer destes, **da lei e da ordem**".

Referindo-se às Polícias Militares e aos Corpos de Bombeiros Militares, dispõe o artigo 42 da Carta Magna que são **instituições organizadas com base na hierarquia e disciplina** e que **seus membros são militares** dos Estados, do Distrito Federal e dos Territórios.

A especialidade do Direito Penal Militar decorre da natureza dos bens jurídicos tutelados, mormente a **autoridade, a disciplina, a hierarquia, o serviço, a função e o dever militar**, que podem ser resumidos na expressão "**regularidade das instituições militares**".

A tutela dos bens jurídicos supracitados pode dar-se de forma direta ou indireta, daí o Código Penal Castrense tipificar os crimes militares próprios e os crimes impropriamente militares.

Em razão da especialidade da matéria, o Constituinte definiu a competência da **Justiça Militar da União** para **processar e julgar os crimes militares definidos em lei** (art. 124), bem como a da **Justiça**

Militar estadual para **processar e julgar os militares dos Estados, nos crimes militares definidos em lei, ressalvada a competência do júri quando a vítima for civil** (art. 125, §4º).

Em conclusão, pode-se afirmar que o Direito Penal Militar é **especial (*ius singulare*) e não excepcional (*ius privilegium*),** o que decorre de uma escolha política do texto constitucional, tendo em consideração a natureza eminentemente política das corporações a que se refere.

2. PRINCÍPIO DA LEGALIDADE (OU DA RESERVA LEGAL) E DA ANTERIORIDADE

Nos termos do artigo 5º, XXXIX, Constituição de 1988 e do artigo 1º do Código Penal Militar (Decreto-lei nº 1001/1969), "não há crime sem lei anterior que o defina, nem pena sem prévia cominação legal".

Historicamente, é sabido que o Princípio da Legalidade nasceu da necessidade de limitar-se o poder sancionador do Estado, de forma que o acusado soubesse exatamente quando e porque seria a ele imposta uma sanção penal **(Tipicidade)**. Tal garantia foi efetivada com a determinação de que a conduta incriminada estivesse previamente definida em lei (**Princípio da Anterioridade**).

O enunciado do **princípio da legalidade** diz respeito não só à incriminação de condutas, mas também à cominação das **respostas penais - penas e medidas de segurança**.

No Brasil, é pacífico o entendimento de que apenas a lei em sentido formal pode incriminar condutas (**Reserva legal**), tratando-se de competência privativa da União (art. 22, I, CR/88). Nessa linha, o Supremo Tribunal Federal já havia se manifestado no sentido de que medidas provisórias não podem incriminar condutas. A **Emenda Constitucional nº 32/2001** trouxe vedação expressa ao tema no **art. 62, §1º, I, b, CR/88.**

Convém lembrar que nada impede a edição de Medidas provisórias a fim de tratar de matéria penal, desde que seja para dar tratamento mais benéfico ao acusado, como, aliás, tem ocorrido nos últimos anos, a exemplo da MP nº 417/2008, que alterou a Lei 10826/2003 - Estatuto de Desarmamento (criando, segundo entendimento de parte da doutrina, uma hipótese de abolitio criminis **temporária,** ao conceder novo prazo para regularização ou entrega de armas) e da MP nº 107/2003, posteriormente convertida na Lei nº 10684/2003 (que trouxe em seu art. 9º causas de **suspensão da pretensão punitiva** em caso de parcelamento e de **extinção da punibilidade** com o pagamento integral do débito).

O Princípio da Legalidade também se desdobra na exigência da **Taxatividade**, a qual impõe que a lei penal deve ser certa, não se admitindo descrições vagas e imprecisas da conduta proibida. Em regra, os tipos penais devem ser fechados, admitindo-se excepcionalmente a existência de **tipos penais abertos**, quando é impossível ao legislador fazer uma descrição exaustiva da conduta proibida, como ocorre nos **crimes culposos (art. 33, II, CPM) e nos crimes omissivos impróprios (art. 29, §2º, CPM).**

Ademais, em caso de lacunas, é vedado o emprego de analogia para criar tipos penais ou para agravar situações (analogia *in malam partem*).

Todavia, há situações em que a regulação jurídico-penal de determinadas matérias é altamente condicionada por fatores histórico-culturais, o que exige uma atividade normativa constante e variável, daí utilizar-se o modelo legislativo denominado "lei penal em branco".

Entende-se por **lei penal em branco** ou **primariamente remetida** aquela em que a descrição da conduta punível (preceito primário) apresenta-se incompleta ou lacunosa, carecendo de outro ato normativo para sua integração ou complementação, através de um procedimento de remissão ou reenvio. O comportamento prescrito vem apenas enunciado, sendo a parte integradora elemento indispensável à conformação da tipicidade penal.

Feita a integração, o ato normativo complementar (legislativo ou administrativo), que, de regra, tem natureza extrapenal, passa a pertencer, para todos os efeitos, à norma penal.

Segundo orientação dominante da doutrina, para não haver ofensa ao princípio da legalidade, a lei penal em branco deve **prever o núcleo essencial da conduta** e, além disso, **a previsão imperativa deve fixar com transparência os precisos limites de sua integração por outro dispositivo legal**, já que o caráter delitivo da conduta só pode ser delimitado pelo poder competente (legislativo), sob pena de ferir a absoluta reserva de lei exigida pela matéria e incorrer em inconstitucionalidade.

Classificam-se **as normas penais em branco, de acordo com a fonte legislativa do complemento, em HOMOGÊNEAS (em sentido amplo ou impróprias), quando** o complemento é oriundo da mesma fonte legislativa que editou a norma principal (lei complementa lei) e em **HETEROGÊNEAS (em sentido estrito ou próprias)**, se o complemento é oriundo de fonte diversa daquela que editou a norma principal (regulamento, decreto, portaria - de grau hierárquico inferior - exemplo: art. 290, CPM).

De acordo com a jurisprudência do Supremo Tribunal Federal, "o art. 290 do Código Penal Militar, assim como o art. 33 da Lei nº 11.343/06, é uma norma penal em branco, cujo preceito primário necessita de complementação por outra disposição legal ou regulamentar. Essa disposição regulamentar é a Portaria nº 344/98 da Secretaria da Vigilância Sanitária/Ministério da Saúde, que contém a lista das substâncias entorpecentes de uso proscrito no Brasil, dentre elas o THC (tetrahidrocanabinol), aplicável tanto ao Código Penal Militar quanto à Lei nº 11.343/06. A Portaria SVS/MS nº 344/98 se aplica diretamente ao Código Penal Militar, por se tratar do ato normativo geral que dispõe sobre substâncias entorpecentes, sem necessidade de intermediação da Lei nº 11.343/06". (HC 128894, Relator(a): Min. DIAS TOFFOLI, Segunda Turma, julgado em 23/08/2016, PROCESSO ELETRÔNICO DJe-207 DIVULG 27-09-2016 PUBLIC 28-09-2016)

Não se deve confundir a norma penal em branco com a **lei penal incompleta** (ou imperfeita ou secundariamente remetida), que prevê somente a hipótese fática (preceito incriminador), estando o preceito secundário (sanção penal) em outro dispositivo da própria lei ou em diferente texto legal.

Como exemplo de lei penal incompleta, pode-se apontar o **artigo 315, do CPM**, que prevê o crime de uso de documento falso, definido como fazer uso de qualquer dos documentos falsificados ou alterados por outrem, a que se referem os artigos anteriores, tendo como pena aquela cominada à falsificação ou à alteração. Aliás, o exemplo serve também para norma penal em branco homogênea.

3. PRINCÍPIO DA INTERVENÇÃO MÍNIMA (OU DA ULTIMA RATIO OU DA SUBSIDIARIEDADE)

De acordo com o Princípio da Intervenção Mínima, a atuação do Direito Penal deve-se restringir à proteção dos bens jurídicos mais importantes e necessários à vida em sociedade. Portanto, o Direito Penal só intervirá naqueles casos de ataques muito graves aos bens jurídicos mais importantes.

Assim, somente quando se verificar que as demais áreas do Direito se revelam incapazes de proteger devidamente os interesses mais importantes para a sociedade, o Direito Penal deve intervir, evidenciando o seu caráter subsidiário de proteção aos bens jurídicos.

Convém observar que a Constituição da República, em seu artigo 142, dispõe que as Forças Armadas são instituições organizadas com base na **hierarquia e na disciplina** e destinam-se à **defesa da Pátria, à garantia dos poderes constitucionais e, por iniciativa de qualquer destes, da lei e da ordem**.

Logo, na esfera penal militar, é importante a identificação de alguns bens jurídicos especialmente protegidos (por exemplo, **a hierarquia, a disciplina, o dever e o serviço militares**), que não encontram correspondência no Direito Penal Comum **e que dão peculiar alcance ao princípio da subsidiariedade.**

Quanto ao tema, é firme a orientação do STM:

> A conduta prevista no art. 187 do CPM caracteriza crime militar. Esta tipificação não ofende os princípios da proporcionalidade, da fragmentariedade e da intervenção mínima. As transgressões disciplinares previstas nos itens 26 e 28, ambos do Anexo I do Regulamento Disciplinar do Exército, ofendem o bem jurídico em menor gravidade e não se estendem ao período previsto para o crime de deserção. Para situações mais graves, é o Direito Penal Militar que deve ser aplicado, como ultima ratio. (APELAÇÃO nº 0000087-51.2016.7.05.0005/PR Decisão: 23/02/2017).

4. PRINCÍPIO DA LESIVIDADE (OFENSIVIDADE)

O Princípio da Ofensividade determina que somente podem sofrer a incidência da Lei Penal as condutas que afetem gravemente direitos de terceiros. À luz do referido princípio, **proíbe-se a incriminação** de **atitudes internas** (pensamentos e sentimentos), bem como de condutas que **não excedam ao âmbito** do próprio **autor** (autolesão; atos preparatórios; crime impossível).

É vedada também **a incriminação** de simples **estados existenciais**. Nessa linha, entende-se que a figura do "criminoso habitual ou por tendência", prevista no artigo 78, do Código Penal Militar, não teria sido recepcionada pela Constituição de 1988.

Por fim, proíbe-se a incriminação de **condutas desviadas** ou **moralmente reprováveis**, mas que **não afetem qualquer bem jurídico** de terceiro, já que o movimento de secularização fez separação entre Direito e Moral.

No ponto, mais uma vez, salienta-se a existência de valores importantes à vida na caserna, como a honra, a disciplina, os bons costumes e o pundonor militar. Daí tentar-se explicar, por exemplo, a tipificação do crime de pederastia ou outro ato de libidinagem no artigo 235, do Código Penal Castrense, como crime propriamente militar, que protege a regularidade das Forças Armadas, imprescindível para a defesa da Pátria, da garantia dos poderes constitucionais, da lei e da ordem.

De acordo com o STM, "atos libidinosos praticados no interior de uma Organização Militar não condizem com o *modus vivendi* do aquartelamento. Tal atitude está na contramão dos princípios éticos e morais que norteiam a vida na caserna" (EMBARGOS nº 0000007-46.2013.7.03.0103/DF DJE 17/09/2014).

Afirma a Corte Castrense que a norma contida no art. 235 do CPM não tutela a liberdade sexual do indivíduo, mas a disciplina dentro do quartel e a Administração Militar. Consoante já decidiu o STF, não existe inconstitucionalidade no referido dispositivo penal castrense, pois a inviolabilidade da intimidade não é direito absoluto a ser utilizado como garantia à permissão da prática de crimes sexuais (HC nº 79.285/RJ).

Quanto ao tema, o Plenário do Supremo Tribunal Federal, ao julgar a ADPF nº 291/DF, por maioria, declarou que as expressões "pederastia ou outro" — mencionada na rubrica enunciativa referente ao art. 235 do CPM — e "homossexual ou não" — contida no aludido dispositivo

— não foram recepcionadas pela Constituição e considerou que os preceitos tidos como violados possuiriam caráter inequivocamente fundamental (CF, artigos 1º, III e V; 3º, I e IV; e 5º, "caput", I, III, X e XLI).

No mérito, a Corte fez um paralelo entre as condutas do art. 233 do CP (ato obsceno) e 235 do CPM. Na norma penal comum, o bem jurídico protegido seria o poder público. Na norma penal militar, por outro lado, o bem seria a administração militar, tendo em conta a disciplina e a hierarquia, princípios estes com embasamento constitucional (CF, artigos 42 e 142). Assim, haveria diferenças não discriminatórias entre a vida civil e a vida da caserna, marcada por valores que não seriam usualmente exigidos, de modo cogente e imperativo, aos civis. Por essa razão, a tutela penal do bem jurídico protegido pelo art. 235 do CPM deveria se manter.

Acresceu, entretanto, que o aludido dispositivo, embora pudesse ser aplicado a heterossexuais e a homossexuais, homens e mulheres, teria o viés de promover discriminação em desfavor dos homossexuais, o que seria inconstitucional, haja vista a violação dos princípios da dignidade humana e da igualdade, bem assim a vedação à discriminação odiosa. Desse modo, a lei não poderia se utilizar de expressões pejorativas e discriminatórias, considerado o reconhecimento do direito à liberdade de orientação sexual como liberdade essencial do indivíduo.

Com a devida vênia da posição majoritária da Corte Suprema, em razão do caráter subsidiário do Direito Penal, entendo que a questão deveria ser tratada apenas na esfera disciplinar, evitando-se a incriminação de uma conduta despida de qualquer relevância penal.

Ademais, a comparação com o crime do artigo 233 do Código Penal, a meu ver, foi extremamente infeliz, pois, neste último, o ato obsceno deve ser praticado em lugar público, ou aberto ou exposto ao público. E, pelo visto, o STF esqueceu que o artigo 238 do próprio Código Penal Militar já prevê o delito de ato obsceno[1], daí a desnecessidade de fazer o paralelo com o Código Penal comum.

1. Art. 238. Praticar ato obsceno em lugar sujeito à administração militar: Pena – detenção de três meses a um ano. Parágrafo único. A pena é agravada, se o fato é praticado por militar em serviço ou por oficial.

5. PRINCÍPIO DA ADEQUAÇÃO SOCIAL

O Princípio da Adequação Social visa **precipuamente ao legislador**, orientando-o na escolha de condutas a serem proibidas ou impostas, bem como na revogação de tipos penais (*abolitio criminis*).

De outro lado, a adequação social serve como um princípio interpretativo da norma penal. Assim, apesar de uma conduta se subsumir ao modelo legal, o juiz pode não considerá-la típica se for socialmente adequada, conforme a ordem social historicamente condicionada.

Relacionado ao tema, merece especial atenção o delito previsto no artigo 204, do Código Penal Militar, de **exercício de comércio por oficial**, o qual, segundo parte da doutrina, deveria ser abolido, deixando-se a repressão a cargo dos regulamentos disciplinares.

6. PRINCÍPIO DA FRAGMENTARIEDADE

O caráter fragmentário do Direito Penal é a **consequência** da adoção dos princípios da **intervenção mínima, da lesividade e da adequação social**.

Informa o Princípio da Fragmentariedade que, de toda a sorte de condutas vedadas ou impostas e de bens protegidos pelo ordenamento jurídico, o Direito Penal somente se ocupa de pequenos fragmentos.

Nesse campo, com muito mais razão, o Direito Penal Militar, por ser ramo especial do Direito Penal, deve incidir de forma ainda mais restrita, critério importante a ser observado na identificação dos crimes impropriamente militares.

7. PRINCÍPIO DA INSIGNIFICÂNCIA (BAGATELA)

O legislador seleciona os direitos mais importantes para a vida em sociedade, elevando-os à categoria de bens jurídicos e, para tutelá-los, enuncia uma norma, a qual se concretiza em um tipo penal.

Assim, a **tipicidade penal requer que a conduta**, além de enquadrar-se no tipo legal, **viole a norma de proteção e afete o bem jurídico**. Não se concebe, portanto, a existência de conduta típica que não afete bem jurídico, pois que os tipos penais nada mais são que manifestações de tutela jurídica destes bens.

Haverá tipicidade **material** quando **a conduta for ofensiva a bens de relevo para o Direito Penal,** ficando afastados aqueles considerados inexpressivos.

Segundo a jurisprudência do Supremo Tribunal Federal, para se caracterizar hipótese de aplicação do denominado "princípio da insignificância" e, assim, afastar a recriminação penal, é indispensável que a conduta do agente seja marcada por ofensividade mínima ao bem jurídico tutelado, reduzido grau de reprovabilidade, inexpressividade da lesão e nenhuma periculosidade social.

Nesse sentido, a aferição da insignificância como requisito negativo da tipicidade envolve um juízo de tipicidade conglobante, muito mais abrangente que a simples expressão do resultado da conduta. Importa investigar o desvalor da ação criminosa em seu sentido amplo, de modo a impedir que, a pretexto da insignificância apenas do resultado material, acabe desvirtuado o objetivo a que visou o legislador quando formulou a tipificação legal. Assim, há de se considerar que "a insignificância só pode surgir à luz da finalidade geral que dá sentido à ordem normativa" (Zaffaroni), levando em conta também que o próprio legislador já considerou hipóteses de irrelevância penal, por ele erigidas, não para excluir a tipicidade, mas para mitigar a pena ou a persecução penal.

Num juízo de tipicidade conglobante, que envolve não apenas o resultado material da conduta, mas o seu significado social mais amplo, certamente não se pode admitir a aplicação do princípio da insignificância a determinados crimes, não obstante o inexpressivo dano patrimonial que deles tenha decorrido.

Por isso, no Direito Penal Militar, **o Princípio da Insignificância tem aplicação mais restrita em face de sua especialidade** e, sobretudo, em razão da natureza dos bens jurídicos tutelados.

O Supremo Tribunal Federal já afirmou que "o elevado grau de reprovabilidade de conduta criminosa praticada por militar no interior de organização militar impede a aplicação do princípio da insignificância". (HC 135674, Relator(a): Min. RICARDO LEWANDOWSKI, Segunda

Turma, julgado em 27/09/2016, PROCESSO ELETRÔNICO DJe-218 DIVULG 11-10-2016 PUBLIC 13-10-2016)

Contudo, é importante destacar que **a exposição de motivos do Código Penal castrense reconhece que entre os crimes de lesão corporal, inclui-se o de LESÃO LEVÍSSIMA, o qual, segundo o ensino da vivência militar, PODE SER DESCLASSIFICADO PELO JUIZ PARA INFRAÇÃO DISCIPLINAR, poupando-se, em tal caso, o pesado encargo de um processo penal para fato de tão pequena monta.**

Quanto ao tema, o Superior Tribunal Militar tem entendido que o Direito Penal Militar não repele a aplicação dos princípios da **intervenção mínima ou da fragmentariedade** do direito. Aliás, em algumas situações, o legislador o deixou **explícito na norma penal, como se observa na lesão corporal levíssima (CPM, art. 209, § 6º) e no furto atenuado (CPM, art. 240, § 1º).** Todavia, a indicação desses preceitos **deve harmonizar-se com os princípios basilares das Forças Armadas** (STM. EMBARGOS DE DECLARAÇÃO nº 0000035-41.2008.7.01.0201, Decisão: 18/09/2012). Em que pese o CPM não oferecer uma definição do que seja "lesão levíssima", **a doutrina e a jurisprudência a entendem, inclusive por exclusão das definições dos demais tipos de lesão delineados pela lei, como aquela efetivamente superficial,** isto é, que **não ultrapasse os limites dos pequenos hematomas e dos singelos arranhões ou de vermelhidão na epiderme, sem o seu rompimento.** (STM. APELAÇÃO nº 0000021-53.2013.7.09.0009, Decisão: 28/11/2013).

Por sua vez, o Supremo Tribunal Federal **considerou que, numa lesão corporal leve (artigo 209, § 4º, do CPM), consistente em único soco desferido pelo sujeito contra outro militar, após injusta provocação deste, o direito penal não há de estar voltado à punição de condutas que não provoquem lesão significativa a bens jurídicos relevantes, prejuízos relevantes ao titular do bem tutelado ou, ainda, à integridade da ordem social. (HC 95445/DF. Rel.: Min. EROS GRAU. Segunda Turma. Publicação 14-08-2009).**

Assim, aferida a inexpressividade lesiva da conduta, **impõe-se classificar a lesão como levíssima e, nos termos do art. 209, § 6º, do CPM, transmudá-la para mera infração disciplinar.**

Nesse cenário, rendendo homenagem ao princípio da insignificância, deve-se proferir **sentença absolutória,** com lastro na atipicidade da conduta, por não constituir o fato infração penal, ex vi do art. 439, alínea "b", do CPPM.

Quanto ao **furto atenuado, o artigo 240, §1º do CPM** dispõe que se o **agente é primário e é de pequeno valor a coisa furtada**, o juiz pode substituir a pena de reclusão pela de detenção, diminuí-la de um a dois terços, **ou CONSIDERAR A INFRAÇÃO COMO DISCIPLINAR**. Entende-se pequeno o valor que não exceda a um décimo da quantia mensal do mais alto salário mínimo do País.

Portanto, **é admissível a aplicação do princípio da insignificância ao furto atenuado, por expressa previsão legal, quando preenchidos os requisitos do artigo 240, §1º, CPM.**

Todavia, conforme rigorosa orientação do STM, a expressividade da lesão jurídica e a reprovabilidade da conduta do Militar que subtrai celular de colega de farda dentro de Organização Militar são elementos suficientes para afastar a incidência do princípio da insignificância. (APELAÇÃO Nº 0000122-41.2015.7.11.0211/DF Decisão: 21/02/2017).

Consoante a reiterada jurisprudência da Corte Castrense, a causa de diminuição especial da pena prevista nos parágrafos 1º e 2º do artigo 240 do CPM não incide para transformar a punição em infração disciplinar, quando a res subtraída tem valor significativo em relação ao poder aquisitivo da vítima, quanto mais se levado em consideração que o agente foi excluído das fileiras das Forças Armadas e a conduta perpetrada tenha se revestido de gravidade. (STM. APELAÇÃO nº 0000067-05.2013.7.07.0007, Decisão: 28/08/2014). Não pode ser considerada inexpressiva a conduta do agente que, na caserna, furta valor corresponde à metade dos rendimentos mensais da vítima. A inexpressividade da lesão jurídica deve ser analisada em cotejo com a condição social do ofendido. (STM. APELAÇÃO nº 0000109-25.2011.7.07.0007, Decisão: 05/09/2012).

A devolução do bem antes de iniciada a Ação Penal Militar não tem o condão de descaracterizar a conduta ao ponto de torná-la atípica. (STM. APELAÇÃO 0000129-97.2010.7.01.0401, Decisão: 12/09/2012). Impende registrar que, diferentemente do Código Penal comum, o

Código castrense tipifica o crime de furto de uso[2] e a jurisprudência do Superior Tribunal Militar não lhe defere a aplicação do princípio da insignificância, entendendo que a devolução da res furtiva não pode ser utilizada para o fim previsto nos parágrafos 1º e 2º do art. 240 do CPM, pois já faz parte do próprio tipo penal previsto no art. 241 do CPM. (Superior Tribunal Militar. Apelação nº 7000737-61.2018.7.00.0000. Relator(a): Ministro(a) LÚCIO MÁRIO DE BARROS GÓES. Data de Julgamento: 04/06/2019, Data de Publicação: 13/06/2019).

▸ Como esse assunto foi cobrado em concurso?

Foi considerada errada a seguinte afirmação "**Situação hipotética**: Um militar que servia em determinado quartel verificou que o veículo de outro militar estava estacionado na unidade com a porta destrancada e com a chave na ignição. Sem autorização, ausentou-se do aquartelamento com o carro e, ao final do dia, retornou e devolveu as chaves ao proprietário, que já tinha comunicado ao comandante da organização o suposto furto. **Assertiva**: Nessa situação, o fato narrado configuraria furto de uso, mas este é considerado atípico pelo Código Penal Militar." **(Analista Judiciário - àrea judiciária/STM/2018/CESPE).**

Verifica-se que o **entendimento do Superior Tribunal Militar, em geral, é pela vedação da incidência do princípio da insignificância em crimes militares. Nessa linha,**

> **Amolda-se ao tipo previsto no art. 235 do CPM a conduta de militar que adentra museu militar, localizado no interior de Organização Militar, e pratica atos de libidinagem com mulher civil. A prática sexual em lugar sujeito à administração militar traduz-se em grave ofensa à ordem e à disciplina militares. (APELAÇÃO nº 0000069-98.2014.7.05.0005 UF: PR Decisão: 15/02/2017)**
>
> **[...] a "tese da insignificância, consubstanciada na inexpressividade do valor da "res furtiva", é repelida pela consolidada jurisprudência castrense**, haja vista que, em se tratando de **crime militar, o bem jurídico tutelado está representado**

2. Furto de uso Art. 241. Se a coisa é subtraída para o fim de uso momentâneo e, a seguir, vem a ser imediatamente restituída ou reposta no lugar onde se achava: Pena - detenção, até seis meses. Parágrafo único. A pena é aumentada de metade, se a coisa usada é veículo motorizado; e de um têrço, se é animal de sela ou de tiro.

pela hierarquia e disciplina, primordialmente" (Ação Penal nº 2005.01.049521-9. Publicação: 14/03/2006).

No mesmo sentido, entendeu aquela Corte Militar que, como o bem jurídico tutelado nos delitos de peculato-furto é a administração pública e o dever de fidelidade que devem ter os funcionários públicos, sendo a lesão patrimonial apenas secundária, não deve ser aplicado o princípio da insignificância. No caso, o acusado que se utilizou de meios materiais e humanos do Exército para realizar a subtração de um armário pertencente à Fazenda Nacional" (Ação Penal nº 2003.01.007062-7. Publicação: 09/04/2003)

Contudo, merece registro decisão da Corte castrense que acolheu a tese da insignificância envolvendo caso de peculato-furto em que houve desvio de combustível da Organização Militar de fronteira, com intenção de trocar por gêneros alimentícios. Foi reconhecida a escassez de recursos e da dificuldade de abastecimento de alimentos em região inóspita, bem como reduzido valor do combustível desviado, uma vez que já utilizado em gerador de energia. Invocou-se precedente do Supremo Tribunal Federal pela aplicabilidade do Princípio da Insignificância em caso no qual o valor monetário era superior. (Apelação nº 0000186-04.2011.7.08.0008/PA Decisão: 02/03/2017).

O Supremo Tribunal Federal também tem muitas ressalvas quanto à aplicação do Princípio da Insignificância na seara castrense. Conforme ressaltou a Ministra Cármen Lúcia, por ocasião do julgamento do HC 107.638/PE, o Supremo Tribunal ADMITE a aplicação do Princípio da Insignificância na instância castrense, desde que, **reunidos os pressupostos comuns a todos os delitos, não sejam comprometidas a hierarquia e a disciplina** exigidas dos integrantes das forças públicas e exista uma solução administrativo-disciplinar adequada para o ilícito.

Devido à sua natureza especial, o Direito Penal Militar pode abrigar o princípio da insignificância com maior rigor, se comparado ao Direito Penal Comum. Assim, condutas que podem, teoricamente, ser consideradas **insignificantes** para o Direito Penal Comum **não o são para o direito penal militar, devido à necessidade da preservação da disciplina e hierarquia militares** (HC 94931/PR. Rel.: Min. ELLEN GRACIE. Segunda Turma. Publicação 14-11-2008).

Assim, a aplicação do princípio da insignificância, de modo a tornar a conduta atípica, exige, além da pequena expressão econômica dos bens que foram objeto de subtração, um reduzido grau de reprovabilidade da conduta do agente. Portanto, é relevante e reprovável a conduta de um militar que se apropria de importância significativa pertencente ao erário, que recebeu em razão da função exercida, deixando de tomar as providências necessárias para seu recolhimento ao tesouro, o que demonstra desrespeito às leis e às instituições castrenses de seu País. (HC 118430, Relator (a): Min. RICARDO LEWANDOWSKI, Segunda Turma, PUBLIC 29-05-2014).

Conforme já assentou o Supremo Tribunal, "é relevante e reprovável a conduta de um militar que, no interior do aquartelamento, furta bens de dois colegas de farda, demonstrando total desrespeito às leis e às instituições castrenses de seu País" (ARE nº 728.826/RS-AgR, Segunda Turma, Relator o Ministro Ricardo Lewandowski, DJe de 21/5/13). (HC 117215, Relator (a): Min. DIAS TOFFOLI, Primeira Turma, PUBLIC 14-10-2013). A subtração de munições de uso restrito, de propriedade das Forças Armadas, não permite a aplicação do princípio da insignificância penal. (HC 108168, Relator (a): Min. ROBERTO BARROSO, Primeira Turma, PUBLIC 03-09-2014).

O crime de receptação militar atinge não só o patrimônio material das instituições militares, mas vulnera, sobretudo, a disciplina militar, traduzida na rigorosa observância e no acatamento integral das leis, regulamentos, normas e disposições que fundamentam o organismo militar (CF, art. 142). (HC 114097, Relator (a): Min. TEORI ZAVASCKI, Segunda Turma, PUBLIC 15-04-2014).

Descabe cogitar de insignificância do produto do roubo quando se tem o envolvimento de armas e cartuchos do Exército. (HC 85065/SP. Rel.: Min. MARCO AURÉLIO. Primeira Turma. Publicação DJ 14-10-2005).

O mesmo critério foi utilizado pela Primeira Turma do STF para **rejeitar a aplicação do Princípio da insignificância ao delito de uso indevido de uniforme militar (CPM, art. 172)**, sob pena de afronta à autoridade, hierarquia e disciplina, bens jurídicos cuja preservação é importante para o regular funcionamento das instituições militares. (...) In casu, o autor do fato, um recruta, foi preso em flagrante trajando uniforme de cabo da Marinha. O crime descrito no art. 172 do CPM é de mera conduta e visa à tutela de bens jurídicos importantes e necessários ao regular funcionamento das instituições militares - autoridade, disciplina e hierarquia -, pouco importando o cotejo da real intenção do agente com os requisitos de natureza objetiva subjacentes ao princípio da insignificância, a saber: ofensividade mínima da conduta, ausência de periculosidade social, reduzido grau de reprovabilidade do comportamento do agente e a inexpressividade da lesão ao bem juridicamente protegido. (HC 108.512, rel. min. Luiz Fux, julgamento em 4-10-2011, Primeira Turma, DJE de 20-10-2011).

Quanto ao **crime de deserção**, afirma o STF que é relevante e reprovável a conduta de um militar que abandona o serviço militar, apesar do dever de cumpri-lo até seu desligamento na forma legalmente estabelecida, o que demonstra desrespeito às leis e às instituições castrenses de seu País. O crime de deserção **ofende aos princípios da hierarquia e da disciplina, preceitos constitucionais sobre os quais se fundam as Forças Armadas**, constituindo a ausência injustificada de militares ilícito penal, na medida em que a ofensa ao bem jurídico tem impacto direto sobre o efetivo militar e as bases de organização das Forças Armadas. **A aplicação do Princípio da insignificância, na espécie, poderia representar um verdadeiro estímulo à prática deste delito**, já bastante comum na Justiça Militar, o que contribuiria para frustrar o interesse da instituição castrense em contar com o efetivo previsto em lei. (HC 118255, Relator(a): Min. RICARDO LEWANDOWSKI, Segunda Turma, PUBLIC 03-12-2013).

Todavia, merece registro um caso excepcional envolvendo peculato (art. 303, CPM) em que o STF **autorizou a aplicação do princípio da insignificância**, ainda que se tratasse de crime militar.

> **Hipótese em que o paciente não devolveu à Unidade Militar um fogão avaliado em R$ 455,00 (quatrocentos e cinquenta e cinco reais). Relevante, ademais, a particularidade de ter sido aconselhado, pelo seu Comandante, a ficar com o fogão como forma de ressarcimento de benfeitorias que fizera no imóvel funcional. Da mesma forma, é significativo o fato de o valor correspondente ao bem ter sido recolhido ao erário.** A manutenção da ação penal gerará graves consequências ao paciente, entre elas a impossibilidade de ser promovido, traduzindo, no particular, **desproporcionalidade entre a pretensão acusatória e os gravames dela decorrentes**. (HC 87478/PA. Rel.: Min. EROS GRAU. Primeira Turma. Publicação DJ 23-02-2007).

Nesse mesmo sentido:

> Tipicidade formal e **ausência de tipicidade material. Furto de coisa descartada**, pois já usada pelo titular do patrimônio. Objeto do delito avaliado em **menos de R$ 20,00. EXCEPCIONALIDADE DO CASO.** (...) No caso, **o ato de se apoderar de cápsulas de projéteis e fragmentos de chumbo (imprestáveis, é bom que se diga, para causar qualquer lesão à segurança da coletividade), no âmbito da administração militar, é de ser considerado como infração de bagatela**, a ponto de **excluir a tipicidade** da conduta dos agentes e, via de consequência, o *ius puniendi* estatal." (RHC 97.816, rel. min. Ayres Britto Segunda Turma, *DJE* de 17-10-2011).

Por fim, **tema polêmico e de grande relevância** refere-se **à aplicação do Princípio da Insignificância ao crime de porte de pequena quantidade de substância entorpecente para consumo pessoal em lugar sujeito à administração militar, previsto no art. 290, CPM.**

Segundo a pacífica orientação do STM, é inaplicável os princípios da Insignificância e o da Isonomia aos delitos de posse de entorpecente em Área Militar, uma vez que a posse de qualquer quantidade de entorpecente configura a ação prevista no art. 290 do CPM. A presença de militares em atividade sob efeito de drogas não coaduna com a eficiência, os valores e os princípios basilares das Forças Armadas. A Lei Antidrogas (Lei nº 11.343/06) não derrogou o Código Penal Militar, em especial o artigo 290, por ser esta legislação especial (APELAÇÃO nº 0000136-97.2013.7.05.0005/PR DJE 14/12/2015).

Após um período de divergência entre as Turmas do Supremo Tribunal Federal, o tema foi afetado ao **Plenário** que, conforme noticiado no **Informativo nº 605, por apertada maioria,** nos autos do HC 103684/DF (21.10.2010), decidiu que a posse, por militar, de reduzida quantidade de substância entorpecente em lugar sujeito à administração castrense (CPM, art. 290) **não autoriza a aplicação do princípio da insignificância,** destacando que "o problema em questão não envolveria a quantidade ou o tipo de entorpecente apreendido, mas sim a qualidade da relação jurídica entre esse usuário e a instituição militar da qual ele faria parte, no instante em que flagrado com a posse da droga em recinto sob administração castrense".

De acordo com o Supremo Tribunal, "**o uso de drogas e o dever militar seriam inconciliáveis, dado que a disposição em si para manter o vício implicaria inafastável pecha de reprovabilidade cívico-profissional por afetar tanto a saúde do próprio usuário quanto pelo seu efeito no moral da corporação e no conceito social das Forças Armadas.** Ademais, "a **hierarquia e a disciplina militares não atuariam como meros predicados institucionais, constituindo-se, ao revés, em elementos conceituais e "vigas basilares" das Forças Armadas.** Assim, o maior rigor penal da lei castrense, na hipótese, se harmonizaria com a maneira pela qual a Constituição dispusera sobre as Forças Armadas".

▸ **Como esse assunto foi cobrado em concurso?**

Foi considerada errada a seguinte afirmação "Situação hipotética: Enquanto assumia posto de sentinela de determinado quartel, um soldado foi encontrado portando certa quantidade de substância entorpecente. Assertiva: Nessa situação, dependendo da quantidade de droga encontrada com o soldado, o princípio da insignificância poderá ser aplicado e o militar poderá não ser denunciado pela posse do entorpecente.". **(Defensor Público Federal/DPU/2017/CESPE).**

Convém, ainda, salientar que a jurisprudência dos Tribunais Superiores vem sendo contrária à aplicação do princípio da insignificância em relação ao porte de drogas para consumo pessoal, mesmo na esfera comum (artigo 28 da lei 11343/2006):

> **STF:** Não há falar em ausência de periculosidade social da ação, uma vez que o delito de porte de entorpecente é crime de perigo presumido. **É firme a jurisprudência desta Corte no sentido de que não se aplica o princípio da insignificância aos delitos relacionados a entorpecentes.** A Lei 11.343/2006, no que se refere ao usuário, optou por abrandar as penas e impor medidas de caráter educativo, tendo em vista os objetivos visados, quais sejam: a prevenção do uso indevido de drogas, a atenção e reinserção social de usuários e dependentes de drogas. Nesse contexto, mesmo que se trate de porte de quantidade ínfima de droga, convém que se reconheça a tipicidade material do delito para o fim de reeducar o usuário e evitar o incremento do uso indevido de substância entorpecente. (HC 102940, Relator(a): Primeira Turma, 06-04-2011).

> **STJ:** O entendimento desta Corte é no sentido de que a pequena quantidade de droga apreendida não retira o potencial ofensivo da conduta, fazendo incidir o tipo penal previsto no art. 28 da Lei n.º 11.343/2006. (AREsp 56.002/MG, Rel. Ministra LAURITA VAZ, QUINTA TURMA, julgado em 01/03/2012, DJe 15/03/2012).

A jurisprudência desta Corte firmou entendimento de que o crime de posse de drogas para consumo pessoal (art. 28 da Lei n.11.343/2006) é de perigo presumido ou abstrato e a pequena quantidade de droga faz parte da própria essência do delito em questão, não lhe sendo aplicável o princípio da insignificância (AgRg no AREsp 620.033/MG, SEXTA TURMA, DJe 23/04/2015).

Todavia, em 2015, o Pleno do Supremo Tribunal Federal iniciou o julgamento do RE 635659, com repercussão geral, em que se discute a constitucionalidade do artigo 28 da Lei 11343/2006. O relator, ministro Gilmar Mendes, votou pela inconstitucionalidade do artigo 28 da Lei de Drogas (Lei 11.343/2006), pois a criminalização estigmatizaria o usuário e comprometeria medidas de prevenção e redução de danos. Destacou também que se trata de uma punição desproporcional do usuário, ineficaz no combate às drogas.

Assim, caso a Corte Suprema declare efetivamente a inconstitucionalidade do artigo 28 da Lei 11.343/2006, a lógica acima esposada quanto à vedação da aplicação do princípio da insignificância deverá ser repensada, repercutindo não só na esfera comum, mas, feitas as devidas adequações, também na seara castrense[3].

8. PRINCÍPIO DA INDIVIDUALIZAÇÃO DA PENA

De acordo com art. 5º XLVI, CRFB:

> "a lei regulará a individualização da pena e adotará, entre outras, as seguintes:
>
> a) privação ou restrição da liberdade;
>
> b) perda de bens;
>
> c) multa;

3. Até o fechamento desta edição, o recurso extraordinário ainda não havia sido julgado. Conforme consulta ao site do Supremo Tribunal Federal, o julgamento foi pautado para 06/11/2019. (http://portal.stf.jus.br/processos/detalhe.asp?incidente=4034145).

d) prestação social alternativa;

e) suspensão ou interdição de direitos;"

O princípio da individualização da pena evidencia-se em **três momentos**:

- **1º momento:** o **legislador seleciona** as condutas que afetam os bens jurídicos mais importantes para fazerem parte do pequeno âmbito de abrangência do Direito Penal Militar e, após a seleção, valora tais condutas, cominando-lhes penas que variam de acordo com a importância do bem jurídico a ser tutelado.
- **2º momento:** **o órgão julgador**, após concluir que o fato é típico, antijurídico e culpável, fará a dosimetria da pena. Assim, a individualização sai do plano abstrato e passa para o campo concreto.
- **3º momento:** **o juízo da execução penal** procede à individualização da pena, uma vez que a fase executória não pode ser igual para todos os presos, nem homogênea durante todo o período de seu cumprimento.

Importante consignar que o Direito Penal Militar possui **sistema sancionatório próprio**, o que não significa desrespeito à individualização da pena. A título de exemplo, relembre-se que **não há previsão de pena de multa no Código Penal Militar**, nem de **substituição das penas privativas de liberdade** por penas restritivas de direitos.

As penas de reclusão e detenção, quando cumpridas no âmbito da Justiça Militar, são executadas em regime fechado, não havendo previsão de progressão de regime no Código castrense.

Todavia, merece registro **decisão da 2ª Turma do Supremo Tribunal Federal** que concedeu parcialmente a ordem de habeas corpus para determinar ao Juízo da execução penal que promova a **avaliação das condições objetivas e subjetivas para progressão de regime prisional**, na concreta situação do paciente, e que aplique, para tanto, o Código Penal e a Lei 7.210/1984 naquilo que for omissa a Lei castrense.

A Turma entendeu que "**os militares**, indivíduos que são, **não foram excluídos da garantia constitucional da individualização da pena**" sendo "**contrária ao texto constitucional a exigência do cumprimento de pena privativa de liberdade sob regime integralmente fechado em estabelecimento militar**, seja pelo invocado **fundamento da falta de previsão legal** na lei especial, seja pela **necessidade do**

resguardo da segurança ou do respeito à hierarquia e à disciplina no âmbito castrense" (HC 104174, Rel. Min. AYRES BRITTO, Segunda Turma, PUBLIC 18-05-2011).

De outro lado, por violar o princípio da individualização da pena, entende-se que o artigo 78 do Código Penal Militar, que impõe ao **criminoso habitual ou por tendência uma pena de duração indeterminada, não foi recepcionado** pelo atual ordenamento constitucional.

9. PRINCÍPIO DA LIMITAÇÃO OU DA HUMANIDADE DAS PENAS

O Art. 5º, XLVII, CR dispõe que não haverá penas:

a) de morte, salvo em caso de guerra declarada, nos termos do art. 84, XIX;

b) de caráter perpétuo;

c) de trabalhos forçados;

d) de banimento;

e) cruéis;

A vedação constitucional atende a um dos fundamentos do Estado Democrático de Direito, previsto no artigo 1º, III, CR: a **dignidade da pessoa humana**, que impõe uma limitação fundamental em relação à qualidade e à quantidade das penas.

Do princípio da humanidade decorre a **proscrição de penas cruéis** e de qualquer pena que desconsidere o condenado como pessoa humana, bem como assegura ao preso o respeito à integridade física e moral.

Ora, se além de reprovação, a pena tem função terapêutica, reeducadora e ressocializadora, em regra, não pode haver penas de morte ou de duração perpétua, que não atendam tais propósitos. A constituição também proíbe a pena de **trabalhos, forçados** que se traduz humilhante pelas condições em que é executado.

Mais uma vez, deve-se atentar para a **especialidade do bem jurídico tutelado na esfera penal militar**, sobretudo em tempo de guerra, daí a autorização constitucional de cominação e aplicação de **pena de morte**.

10. PRINCÍPIO DA PROPORCIONALIDADE

Ilustrado pela máxima que diz que **"não se matam pássaros com tiros de canhão"**, o princípio da proporcionalidade exige que se faça um juízo de ponderação sobre a relação existente entre o bem jurídico lesionado ou colocado em perigo (a gravidade do fato) e o bem de que pode alguém ser privado (gravidade da pena).

A proporcionalidade tem como **destinatários o legislador e o julgador**, rechaçando o estabelecimento de cominações legais e a imposição de penas que careçam de relação valorativa com o fato cometido considerado em seu significado global.

Conforme veiculado no **Informativo nº 500/STF**,

> esse entendimento é prestigiado pela **jurisprudência do Supremo Tribunal Federal**, que, por mais de uma vez, já advertiu que **o Legislativo não pode atuar de maneira imoderada, nem formular regras legais cujo conteúdo revele deliberação absolutamente divorciada dos padrões de razoabilidade**. (...) transgride o postulado do **devido processo legal (CF, art. 5º, LIV), analisado em sua dimensão material ("substantive due process of law")**, a regra legal que veicula, em seu conteúdo, prescrição normativa qualificada pela nota da irrazoabilidade; (...) o princípio da proporcionalidade, **essencial à racionalidade do Estado Democrático de Direito e imprescindível à tutela mesma das liberdades fundamentais, proíbe o excesso e veda o arbítrio do Poder**, extraindo a sua justificação dogmática de diversas cláusulas constitucionais, notadamente daquela que veicula, em sua dimensão substantiva ou material, a garantia do "due process of law" (...). **A essência do "substantive due process of law" reside na necessidade de conter os excessos do Poder, quando o Estado edita legislação que se revele destituída do necessário coeficiente de razoabilidade** (...). Isso significa, portanto, dentro da perspectiva da extensão da teoria do desvio de poder ao plano das atividades legislativas do Estado, que este não dispõe de competência para legislar ilimitadamente, de forma imoderada e irresponsável, gerando, com o seu comportamento institucional, situações normativas de absoluta distorção e, até mesmo, de subversão dos fins que regem o desempenho da função estatal (HC 92525 MC/RJ RELATOR: MIN. CELSO DE MELLO).

Voltando ao importante tema do crime de posse de drogas para consumo pessoal em lugar sujeito à administração militar, em decisão noticiada no **Informativo nº 605/STF**, o Plenário do Supremo **afastou a alegação de ofensa ao princípio da proporcionalidade no sentido de que o art. 290 do CPM não distinguiria entre traficante**

e usuário, e afirmou que o aludido preceito cominaria somente a pena máxima aplicável ao delito, o que permitiria ao juiz sentenciante estabelecer a justa medida entre os atos praticados e o crime, a partir do exame das circunstâncias objetivas e subjetivas da situação concreta. (HC 103684/DF, rel. Min. Ayres Britto, 21.10.2010).

11. PRINCÍPIO DA RESPONSABILIDADE PESSOAL (OU DA PESSOALIDADE OU DA INTRANSCENDÊNCIA DA PENA)

De acordo com o art. 5º, XLV, CR/88,

> "nenhuma pena passará da pessoa do condenado, podendo a obrigação de reparar o dano e a decretação do perdimento de bens, nos termos da lei, ser estendidas aos sucessores e contra eles executadas, até o limite do valor do patrimônio transferido".

Assim, somente o condenado deverá submeter-se à sanção penal que lhe foi imposta pelo Estado, tendo em vista que a pena é uma medida de caráter estritamente pessoal, haja vista ser uma ingerência ressocializadora sobre o condenado.

Note-se, porém, que o Código Penal Militar prevê penas de natureza restritivas de direitos principais e acessórias, como a reforma (art. 65), a perda do posto e da patente para o oficial (art. 99) ou a exclusão para a praça (art. 102), sendo relevante discutir até que ponto os seus efeitos podem repercutir na esfera jurídica de seus dependentes.

Além disso, o Código Castrense adota sistemática própria quanto às medidas de segurança, classificando-as em pessoais e patrimoniais. Dentre as últimas, há o **confisco** dos instrumentos e produtos do crime, ressalvando-se o direito do lesado e do terceiro de boa-fé (art. 119, CPM). Verifica-se que o instituto, que é considerado efeito civil da condenação na lei penal comum (art. 91, II, CP), toma feições distintas na esfera militar, tendo a natureza de resposta penal, não podendo passar da pessoa do condenado.

De outro lado, a obrigação de reparar o dano e a perda de bens em favor da Fazenda Nacional são efeitos civis genéricos da condenação (art. 109, I e II, CPM), logo não impedem que, no caso de morte do condenado e, tendo havido a transferência de patrimônio a seus sucessores, estes respondam até as forças da herança.

Capítulo II

Aplicação da Lei Penal Militar

1. APLICAÇÃO DA LEI PENAL MILITAR NO TEMPO

O Direito Penal Militar segue o **princípio geral** do ***tempus regit actum***. Portanto, aplica-se a **lei penal** em vigor quando foi praticado o fato e, sobrevindo nova lei, somente retroagirá para beneficiar o acusado (art. 2º, CPM e art. 5º, XL, CR/88).

2. REGRAS DO CONFLITO DE LEIS NO TEMPO

2.1. *Abolitio criminis* – descriminalização de condutas (artigo 2º do CPM)

Ocorre a *abolitio criminis* quando nova lei descriminaliza conduta anteriormente incriminada. Atento às mudanças da sociedade, o legislador deixa de considerar criminosas determinadas condutas, retirando do ordenamento jurídico os seus tipos penais.

A *abolitio* não afasta a existência do crime já cometido, mas **extingue a sua punibilidade**. (artigo 123, III do CPM) e **afasta todos os efeitos penais** (principais e secundários) da sentença condenatória, **mesmo com trânsito em julgado**.

Ao dispor sobre a **lei supressiva de incriminação,** o art. 2° do CPM afirma que "ninguém pode ser punido por fato que lei posterior deixa de considerar crime, **cessando**, em virtude dela, **a própria vigência de sentença condenatória irrecorrível, salvo quanto aos efeitos de natureza civil**".

É evidente que, **se já houver transitado em julgado a sentença condenatória**, a descriminalização **não afasta os efeitos civis**, uma vez que o título executivo judicial já está constituído. Todavia, se não há sentença condenatória com trânsito em julgado, não subsistirá a possibilidade de executá-la diretamente, sendo necessária a propositura da ação de conhecimento na esfera cível.

Como já foi dito, é importante salientar que **o Código Penal Militar prevê algumas penas que mais se parecem com o que seriam efeitos civis no campo da legislação comum**. Imagine-se a hipótese de um oficial ser condenado por exercício de comércio (art. 204, CPM) à pena de reforma (art. 65, CPM). Se posteriormente ao trânsito sobreviesse revogação do tipo penal, cessaria a vigência da sentença condenatória e o referido oficial retornaria à atividade, pois que se trata de pena e não de mero efeito da condenação.

2.2. Retroatividade de lei mais benigna - *Lex mitior* ou *novatio legis in mellius*

A lei penal nova só alcança o fato ocorrido antes da sua vigência se for uma lei melhor, mais benéfica, pois o preceito constitucional determina que "a lei penal não retroagirá, salvo para beneficiar o réu" (art. 5º, XL, CR/88);

É considerada benéfica, por exemplo, a lei que reduz a pena, permite a substituição da pena privativa de liberdade por restritiva de direito, facilita a progressão de regime etc.

De acordo com o **artigo 2º, § 1º do CPM**, "a lei posterior que, de qualquer outro modo, favorece o agente, **aplica-se retroativamente, ainda quando já tenha sobrevindo sentença condenatória irrecorrível**".

Logo, a lei penal militar benéfica **retroage sempre**, podendo aplicar-se, inclusive, após o trânsito em julgado da sentença condenatória sendo, nesse caso, aplicada pelo juiz da execução penal conforme dispõe a **Súmula 611 do STF**. Note-se que o juiz da execução não pode reexaminar o mérito, o que compete ao tribunal fazer em sede de revisão criminal.

Oportuno também consignar que, no âmbito da **Justiça Militar da União, compete ao Juiz-Auditor a execução** das penas privativas de liberdade (art. 30, XI, da lei 8457/92) não superiores a dois anos aplicadas a militar (art. 59, CPM), bem como nas penas superiores a dois anos cumpridas em penitenciária militar enquanto o condenado não perde a condição de militar (art. 61, CPM).

Quanto aos civis (qualquer que seja a pena) e aos militares condenados a pena superior a dois anos, na ausência de penitenciária militar e perdida a condição de militar, compete ao Juiz da Vara de Execuções Penais a execução, conforme preconizado no parágrafo único do artigo 2º da Lei de Execução Penal e na Súmula nº 192 do Superior Tribunal de Justiça.

2.3. Irretroatividade da lei penal

A *Novatio Legis* **incriminadora** (lei nova que torna típica conduta que antes era permitida) e a *Lex gravior* **ou** *novatio legis in pejus* (nova lei mais gravosa) **nunca retroagirão**. Assim, o juiz é obrigado a aplicar a lei anterior, vigente ao tempo do crime, mesmo depois de revogada. Trata-se da **eficácia ultra-ativa** da norma penal mais benéfica, que deve prevalecer por força do que prescreve o art. 5º, XL, da Constituição.

A título de exemplo, cita-se a Lei nº 12.336/2010, que inovou no ordenamento jurídico ao impor aos concluintes do curso de Medicina uma nova obrigação de prestar o serviço militar obrigatório, ainda que portadores do Certificado de Dispensa de Incorporação. Conforme orientação do STM, para configuração do crime de insubmissão (art. 183, CPM), somente os casos posteriores à vigência da mencionada legislação serão por ela alcançados, observando-se o princípio da irretroatividade da lei penal mais gravosa (APELAÇÃO nº 0000019-49.2014.7.09.0009/MS DJE 15/12/2014).

Segundo o enunciado da Súmula 711 do Supremo Tribunal Federal, "a lei penal mais grave aplica-se ao crime continuado ou ao crime permanente, se a sua vigência é anterior à cessação da continuidade ou da permanência". Nesses casos, não há que se falar em retroatividade de lei gravosa, uma vez que a nova lei entra em vigor antes da cessação da permanência, ou seja, a lei é contemporânea à conduta do agente, o qual mantém a lesão ao bem jurídico tutelado por determinado período sem interrupção.

A orientação pacífica do **Superior Tribunal Militar e do Supremo Tribunal Federal, com apoio na ampla maioria da doutrina**, é no sentido de que o crime de deserção é permanente. Assim, enquanto o trânsfuga não é capturado nem se apresenta voluntariamente, o crime está em consumação, aplica-se a lei nova, ainda que mais gravosa, se entrar em vigor antes de cessar a permanência.

Nessa linha de entendimento, afirma o STF que o crime de deserção seria de natureza permanente, cessada a conduta delitiva somente no momento da captura ou da apresentação voluntária do agente. HC 112005/RS, rel. Min. Dias Toffoli, 10.2.2015. (Informativo 774, 1ª Turma).

> **Como esse assunto foi cobrado em concurso?**
>
> Foi considerada correta a seguinte afirmação "Hélio, que é soldado, desertou e, antes de ele se apresentar ou ser capturado, o CPM foi alterado para aumentar a pena do crime de deserção. Nessa situação, caso seja capturado futuramente, Hélio estará sujeito à nova pena." **(Defensor Público Federal/DPU/2017/CESPE).**

Registra-se que, em sentido contrário, setor minoritário da doutrina sustenta que a deserção é crime instantâneo de efeitos permanentes.

Merece nota recente posicionamento da Terceira Seção do Superior Tribunal de Justiça, noticiado no Informativo 642 no sentido de que é possível a aplicação imediata da Lei n. 13.491/2017, que amplia a competência da Justiça Militar e possui conteúdo híbrido (lei processual material), aos fatos perpetrados antes do seu advento, mediante observância da legislação penal (seja ela militar ou comum) mais benéfica ao tempo do crime.

De acordo o Tribunal da Cidadania, a referida lei não tratou apenas de ampliar a competência da Justiça Militar, também ampliou o conceito de crime militar, circunstância que, isoladamente, autoriza a conclusão no sentido da existência de um caráter de direito material na norma. Esse aspecto, embora evidente, não afasta a sua aplicabilidade imediata aos fatos perpetrados antes de seu advento, já que a simples modificação da classificação de um crime como comum para um delito de natureza militar não traduz, por si só, uma situação mais gravosa ao réu, de modo a atrair a incidência do princípio da irretroatividade da lei penal mais gravosa (arts. 5º, XL, da Constituição Federal e 2º, I, do Código Penal).

Por outro lado, a modificação da competência, em alguns casos, pode ensejar consequências que repercutem diretamente no jus libertatis, inclusive de forma mais gravosa ao réu. É inegável que a norma possuiu conteúdo híbrido (lei processual material) e que, em alguns casos, a sua aplicação retroativa pode ensejar efeitos mais gravosos ao réu. Tal conclusão, no entanto, não impossibilita a incidência imediata, sendo absolutamente possível e desejável conciliar sua aplicação com o princípio da irretroatividade de lei penal mais gravosa. A jurisprudência da Corte Superior não admite a cisão da norma de conteúdo híbrido (AgRg no REsp n. 1.585.104/PE, Ministro Nefi Cordeiro, Sexta Turma, DJe 23/4/2018).

Ocorre que a aplicação imediata, com observância da norma penal mais benéfica ao tempo do crime, não implicaria uma cisão da norma, pois, o caráter material, cujo retroatividade seria passível de gerar prejuízo ao réu, não está na norma em si, mas nas consequências que dela advém. Logo, é absolutamente possível e adequado a incidência imediata da norma aos fatos perpetrados antes do seu advento, em observância ao princípio tempus regit actum (tal como decidido no julgamento do CC n. 160.902/RJ), desde que observada, oportunamente, a legislação penal (seja ela militar ou comum) mais benéfica ao tempo do crime. (CC 161.898-MG, Rel. Min. Sebastião Reis Júnior, por unanimidade, julgado em 13/02/2019, DJe 20/02/2019).

O tema ainda divide as opiniões da doutrina. Para Jorge Cezar de Assis, a Lei 13.491/17 tem um caráter essencialmente penal ao ampliar o leque dos crimes militares, abarcando igualmente os delitos da legislação penal comum quando praticados em condições que o próprio CPM estabelece. E, tem caráter processual sob dois aspectos: o primeiro deles, de discutível técnica legislativa, ao prever, no Código Penal Militar, que os crimes militares contra a vida de civil, praticados por militares, seriam da competência do tribunal do júri e; o segundo, porque em decorrência da nova classificação do crime anteriormente comum para militar, haverá o consequente deslocamento de sua competência para a Justiça Militar, pois será lá que o processo e julgamento deverão ocorrer.

De outro lado, Renato Brasileiro, Rodrigo Foureux e Ronaldo Roth afirmam que a Lei 13.491/17 deve ser classificada como uma norma heterotópica. Em que pese a alteração ter ocorrido no Código Penal

Militar (lei material), teria conteúdo essencialmente processual. Assim, por se tratar de norma que alterou a competência, é de natureza processual e deve ser aplicada imediatamente.

Não obstante, há alguns pontos de consenso: a lei nova, em seu aspecto material, somente poderá retroagir se for em benefício do réu; no aspecto processual, todos os processos em andamento deverão ser encaminhados para a Justiça Militar, salvo se já houver sentença (STF, 1ª Turma, HC 78.320/SP, DJ 28/05/1999); e a análise da aplicação da lei mais benéfica deve ser feita na Justiça castrense.

2.4. Extra-atividade da lei intermediária mais benéfica

Se, depois de praticado um crime, houver sucessão de mais de uma lei penal e a lei mais benéfica situar-se no período intermediário, essa terá aplicação retroativa e terá ultra-atividade, aplicando-se após a sua revogação pela lei posterior que, por ser mais gravosa, não poderá retroagir.

2.5. *Vacatio legis*

A doutrina entende que a lei penal **mais benéfica** pode ser **aplicada imediatamente, mesmo no período de *vacatio legis*,** porque este instituto é protetivo e visa dar à sociedade um tempo de adaptação à nova ordem legal, não podendo limitar a garantia da retroatividade prevista no art. 5º, XL da CR.

2.6. Apuração da maior benignidade

A lei melhor é aquela que atenua a resposta penal, reduzindo o tempo de encarceramento ou a quantidade de pena, por exemplo. É possível que uma nova lei pareça mais gravosa em abstrato, mas, no caso concreto, efetivamente seja mais benéfica, devendo retroagir. Portanto, a benignidade da lei nova deve sempre ser aferida no caso concreto, cabendo exclusivamente ao juiz comparar as leis em confronto de per si e decidir qual é a mais benéfica.

Nessa linha, **o art. 2º, § 2º do CPM** orienta que, "para se reconhecer qual a **mais favorável,** a lei posterior e a anterior **devem ser consideradas separadamente**, cada qual no conjunto de suas normas aplicáveis ao fato".

> ▸ **Como esse assunto foi cobrado em concurso?**
>
> Foi considerada correta a seguinte afirmação "O CPM admite retroatividade de lei mais benigna e dispõe que a norma penal posterior que favorecer, de qualquer outro modo, o agente deve ser aplicada retroativamente, ainda quando já tenha sobrevindo sentença condenatória irrecorrível. O referido código determina também que, para se reconhecer qual norma é mais benigna, a lei posterior e a anterior devem ser consideradas separadamente, cada qual no conjunto de suas normas aplicáveis ao fato". **(Promotor de Justiça Substituto/MPE/ES/2010/CESPE).**

2.7. Combinação de leis

A **doutrina** dominante e a **jurisprudência dos Tribunais Superiores** têm **orientação consolidada** no sentido de que **não é possível a combinação** de elementos benéficos de leis distintas, uma vez que, agindo assim, o juiz estaria criando uma terceira lei (*lex tertia*).

Entende-se que extrair alguns dispositivos, de forma isolada, de um diploma legal, combinando-os com preceitos de outra lei, implicaria alterar por completo o espírito normativo de cada texto, criando um conteúdo diverso do previamente estabelecido pelo legislador.

A título de ilustração, registra-se a edição da Súmula nº 501 do Superior Tribunal de Justiça, segundo a qual é cabível a aplicação retroativa da Lei n. 11.343/2006, desde que o resultado da incidência das suas disposições, na íntegra, seja mais favorável ao réu do que o advindo da aplicação da Lei n. 6.368/1976, **sendo vedada a combinação de leis**.

O Supremo Tribunal Federal também assentou **a impossibilidade de combinação de leis,** vedando a aplicação retroativa da causa especial prevista no art. 33, § 4º, da Lei nº 11.343/2006 à pena aplicada por crime cometido na vigência da Lei nº 6.368/1976. (ARE 773589 AgR, Relator(a): Min. ROBERTO BARROSO, Primeira Turma, PUBLIC 18-09-2014)

Há, porém, pequena parcela da doutrina que sustenta a possibilidade de combinação de leis em favor do agente, a fim de fazer-se melhor distribuição da justiça no caso concreto, atendendo aos princípios constitucionais da ultra-atividade e retroatividade da lei mais benéfica.

É importante realçar que a vedação da combinação de elementos de diplomas legais diversos diz respeito tanto no caso de sucessão de leis no tempo quanto na hipótese de normas vigentes simultaneamente, o que caracterizaria **hibridismo penal**.

Com relação a esse tema, em um julgamento envolvendo **aplicação da lei de crimes hediondos (lei 8072/90) à esfera militar**, o Supremo Tribunal Federal decidiu que a diferença de tratamento legal entre os crimes comuns e os crimes militares, mesmo em se tratando de crimes militares impróprios, não revela inconstitucionalidade, pois o Código Penal Militar não institui privilégios. Ao contrário, em muitos pontos, o tratamento dispensado ao autor de um delito é mais gravoso do que aquele do Código Penal comum (RE 115.770/RJ). (...) A aplicação do Código Penal Militar apenas na parte que interessa ao paciente (...) representaria a criação de uma norma híbrida, em parte composta pelo código penal militar e, em outra parte, pelo código penal comum. Isto, evidentemente, violaria o princípio da reserva legal e o próprio princípio da separação de poderes (HC 86459/RJ. Rel.: Min. JOAQUIM BARBOSA. Segunda Turma. Publicação DJ 02-02-2007).

A mesma orientação foi reafirmada pelo STF no sentido de que o art. 290 do Código Penal Militar é o regramento específico do tema para os militares. Pelo que o princípio da especialidade normativo-penal impede a incidência do art. 28 da Lei de Drogas (artigo que, de logo, comina ao delito de uso de entorpecentes penas restritivas de direitos). Princípio segundo o qual somente a inexistência de um regramento específico em sentido contrário ao normatizado na Lei 11.343/2006 é que possibilitaria a aplicação da legislação comum. Donde a impossibilidade de se mesclar o regime penal comum e o regime penal castrense, mediante a seleção das partes mais benéficas de cada um deles, pois tal postura hermenêutica caracterizaria um hibridismo regratório incompatível com o princípio da especialidade das leis. (HC 104923. Rel.: Min. AYRES BRITTO. Segunda Turma. PUBLIC 10-02-2011).

Conforme já anotado no tópico anterior, o Código Penal Militar expressamente veda a combinação de leis, afirmando que a verificação da maior benignidade de cada lei deve ser feita em separado, à luz do conjunto de suas normas aplicáveis ao fato.

2.8. Lei aplicável às medidas de segurança

O **art. 3º do Código Penal Militar** estatui que "as medidas de segurança **regem-se pela lei vigente ao tempo da sentença**, prevalecendo, entretanto, **se diversa, a lei vigente ao tempo da execução**".

O referido dispositivo deve ser **interpretado à luz do artigo 5º, XL, CR/88**, pois a lei penal posterior somente se aplica aos fatos anteriores a sua vigência se trouxer algum benefício ao réu. Todavia, alguns doutrinadores entendem que o artigo **não foi recepcionado pela Constituição** de 1988.

Não se deve esquecer que as medidas de segurança no Direito Penal Militar não são aplicáveis somente aos inimputáveis, mas assemelham-se muito às penas restritivas de direitos do Direito Penal comum (exílio local, proibição de frequentar determinados lugares, cassação de licença para dirigir veículos, dentre outras).

2.9. A ultra-atividade gravosa das leis excepcionais ou temporárias.

A Lei temporária é aquela que traz em seu texto um **período prefixado de duração**, delimitando de antemão o lapso temporal em que estará em vigor. Já a **Lei excepcional** é aquela que tem vigência enquanto persistirem determinadas circunstâncias excepcionais, pois objetiva atender a situações extraordinárias, de anormalidade social ou de emergência.

Em regra, a lei excepcional ou temporária de natureza penal é **mais gravosa** do que a lei que regula o período de normalidade.

O Código Penal Militar, à **semelhança do Código Penal comum**, dispõe que "a lei excepcional ou temporária, embora decorrido o período de sua duração ou cessadas as circunstâncias que a determinaram, aplica-se ao fato praticado durante sua vigência" (art. 4º).

Segundo a lei castrense, se alguém praticou uma infração penal durante a vigência da lei excepcional ou temporária, mas só vem a ser julgado em momento posterior à sua revogação, já em período de normalidade, deve submeter-se àquela norma, ainda que mais gravosa. Portanto, a referida lei tem efeitos ultra-ativos.

Predomina o entendimento de que tal ultra-atividade gravosa **não é inconstitucional**, pois a Constituição só determina a retroatividade da lei posterior mais benéfica quando as duas leis em conflito tratarem do mesmo fato. Na hipótese em estudo, as leis excepcionais ou temporárias apresentam uma **elementar de natureza temporal** (**condição de anormalidade**) que não consta das leis do período de normalidade. Assim, são leis que tratam de fatos diferentes, não havendo que se falar em sucessão de leis no tempo.

Segundo **orientação minoritária da doutrina** a ultra-atividade seria **inconstitucional**, pois o art. 5º, XL, CR/88 não previu exceções à retroatividade da lei benéfica, sendo incabível ao legislador ordinário criar tal hipótese.

De outro lado, será possível vislumbrar a retroatividade *in mellius* em sede de lei temporária ou excepcional quando a lei posterior mais benéfica for também excepcional ou temporária, descrevendo exatamente o mesmo fato da lei anterior, inclusive o elemento de natureza temporal.

> ▸ **Como esse assunto foi cobrado em concurso?**
>
> Foi considerada errada a seguinte afirmação "A lei penal militar excepcional ou temporária possui disciplinamento diverso do contido no Código Penal (CP) comum, uma vez que preconiza, de forma expressa, a ultratividade da norma e impõe a incidência da retroatividade da lei penal mais benigna" **(Analista Judiciário – Execução de Mandados/STM/2011/CESPE).**

2.10. Norma penal em branco e conflito de leis no tempo

Merece atenção a análise do conflito de leis no tempo quando há alteração do complemento de uma lei penal em branco. Distinguem-se dois cenários:

1ª **Situação:** Se a norma complementar tem caráter permanente, ou seja, objetiva vigência por tempo indeterminado, haverá retroatividade para melhor, mesmo que o complemento alterado seja um decreto ou uma portaria. Todavia, se a modificação for prejudicial, aplica-se a regra da irretroatividade da lei mais severa (regra do art. 2º, §1º, CPM).

2ª Situação: Se a norma complementar tem por finalidade regular situações fáticas cuja essência seja a mutabilidade, não tendo a pretensão de durar por tempo indeterminado, aplica-se o tratamento das leis temporárias ou excepcionais. Nesse caso, quando a lei penal em branco objetiva assegurar o efeito regulador do elemento integrador temporal contido complemento, aplica-se o critério da ultra-atividade gravosa.

3. TEMPO DO CRIME

Para definir o tempo do crime, o Código Penal Militar adotou a **TEORIA DA ATIVIDADE**, "considera-se praticado o crime no momento da ação ou omissão, ainda que outro seja o do resultado" (art. 5º). Nesse ponto, o estatuto penal castrense adota o mesmo critério do Código Penal Comum.

▸ **Como esse assunto foi cobrado em concurso?**

Foi considerada correta a seguinte afirmação "Em relação ao tempo do crime, o Código Penal Militar adotou a teoria da atividade" **(Analista Judiciário - Execução de Mandados/STM/2011/CESPE).**

Foi considerada errada a seguinte assertiva "Diversamente do direito penal comum, o direito penal militar consagrou a teoria da ubiquidade, ao considerar como tempo do crime tanto o momento da ação ou omissão do agente quanto o momento em que se produziu o resultado" **(Defensor Público Federal/DPU/2010/CESPE).**

▸ **Importante – Súmula nº 711 do Supremo Tribunal Federal:**

"A **lei penal mais grave** aplica-se ao **crime continuado ou ao crime permanente**, se a sua **vigência é anterior à cessação** da continuidade ou da permanência".

▸ **Como esse assunto foi cobrado em concurso?**

Foi considerada errada a seguinte afirmação "Considere que um militar em atividade se ausente de sua unidade por período superior a quinze dias, sem a devida autorização, sendo que, no decorrer de sua ausência, lei nova, mais severa e redefinindo o crime de deserção, entre em vigor.

Nessa situação, será aplicada a lei referente ao momento da conduta de se ausentar sem autorização, porquanto o CPM determina o tempo do crime de acordo com a teoria da atividade" **(Analista Judiciário - Área Judiciária/STM/2011/CESPE).**

▸ **Observação importante:**

De acordo com o gabarito, a banca examinadora adotou a orientação do Superior Tribunal Militar de que o crime de deserção tem natureza permanente (nessa mesma linha: Jorge Cesar de Assis, Célio Lobão, Jorge Alberto Romeiro). Há corrente doutrinária minoritária divergente, no sentido de que se trata de crime instantâneo de efeitos permanentes (Claudio Amin).

4. LUGAR DO CRIME

Para definir o lugar do crime, **diferentemente do Código Penal comum**, o artigo 6º do Código Penal Militar adota um **SISTEMA MISTO** que **concilia duas teorias:**

- Quanto ao **CRIME COMISSIVO** adota-se a **TEORIA da UBIQUIDADE** (ou mista ou unitária), pois "considera-se **praticado o fato,** no lugar em que se desenvolveu a **atividade criminosa,** no todo ou em parte, e ainda que sob forma de participação, bem como onde se produziu ou deveria produzir-se o **resultado"**.
- Quanto ao **CRIME OMISSIVO** adota-se a **TEORIA DA AÇÃO OU ATIVIDADE**, pois "considera-se o lugar do crime aquele em que **em que deveria realizar-se a ação omitida"**.

▸ **Como esse assunto foi cobrado em concurso?**

Foi considerada errada a seguinte afirmação "No tocante ao lugar do crime, o CPM aplica a teoria da ubiquidade para os crimes comissivos e omissivos, do mesmo modo que o CP" **(Promotor de Justiça Substituto/MPE/ES/2010/CESPE).**

Ao acolher a teoria da ubiquidade nos crimes comissivos, o legislador ampliou a noção de lugar do crime para incluir tanto aquele no qual se verifica a conduta do agente, como aquele no qual se verifica o resultado naturalístico (nos crimes em que é exigido) ou ainda do bem jurídico violado (onde deveria produzir-se o resultado).

Trata-se de medida legal salutar para enfrentamento da questão dos **crimes à distância**, cuja ação e resultado realizam-se em países distintos, situação bem comum na esfera do Direito Penal Militar. Ademais, evita-se o inconveniente do **conflito negativo de jurisdição** (se o Estado em que ocorreu o resultado aplica a teoria da atividade ou vice versa).

Por outro lado, tal ampliação pode ocasionar o **inconveniente** do **duplo julgamento** do mesmo fato no Brasil e no estrangeiro, óbice que pode ser resolvido pela regra do artigo 8º do CPM que afasta o *bis in idem*, já que "a pena cumprida no estrangeiro atenua a pena imposta no Brasil pelo mesmo crime, quando diversas, ou nela é computada, quando idênticas."

5. APLICAÇÃO DA LEI PENAL MILITAR NO ESPAÇO

Mais uma vez, diversamente do tratamento adotado pelo Código Penal comum, o Direito Penal Militar adota a **territorialidade e a extraterritorialidade incondicionada igualmente como regras** de aplicação da lei penal no espaço.

Segundo o *caput* do art. 7º do CPM, "aplica-se a lei penal militar, sem prejuízo de convenções, tratados e regras de direito internacional, ao crime cometido, no todo ou em parte **no território nacional, ou fora dele, ainda que, neste caso, o agente esteja sendo processado ou tenha sido julgado pela justiça estrangeira**".

> ▸ **Como esse assunto foi cobrado em concurso?**
>
> Foi considerada certa a seguinte assertiva "Foram adotados os princípios da territorialidade e da extraterritorialidade para a aplicação no espaço da lei penal castrense" **(Defensor Público Federal/DPU/2001/CESPE).**

5.1. Princípio da territorialidade

O Princípio da Territorialidade tem como fundamento a Soberania do Estado, que comporta a **plenitude** (totalidade de competências sobre questões da vida social), a **autonomia** (rejeição de influências externas) e a **exclusividade** (monopólio do poder nos limites do território).

Aplica-se o referido princípio de forma temperada, uma vez que a aplicação da lei penal militar brasileira ocorrerá "sem prejuízo de convenções, tratados e regras de direito internacional."

No **sentido jurídico, o território** é o âmbito espacial sujeito ao poder soberano do Estado evidenciado no **território efetivo (real)**, que corresponde à superfície terrestre (solo e subsolo), às águas territoriais (fluviais, lacustres e marítimas) e ao espaço aéreo correspondente (o Brasil adota a teoria da soberania sobre a Coluna atmosférica).

Segundo a orientação dominante, o **mar territorial estende-se por 12 milhas da costa, não se confundindo com a** zona econômica exclusiva, que é a faixa de 200 milhas. Alguns autores incluem a zona econômica exclusiva (200 milhas) no território jurídico.

O conceito jurídico de território desdobra-se na ficção do **território por extensão ou flutuante**, que **no CPM alcança "**as **aeronaves e os navios brasileiros, onde quer que se encontrem, sob comando militar ou militarmente utilizados ou ocupados por ordem legal de autoridade competente**, ainda que de propriedade privada" (art. 7º, §1º, CPM).

Para efeito da aplicação do Código Penal Militar, considera-se navio toda embarcação sob comando militar. É o acrescenta a nota explicativa do art. 7º, §3º, CPM.

O Código Penal Militar vai além e amplia a sua incidência para aplicar-se "ao crime praticado a bordo de aeronaves ou navios estrangeiros, desde que **em lugar sujeito à administração militar, e o crime atente contra as instituições militares"** (art. 7º, §2º, CPM).

▸ Como esse assunto foi cobrado em concurso?

Foi considerada certa a seguinte afirmação "No Código Penal Militar, para efeitos de incidência da norma penal castrense, consideram-se como extensão do território nacional as aeronaves e os navios brasileiros, onde quer que se encontrem, sob comando militar ou militarmente utilizados ou ocupados por ordem legal de autoridade competente, ainda que de propriedade privada. É também aplicável a lei penal militar ao crime praticado a bordo de aeronaves ou navios estrangeiros, desde que em lugar sujeito à administração militar, e o crime atente contra as instituições militares" **(Analista Judiciário - Execução de Mandados/ STM/2011/CESPE).**

5.2. Princípio da extraterritorialidade irrestrita (incondicionada)

Aplica-se a lei penal militar ao crime cometido **fora do território nacional, ainda que,** neste caso, **o agente esteja sendo processado ou tenha sido julgado pela justiça estrangeira.**

A extraterritorialidade da Lei Penal Militar **justifica-se** como regra pela **própria natureza da atividade militar e pelos bens jurídicos tutelados,** sendo suficiente para sua aplicação fora do território nacional o **Princípio da Soberania (Defesa da Pátria),** uma vez que o deslocamento das Forças Armadas fora do território nacional e os interesses das instituições militares representam a soberania do Estado Brasileiro.

Registre-se que há crimes militares contra a segurança externa do Brasil que podem ser cometidos nos territórios de outros países, não existindo qualquer interesse da justiça estrangeira em puni-los, até porque, eventualmente, aqueles Estados podem ter sido beneficiados por tais delitos. Portanto, prevalece o interesse do Brasil em processar e julgá-los.

Ademais, como tem sido cada vez mais frequente o **envio de tropas brasileiras para compor contingentes de Forças de Paz da ONU,** cresce a probabilidade de ocorrência de crimes militares fora das fronteiras brasileiras, o que implica a necessidade de conferir à lei penal militar extraterritorialidade.

▸ Como esse assunto foi cobrado em concurso?

Foi considerado certo o seguinte item "O direito penal militar adota a teoria da extraterritorialidade irrestrita, sendo suficiente, para a sua aplicação, que o delito praticado constitua crime militar nos termos da lei penal militar nacional, independentemente da nacionalidade da vítima ou do criminoso, do lugar onde tenha sido cometido o crime ou do fato de ter havido prévio processo em país estrangeiro" **(Defensor Público Federal/DPU/2004/CESPE).**

Foi considerada certa a seguinte afirmação "Considere a situação hipotética em que um grupo de 20 militares integrantes das forças armadas brasileiras, em missão junto às forças de paz da ONU, no Haiti, em concurso de pessoas com diversos outros militares pertencentes às forças armadas da Itália e da França, tenha cometido diversos crimes militares no Haiti. Nessa situação, a competência para conhecer, processar e julgar os militares brasileiros pelas infrações penais militares é da Justiça Militar da União, cujo exercício jurisdicional é o da auditoria da capital da União" **(Defensor Público Federal/DPU/2010/CESPE).**

6. APLICAÇÃO DA LEI PENAL MILITAR QUANTO ÀS PESSOAS

6.1. Definição de militar para efeito de aplicação da Lei Penal Militar

Nos termos do **art. 22 do CPM**, é "considerada militar, para efeito da aplicação deste Código, qualquer pessoa que, em tempo de paz ou de guerra, **seja incorporada às forças armadas, para nelas servir em posto, graduação, ou sujeição à disciplina militar".**

Trata-se de **definição restritiva e incompleta**, pois se limita às pessoas **incorporadas** às forças armadas para o serviço militar, deixando de fora, por exemplo, os alunos das escolas de formação de oficiais da reserva que são matriculados e não incorporados.

O **Estatuto dos Militares (Lei nº 6880/80)** define de forma mais ampla os **militares** como "os **membros das Forças Armadas** que, em razão de sua destinação constitucional, formam uma categoria especial de servidores da Pátria", podendo encontrar-se **na ativa ou na inatividade** (art. 3º).

Essa **distinção** será **fundamental para a tipificação dos crimes militares** em tempo de paz, que têm como sujeitos ativos o **militar da ativa (militar propriamente dito),** nas hipóteses do **artigo 9º, II, CPM** e **o militar inativo (não militar propriamente dito) e o civil** nas figuras do **inciso III,** do mesmo artigo.

a) Militares da Ativa

Os militares **na ativa são:**

- os de **carreira** (aqueles que, no desempenho voluntário e permanente do serviço militar, tenham vitaliciedade assegurada ou presumida - art. 3º §2º);
- **os incorporados** às Forças Armadas para **prestação de serviço militar inicial**, durante os prazos previstos na legislação que trata do serviço militar, ou durante as prorrogações daqueles prazos;

- os **componentes da reserva** das Forças Armadas **quando convocados, reincluídos, designados ou mobilizados**;
- **os alunos de órgão de formação** de militares da ativa e da reserva; e
- **em tempo de guerra, todo cidadão brasileiro mobilizado** para o serviço ativo nas Forças Armadas.

De acordo com o Estatuto são "**equivalentes** as expressões **"na ativa", "da ativa", "em serviço ativo", "em serviço na ativa", "em serviço", "em atividade" ou "em atividade militar"**, conferidas aos **militares no desempenho de cargo, comissão, encargo, incumbência ou missão, serviço ou atividade militar ou considerada de natureza militar nas organizações militares das forças armadas**, bem como na **Presidência** da República, na **Vice-Presidência** da República, no **Ministério da Defesa** e nos **demais órgãos** quando previsto em lei, **ou quando incorporados às Forças Armadas**" (art. 6º).

O **Superior Tribunal de Justiça** (CC nº 85.607/SP e CC nº 31.977/RS) e o **Superior Tribunal Militar** (RSE nº 2009.01.007617-0/RJ) têm reconhecido que o **militar agregado** (artigos 80 a 85, da Lei nº 6.880/1980) **deve ser considerado militar da ativa**, para o fim da aplicação do art. 9º do CPM.

Como já foi registrado, são militares da ativa **os incorporados** às Forças Armadas para **prestação de serviço militar inicial**, durante os prazos previstos na legislação que trata do serviço militar, ou durante as prorrogações daqueles prazos.

> **Observação: Defeito de incorporação**
>
> Incorporação é o ato de inclusão do convocado ou voluntário em uma Organização Militar da Ativa das Forças Armadas. Para tanto, o conscrito deve ter sido selecionado, de acordo com critérios físicos, culturais, psicológicos e morais. Além disso, não pode se enquadrar nas hipóteses de dispensa ou isenção do serviço militar.

Se o sujeito for considerado **inapto em inspeção de saúde, ou declarar ser arrimo de família, ou possuir condenação criminal** não preencherá os requisitos para a incorporação. Assim, haverá **defeito do ato de incorporação** quando estiver presente algum desses impedimentos e, mesmo assim, efetivar-se a sua inclusão no serviço ativo.

Nesses casos, alerta o art. 14, CPM que o **"defeito do ato de incorporação não exclui a aplicação da lei penal militar, salvo se alegado ou conhecido antes da prática do crime"**. O dispositivo aponta **duas situações** distintas que devem ser analisadas.

A primeira se dá quando **o sujeito**, sabendo que não preenche os requisitos para a incorporação (por exemplo, é **arrimo de família**), **omite da administração militar o impedimento por ocasião da seleção e é incorporado**. Após adquirir a condição de militar, pratica um crime militar (por exemplo, deserção - art. 187, CPM) e alega em sua defesa o defeito de incorporação. Nessa hipótese, o defeito de incorporação não afasta a incidência da lei penal castrense.

Quanto ao tema, o **Superior Tribunal Militar** tem assentado que "não permite a Lei que o alistado **guarde seus vícios e os omita quando da incorporação para usá-los em detrimento da obrigação de servir**

à Pátria, quando bem lhe interessa" (Apelação nº 2007.01.050760-6/RJ. **Publicação:** 06/06/2008), bem como **"não aproveita** ao apelante a alegação de defeito do ato de incorporação, previsto no artigo 14 do CPM, se **seus documentos apontam o estado civil de solteiro e ele omite das autoridades militares a convivência com companheira e filhos desta.** Ademais, o próprio acusado confessou ter sido advertido da possibilidade de manifestar-se quanto ao interesse de não servir". (Apelação nº 2006.01.050234-5 /PA. **Publicação:** 13/09/2006).

A **segunda situação** enquadra-se na **ressalva da parte final do artigo 14, se o defeito foi alegado ou conhecido antes da prática do crime.** Conclui-se que, se o sujeito **não concorre para o defeito de incorporação, não se aplica a lei penal militar.**

Por exemplo, durante a seleção o alistado alega que é arrimo de família, mas a administração militar ignora o fato e procede à sua convocação para a incorporação. Posteriormente, o convocado não se apresenta para o ato no prazo determinado porque estava trabalhando para sustento de seus dependentes. Ou, então, o sujeito é considerado inapto na inspeção de saúde, mas mesmo assim é convocado para a incorporação.

Nas duas situações narradas, **em tese, haveria o crime de insubmissão** (art. 183, CPM), porém, como **não concorreu para o defeito de incorporação,** fica excluída a incidência da lei penal militar. Essa foi a orientação adotada pelo Superior Tribunal Militar no julgamento do HC 1992.01.032821-1/SP (06/02/1992), em que foi concedida a ordem em favor do paciente que submetido à junta superior de saúde e julgado 'incapaz B-2', uma vez que a moléstia era anterior à incorporação. Reconheceu-se o **defeito do ato de incorporação sem que o acusado tenha concorrido para o fato.**

b) Militares na Inatividade

Os militares **na inatividade são enquadrados como:**

- **RESERVA REMUNERADA,** quando pertençam à reserva das Forças Armadas e percebam remuneração da União, porém **sujeitos, ainda, à prestação de serviço na ativa, mediante convocação ou mobilização;**

- **REFORMADOS**, quando, tendo passado por uma das situações anteriores estejam **dispensados, definitivamente, da prestação de serviço na ativa,** mas continuem a perceber remuneração da União; e
- **EXECUTANDO TAREFA POR TEMPO CERTO, quando militares da reserva remunerada**, e, excepcionalmente, os **reformados,** são temporariamente contratados para trabalhar na administração militar, segundo regulamentação para cada Força Armada.

O **art. 12 do Código Penal Militar** afirma que o "militar da **reserva ou reformado, empregado na administração** militar, **equipara-se ao militar em situação de atividade**, para o efeito da aplicação da lei penal militar".

Trata-se de dispositivo sem aplicação, pois, como visto acima, o **militar da reserva remunerada ou reformado executando tarefa por tempo certo** é considerado **inativo** pelo Estatuto dos Militares. Assim, essas pessoas contratadas como **prestadores de tarefa por tempo certo** (PTTC) não retornam ao serviço ativo, mas permanecem na inatividade, não havendo porque tratá-los como militares da ativa para efeito de aplicação da lei penal.

Nessa esteira, **o art. 13, CPM,** dispõe que "o militar da **reserva, ou reformado**, conserva as **responsabilidades e prerrogativas do**

posto ou graduação, para o efeito da aplicação da lei penal militar, **quando pratica ou contra ele é praticado crime militar"**.

A referida norma tem **aplicação na esfera processual**, eis que trata de **prerrogativas de posto e graduação**, como, por exemplo, na presidência de inquérito policial militar (art. 7º e 15, CPPM) ou na formação do conselho de justiça.

Quanto ao tema, já se manifestou o **Superior Tribunal Militar** no sentido de que "o **Oficial** da Segunda Classe da **Reserva** tem assegurada a **prerrogativa de ser julgado pelo Conselho Especial de Justiça**, quando pratica **crime militar**. Inteligência do art. 27, I, da Lei nº 8.457/92." (RSE nº 2001.01.006895-9/PR. Publicação: 08/04/2002).

c) Reserva das Forças Armadas

O Art. 4º do Estatuto dos Militares afirma que são **considerados reserva das Forças Armadas:**

- **individualmente:** os militares da reserva remunerada e os demais cidadãos em condições de convocação ou de mobilização para a ativa.
- **no seu conjunto:** as **Polícias Militares** e os **Corpos de Bombeiros Militares.**
- a **Marinha Mercante, a Aviação Civil e as empresas declaradas diretamente relacionadas com a segurança nacional.**

Importante consignar que o pessoal componente da Marinha Mercante, da Aviação Civil e das empresas declaradas diretamente relacionadas com a segurança nacional, bem como os **demais cidadãos** em condições de convocação ou mobilização para a ativa, **só serão considerados militares quando convocados ou mobilizados** para o serviço nas forças armadas **(art. 4º, §2º, lei 6880/80).**

d) Controvérsia: militares dos estados e competência da Justiça Militar da União

Segundo entendimento **do Supremo Tribunal Federal, à luz do artigo 22, CPM e do artigo 3º do Estatuto dos Militares,** perante a **Justiça Militar da União, somente é considerado militar propriamente dito o militar da ativa das Forças Armadas. O militar estadual**

(Policial Militar e Bombeiro Militar) é considerado **"civil" (não militar propriamente dito).**

Em decisão do Plenário, o STF assentou que **"a leitura do artigo 42 da Constituição Federal não autoriza o intérprete a concluir pela equiparação dos integrantes das Polícias Militares Estaduais aos Componentes das Forças Armadas, para fins de Justiça"**. Daí a **"impossibilidade de enquadramento no artigo 9º e incisos, do Código Penal Militar, que enumera, taxativamente os crimes de natureza militar"** ao caso em que **"praça da Polícia Militar, em serviço,** procedendo à revista de dois **conscritos do exército, de folga, fora da área de administração militar,** veio a ser agredido física e moralmente por estes, resultando lesões corporais leves". (CC 7051/SP. Rel.: Min. MAURÍCIO CORRÊA. Julgamento: 17/04/1997. Tribunal Pleno. Publicação DJ 09-03-2001).

Em sentido oposto, o **Superior Tribunal Militar** considera que o **militar estadual da ativa é militar propriamente dito,** para efeito de fixação de competência da **Justiça Militar da União** e afirma que a "conjugação do art. 9º, inciso II, alínea "a", do CPM, com os artigos 42, 125, § 4º, e 142, todos da Constituição Federal, **conduz a concluir-se pela competência da Justiça Militar para processar e julgar crime militar, em tese, praticado por militar contra militar, todos em situação de atividade por definição constitucional. (...) A Constituição Federal de 1988 não recepcionou o art. 22 do CPM. Do mesmo modo, a orientação contida no enunciado da Súmula 297 do Supremo Tribunal Federal, editada em 16/12/1963, encontra-se superada ante o novo texto constitucional. (...) O crime que envolve militar federal e militar estadual desperta o interesse da União, já que a Justiça Militar Federal tutela interesses da Federação, como manutenção da ordem, disciplina e hierarquia nas Corporações Militares estaduais e nas FFAA**. (RSE nº 2002.01.007044-9/RS. Publicação: 19/03/2003).

Note-se que a decisão supramencionada do Plenário do STF é anterior a 1998, não obstante publicada somente em 2001. **Na visão do STM houve modificação do entendimento jurisprudencial a partir da Emenda Constitucional nº 18/98,** que deu nova redação ao art. 42 da Carta Federal de 1988 e não recepcionou o artigo 22 do CPM, sendo competente a **Justiça Militar** para julgar ilícito penal praticado, por exemplo, por sargento do Exército contra soldados e cabo da Polícia Militar do Estado, em situação de serviço.

A **Terceira Seção** do **Superior Tribunal de Justiça** entendeu que "**lesões corporais** praticadas por **policial militar contra capitão do exército**, dentro de um batalhão de infantaria, local sujeito à Administração militar federal, é crime militar de **competência da Justiça Militar da União**, em face da **qualificação dos envolvidos** e também pela proteção que merece o local onde acontecidos os fatos. Aplicação da letra "a" do inciso II do art. 9º do Código Penal Militar" (CC 107.148/SP, DJe 21/10/2010).

Cumpre relembrar que a competência da **Justiça Militar da União** restringe-se a processar e julgar os **crimes militares definidos em lei** (art. 9º, CPM) e **não apenas os militares das Forças Armadas**. De outro lado, a **Justiça Militar dos Estados** tem competência mais restrita, processando e julgando **apenas os militares dos Estados** nos **crimes militares definidos em lei, excluindo-se os crimes dolosos contra a vida de civil.**

APLICAÇÃO DA LEI PENAL MILITAR

COMPETÊNCIA ESPECIAL DA JUSTIÇA MILITAR

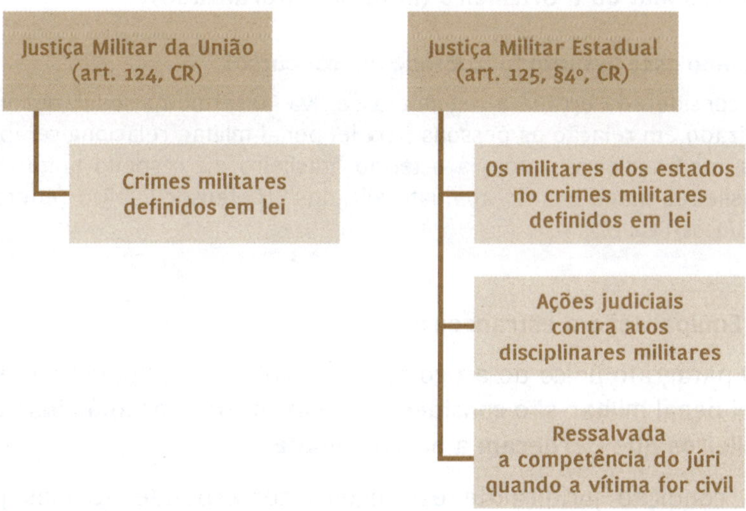

6.2. Militares estrangeiros

De acordo com o art. 11 do CPM, "os **militares estrangeiros**, quando **em comissão ou estágio nas forças armadas**, ficam **sujeitos à lei penal militar brasileira**, ressalvado o disposto em **tratados ou convenções internacionais**".

Comissão ou estágio são espécies do gênero situação de serviço. O legislador equiparou os militares estrangeiros em atividade nas Forças Armadas aos militares da ativa para efeitos penais, uma vez que se sujeitam aos mesmos deveres, à ordem e à disciplina militar brasileira enquanto em estágio ou comissão. Ressalvam-se, entretanto, as regras de tratados ou convenções internacionais.

6.3. Referência a "brasileiro" ou "nacional"

O Código Castrense traz uma nota explicativa: "quando a lei penal militar se refere a **"brasileiro" ou "nacional"**, compreende as pessoas enumeradas como **brasileiros** na Constituição do Brasil" (art. 26, CPM).

Nos termos do artigo 12 da Constituição, o termo **"brasileiro" é gênero** que comporta duas espécies: os brasileiros **natos** e os **naturalizados**. Logo, **não há diferença quando a lei penal militar refere-se a nacional ou a brasileiro (nato ou naturalizado)**.

> **▸ Como esse assunto foi cobrado em concurso?**
>
> Foi considerada errada a seguinte assertiva "O termo nacional, quando utilizado em relação às pessoas pela lei penal militar, relaciona-se apenas aos brasileiros natos; já o termo brasileiro diz respeito tanto aos brasileiros natos quanto aos naturalizados" (Defensor Público Federal/DPU/2004/CESPE).

6.4. Equiparação a estrangeiro

O parágrafo único do artigo 26, CPM explica que, "para os efeitos da lei penal militar, são **considerados estrangeiros** os **apátridas e os brasileiros que perderam a nacionalidade**".

A condição jurídica de estrangeiro corresponde àquelas pessoas que não nasceram em território nacional nem adquiriram a nacionalidade brasileira nos termos do artigo 12, da Constituição, sendo regidas pela lei 6815/80.

Os apátridas (*heimatlos*) são aquelas pessoas que, conforme a circunstância do nascimento, não se vinculam a nenhum critério determinante da nacionalidade. Já os brasileiros que perderam a nacionalidade são os que se enquadram nas hipóteses do artigo 12, §4º, da Constituição.

6.5. Assemelhado

Dispõe o art. 21 do Código Penal Militar que se "considera assemelhado o servidor, efetivo ou não, dos Ministérios da Marinha, do Exército ou da Aeronáutica, submetido a preceito de disciplina militar, em virtude de lei ou regulamento".

Originalmente, o assemelhado era o servidor civil **lotado nas Forças Armadas** que se sujeitava ao regramento disciplinar dos militares e gozava dos respectivos direitos, vantagens e prerrogativas. Portanto, esse servidor era equiparado a militar para efeito de aplicação da lei penal militar.

Segundo entendimento majoritário da doutrina e pacífico do Superior Tribunal Militar (RESE nº 1985.01.005665-9 UF: RJ Decisão: 20/06/1985), não existe mais a figura do civil assemelhado a militar na esfera federal, visto que os servidores civis não se submetem mais ao regime disciplinar das Forças Armadas, sendo regidos por legislação própria.

Todavia, merece registro a polêmica instaurada com a publicação da Lei Federal nº 10029/2000, que estabeleceu normas gerais para a prestação voluntária de serviços administrativos e de serviços auxiliares de saúde e de defesa civil nas Polícias Militares e nos Corpos de Bombeiros Militares dos Estados e do Distrito Federal.

Na esteira da lei federal 10029/2000, no Estado de São Paulo, foi editada a lei Estadual 11.064/02, criando o prestador de serviço voluntário, denominado "Soldado PM Temporário". No exercício do poder regulamentar, o Comandante da Polícia Militar do Estado de São Paulo, estabeleceu que o voluntário está sujeito às leis substantivas e adjetivas penais militares, no desempenho de suas funções na Corporação.

Assim, parte da doutrina passou a indagar se tais inovações poderiam significar o ressurgimento da figura do **assemelhado**. A resposta só pode ser negativa.

Impende notar que, nos termos da lei, a prestação voluntária dos serviços não gera vínculo empregatício, nem obrigação de natureza trabalhista, previdenciária ou afim. Repita-se que a prestação voluntária restringe-se a serviços administrativos e serviços auxiliares de saúde e de defesa civil, sendo vedado, sob qualquer hipótese, nas vias públicas, o porte ou uso de arma de fogo e o exercício do poder de polícia. Portanto, o voluntário não pode possuir as mesmas prerrogativas do militar estadual. Apesar de poder ser considerado funcionário público para efeitos penais (art. 327, CP), não pode ser assemelhado a militar.

Observe-se que o conceito de militar decorre do texto Constitucional (art. 42 e 142, CR/88), não sendo admitido que simples regulamento crie uma situação jurídica híbrida de um civil submetido à legislação castrense como se militar fosse.

Ademais, ainda que se admitisse o retorno do assemelhado, caso este cometesse algum crime relacionado ao exercício de sua função, a Justiça Militar Estadual não seria competente para processá-lo e julgá-lo, uma vez que não pode julgar civis, por força da regra constitucional (artigo 125, §4º, CR).

Nessa linha, o **Superior Tribunal de Justiça** tem firme posicionamento de que o **Soldado PM Temporário, nos termos da Lei Estadual 11.064/02, presta serviços administrativos e auxiliares de saúde e de defesa civil, não sendo, portanto, considerado Policial Militar, mas civil**, razão pela qual compete à Justiça Comum Estadual seu processo e julgamento. Nos termos da Súmula 53/STJ, compete à Justiça Comum Estadual processar e julgar civil acusado de prática de crime contra instituições militares estaduais. (HC 119.683/SP, QUINTA TURMA, DJe 24/05/2010).

Registra-se o recente julgamento da ADI 4173[4], em que o Supremo Tribunal Federal declarou que a Lei Federal 10.029/2000, que

4. (ADI 4173, Relator(a): Min. ALEXANDRE DE MORAES, Tribunal Pleno, julgado em 19/12/2018, ACÓRDÃO ELETRÔNICO DJe-038 DIVULG 22-02-2019 PUBLIC 25-02-2019)

estabeleceu os parâmetros de organização de serviços voluntários nas Polícias Militares e nos Corpos de Bombeiros Militares, possui caráter nacional e foi editada dentro dos limites da competência da União (arts. 22, XXI, e 144, § 7º, da CF).

Ademais, entendeu a Corte que , ao dispor que os voluntários por ela disciplinados terão direito ao recebimento de auxílio mensal de natureza indenizatória "destinado ao custeio das despesas necessárias à execução dos serviços a que se refere essa lei" (art. 6º), sem a configuração de "vínculo empregatício" ou de "obrigação de natureza trabalhista, previdenciária ou afim", em decorrência da relação jurídica constituída (art. 6º, § 2º), a Lei Federal 10.029/2000 não violaria o artigo 37, I, II e IX, da Constituição Federal, dada a diversidade da natureza dos vínculos jurídicos estabelecidos.

Assim, o STF julgou parcialmente procedente o pedido apenas para declarar a inconstitucionalidade material da expressão "e menores de vinte e três anos", como limitação máxima de idade para a prestação de quaisquer serviços voluntários na Polícia Militar e no Corpo de Bombeiros Militar constante do inciso I do art. 3º da Lei Federal 10.029/2000, por ausência de razoabilidade.

6.6. Comandante

A definição de comandante, elementar de diversos crimes previstos da lei penal militar, é extraída do disposto no artigo 34 do Estatuto dos Militares:

"Comando é a **soma de autoridade, deveres e responsabilidades** de que o **militar é investido legalmente quando conduz homens ou dirige uma organização militar**. O comando é vinculado ao grau hierárquico e constitui uma prerrogativa impessoal, em cujo exercício o militar se define e se caracteriza como chefe.

Parágrafo único. **Aplica-se à direção e à chefia de organização militar**, no que couber, o estabelecido para comando".

Diante do texto acima, a conclusão lógica a que se pode chegar é que a **"autoridade com função de direção"** que o **artigo 23 do CPM** equipara ao comandante, para o efeito da aplicação da lei penal militar, **somente pode ser a autoridade militar**.

6.7. Superior

A condição de superior é fundamental em algumas normas penais militares, daí o art. 24, CPM esclarecer que "o **militar** que, em virtude da **função, exerce autoridade sobre outro** de **igual posto ou graduação**, considera-se **superior,** para efeito da aplicação da lei penal militar".

De forma mais abrangente, o Estatuto dos Militares, em seu artigo 14, define a **hierarquia militar** como a **ordenação da autoridade, em níveis diferentes**, dentro da estrutura das Forças Armadas. O respeito à hierarquia é consubstanciado no espírito de acatamento à sequência de autoridade.

A ordenação da autoridade se faz por postos (oficiais) ou graduações (praças), sendo que, dentro de um mesmo posto ou graduação ordena-se a hierarquia pela antiguidade no posto ou na graduação.

O mesmo estatuto define função militar como o exercício das obrigações inerentes ao cargo. E este se traduz no conjunto de atribuições, deveres e responsabilidades cometidos a um militar em serviço ativo (art. 20 a 23).

Portanto, não é a função militar o fator preponderante na relação hierárquica, mas sim o cargo ocupado pelo militar, uma vez que é o cargo que está vinculado ao posto ou à graduação do seu titular.

Assim, a melhor leitura do artigo 24, CPM deve levar em consideração o conceito mais abrangente de cargo quando definir superior para efeito de aplicação da lei penal militar.

7. INTERPRETAÇÃO E INTEGRAÇÃO DA LEI PENAL

A tarefa do intérprete consiste na busca do efetivo alcance da norma, procurando descobrir o que ela tem dizer com a maior precisão possível. De acordo com a doutrina, existem diversas modalidades de interpretação da lei penal.

7.1. Interpretação quanto ao objeto

a) **Objetiva** (*voluntas legis*) – busca-se descobrir a suposta vontade da lei.

b) **Subjetiva** (*voluntas legislatoris*) - busca-se alcançar a vontade do legislador.

7.2. Interpretação quanto ao sujeito

a) **Autêntica** - é realizada pelo próprio texto legal, no corpo da lei editada. A interpretação autêntica pode ser:

- **Contextual** - realizada no mesmo momento da edição do diploma legal.

  Ex.: Art. 25, CPM. *Diz-se crime praticado em presença do inimigo, quando o fato ocorre em zona de efetivas operações militares, ou na iminência ou em situação de hostilidade.*

- **Posterior** - realizada pela lei, depois da edição de um diploma legal anterior, a fim de afastar qualquer dúvida de interpretação.

  Ex.: art. 9º, § 1º, CPM, Os crimes de que trata este artigo, quando dolosos contra a vida e cometidos por militares contra civil, serão da competência do Tribunal do Júri. **(Redação dada pela Lei nº 13.491, de 2017)**

  § 2º Os crimes de que trata este artigo, quando dolosos contra a vida e cometidos por militares das Forças Armadas contra civil, serão da competência da Justiça Militar da União, se praticados no contexto: **(Incluído pela Lei nº 13.491, de 2017)**

  I - do cumprimento de atribuições que lhes forem estabelecidas pelo Presidente da República ou pelo Ministro de Estado da Defesa; **(Incluído pela Lei nº 13.491, de 2017)**

  II - de ação que envolva a segurança de instituição militar ou de missão militar, mesmo que não beligerante; ou **(Incluído pela Lei nº 13.491, de 2017)**

  III - de atividade de natureza militar, de operação de paz, de garantia da lei e da ordem ou de atribuição subsidiária, realizadas em conformidade com o disposto no art. 142 da Constituição Federal e na forma dos seguintes diplomas legais: **(Incluído pela Lei nº 13.491, de 2017)** *a)* **Lei nº 7.565, de 19 de dezembro de 1986** – *Código Brasileiro de Aeronáutica;* ***(Incluída pela Lei nº 13.491, de 2017)***

b) **Lei Complementar nº 97, de 9 de junho de 1999;** ***(Incluída pela Lei nº 13.491, de 2017)***

c) **Decreto-Lei nº 1.002, de 21 de outubro de 1969** – *Código de Processo Penal Militar; e* ***(Incluída pela Lei nº 13.491, de 2017)***

d) **Lei nº 4.737, de 15 de julho de 1965** – *Código Eleitoral.* ***(Incluída pela Lei nº 13.491, de 2017)***

b) **Doutrinária** – realizada pelos estudiosos do Direito, comentando sobre a lei que se pretende interpretar.

c) **Judicial** – realizada pelos aplicadores do direito (magistrados de 1º grau e dos tribunais), sempre intra-autos, ou seja, no bojo de um processo judicial.

7.3. Interpretação quanto aos meios empregados

a) **Literal (ou gramatical)** – preocupa-se, simplesmente, em saber o real e efetivo significado das palavras.

Ex.: *Art. 157, CPM. Praticar violência contra* ***superior.***

b) **Teleológica** – busca-se alcançar a finalidade da lei, aquilo que ela se destina a regular. Fundamentado na análise da finalidade da regra (seu objetivo social), prevalece o espírito sobre a letra.

Ex.: *A restituição da res furtiva à vítima, realizada por terceiros, sendo estes ressarcidos pelo réu dos valores que pagaram, enseja a aplicação da atenuante prevista no § 2º do art. 240 do CPM.* ***Interpretação teleológica do citado dispositivo legal*** *(STM. Embargos Infringentes nº 0000073-57.2011.7.11.0011/DF Decisão: 03/04/2014).*

c) **Sistemática (ou sistêmica)** – analisa o dispositivo legal no sistema em que ele está contido e não de forma isolada.

Ex.: latrocínio (art. 242, § 3º, CPM) está no capítulo dos crimes contra o patrimônio e não dos crimes contra a pessoa.

d) **Histórica** - o intérprete volta ao passado, ao tempo da edição da norma, buscando os fundamentos de sua criação, o momento social, o motivo que levou à alteração do ordenamento.

Ex.: *A Lei 9.299/96, quando incluiu o parágrafo único do art. 9ºdo Código Penal Militar, foi editada num momento de pressão popular incentivado pela mídia nacional, por conta de diversos eventos envolvendo violência policial contra civis, como por exemplo, os Massacres do Carandiru (02/10/1992) e de Eldorado dos Carajás (19/04/1996), as Chacinas da Candelária (23/07/1993) e de Vigário Geral (28/08/1993), dentre outros.*

7.4. Interpretação quanto aos resultados

a) **Declaratória** - não amplia nem restringe o alcance da norma, apenas declara sua vontade.

Ex.: *Art. 211. Participar de rixa, salvo para separar os contendores. Entende-se que o número mínimo participantes deve ser de 3 rixosos.*

b) **Restritiva** - o intérprete restringe o alcance da lei, pois esta disse mais do que efetivamente pretendia dizer.

Ex.: Não é razoável uma interpretação ampla da norma penal, de modo a colocar qualquer pessoa na condição de garante. A norma penal não permite tal amplitude, e a interpretação restritiva, taxativa e estritamente legal é única possível no direito penal. O § 2º do art. 29 do Código Penal Militar, diz respeito apenas à causalidade do crime, que, depois de demonstrada, deve-se perquirir se os Indiciados teriam agido com dolo ou culpa. (STM. RSE nº 0000073-14.2016.7.10.0010/CE Decisão: 29/11/2016).

c) **Extensiva** - para conhecer a exata amplitude da lei, o intérprete necessita alargar seu alcance, pois aquela disse menos do que pretendia.

Ex.: *A elementar da vantagem indevida, prevista no art. 308 do CPM, não se reduz à seara pecuniária, podendo ser representada pela consecução de favores em benefício de agente público no exercício de sua função. Paralelamente, tal elementar tem o condão de integrar a tipificação da corrupção passiva (art. 309 do CPM), quando caracterizada a consecução de sua promessa ou de seu oferecimento, em contrapartida de prática ou de retardamento de ato funcional (STM. Apelação nº 0000002-42.2009.7.04.0004 UF: MG Decisão: 23/02/2017).*

7.5. Interpretação Analógica

É uma espécie de interpretação extensiva. Por não ser possível prever todas as situações que poderiam ocorrer em concreto, e que seriam similares àquelas já elencadas, o legislador permite expressamente no texto legal a utilização deste recurso, que também amplia o alcance da norma penal. A uma fórmula casuística, que servirá de norte para o intérprete, segue-se uma fórmula genérica.

> Ex.: *art. 205, § 2º, III, CPM: Se o homicídio é cometido: (...) II – mediante paga ou promessa de recompensa, por cupidez, para excitar ou saciar desejos sexuais,* ***ou por outro motivo torpe****;*

7.6. Analogia

É uma forma de auto-integração da norma consistente em aplicar a uma hipótese não prevista em lei a disposição legal relativa a um caso semelhante, fundado em que juiz não pode deixar de julgar por causa da lacuna da lei.

Por analogia, costuma-se fazer referência a um raciocínio que permite transferir a solução prevista para determinado caso a outro não regulado expressamente pelo ordenamento jurídico, mas que compartilha com o primeiro certos caracteres essenciais ou a mesma ou suficiente razão.

Em matéria penal, admite-se analogia apenas *in bonam partem*, ou seja, para beneficiar o acusado.

> Ex.: *Em sendo um acusado comprovadamente semi-imputável, a norma adequada para a diminuição da pena a ser aplicada,* ***por analogia*** *e em nome dos postulados da proporcionalidade, da razoabilidade e da individualização da pena como medidas de política criminal, é o art. 26, parágrafo único, do CP comum, autorizando a redução da pena de um terço a dois terços, podendo, inclusive, ficar abaixo do mínimo legal. (STM. Apelação nº 0000041-92.2015.7.11.0211/DF Decisão: 06/10/2016).*

Por força do primado da Legalidade, veda-se a utilização de analogia in malam partem, ou seja, para criar hipótese prejudicial ao acusado.

Ex.: *A norma extraída do texto do art. 366 do Código de Processo Penal possui natureza híbrida, sendo a primeira parte de essência processual e a segunda penal. Tal afirmação extrai-se do fato de que o instituto da prescrição é causa extintiva de punibilidade, porquanto regra de direito material.* ***Intercorrentes obstativos à prescrição, seja suspensão ou interrupção, por serem prejudiciais ao réu, devem decorrer de lei, trata-se da reserva legal. Em decorrência do postulado constitucional da legalidade, em matéria penal, veda-se a analogia prejudicial ou in malam partem.*** *Para ser defensável sua avocação, o resultado da incidência do seu dispositivo deve ser "na íntegra" mais favorável do que o advindo da aplicação do art. 292 do CPPM. Mormente, o dispositivo castrense não interrompe a prescrição, sendo nesse aspecto norma favorável ao réu, o que de plano aniquila o requisito para a incidência do art. 366 do CPP.* (STM. Correição Parcial nº 0000029-26.2014.7.08.0008 UF: PA Decisão: 16/02/2017).

8. CONFLITO (OU CONCURSO) APARENTE DE NORMAS PENAIS

Fala-se em concurso aparente de normas penais quando, para determinado fato concreto, aparentemente, existem duas ou mais normas que poderão sobre ele incidir. Ou seja, há conflito de normas sempre que uma conduta delituosa pode enquadrar-se em diversas disposições da lei penal. Todavia, esse conflito só pode ser aparente, uma vez que o ordenamento jurídico é harmônico. Se duas ou mais disposições parecem aplicáveis a um dado caso, busca-se a solução desse conflito através de determinados princípios que indicarão qual será a norma prevalente.

8.1. Princípio da Especialidade – *lex specialis derrogat legi generali*

A norma especial afasta a aplicação da norma geral. Há relação gênero/espécie. Ex.: *Importa frisar que a discussão acerca da incompatibilidade do dispositivo penal citado com a Constituição vigente foi pacificada no Supremo Tribunal Federal. Prevalece naquela Corte o entendimento da recepção do art. 290 do CPM pela Constituição Federal,* ***tendo em vista a especialidade da norma e a necessidade de preservação dos princípios da hierarquia e da disciplina.*** *(STM. AGREG nº 0000104-98.2015.7.09.0009/DF Decisão: 14/03/2017).*

8.2. Princípio da Subsidiariedade – *lex primaria derrogat legi subsidiariae*

Na ausência ou impossibilidade de aplicação da norma principal (mais grave), aplica-se a norma subsidiária (menos grave). É, na lição de Hungria, o "soldado de reserva".

A subsidiariedade pode ser:

a) **Expressa** – a própria lei faz a sua ressalva, deixando transparecer seu caráter subsidiário. *Ex.:* ***Recusa de obediência*** *Art. 163. Recusar obedecer a ordem do superior sobre assunto ou matéria de serviço, ou relativamente a dever imposto em lei, regulamento ou instrução: Pena – detenção, de um a dois anos,* ***se o fato não constitui crime mais grave.***

b) **Tácita ou implícita** – embora não se referindo expressamente ao seu caráter subsidiário, somente terá aplicação nas hipóteses de não-ocorrência de um delito mais grave, que afastará a aplicação da norma subsidiária. *Ex.:* ***Dano simples.*** *Art. 259. Destruir, inutilizar, deteriorar ou fazer desaparecer coisa alheia.*

8.3. Princípio da Consunção

1ª hipótese: Aplica-se a consunção quando um crime é meio necessário ou normal fase de preparação ou de execução de outro crime. Há uma relação de "minus"/"plus", de parte/todo, de meio/fim.

Ex.1: Recurso em Sentido Estrito contra a Decisão que determinou o arquivamento do IPM referente ao crime de abandono de posto, e, na mesma ocasião, entendeu descabida a instauração da IPD referente ao caso. As ações, em tese, empreendidas pelo Acusado aconteceram dentro de uma linha de desdobramento causal para um intento final, resultando de um mesmo contexto fático, esgotando seu potencial lesivo, sendo, por isso, apenada somente a conduta final do agente, ou seja, o delito de deserção (STM. RSE nº 0000203-78.2015.7.01.0401 UF: RJ Decisão: 10/10/2016).

Ex.2: Civil ingressa em quartel para furtar mangas, sendo denunciado apenas por ingresso clandestino. No conflito aparente de normas, é sabido que o furto (delito fim) absorve o ingresso revestido de clandestinidade (crime meio), haja vista que este consiste em elemento necessário à investida contra o patrimônio sob administração militar. Em que pese inexistir denúncia em face da subtração, haja vista tratar-se de delito insignificante, impunível o meio utilizado se já isenta, de plano, de responsabilidade penal, a finalidade de sua conduta. Mantida a rejeição da Denúncia por motivo diverso, com respaldo nos princípios da consunção (major absorbet minorem) e da insignificância do crime fim. (STM. RSE nº 0000087-25.2015.7.07.0007/PE Decisão: 15/12/2015).

2ª hipótese: Nos casos de antefato e pós-fato impuníveis.

a) **Antefato impunível** – trata-se de delito antecedente praticada pelo agente a fim de conseguir levar a efeito o crime por ele pretendido e que, sem aquele, não seria possível.

Ex.: Militar que apresenta comprovantes de endereço no qual jamais residiu, a fim de receber auxílio transporte, induzindo e mantendo em erro a administração militar, comete o crime militar previsto no artigo 251 do CPM (STM. Apelação nº 0000021-12.2014.7.06.0006 UF: BA Decisão: 27/04/2016).

b) **Pós-fato impunível** – o fato posterior pode ser considerado um exaurimento do crime principal praticado pelo agente e, portanto, por ele não pode ser punido.

Ex.1: Militar que abandona o posto para dormir em outro local comete o crime de abandono de posto, sendo a conduta de dormir em serviço mero exaurimento ou proveito do crime antecedente já consumado. (STM. RSE nº 0000018-11.2013.7.01.0401 UF: RJ Decisão: 20/02/2014).

Ex.2: O uso de documento falso só é punível se cometido por terceiro que não tenha participado da falsificação. Do contrário, o falsificador responderá apenas pelo delito tipificado no artigo 311 do CPM, mesmo que venha a utilizar o falso documento, por se tratar de post factum impunível. (STM. Conflito de Competência nº 0000037-90.2008.7.01.0401/RJ Decisão: 30/06/2008)

8.4. Princípio da Alternatividade

Indica que o agente só será punido uma vez, nos chamados crimes de ação múltipla, embora possa praticar duas ou mais condutas no mesmo tipo penal, desde que no mesmo contexto.

*Ex.: **Receptação**. Art. 254, CPM. Adquirir, receber ou ocultar em proveito próprio ou alheio, coisa proveniente de crime, ou influir para que terceiro, de boa-fé, a adquira, receba ou oculte.*

Capítulo III

Crime militar

1. CONCEITO

O Direito Penal Militar é especial em virtude dos bens jurídicos tutelados: as instituições militares, a hierarquia e a disciplina, o serviço e o dever militar, bem como a condição de militar como sujeito ativo ou passivo.

É a própria Constituição da República que aponta a **especialidade dos crimes militares** e da justiça competente para seu processo e julgamento, remetendo ao legislador ordinário a tarefa de defini-los (art. 124, CR/88).

Quanto ao tema, o Supremo Tribunal Federal já assentou

> Ao passo que a Constituição de 1967 (art. 129 e seus parágrafos) partia de um requisito subjetivo, ligado à condição do agente (militar ou assemelhado), para a definição da competência da Justiça Militar, **a Carta Política de 1988 (art. 124) adota a tipificação do delito, como critério objetivo da atribuição da mesma competência**. Embora esse critério não confira, ao legislador ordinário, a franquia de criar, arbitrariamente, figuras de infração penal militar, estranhas ao que se possa conceitualmente admitir como tal, a espécie em julgamento (crime contra a administração naval, art. 309, e parágrafo único, do CPM) situa-se, sem esforço, na tipificação necessária ao estabelecimento da competência da Justiça Castrense, reconhecida pelo acórdão recorrido, ao conceder a ordem de *habeas corpus*." (RE 121.124, rel. min. Octavio Gallotti, julgamento em 17-4-1990, Primeira Turma, *DJ* de 8-6-1990.)

Além disso, o tratar das hipóteses de prisão cautelar, o texto constitucional, mais uma vez, evidencia a especialidade do crime militar ao afirmar que "ninguém será preso senão em flagrante delito ou por ordem escrita e fundamentada de autoridade judiciária competente, **salvo nos casos de transgressão militar ou crime propriamente militar, definidos em lei" (art. 5º, LXI, CR/88).**

Portanto, numa primeira abordagem, pode-se dizer que crime militar é aquela conduta que, direta ou indiretamente, atenta contra os bens e interesses jurídicos das instituições militares, qualquer que seja o agente. Entretanto, esse conceito incipiente pode levar à confusão entre o crime militar e a transgressão disciplinar militar, já que ambos atentam, em alguma medida, contra as instituições militares. Faz-se necessário, pois, estabelecer a distinção entre as duas figuras.

No aspecto material, o crime militar caracteriza uma acentuada violação do dever militar e dos valores das instituições militares. Já a transgressão disciplinar configura, pelo menos em tese, uma afronta mais branda àqueles valores, o que autoriza seu processamento pela via administrativa.

Quanto ao tema, afirma o Supremo Tribunal Federal:

> O Desrespeito a Superior (art. 160 do CPM) encontra-se tipificado sob o Título II do referido *codex*, que trata "Dos Crimes Contra Autoridade ou Disciplina Militar", o que pode aparentar, em princípio, que a conduta seria uma transgressão disciplinar. Entretanto, o legislador fez a opção por tipificá-la como crime. A desclassificação de uma conduta tipificada como crime para uma mera transgressão disciplinar, *in casu*, afrontaria o próprio texto constitucional, de modo a fragilizar os pilares que sustentam a instituição a qual incumbe a defesa da pátria, a garantia dos poderes constitucionais e da lei e da ordem (art. 142 da CF/1988). (HC 133653, Relator(a): Min. RICARDO LEWANDOWSKI, Segunda Turma, PUBLIC 13-12-2016).

No sentido material, somente haverá crime militar quando existir efetiva violação de dever militar ou afetação direta de bens jurídicos das forças armadas. É necessária a existência de uma situação de interesse militar para que o delito adquira o status de crime militar.

No aspecto formal, crime militar é a conduta indicada pela lei penal militar como tal. Diferentemente do sistema penal comum, o Direito Penal Militar não adota o sistema bipartite, que classifica as infrações penais em crimes e contravenções penais.

O Código castrense somente se ocupa dos crimes militares, já que, nos termos de seu artigo 19, afirma-se expressamente que "**este código não compreende as infrações dos regulamentos disciplinares**". As transgressões disciplinares ficam a cargo dos regulamentos internos das instituições militares.

> **Como esse assunto foi cobrado em concurso?**
>
> Foi considerada errada a seguinte afirmação "No atual Código Penal Militar (CPM), são prescritos os crimes militares e regulamentadas as infrações disciplinares." **(Analista Judiciário - Execução de Mandados/ STM/2011/CESPE).**

2. CLASSIFICAÇÃO DOUTRINÁRIA

Clovis Beviláqua classificava os crimes militares em três grupos: os **essencialmente militares (próprios)**, os **militares por compreensão normal da função militar (impróprios)** e **os acidentalmente militares (praticados por civis).**

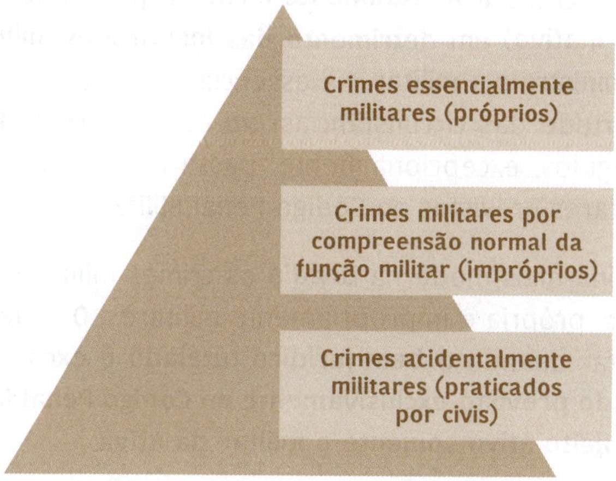

Nos **dois primeiros grupos** identificam-se **crimes funcionais**, pois a **natureza militar** decorre da **condição do sujeito ativo (militar)**. Já no **último grupo**, o crime é acidentalmente militar por conta do **critério legal** (*ratione legis*) e por voltar-se **contra as instituições militares** (*ratione materiae*), ainda que praticado por civil.

A partir da classificação acima, pode-se dizer que o **crime propriamente militar** é aquele cujo **bem jurídico tutelado é inerente ao meio militar** e **estranho à sociedade civil** (autoridade, dever, serviço, hierarquia, disciplina etc) e **somente pode ser praticado por militar da ativa**. Assim, é crime **previsto somente no Código Penal Militar**, pois o tipo penal é criado especificamente para proteger **interesses jurídicos exclusivos da vida militar** e **o sujeito ativo só pode ser militar da ativa**, uma vez que tal qualidade do agente é essencial ao tipo.

De outro lado, no crime **impropriamente militar** os **bens jurídicos** tutelados são **comuns às esferas militar e civil** (vida, integridade, corporal, patrimônio etc), mas o delito é considerado militar por que é **praticado por militar da ativa** (**por compreensão normal da função militar**). Trata-se de crime **previsto tanto no Código Penal Militar quanto nas leis penais comuns**, com **igual ou semelhante definição**, mas tem como **sujeito ativo apenas o militar da ativa**.

Por fim, o crime **acidentalmente militar** é **praticado por civil (ou por militar inativo)** em **detrimento das instituições militares ou da ordem administrativa militar**. Na essência, trata-se de crime comum que, em virtude das circunstâncias em que ocorre e dos bens jurídicos atingidos, excepcionalmente, passa a compor a galeria dos crimes militares previstos no Código Penal Militar.

A doutrina mais moderna **dividia** os crimes militares em **apenas dois grupos**: própria e impropriamente militares. O crime é **propriamente** militar quando o **bem jurídico tutelado é exclusivo do meio militar, sendo previsto exclusivamente no Código Penal Militar e** tendo como **sujeito ativo somente o militar da ativa**.

Já o crime **impropriamente** militar, por afetar **bens jurídicos comuns às esferas militar e civil**, tem previsão legal **tanto no Código Penal Militar quanto na legislação comum** e pode ser **praticado** por **militar da ativa ou da reserva ou reformado ou por civil**. Percebe-se que essa abordagem não fazia distinção entre os crimes impropriamente e os acidentalmente militares.

Crimes PROPRIAMENTE militares	• Previstos apenas no CPM • Sujeito ativo: somente militar
Crimes IMPROPRIAMENTE militares	• Previstos também no CPM • Sujeito ativo: militar ou civil

▸ **Como esse assunto foi cobrado em concurso?**

Foi considerado errado o seguinte enunciado "Os crimes militares próprios correspondem aos crimes praticados por militares e previstos no Código Penal Militar." **(Analista Judiciário - Execução de Mandados/ STM/2011/CESPE).**

Considerou-se errada a seguinte afirmação "Os crimes contra a administração militar são crimes militares próprios, ou seja, não são perpetrados por civis." **(Promotor de Justiça Substituto/MPE/ES/2010/CESPE).**

Também foi considerada errada a seguinte assertiva "Considera-se crime propriamente militar o furto praticado no interior de um quartel por uma praça em situação de atividade". **(Defensor Público Federal/ DPU/2001/CESPE).**

▸ **Importante: polêmica quanto à classificação do crime de insubmissão**

O crime de **insubmissão**, previsto no **artigo 183 do Código Penal Militar**, é **cometido por um civil**, mas atenta contra um **interesse jurídico exclusivamente militar**, daí porque não encontra previsão fora do Código Castrense. Há **divergência** na doutrina quanto a sua natureza, sobressaindo **quatro orientações:**

- **Crime propriamente militar - Jorge Alberto Romeiro, Alexandre Saraiva** (orientação **majoritária** e adotada pelo **Superior Tribunal Militar** no julgamento da apelação nº 2007.01.050641-1/PR - publicado em 19/01/2010);
- **Crime impropriamente militar - Célio Lobão e Ricardo Giuliani;**
- **Crime acidentalmente militar - Jorge Cesar de Assis,** seguindo a classificação de Clovis Beviláqua; e
- **Crime tipicamente militar - Claudio Amin e Ione de Souza Cruz.**

▸ **Como esse assunto foi cobrado em concurso?**

Foi considerada correta a seguinte afirmação "Comete crime propriamente militar o cidadão alistado para o serviço militar que, convocado à incorporação, apresenta-se dentro do prazo, mas ausenta-se antes do ato oficial de incorporação." **(Analista Judiciário - àrea judiciária/STM/2018/CESPE).**

Com a nova redação do inciso II do art. 9º do CPM, após **o advento da Lei 13.491/17**, a doutrina passou a reconhecer uma terceira categoria de crime militar.

Assim, ao lado dos crimes militares próprios e impróprios, **Jorge Cesar de Assis**[5] **e Ronaldo João Roth**[6] apontam os ***crimes militares por extensão***, que estão previstos exclusivamente na legislação penal comum, mas que se caracterizam como de natureza militar pela tipicidade indireta construída pela conjugação do tipo penal comum com uma das hipóteses do inciso II do art. 9º do CPM.

Divergindo, **Cícero Robson Coimbra Neves**[7] denomina-os ***crimes militares extravagantes***, por estarem tipificados fora do Código Penal Militar. Já **Carlos Frederico de Oliveira Pereira, citando Douglas Araújo**[8], usa a expressão ***crime militar por equiparação à legislação penal comum*** e afirma que o que importa a caracterizar o comportamento atentatório à hierarquia e à disciplina como crime militar são as situações definidas na **norma de extensão** do artigo 9º, CPM.

---

5. https://www.observatoriodajusticamilitar.info/single-post/2018/01/18/A-Lei-1349117-e-a-altera%C3%A7%C3%A3o-no-conceito-de-crime-militar-primeiras-impress%C3%B5es-%E2%80%93-primeiras-inquieta%C3%A7%C3%B5es acesso em 26.02.2018.
6. https://www.observatoriodajusticamilitar.info/single-post/2018/01/20/Os-delitos-militares-por-extens%C3%A3o-e-a-nova-compet%C3%AAncia-da-justi%C3%A7a-militar-Lei-1349117 - acesso em 26.02.2018.
7. NEVES, Cícero Robson. Inquietações na investigação criminal militar após a entrada em vigor da Lei n. 13.491, de 13 de outubro de 2017, Revista Direito Militar nº 126, Florianópolis: AMAJME, setembro a dezembro de 2017, pp. 23-28.
8. http://www.mpm.mp.br/portal/wp-content/uploads/2017/11/lei-13491-crimes-hediondos.pdf acesso em 26.02.2018.

3. CRIME MILITAR – CRITÉRIOS LEGAIS DETERMINANTES

De acordo com a doutrina, o Código Castrense não apresenta um conceito de crime militar, apenas enumera alguns critérios para orientar o intérprete na sua identificação. **Prevalece o critério objetivo (*Ratione legis*):** é crime militar aquele definido no Código Penal Militar.

Assim, pelo critério *ratione legis*, seria suficiente a lei penal militar afirmar que determinada conduta é considerada crime militar. Contudo, o legislador optou por combinar o critério legal (que sempre estará presente) com outros critérios apontados nos artigos 9º e 10 do CPM: ***Ratione personae, Ratione loci, Ratione materiae ou Ratione temporis.***

- **Ratione personae:** crime militar é aquele cujo sujeito ativo ou passivo é militar.
- ***Ratione Loci:*** crime militar é aquele que ocorre em lugar sujeito à administração militar.
- ***Ratione materiae:*** crime militar é aquele que afeta bens jurídicos vinculados à instituição militar (patrimônio sob administração militar ou a ordem administrativa militar) ou é praticado por (ou contra) militar em situação de atividade, em serviço etc.
- ***Ratione temporis:*** crime militar é aquele cometido em determinada época ou circunstância (v.g. tempo de guerra ou período de manobras e exercícios).

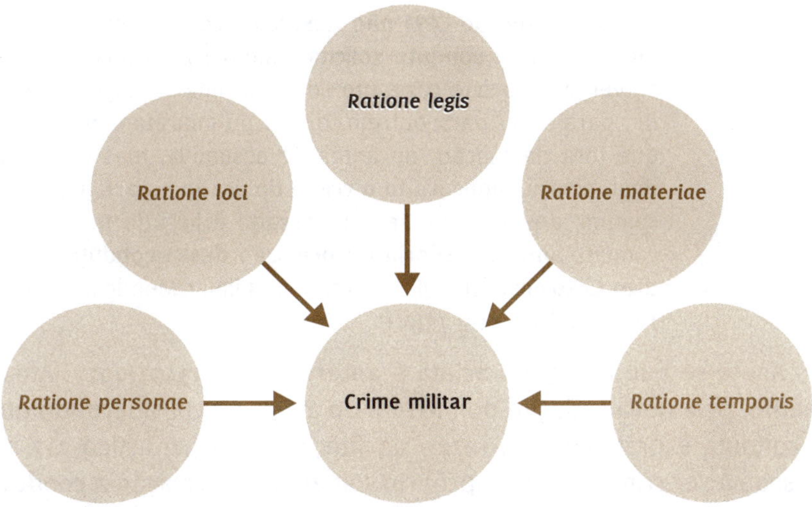

▸ **Como esse assunto foi cobrado em concurso?**

Foi considerado errado o seguinte enunciado "Entre os critérios utilizados para se classificar o crime militar, o critério processualista (ratione materiae, ratione personal, ratione loci, ratione temporis e ratione legis) se impôs, com preferência pelo critério ratione materiae, sendo crime militar aquele definido no CPM". **(Defensor Público Federal/DPU/2007/ CESPE).**

4. CRIME MILITAR EM TEMPO DE PAZ (ART. 9º, CPM)

4.1. Art. 9º, inciso I, CPM

Nos termos do art. 9º, I do CPM

> consideram-se crimes militares, em tempo de paz **os crimes de que trata este código**, quando definidos de **modo diverso** na lei penal comum, ou nela **não previstos, qualquer** que seja o **agente, salvo** disposição **especial.**

A disposição legal não define o crime militar, mas evidencia a opção do legislador pelo critério ***Ratione legis,*** já que afirma serem militares os crimes de que trata o Código castrense.

Ilustrando a força do critério Ratione Legis, merece registro o voto do rel. min. Gilmar Mendes, no julgamento do HC 98.412:

> (...) **o art. 308 do CPM não descreve, como elemento objetivo do tipo, a conduta solicitar**, motivo pelo qual, em que se verificando que o agente solicitou uma vantagem indevida, para si ou para outrem, direta ou indiretamente, ainda que fora da função, ou antes de assumi-la, mas em razão dela**, estará configurado o crime tipificado no art. 317 do CP comum**, devendo ele ser processado e julgado pela Justiça comum, **ante a ausência de previsão dessa conduta no Código Castrense.** (HC 98.412, rel. min. Gilmar Mendes, Segunda Turma, *DJE* de 24-9-2010.)

Anote-se que o julgado acima é anterior à lei 13491/2017. Atualmente, pela nova redação do inciso II do artigo 9º, considerando que a conduta é praticada em razão da função militar, o artigo 317, CP passou a ser crime militar impróprio **somente com relação à conduta de solicitar**.

Em seguida, o inciso I apenas reconhece a existência dos crimes **impropriamente** militares (definidos de modo diverso na lei penal, qualquer que seja o agente) e dos **propriamente** militares (crimes não previstos na lei comum praticados somente por militar - "salvo disposição especial").

Parte da doutrina identifica na expressão "nela não previstos", da segunda parte do dispositivo, o gênero **"crimes tipicamente militares"**, que comportaria as duas espécies acima: os impropriamente militares (qualquer que seja o agente) e os propriamente militares ("salvo disposição especial").

Renato Brasileiro conceitua como **crimes militares de tipificação direta** as hipóteses mencionadas no art.9º, inciso I, do CPM. Para o juízo de tipicidade de tais delitos, basta a descrição típica da parte especial do Código Penal Militar, na medida em que o inciso I do art. 9º não contém qualquer circunstância que possa ser constitutiva de um tipo penal.

Como já foi registrado, o crime militar próprio (artigo 9º, inciso I, do Código Penal Militar) só pode ser praticado por militar da ativa, consistindo na violação de deveres que lhe são próprios, sendo irrelevante o fato de o sujeito ativo estar de folga ou fora de lugar sujeito à administração militar quando da suposta prática delituosa.

Exemplos de crimes propriamente militares:

- **Motim e revolta (art. 149 a 153, CPM);**
- **Violência contra superior (art. 157 e a forma qualificada - art. 159, CPM);**
- **Recusa de obediência (art. 163, CPM);**
- **Reunião ilícita (art. 165, CPM);**
- **Publicação de crítica indevida (art. 166, CPM);**
- **Deserção (art. 187 a 192 e omissão de oficial - art. 194, CPM);**
- **Abandono de posto e outros crimes em serviço (art. 195 a 203, CPM);**

De acordo com o Supremo Tribunal Federal, o militar que distribui panfletos com críticas ao salário e à excessiva jornada de trabalho a cidadãos civis que assistem a desfile cívico-militar, **a princípio, não comete o crime de incitamento à desobediência (CPM, art. 155) e, tampouco, o de publicação ou crítica indevida às Forças Armadas (CPM, art. 166)**. Simples relatos de situações, abstratamente consideradas, de excesso de jornada de trabalho, de entraves a tratamentos de saúde fora do aquartelamento, de insatisfação quanto aos valores recebidos a título de soldo pelos soldados, são atípicos desde que, em nenhum momento, ocorra efetiva incitação ao descumprimento de ordem de superior hierárquico, incitamento à desobediência, insubordinação ou indisciplina. **Para se desobedecer a uma ordem, essa deve ser identificada e com a individualização de comando de autoridade militar que se pretende descumprir**. HC 106808/RN, rel. Min. Gilmar Mendes, 9.4.2013 - **Informativo 701**, 2ª Turma.

> **Importante:**
>
> **CRIME PROPRIAMENTE MILITAR E COAUTORIA COM CIVIL** – A orientação **mais tradicional da doutrina**, encampada por **Célio Lobão,** é pela **impossibilidade de coautoria** entre militar e civil no crime propriamente militar, não havendo que cogitar-se em aplicação do artigo 53, §1º, *in fine*, CPM. De outro lado, **Jorge Cesar de Assis** defende que a condição pessoal de militar, por ser elementar do tipo, **comunica-se ao concorrente** por força do artigo 53, §1º, *in fine*, CPM.

Via de regra, o **crime militar próprio é de mão própria**, por isso **não se comunica a condição pessoal**, já que somente o militar pode realizar direta e materialmente a conduta prevista no tipo, sem possibilidade de delegação. É o que ocorre, por exemplo, nos casos de deserção (art. 187, CPM) ou de abandono de posto (art. 195, CPM).

Nesse sentido, o **Superior Tribunal Militar** já afirmou que **não há que se falar em coautoria de civil para a prática do crime de abandono de posto, por ser esse propriamente militar**. No caso em questão, os militares, atendendo a convite efetuado por civil, voluntariamente dirigiram-se a casa deste para assistirem a filme pornográfico, deixando desguarnecidos seus postos, sem ordem superior. (Apelação nº 2007.01.050543-1/MS. Publicação: 11/03/2008).

Excepcionalmente, se o crime é militar próprio, mas não é de mão própria, não haveria óbice à comunicabilidade da condição pessoal de militar. É o que pode ocorrer, por exemplo, no crime de ofensa aviltante a inferior (art. 176, CPM).

Quanto ao tema, o **Superior Tribunal Militar** já decidiu que, em caso de **ofensa aviltante a inferior (art. 176, do CPM)**, havendo concurso de agentes é irrelevante que o concorrente seja estranho à Carreira Militar. As **elementares** do crime consistentes nas condições de **militar** e de **superior** se **comunicam ao civil**, por força do art. 53, § 1º, "in fine", do CPM. (RSE nº 2000.01.006744-8/RJ. Publicação: 11/10/2000).

Julgando Habeas Corpus referente ao mesmo caso acima, o **Supremo Tribunal Federal** também entendeu que embora não exista hierarquia entre um sargento e um funcionário civil da Marinha, a qualidade de superior hierárquico daquele em relação à vítima, um soldado, se estende ao civil porque, no caso, elementar do crime. Aplica se a teoria monista. (HC 81438/RJ, Relator(a): Min. Nelson Jobim. Segunda Turma. Publicação: 10-05-2002).

De outro giro, pode ocorrer de **o legislador prever figura típica diversa para adequar o comportamento do civil**, optando por estabelecer uma **exceção à teoria monista.** Assim, deve o militar responder pelo crime propriamente militar e o civil pelo crime impropriamente militar ou crime comum.

Por exemplo, um militar e um civil desobedecem a uma ordem de uma autoridade militar em matéria de serviço. O primeiro responde por recusa de obediência (art. 163, CPM) e o segundo responde por desobediência (art. 301, CPM).

Os crimes de **motim e revolta** (art. 149 e parágrafo único, CPM) são **propriamente militares, não sendo admitida a coautoria com civis, segundo o entendimento pacífico dos Tribunais Superiores e da doutrina majoritária**. Em sentido contrário, **setor minoritário da doutrina admite** o concurso entre militares e civis, com a comunicabilidade da elementar, **desde que o crime de revolta seja comissivo (v.g. "agindo contra a ordem de superior" ou "praticando violência")**. Já para os crimes **omissivos, não seria possível a coautoria**.

▸ **Como esse assunto foi cobrado em concurso?**

Foi considerada correta a seguinte assertiva "Um agrupamento de militares armados, em concurso com civis, ocupou estabelecimento militar em desobediência a ordem superior. Nesse caso, a situação configura crime de revolta, sendo que os civis não ingressam na relação jurídico-penal castrense, nem mesmo como coautores". **(Analista Judiciário - Área Judiciária/STM/2011/CESPE).**

Foi considerada correta a seguinte assertiva "Considere que, em conluio, um servidor público civil lotado nas forças armadas e um militar em serviço tenham-se recusado a obedecer a ordem do superior sobre assunto ou matéria de serviço. Nessa situação, somente o militar é sujeito ativo do delito de insubordinação, que é considerado crime propriamente militar, o que exclui o civil, mesmo na qualidade de coautor". **(Defensor Público Federal/DPU/2010/CESPE).**

4.2. Inciso II

Nos termos do art. 9º, II do CPM, **com a redação dada pela lei 13491/2017**, consideram-se crimes militares, em tempo de paz (...), os crimes **previstos neste Código e os previstos na legislação penal,"** quando praticados por militar da ativa.

Todas as hipóteses legais do inciso II caracterizam crimes militares (***ratione legis***) **impróprios e por extensão**[9], já que ofendem bens jurídicos que não são exclusivos das instituições militares, tendo sempre como **sujeito ativo militar em atividade (*ratione personae*) combinada com outro critério (ratione materiae, loci ou temporis).**

A lei n. 13491, de 13 de outubro de 2017, operou importante expansão no rol de crimes militares, pois diversas figuras típicas, embora não previstas na parte especial do Código Penal Militar, passaram a ser consideradas crimes militares, desde que praticadas por militar da ativa dentro das situações indicadas nas alíneas do inciso II do artigo 9º do CPM. **A posterior exclusão do serviço ativo das forças armadas é irrelevante**, pois a condição de militar do agente que

9. Adotando a já citada terminologia de Jorge Cesar de Assis e Ronaldo João Roth.

deve ser aferida no momento em que cometido o delito (HC 117179, Relator(a): Min. CELSO DE MELLO, Segunda Turma, PUBLIC 08-11-2013).

De acordo com o Superior Tribunal Militar, o licenciamento do acusado das fileiras das Forças Armadas não afasta a legitimidade da Parte Ré para figurar no polo passivo da ação penal militar, haja vista que, ao tempo da consumação do delito, o agente ostentava a condição de militar em serviço ativo. Em consequência, a exclusão das fileiras não obsta o prosseguimento da ação, tampouco macula a sanção penal eventualmente aplicada. (APELAÇÃO n. 0000059-32.2012.7.08.0008/PA. 16/11/2017)

a) contra militar na mesma situação

Trata-se de **crimes militares impróprios e por extensão praticados por militar da ativa contra outro militar da ativa.**

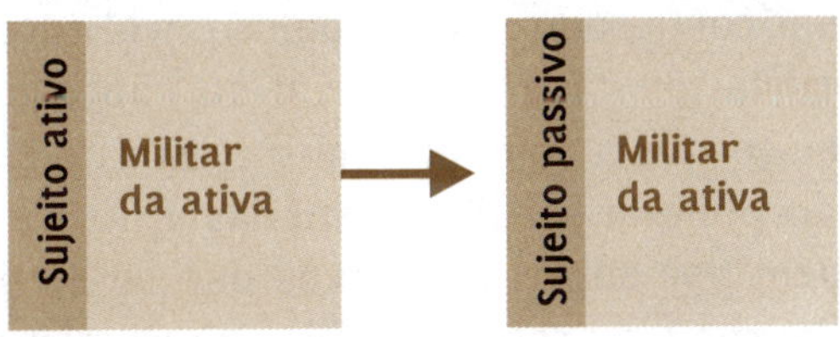

O termo **"situação de atividade"** não se confunde com **"militar em serviço"**. O primeiro caso diz respeito à condição de militar da ativa, o que se contrapõe à situação de reserva ou reforma. Já a expressão "em serviço" representa o desempenho efetivo de sua atividade ou função, o que se opõe à situação de folga. **Pela letra da lei**, não haveria necessidade de que os envolvidos estivessem em situação de serviço ou missão, tampouco em lugar sujeito à administração militar.

Mesmo que esteja de folga, de licença ou férias, o militar continua "em atividade", ou seja, na ativa. No dizer da doutrina tradicional, o militar da ativa é considerado **"militar vinte e quatro horas por dia"**.

Na linha acima exposta, o **Supremo Tribunal Federal, no passado**, já se posicionara no sentido de que crime praticado por militares, ambos da ativa, contra militar na mesma situação, vale dizer, na ativa: mesmo não estando em serviço os militares acusados, o crime seria militar, na forma do disposto no art. 9º, II, "a", do CPM (CJ 7021

MC, DJ 10-08-1995). Em outro caso, afirmou que o homicídio de um cabo da Marinha contra um cabo da mesma Força, ambos da ativa, na residência da vítima, fora de zona militar seria crime militar (RE 122706. DJ 03-04-1992). O estelionato praticado por militar federal da ativa em prejuízo de outro militar da ativa, mediante subtração de folha de talonário de cheque em local sujeito à administração militar seria crime militar, de competência da Justiça Militar da União, se o prejuízo é suportado pelo militar. Se a instituição financeira suporta o prejuízo, trata-se de crime comum. (STF. HC 86867/PA. DJ 01-12-2006).

Todavia, houve mudança de entendimento, conforme noticiado no **Informativo nº 626 do Supremo Tribunal Federal, em** decisão da 1ª Turma deferindo habeas corpus para declarar a incompetência da justiça castrense para apreciar ação penal instaurada pela suposta prática do crime de lesão corporal grave (CPM, art. 209, § 1º) cometido por um militar contra outro, sem que os envolvidos conhecessem a situação funcional de cada qual, além de não estarem uniformizados. Entendeu-se que a competência da justiça militar, conquanto excepcional, não poderia ser fixada apenas à luz de critério subjetivo, mas também por outros elementos que se lhe justificassem a submissão, assim como a precípua análise de existência de lesão, ou não, do bem juridicamente tutelado. (HC 99541/RJ, rel. Min. Luiz Fux, 10.5.2011).

Corroborando tal orientação, foi veiculada no Informativo 655 decisão em que a Primeira Turma do Supremo Tribunal Federal, por maioria, reafirmou que **compete à justiça comum processar e julgar crime praticado por militar contra militar quando ambos estiverem em momento de folga.** (...) Na espécie, o paciente, que se encontrava de folga, ao sair de uma roda de samba em boate, praticara crimes dolosos contra as vidas de dois civis e um militar. A impetração sustentava que, em relação à vítima militar, o paciente fora julgado e condenado pela justiça militar e pelo tribunal do júri, o que importaria em bis in idem. **Assinalou-se, no caso, não ser a qualificação do agente a revelar a competência da justiça castrense e não haver qualquer aspecto a atrair a incidência do art. 9º do CPM quanto à definição de crime militar**. Ressaltou-se a competência do tribunal do júri para processar e julgar o militar em relação às vítimas civis e militar (HC 110286/RJ, rel. orig. Min. Dias Toffoli, red. p/ o acórdão Min. Marco Aurélio, 14.2.2012).

Ainda no Informativo de Jurisprudência supracitado, publicou-se outra decisão da 1ª Turma, asseverando que a competência do Tribunal do Júri para o julgamento dos crimes contra a vida prevalece sobre a da Justiça Militar em se tratando de fato circunscrito ao âmbito privado, sem nexo relevante com as atividades castrenses. (...) Os militares, assim como as demais pessoas, têm a sua vida privada, familiar e conjugal, regidas pelas normas do Direito Comum (HC nº 58.883/RJ, rel. Min. Soares Muñoz). Essa necessária congruência entre a definição legal do crime militar e as razões da existência da Justiça Militar é o critério básico, implícito na Constituição, a impedir a subtração arbitrária da Justiça comum de delitos que não tenham conexão com a vida castrense (Recurso Extraordinário nº 122.706, rel. Min. Sepúlveda Pertence). In casu, embora a paciente e a vítima fossem militares à época, nenhum deles estava em serviço e o crime não foi praticado em lugar sujeito à administração militar, sendo certo que o móvel do crime foi a falência do casamento entre ambos, bem como o intuito da paciente de substituir pensão alimentícia cessada judicialmente por pensão por morte e de obter indenização do seguro de vida, o que é o suficiente para afastar a incidência do art. 9º, II, "a" do CPM. (HC 103812, Relator(a): Min. CÁRMEN LÚCIA, Relator(a) p/ Acórdão: Min. LUIZ FUX, Primeira Turma, DJe 17-02-2012)

Assim, a jurisprudência da **Primeira Turma do STF** firmou-se no sentido de que o cometimento de delito por agente militar contra vítima militar somente desafia a competência da Justiça Castrense nos casos em que houver vínculo direto com o desempenho da atividade militar. Nesse diapasão, afirmou-se que, "embora o paciente e a vítima fossem militares à época, o crime não foi praticado em lugar sujeito à administração militar nem durante o horário de expediente, sendo certo que não há quaisquer elementos nos autos que denotem sua intenção de contrapor-se à instituição militar ou a qualquer de suas específicas finalidades ou operações" (HC 115.590/RJ, Rel. Min. Luiz Fux, 1ª Turma, DJe 11.9.2013). Diante da hipótese fática delineada nos autos, em que pacientes e vítima, militares, no momento do crime, estavam de folga, fora de local sujeito à administração militar e do exercício de suas atribuições legais, e não se conheciam antes do fato, evidenciada a incompetência da Justiça Castrense. (HC 135675, Relator(a): Min. ROSA WEBER, Primeira Turma, julgado em 04/10/2016, PROCESSO ELETRÔNICO DJe-049 DIVULG 14-03-2017 PUBLIC 15-03-2017).

A congruência entre a definição legal do crime militar e as razões da existência da Justiça Militar exsurge como critério básico, implícito na Constituição, a impedir a subtração arbitrária da Justiça comum de delitos que não tenham conexão com a vida castrense (RE nº 122.706, Plenário, Relator o Ministro Sepúlveda Pertence, DJe de 21.11.90). Ao apreciar Habeas Corpus[10] impetrado em favor de militar denunciado como incurso nas sanções do artigo 251 do CPM, por ter, em tese, utilizado o cartão bancário e a senha de um colega, também militar, e sacado da conta corrente deste a quantia de R$ 500,00 (quinhentos reais), a Primeira Turma entendeu que, não obstante a condição de militar ostentada por agressor e vítima, o crime não possui qualquer vínculo com a administração militar, bem como não houve intuito de contrapor-se a quaisquer de suas específicas finalidades, impondo-se declarar a incompetência da Justiça Castrense.

De outro lado, em um caso em que autor e vítima, militares à época, no momento do crime, estavam em atividade no interior da caserna, o STF ratificou a competência da Justiça Castrense por se tratar de crime militar, nos termos do art. 9º, II, "a", do Código Penal Militar. (HC 135019, Relator(a): Min. ROSA WEBER, Primeira Turma, PUBLIC 03-10-2016)

Comungando da mesma opinião, a **Segunda Turma do Supremo Tribunal Federal** vem afirmando que a caracterização do crime militar em decorrência da aplicação do critério "ratione personae" previsto no art. 9º, II, "a", do CPM deve ser compreendida à luz da

10. "O fôro militar não é propriamente para os crimes dos militares, sim para os crimes militares; porque, no militar, há também o homem, o cidadão, e os factos delictuosos praticados nesta qualidade caem sob a alçada da (...) comunhão civil; o fôro especial é só para o crime que elle praticar como soldado, ut miles, na phrase do jurisconsulto romano. Affrontaria o princípio da igualdade o arredar-se da justiça ordinária o processo e julgamento de crimes communs para uma jurisdicção especial e de excepção." (Constituição Federal de 1891, comentários por João Barbalho U. C., ed. Fac-similar, Brasília: Senado Federal - Secretaria de Documentação e Informação, 1992, p. 343, nota ao art. 77). Citado no HC 121778, Relator(a): Min. LUIZ FUX, Primeira Turma, PUBLIC 01-07-2014.

principal diferença entre o crime comum e o crime militar impróprio: bem jurídico a ser tutelado. Nesse juízo, portanto, torna-se elemento indispensável para configuração do tipo penal especial (e, portanto, instaurar a competência da Justiça Militar da União) a demonstração de ofensa a bens jurídicos de que sejam titulares as Forças Armadas. Em se tratando de supostas agressões verbais perpetradas pelo paciente contra vítima, ambos na condição de militar, em local sujeito à administração militar, há ofensa aos valores militares da ordem e da disciplina, interesses tutelados pelas Forças Armadas. (HC 135956, Relator(a): Min. TEORI ZAVASCKI, Segunda Turma, PUBLIC 28-11-2016)

De outro giro, fica afastada a natureza castrense do fato delituoso, se este, supostamente cometido fora de área sob administração militar, é praticado por militar que não estava em serviço, que não executava missão militar, que agiu por motivos estritamente pessoais e que empregou, na alegada prática criminosa, arma de fogo de uso particular. A despeito da condição militar de uma das vítimas, essa também não se achava, tal como o agente, no momento do evento delituoso, em situação de efetiva atuação funcional e teria sido agredida por razões absolutamente estranhas à atividade castrense. Portanto, não se configuram os elementos e as circunstâncias referidos no art. 9º do Código Penal Militar (HC 102380, Relator: Min. CELSO DE MELLO, Segunda Turma, julgado em 28/08/2012, PUBLIC 17-09-2012).Em cenário semelhante, o crime imputado foi praticado por militar contra militares, porém fora de situação de atividade e de local sujeito à administração militar, o que atrai a competência da Justiça comum. (HC 131076, Relator(a): Min. CÁRMEN LÚCIA, Segunda Turma, PUBLIC 18-12-2015)

> ▸ **Como esse assunto foi cobrado em concurso?**
>
> Foi considerada errada a seguinte afirmação "O militar que cometer homicídio contra outro militar dentro de um quartel cometerá um crime propriamente militar, pois o ato terá sido praticado nessa condição." **(Defensor Público Federal/DPU/2017/CESPE).**

Ainda mantendo a orientação tradicional, o **Superior Tribunal Militar vem decidindo** que, em se tratando de furto envolvendo militar da ativa contra miliciano na mesma situação, a tese de incompetência da JMU para julgar o feito em face de o delito se consumar em local fora da administração militar e de não haver liame com a função militar e suas atribuições legais não encontram ressonância na previsão legal insculpida no artigo 124 da Constituição Federal, c/c o artigo 9º, inciso II, alínea "a", da lei substantiva penal castrense. Nesses casos, desafia-se a competência desta justiça especializada em razão da pessoa, não importando o local da prática do delito ou se havia conexão entre a conduta do agente e suas funções militares. (Habeas Corpus nº 0000182-03.2017.7.00.0000/AM. 26/09/2017).

Segundo o STM, todas as ações penais, potencialmente previstas no CPM, são públicas. Embora o art. 251, § 2º, do CPM preveja a forma "militar contra militar", o sujeito passivo de primeiro grau é o Estado, ou seja, as Forças Armadas e, apenas em segundo grau, o ofendido. Sendo autor e vítima militares, o crime de estelionato consuma-se no momento dos saques indevidos, pouco importando se depois há o ressarcimento do ofendido, inclusive com danos morais, pela rede bancária. Há adequada subsunção da conduta à norma do estelionato (art. 251 do CPM) quando o agente realiza saques indevidos em conta bancária de ofendido, ambos militares, independentemente de a agência bancária estar localizada no interior de Organização Militar. (Apelação nº 0000240-22.2012.7.01.0301/RJ. 10/03/2015)

E assim é porque, nesses determinados delitos, a congruência do agir do Agente com os fins constitucionais das Forças Armadas não está às escâncaras nas suas tipificações e nas suas definições de tutela, mas sim expressa no quanto de nocividade que os seus resultados imediatos representam para a preservação das instituições da hierarquia e da disciplina e - particularmente na hipótese - para a indispensável confiança que deve existir entre militares, confiança que, à evidência, é um dos vetores dessas instituições. Nesses termos - isto é, não só por força de disposições legais, mas, sobretudo, pelas firmes e irretocáveis razões que levaram o legislador a edificá-las - bastante é a circunstância de ter sido o delito praticado por militar contra outro militar para atrair a competência da Justiça Militar da União. (Habeas Corpus nº 0000010-66.2014.7.00.0000/AM. 11/03/2014)

Em outro julgado, a Corte castrense realçou que, no caso de **homicídio doloso**, tendo como autor e vítima militares da ativa, a competência da Justiça Militar da União é constitucional e em razão da lei. A competência do Tribunal do Júri só poderia ser determinada via mudança constitucional, porque o conceito de crime militar começa pela Constituição, que dá competência exclusiva à Justiça Militar da União para processar e julgar os crimes militares definidos em lei, sem especificar em que situações, deixando isso a cargo da lei ordinária. Preenchido o requisito constitucional, só então, passa-se ao art. 9º, do CPM, juntamente, com o tipo incriminador. Assim, deslocar a competência para o Tribunal do Júri abriria uma exceção na competência da Justiça Militar da União, restringindo-lhe os crimes dolosos contra a vida, quando praticados por militar em atividade contra militar na mesma situação, em determinadas circunstâncias previstas em lei, retirando-lhe sua natural amplitude e tornando a Justiça Castrense da União em um Tribunal de Exceção da União, afrontando o art. 5º, XXXVII, da Carta Fundamental em flagrante violação do Princípio do Juiz Natural (EMBARGOS 0000057-90.2008.7.01.0301/DF. Publicação: 26/03/2010).

No entanto, em julgado posterior, o Superior Tribunal Militar adotou orientação mais restritiva, passando a exigir, pelo menos, que os militares envolvidos tenham ciência da condição de militar em situação de atividade um do outro:

> **Para que se configure a hipótese de crime militar, prevista no artigo 9º, inciso II, alínea "a", do Código Penal Militar, é preciso que o autor e a vítima sejam militares em situação de atividade, ou seja, da Ativa das Forças Armadas; e, em entendimento mais recente, que, reciprocamente, saibam dessas suas condições de militares em situação de atividade. Ao compor a hipótese prevista no artigo 9º, inciso II, alínea "a", do Código Penal Militar – enfatize-se: hipótese em que o autor e a vítima são militares da Ativa –, quis o legislador emprestar especial proteção aos bens jurídicos mais vitais das Forças Armadas, a hierarquia e a disciplina; e, nessa esteira, abdicou de inserir, nessa hipótese, qualquer outra circunstância para adjetivar o fato delituoso. (RSE nº 0000056-95.2015.7.04.0004/MG. 12/04/2016)**

▸ Como esse assunto foi cobrado em concurso?

Foi considerado correto o seguinte enunciado "Considera-se crime militar o homicídio praticado por suboficial da Aeronáutica contra cabo da Marinha, mesmo que o fato se dê em momento de folga de ambos os militares, fora da área militar e com a utilização de arma particular". **(Defensor Público Federal/DPU/2004/CESPE).**

A Terceira Seção do Superior Tribunal de Justiça afastou em 2017 a competência da Justiça Militar para julgar lesões recíprocas entre militares da ativa, condôminos residentes no mesmo prédio: é irrelevante para a solução da controvérsia perquirir se o local onde teriam ocorrido as agressões seria destinado à habitação de militares federais, visto que, mesmo que fosse, não se trataria de dependência destinada exclusivamente a atividades relativas à caserna. Se o ilícito investigado não foi cometido em detrimento de interesses ou bens de instituições militares, tampouco é expressamente tipificado no Código Penal Militar, relacionando-se, nitidamente, a desentendimento de natureza privada, a mera circunstância de ambos os envolvidos na desavença ostentarem patentes militares, por si só, não se revela suficiente para atrair a competência da Justiça Militar especializada, tanto mais quando não há infração penal em que a condição de militar se afigure essencial ao tipo da lesão corporal (ou mesmo da contravenção de vias de fato). (CC 149.487/RJ, Rel. Ministro REYNALDO SOARES DA FONSECA, TERCEIRA SEÇÃO, julgado em 08/02/2017, DJe 13/02/2017)

▶ Controvérsia: crimes envolvendo militares federais e dos estados

Nos termos do artigo 124, da Constituição da República, a competência da **Justiça Militar da União** restringe-se a processar e julgar os **crimes militares definidos em lei** (art. 9º e 10, CPM) e **não apenas os militares das Forças Armadas.**

De outro lado, as **Justiças Militares dos Estados** têm competência mais restrita, processando e julgando **apenas os militares dos Estados** nos **crimes militares definidos em lei, excluindo-se os crimes dolosos contra a vida de civil.**

À luz do Código Penal Militar (art. 22), perante a **Justiça Militar da União, o militar estadual** (Policial Militar e Bombeiro Militar) **não é considerado militar propriamente dito.** De outro lado, os militares das forças armadas não são julgados perante as Justiças Militares Estaduais, uma vez que essas só julgam os militares dos Estados que pratiquem crimes militares.

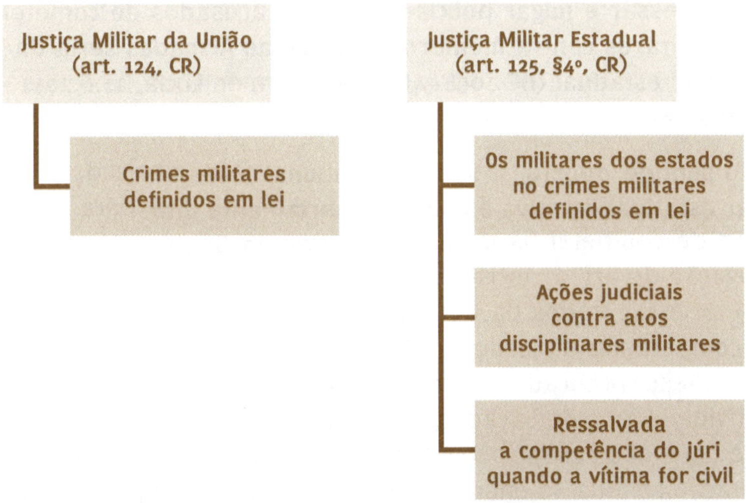

Segundo entendimento **do Supremo Tribunal Federal, à luz do artigo 22, CPM e do artigo 3º do Estatuto dos Militares, somente é considerado militar propriamente dito o militar da ativa das Forças Armadas.**

Em decisão do Plenário, o STF assentou que "**a leitura do artigo 42 da Constituição Federal não autoriza o intérprete a concluir pela equiparação dos integrantes das Polícias Militares Estaduais aos Componentes das Forças Armadas, para fins de Justiça**". Daí a "**impossibilidade de enquadramento no artigo 9º e incisos, do Código Penal Militar, que enumera, taxativamente os crimes de natureza militar**" ao caso em que "**praça da Polícia Militar, em serviço,** procedendo à revista de dois **conscritos do exército, de folga, fora da área de administração militar**, veio a ser agredido física e moralmente por estes, resultando lesões corporais leves". (CC 7051/SP. Rel.: Min. MAURÍCIO CORRÊA. Julgamento: 17/04/1997. Tribunal Pleno. Publicação DJ 09-03-2001).

Confirmando essa orientação, a 1ª Turma do STF concedeu *habeas corpus*, impetrado em favor de **soldado da polícia militar**, denunciado pela suposta prática de **crime de desacato militar** (CPM, art. 299) perpetrado **contra oficial das Forças Armadas**, para declarar a **competência da justiça castrense estadual**. Consignou-se que a **jurisprudência do Supremo fixara-se no sentido de que a competência**

para processar e julgar policiais militares acusados de cometerem crimes militares contra membros das Forças Armadas seria da justiça militar estadual (HC 105844/RS, rel. Cármen Lúcia, 21.6.2011 – Informativo 632).

Em sentido oposto, o **Superior Tribunal Militar** considera que o **militar estadual da ativa é militar propriamente dito,** para efeito de fixação de competência da **Justiça Militar da União** e afirma que a conjugação do art. 9º, inciso II, alínea "a", do CPM, com os artigos 42, 125, § 4º, e 142, todos da Constituição Federal, conduz a concluir-se pela competência da Justiça Militar para processar e julgar crime militar, em tese, praticado por militar contra militar, todos em situação de atividade por definição constitucional. (...) A Constituição Federal de 1988 não recepcionou o art. 22 do CPM. Do mesmo modo, a orientação contida no enunciado da Súmula 297 do Supremo Tribunal Federal, editada em 16/12/1963, encontra-se superada ante o novo texto constitucional. (...) O crime que envolve militar federal e militar estadual desperta o interesse da União, já que a Justiça Militar Federal tutela interesses da Federação, como manutenção da ordem, disciplina e hierarquia nas Corporações Militares estaduais e nas FFAA. (RSE nº 2002.01.007044-9/RS. Publicação: 19/03/2003).

Note-se que a decisão supramencionada do Plenário do STF é anterior a 1998, não obstante publicada somente em 2001. **Na visão do STM houve modificação do entendimento jurisprudencial a partir da Emenda Constitucional nº 18/98,** que deu nova redação ao art. 42 da Carta Federal de 1988 e não recepcionou o artigo 22 do CPM, sendo competente a **Justiça Militar** para julgar ilícito penal praticado, por exemplo, por sargento do Exército contra soldados e cabo da Polícia Militar do Estado, em situação de serviço.

Mesmo assim, o Pretório Excelso tem reafirmado que o crime praticado por militar das forças armadas fora da situação de serviço contra policial militar é crime comum, pois

> a natureza castrense do fato delituoso – embora esteja ele igualmente definido como delito na legislação penal comum – resulta da conjugação de diversos elementos de configuração típica, dentre os quais se destacam a condição funcional do agente e a do sujeito passivo da ação delituosa, **descaracterizando-se, no entanto, ainda que presente tal**

> **contexto, a índole militar desse ilícito penal, se o agente não se encontrar em situação de atividade.** Hipótese ocorrente na espécie, eis que **os delitos de resistência, lesões leves e desacato teriam sido cometidos por sargento do exército (fora de serviço) contra soldados e cabos da Polícia Militar (em atividade). (...) O foro especial da Justiça Militar da União não existe para os crimes dos militares, mas, sim, para os delitos militares, "tout court".** (...) **A jurisdição penal dos órgãos integrantes da estrutura institucional da Justiça Militar dos Estados-membros não se estende, constitucionalmente, aos integrantes das forças armadas nem abrange os civis (RTJ 158/513-514, Rel. Min. CELSO DE MELLO), ainda que a todos eles haja sido imputada a suposta prática de delitos militares contra a própria Polícia Militar do Estado ou os agentes que a compõem.** (**HC 83003/RS. Relator(a): Min. CELSO DE MELLO. Segunda Turma. Publicação** 25-04-2008).

Em decisão posterior, a **Terceira Seção** do **Superior Tribunal de Justiça** entendeu que **lesões corporais** praticadas por **policial militar contra capitão do exército**, dentro de um batalhão de infantaria, local sujeito à Administração militar federal, é **crime militar** de **competência da Justiça Militar da União**, em face da **qualificação dos envolvidos** e também pela proteção que merece o local onde acontecidos os fatos. Aplicação da letra "a" do inciso II do art. 9º do Código Penal Militar. (CC 107.148/SP, DJe 21/10/2010).

b) em lugar sujeito à administração militar, contra militar da reserva, ou reformado, ou civil.

Trata-se de **crimes militares impróprios e por extensão** (*ratione legis*), que **só podem ser praticados por militar da ativa** (*ratione personae*) **contra alguém que não ostente essa condição (militar da reserva, reformado ou civil)**, em **lugar sujeito à administração militar** (*ratione loci*).

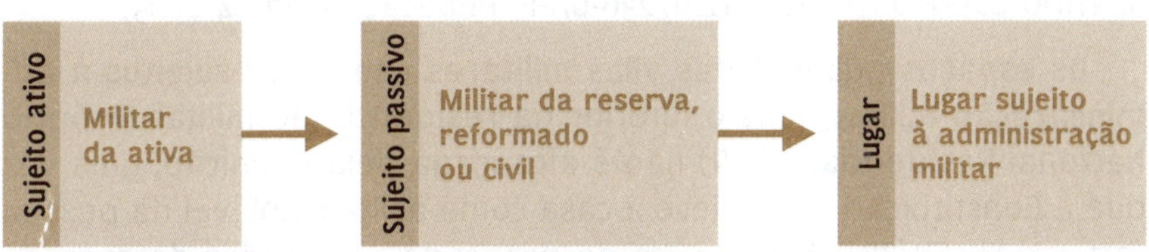

Considera-se local sujeito à administração militar aquele que **pertence ao patrimônio** das instituições militares (federais ou estaduais)

ou que se encontra **sob sua administração** por disposição legal ou por ordem de autoridade competente. Compreendem-se nesse conceito os bens imóveis e os móveis (veículo, embarcação ou aeronave).

Conforme orientação do STF, a prática de crime de estelionato por militar contra civil em local sujeito à administração castrense e com emprego de nota de empenho falsa em nome da Marinha caracteriza conduta apta a causar dano, ainda que indireto, à credibilidade e à imagem das Forças Armadas, atraindo a competência da Justiça Militar. (HC 113.177, rel. min. Rosa Weber, Primeira Turma, DJE de 27-11-2012).

De outro lado, afirma o Supremo que o conceito de "lugar sujeito à administração militar", devido à competência excepcional da Justiça Militar, não pode ser ampliado indevidamente, a ponto de equiparar um clube social a uma organização militar pelo só fato de possuir instalações disponibilizadas pela Marinha do Brasil. É que, partindo-se da premissa de que a Casa do Abrigo do Marinheiro de Ladário (CAMALA) é uma associação civil de direito privado e que a conduta do paciente se deu no exercício de atividade estranha à função militar (aulas de caratê), não há como se cogitar de crime militar. (HC 95.471, voto do rel. min. Gilmar Mendes, Segunda Turma, DJE de 13-9-2012).

Não há crime militar na conduta de um **sargento** do Exército que, **à paisana, acompanhado de outro civil**, promove **revista em dois civis e seus pertences**, mediante uso de **violência física e verbal**, com **emprego de arma de fogo**, na **alameda de acesso ao quartel**. Ausentes os requisitos do artigo 9º, inciso II, do CPM, já que o militar não estava de serviço e nem atuava em razão de função, comissão de natureza militar, formatura, ou em manobra ou exercício. Ademais, a alameda de entrada da Unidade, por se tratar de **via pública,** não caracteriza como local sujeito à administração militar. (RECURSO EM SENTIDO ESTRITO nº 2005.01.007236-0/PE. Publicação: 12/04/2005)

Os espaços públicos das vilas militares são locais sujeitos à administração militar, mas o interior da residência do militar (Próprio Nacional Residencial - PNR) não é alcançada pela definição, uma vez que a Constituição estabelece a casa como asilo inviolável da pessoa (art. 5º, XI, CR/88). Assim, o crime praticado no interior de casa de vila militar é considerado comum, a exemplo de militar que agride a esposa, causando-lhe lesões corporais.

É óbvio que, se os sujeitos ativo e passivo são militares da ativa, haverá crime militar nos termos da alínea "a" supramencionada, com a ressalva de alguns autores e do STF de que é necessário demonstrar a relação do fato com a hierarquia e a disciplina ou as instituições militares.

Por fim, merece especial atenção a hipótese de **abuso de autoridade praticado por militar contra civil**. Os militares não respondiam por crime de abuso de autoridade perante a Justiça Militar, pois não se tratava de crime definido na lei penal castrense. Nesse sentido, afirmava a **Súmula 172, STJ: Compete à justiça comum processar e julgar militar por crime de abuso de autoridade, ainda que praticado em serviço**.

O entendimento era corroborado pela jurisprudência do STF, segundo o qual:

> Eventual reconhecimento da coisa julgada ou da extinção da punibilidade do crime de abuso de autoridade na Justiça comum não teria o condão de impedir o processamento do paciente na Justiça castrense pelos crimes de lesão corporal leve e violação de domicílio. **A jurisprudência do STF firmou entendimento no sentido de que, por não estar inserido no CPM, o crime de abuso de autoridade seria da competência da Justiça comum**, e os crimes de lesão corporal e de violação de domicílio, por estarem estabelecidos nos arts. 209 e 226 do CPM, seriam da competência da Justiça castrense. Precedentes. (HC 92.912, rel. min. Cármen Lúcia, julgamento em 20-11-2007, Primeira Turma, *DJ* de 19-12-2007).

Todavia, com o advento da lei 13491/2017, o crime de abuso de autoridade praticado por militar contra civil em lugar sujeito à administração militar passou a ser considerado crime militar por extensão, restando superada a aplicação da súmula 172 do Superior Tribunal de Justiça.

> ▸ **Como esse assunto foi cobrado em concurso?**
>
> Foi considerado errado o seguinte enunciado "Considere que um militar, no exercício da função e dentro de unidade militar, tenha praticado crime de abuso de autoridade, em detrimento de um civil. Nessa situação, classifica-se a sua conduta como crime propriamente militar, porquanto constitui violação de dever funcional havida em recinto sob administração militar". **(Defensor Público Federal/DPU/2010/CESPE).**

c) **por militar em serviço ou atuando em razão da função, em comissão de natureza militar, ou em formatura, ainda que fora do lugar sujeito à administração militar contra militar da reserva, ou reformado, ou civil.**

Novamente, cuida-se de **crimes militares impróprios e por extensão** (***ratione legis***), praticados por militar da ativa (***ratione personae***) em situação de serviço, ou seja, exercendo função de natureza militar (***ratione materiae***), contra alguém que não ostente essa condição (militar da reserva, reformado ou civil), em qualquer lugar (ainda que fora do lugar sujeito à administração militar).

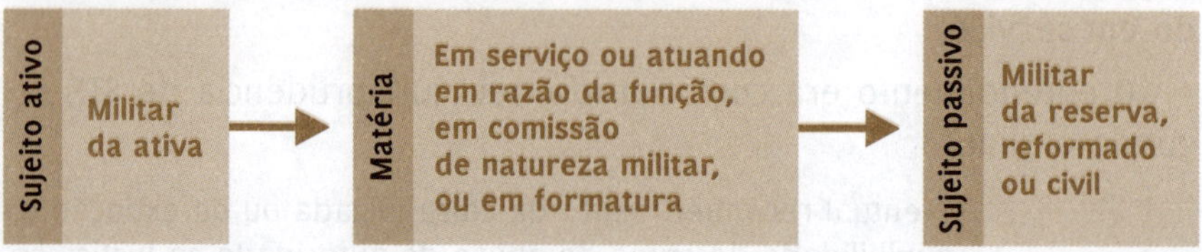

Por exemplo, durante o desfile em comemoração ao Dia da Independência, um militar em formatura agride um civil, causando-lhe lesões corporais.

Todavia, se o militar em atividade **abandonar o posto, não está mais no exercício de atividade militar,** configurando a hipótese de **crime comum**. Convém lembrar que a **Lei nº 9.299, de 8/8/1996, revogou a alínea "f", do inciso II do artigo 9º, CPM**, que classificava como crime militar aquele praticado por militar em situação de atividade que, **embora não estando em serviço, use armamento de propriedade militar ou qualquer material bélico, sob guarda, fiscalização ou administração militar, para a prática de ato ilegal.**

Nessa linha, a jurisprudência do STF afirma que crime de roubo em concurso com o de abandono de posto, praticado por militar, em horário de serviço e com arma da corporação, mas que, tendo antes abandonado o posto, não se encontrava no exercício de atividade militar: incompetência da Justiça Militar para conhecer do crime de roubo, uma vez revogado o art. 9º, II, f do CPM. (HC 90729/SP. Rel. Min. SEPÚLVEDA PERTENCE. Primeira Turma. Publicação 27-04-2007).

Merece atenção a hipótese de **acidente de trânsito envolvendo viatura militar.** A **Súmula nº 6, STJ encontra-se superada pela nova**

orientação dos Tribunais Superiores. O **delito somente será militar** se o **autor for militar** e o **acidente envolver viatura militar em serviço**, seja a **vítima civil ou militar**.

> A Justiça Militar da União é competente para processar e julgar crime de lesão corporal praticado por militar em serviço, na condução de viatura, que provoca acidente de trânsito e graves lesões a civil. Art. 9º, II, "C", do CPM". (STM. RECURSO EM SENTIDO ESTRITO nº 2001.01.006930-0. Publicação 22/04/2002).

Importante anotar que, com a edição da Lei 13491/2017, os crimes de lesão corporal culposa e homicídio culposo na direção de veículo automotor, previstos, respectivamente, nos artigos 302 e 303 do Código de Trânsito Brasileiro, passam a ser considerados crimes militares por extensão, se o militar estiver atuando em razão da função. Se a viatura não estiver em serviço, trata-se de crime comum, independentemente do autor.

O Superior Tribunal de Justiça afirmou a competência da Justiça Militar Estadual, em caso de **homicídio culposo praticado por militar estadual contra civil.** No caso, o policial militar em horário de folga e à paisana, abordou veículo ocupado por quatro indivíduos que vinha trafegando em alta velocidade e derrapando pneus, colocando em risco a segurança das pessoas que transitavam pela via. Após se identificar como policial militar, solicitou que todos os ocupantes saíssem do automóvel e, ato contínuo, empunhando sua arma de fogo particular carregada na mão direita, tentou tirar a chave da ignição com a mão esquerda. No entanto, foi impedido pelo condutor do veículo que, sob a influência de bebida alcoólica e após um rápido embate com o réu, teria acidentalmente esbarrado na arma do policial, causando disparo inesperado que atingiu fatalmente a vítima sentada no banco traseiro direito do carro.

Diante da constatação de que o denunciado se anunciou como policial militar no momento em que efetuou a abordagem e, portanto, atuava em razão da função, revela-se irrelevante que estivesse de folga, em trajes civis e usando armamento particular quando ocorreu o fato delituoso, pois sua conduta se amolda, em tese, à descrita na alínea "c" do inciso II do art. 9º do Código Penal Militar. Muito embora a abordagem efetuada pelo denunciado tenha principiado seguindo um padrão de segurança esperado da autoridade policial diante de um condutor em via pública, quando pediu aos ocupantes do veículo que saíssem do automóvel, a atitude subsequente do réu, ao tentar tirar a chave do automóvel da ignição com a mão esquerda, enquanto portava sua arma de fogo carregada na mão direita, revelou-se, em tese, uma conduta imprudente.

De conclusão, como bem colocou a sentença desclassificadora da Justiça Estadual, as provas coletadas em juízo não indicam a existência de animus necandi nem mesmo eventual, revelando-se apenas a conduta imprudente que autoriza a punição do homicídio na modalidade culposa. Interpretação do Juiz competente (fase de pronúncia), sem recurso do Ministério Público oficiante, que não pode ser superada pela Justiça Militar, diante do quadro fático fixado. (CC 152.341/MG, Rel. Ministro REYNALDO SOARES DA FONSECA, TERCEIRA SEÇÃO, julgado em 22/11/2017, DJe 30/11/2017).

Por fim, nos termos do **artigo 15, §7º, da Lei Complementar nº 97/99** (com redação dada pela Lei Complementar nº 136, de 2010), **considera-se atividade militar para os fins do art. 124 da Constituição Federal,** a atuação do militar nos casos de emprego das Forças Armadas na **garantia da lei e da ordem**, por iniciativa de quaisquer dos poderes constitucionais, de acordo com as diretrizes baixadas em ato do Presidente da República, após esgotados os instrumentos destinados à preservação da ordem pública e da incolumidade das pessoas e do patrimônio, relacionados no art. 144 da Constituição Federal, bem como em outras atividades subsidiárias apontadas na mesma lei (v. arts. 13, 14, 15, 16-A, nos incisos IV e V do art. 17, no inciso III do art. 17-A, nos incisos VI e VII do art. 18, nas atividades de defesa civil a que se refere o art. 16, todos da LC 97/99, e no inciso XIV do art. 23 da Lei no 4.737, de 15 de julho de 1965).

d) por militar durante o período de manobras ou exercício, contra militar da reserva, ou reformado, ou civil;

À semelhança da figura anterior, o crime é impropriamente militar **(*ratione legis*) ou militar por extensão**, praticado por militar da ativa (***ratione personae***) contra alguém que não ostente essa condição (militar da reserva, reformado ou civil), em período de manobras ou exercício (***ratione temporis***).

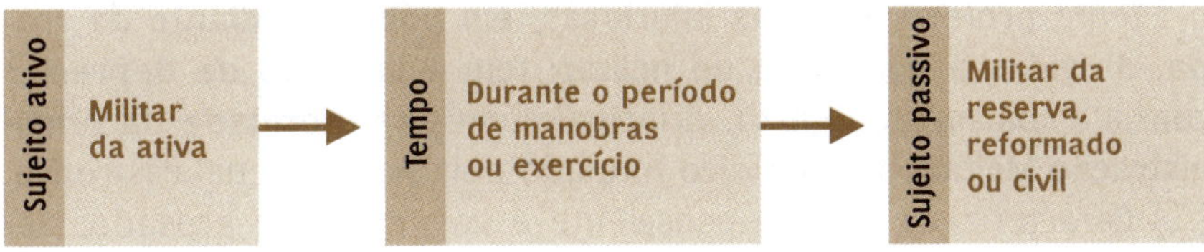

Imagine-se um militar em período de manobras e exercícios (treinamento de campo) que, ao atravessar o terreno de uma fazenda, destrua plantação de propriedade de um civil. O comportamento caracteriza crime de dano será tipificado no artigo 259, CPM.

e) **por militar em situação de atividade, contra o patrimônio sob a administração militar, ou a ordem administrativa militar;**

Nessa última hipótese, para configurar-se o crime militar impróprio ou por extensão, é necessário que o militar da ativa cause lesão ao patrimônio ou à ordem administrativa militar.

Segundo a orientação do **Superior Tribunal Militar**, o tipo penal do delito de Peculato-Furto exige que a qualidade de militar ou de funcionário propicie algum tipo de vínculo consistente com a coisa furtada, seja em termos de acesso privilegiado, seja em função da abertura de uma oportunidade especial para efetivar a subtração. Se o Réu, livre e conscientemente, usando da facilidade que lhe conferia a qualidade de militar, subtrai do interior da seção em que trabalhava, uma pistola, juntamente com três carregadores, material esse sob administração militar e que aguardava para ser entregue ao respectivo proprietário, um civil cadastrado como atirador, resta caracterizado o crime militar. (APELAÇÃO nº 0000042-52.2013.7.05.0005/PR DJE: 10/12/2015).

No delito de Desacato a militar o objeto da tutela penal não só é a autoridade representada pel o indivíduo, mas também - e sobretudo - o prestígio e a dignidade da própria Administração Militar. (APELAÇÃO nº 0000014-05.2008.7.03.0203/RS Publicação: 25/02/2011). Se o agente profere **palavras injuriosas, em público e diante da tropa, dirigidas à qualidade de militar**; tem a **intenção de depreciar** com ato, palavra ou gesto, principalmente, a **autoridade da Administração Militar**, bem jurídico tutelado pela norma penal castrense. (...) Caracterizada atitude consciente e voluntária do acusado, **desacatando e depreciando o companheiro, quando no exercício de função militar**. (APELAÇÃO nº 0000022-10.2009.7.08.0008/PA. **Publicação:** 17/03/2011).

Em outro caso, um Sargento da Marinha foi condenado, como incurso no artigo 343 do CPM, por ter dado causa à instauração de procedimento investigatório contra o superior hierárquico, imputando-lhe a prática de crime que sabia não ter ocorrido. De acordo com o STM, as falsas imputações atribuídas ao Oficial foram além de uma simples comunicação falsa de crime, ultrapassando a pessoa do militar, atingindo a Administração Castrense, uma vez que expôs a credibilidade da caserna ao se iniciar uma investigação sem causa. (EMBARGOS nº 0000002-61.2006.7.10.0010/CE Publicação 03/03/2011).

> ▸ **Como esse assunto foi cobrado em concurso?**
>
> Foi considerada correta a seguinte afirmação "Se um militar preso, por decisão judicial, em uma organização militar, tentar evadir-se da prisão, usando violência contra a pessoa, ele responderá por crime militar." **(Analista Judiciário - área judiciária/STM/2018/CESPE).** [11]

Com a edição da Lei 13491/2017, alguns delitos não previstos no Código Penal Militar, praticados por militar contra a administração, passaram a ser considerados crimes militares por extensão, como, por exemplo, a inserção de dados falsos em sistemas informatizados (art. 313-A, CP), crimes de licitações (lei 8666/93), dentre outros.

Assim, a novidade legislativa já começa a repercutir na jurisprudência do Superior Tribunal de Justiça Superiores. Considerando que o bem jurídico afetado pela conduta supostamente praticada pelos agentes teria sido o patrimônio da Administração Militar, é certo que, tratando-se de crime militar impróprio, deve incidir ao caso a norma

11. Evasão de prêso ou internado. CPM, Art. 180. Evadir-se, ou tentar evadir-se o prêso ou internado, usando de violência contra a pessoa: Pena - detenção, de um a dois anos, além da correspondente à violência.

prevista no art. 9º do CPM, atraindo, portanto, a competência da justiça castrense para a análise e julgamento do feito, embora se trate de afronta aos comandos da Lei 8.666/93 (CC 146.761/RJ, Rel. Ministro JOEL ILAN PACIORNIK, TERCEIRA SEÇÃO, DJe 20/10/2017).

Cabe, novamente, salientar que a **Lei nº 9.299/96 revogou a alínea "f", do inciso II do artigo 9º, CPM,** que considerava militar o crime praticado

> por militar em situação de atividade ou assemelhado que, embora não estando em serviço, use armamento de propriedade militar ou qualquer material bélico, sob guarda, fiscalização ou administração militar, para a prática de ato ilegal.

Por essa razão, a Segunda Turma do STF, no julgamento do HC 109.150, entendeu que policiais militares denunciados por extorsão mediante sequestro com resultado morte e ocultação de cadáver não se enquadrariam em nenhuma das situações previstas pelo CPM para caracterizar crime militar, afastando a competência da Justiça Castrense. No caso concreto, verificou-se que **as condutas criminosas não possuíam qualquer conotação militar e que a condição de policial militar não foi determinante para a prática dos crimes, de modo que não há como classificá-los como militares.** É firme o entendimento do STF no sentido de que **a condição de militar ou a circunstância de o agente estar em serviço no momento da prática do crime não são suficientes por si sós para atrair a competência da Justiça Castrense.** (HC 109.150, rel. min. Ricardo Lewandowski, Segunda Turma, DJE de 13-10-2011.)

▸ Como esse assunto foi cobrado em concurso?

Foi considerada errada a seguinte afirmação "A reunião de dois ou mais militares, com armamento ou material bélico de propriedade militar, para a prática de violência à pessoa ou à coisa pública ou particular, em lugar sujeito à administração militar, constitui crime militar próprio e autônomo. Os crimes que ocorrem fora do lugar sujeito à administração militar, contra o patrimônio da administração pública civil e a propriedade particular, constituem delitos de formação de quadrilha ou bando, apenados na esfera penal castrense" **(Promotor de Justiça Substituto/MPE/ES/2010/CESPE).**

Conforme orientação do Supremo Tribunal Federal:

> É competente a **Justiça Federal** para conhecer e julgar infração penal cometida em detrimento de bens, serviços e interesses da União, nos termos do art. 109, IV, da CF. *In casu*, o paciente, **militar** do Exército Brasileiro, **fez uso de documento militar ideologicamente falso junto à CEF, visando obter empréstimo bancário**. A utilização do documento ideologicamente falso, no caso *sub examine*, representou, na realidade, a prática de crime-meio de que se serviu para falsear a verdade, em detrimento de bens, interesses e serviços juridicamente protegidos da empresa pública federal. Consectariamente, evidencia-se a **incompetência da Justiça Penal Militar**. (HC 110.261, rel. p/ o ac. min. Luiz Fux, Primeira Turma, *DJE* de 16-10-2012).

4.3. Inciso III

Nos termos do art. 9º, III do CPM "consideram-se crimes militares, em tempo de paz (...) os crimes praticados **por militar da reserva, ou reformado, ou por civil, contra as instituições militares**, considerando-se como tais não só os compreendidos no inciso I, como os do inciso II, nos seguintes casos (...).

Considerando que o inciso III faz referência ao inciso II, a alteração inserida pela Lei 13491/2017 também o alcança, devendo ser elencados como crimes militares por extensão, aqueles previstos na legislação penal comum, se praticados dentro das situações definidas nas suas alíneas.

Todas as hipóteses caracterizam crimes **contra as instituições militares** tendo sempre como **sujeito ativo pessoa que não seja militar da ativa, ou seja, militar da reserva ou reformado ou civil. Para efeito de definir o crime militar, equipara-se o militar da reserva e o reformado ao civil.**

Contudo, no tocante ao julgamento de civis, o referido inciso **somente se aplica** na esfera da **Justiça Militar da União**, uma vez que, como já registrado, a Justiça Militar Estadual somente julga militares dos Estados por expressa disposição constitucional (art. 125, §4º, CR).

Entende o **Superior Tribunal de Justiça** que o **militar estadual inativo** responde por crime militar perante a Justiça Militar Estadual, pois a condição de militar reformado não é bastante para afastar a competência da Justiça Castrense que, nos termos do artigo 9, III, "a", do CPM, processa e julga militares reformados ou da reserva, bem como civis, quando da prática, dentre outras hipóteses, de crimes contra o patrimônio ou a ordem administrativa militar. O crime imputado ao paciente, embora supostamente perpetrado por militar da reserva, teria o escopo de convencer policiais militares a se omitirem no exercício de suas funções, restando, portanto, caracterizada a ofensa à Administração Castrense, situação abrangida pelo artigo 9º, III, "a" do CPM e, consequentemente, a competência da Justiça Militar. (HC 286.717/SP, Rel. Ministro GURGEL DE FARIA, QUINTA TURMA, julgado em 23/10/2014, DJe 04/11/2014).

Na orientação consolidada do **Supremo Tribunal Federal**, o cometimento do delito militar por agente civil em tempo de paz se dá em caráter excepcional. Tal cometimento se traduz em ofensa àqueles bens jurídicos tipicamente associados à função de natureza militar: defesa da Pátria, garantia dos poderes constitucionais, da Lei e da ordem (art. 142 da Constituição Federal). (HC 86216/MG. Rel. Min. CARLOS BRITTO. Primeira Turma. Publicação 24/10/2008).

No entender do STF, a competência penal da Justiça Militar da União não se limita, apenas, aos integrantes das Forças Armadas nem se define, por isso mesmo, "ratione personae". É aferível, objetivamente, a partir da subsunção do comportamento do agente - de qualquer agente, mesmo o civil, ainda que em tempo de paz - ao preceito primário incriminador consubstanciado nos tipos penais definidos em lei (o Código Penal Militar).

O foro especial da Justiça Militar da União não existe para os crimes dos militares, mas, sim, para os delitos militares, "tout court". E o crime militar, comissível por agente militar ou, até mesmo, por civil, só existe quando o autor procede e atua nas circunstâncias taxativamente referidas pelo art. 9º do Código Penal Militar, que prevê a possibilidade jurídica de configuração de delito castrense eventualmente praticado por civil, mesmo em tempo de paz.

A tendência que se registra, modernamente, em sistemas normativos estrangeiros, é no sentido da extinção (pura e simples) de tribunais militares em tempo de paz ou, então, da exclusão de civis da jurisdição penal militar: Portugal (Constituição de 1976, art.

213, Quarta Revisão Constitucional de 1997), Argentina (Ley Federal nº 26.394/2008), Colômbia (Constituição de 1991, art. 213), Paraguai (Constituição de 1992, art. 174), México (Constituição de 1917, art. 13) e Uruguai (Constituição de 1967, art. 253, c/c Ley 18.650/2010, arts. 27 e 28).

Quanto ao ponto, o STF recorda uma relevante sentença da Corte Interamericana de Direitos Humanos ("Caso Palamara Iribarne vs. Chile", de 2005): determinação para que a República do Chile, adequando a sua legislação interna aos padrões internacionais sobre jurisdição penal militar, adote medidas com o objetivo de impedir, quaisquer que sejam as circunstâncias, que "um civil seja submetido à jurisdição dos tribunais penais militares (...)" (item nº 269, n. 14, da parte dispositiva, "Puntos Resolutivos"). (HC 110185, Relator(a): Min. CELSO DE MELLO, Segunda Turma, PUBLIC 30-10-2014)

O Superior Tribunal de Justiça também reconhece a competência da Justiça Castrense para o processo e o julgamento de crime praticado por civil contra militar das forças armadas em serviço de vigilância. (EDcl no CC 130.996/PA, Rel. Ministro ROGERIO SCHIETTI CRUZ, TERCEIRA SEÇÃO, julgado em 28/02/2018, DJe **05/03/2018**).

Assim, o crime militar praticado por civil na situação inscrita no art. 9º, III, do CPM, **por regra, exige a demonstração do dolo de atingir, de qualquer modo, a Instituição Militar**, no sentido de impedir, frustrar, fazer malograr, desmoralizar ou ofender o militar ou o evento ou situação em que este esteja empenhado.

Na mesma linha, é pacífico o entendimento do Superior Tribunal Militar no sentido de que, ausente a intenção de impedir, frustrar ou malograr operação militar em curso, tampouco impingir dano, deliberadamente, à instituição militar, imperioso é reconhecer a natureza comum do delito (APELAÇÃO nº 0000066-52.2008.7.01.0301/RJ. Publicação: 11/05/2010).

a) contra o patrimônio sob a administração militar, ou contra a ordem administrativa militar.

Trata-se de crime impropriamente militar ou militar por extensão praticado por sujeito que não ostenta a qualidade de militar da ativa contra o patrimônio sob a administração militar ou contra a ordem administrativa militar (***ratione materiae***).

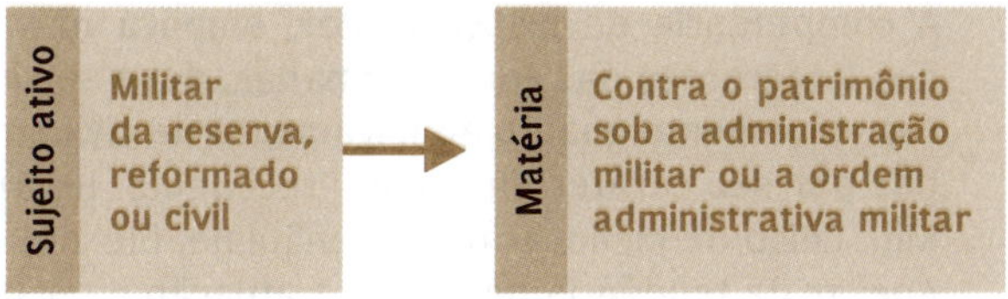

A conduta de ingressar em território das Forças Armadas configura o crime de ingresso clandestino em quartel militar praticado por civis (art. 302 do CPM) e **afronta diretamente a integridade e o funcionamento das instituições militares**, havendo subsunção do comportamento dos agentes ao preceito primário incriminador consubstanciado no art. 9º, inciso III, "a", do CPM. (HC 116124, Relator(a): Min. GILMAR MENDES, Segunda Turma, PUBLIC 02-09-2013).

Ambas as Turmas do Supremo Tribunal Federal já se pronunciaram no sentido de que

> Cumpre à Justiça Militar julgar processo-crime em que versado estelionato, sendo o objeto protegido a administração militar. (HC 119268, Relator(a): Min. MARCO AURÉLIO, Primeira Turma, julgado em 07/03/2017, PROCESSO ELETRÔNICO DJe-063 DIVULG 29-03-2017 PUBLIC 30-03-2017)
>
> **O Código Penal Militar considera crime militar aquele praticado por civil contra "o patrimônio sob a administração militar" - art. 9º, III, "a". No caso, o fato corresponde ao saque de benefício previdenciário militar após falecimento do beneficiário. Alegação de que não teria ocorrido prejuízo à Administração Militar. A jurisprudência de ambas as turmas do Supremo Tribunal Federal afirma a competência da Justiça Militar da União em casos semelhantes. (HC 125777, Relator(a): Min. GILMAR MENDES, Segunda Turma, julgado em 21/06/2016, PUBLIC 01-08-2016)**
>
> **Compete à Justiça Militar processar e julgar civil acusado da prática do crime de estelionato (art. 251, caput, do Código Penal Militar) cometido mediante saque de pensão de beneficiário falecido.** (HC 115013, Relator(a): Min. TEORI ZAVASCKI, Segunda Turma, PUBLIC 20-08-2014). Os delitos contra a administração militar, notadamente o recebimento indevido de pensão decorrente do falecimento de servidor militar, são da competência da Justiça Militar (art. 251, caput, do Código Penal Militar - estelionato praticado em detrimento do Fundo de Pensionistas do Exército Brasileiro).

> **A competência da Justiça Militar, embora não se restrinja aos integrantes das Forças Armadas, deve ser interpretada restritivamente quanto ao julgamento de civil em tempos de paz por seu caráter anômalo**. Precedente: HC 81.963/RS, rel. Min. Celso de Mello, 2ª Turma, unânime, DJe 18.6.2002.
> **Apesar da tendência de limitar a atuação da Justiça Castrense em tempos de paz, o saque indevido por civil de benefício de pensão militar afeta bens e serviços das instituições militares**, estando justificada a competência da Justiça militar. (HC 117514, Relator(a): Min. LUIZ FUX, Primeira Turma, PUBLIC 17-10-2013).
>
> Entende o STF que configura crime de estelionato, praticado contra patrimônio sob a administração militar, capitulado no art. 251, *caput*, do CPM, a conduta de filha de militar, que informou falsamente à administração militar ostentar a condição de solteira e, assim, logrou obter vantagem ilícita consistente na concessão de pensão decorrente do falecimento de servidor aposentado, paga pela administração militar. Trata-se de crime militar em sentido impróprio, pois previsto tanto na legislação castrense (art. 251 do CPM), quanto na legislação penal comum (art. 171 do CP), que tem por objeto jurídico tutelado ofendido o patrimônio público sujeito à administração militar, nos termos do art. 9º, III, *a*, do CPM. (HC 109.574, rel. min. Dias Toffoli, Primeira Turma, *DJE* de 17-12-2012.)

Conforme entendimento do **STM**, a figura típica descrita no art. 315 do Código Penal Militar formaliza-se quando o agente faz uso de documento fruto de falsificação material ou ideológica, como se verdadeiro fosse, para fazer prova perante a Administração Militar. Tratando-se, em tese, de delito capitulado no Estatuto Repressivo Castrense e cometido por militar da reserva, essa circunstância, em razão do Princípio da Especialidade, atrai a competência desta Justiça Militar da União para o processamento e o julgamento do feito, na forma do comando constitucional insculpido no art. 124, bem como da alínea "a" do inciso III do artigo 9º do referido Códex Militar. (RECURSO EM SENTIDO ESTRITO nº 0000021-67.2016.7.11.0211/DF Decisão: 19/10/2017).

A competência da Justiça Militar da União para processar e julgar civis que cometem crimes capitulados no Código Penal Militar decorre da norma insculpida no art. 124 da Constituição Federal. Desse modo, a conduta praticada pelos Denunciados amolda-se ao tipo penal militar descrito no artigo 251 do CPM, em consequência do que, conforme o artigo 9º, inciso III, alínea "a", do referido Códex, compete à Justiça Militar da União processar e julgar o feito. (APELAÇÃO nº 0000064-70.2008.7.12.0012/AM Decisão: 11/10/2017).

> Na mesma linha, o eventual furto e posterior receptação de armamento sob custódia do Exército, por encargo da Lei nº 10.826/2003, mesmo enquanto aguarda a respectiva destruição, caracterizam-se como crimes militares, em tese, por integrar o patrimônio da administração militar, consoante artigo 9º, inciso III, alínea "a", do CPM. (RECURSO EM SENTIDO ESTRITO nº 0000019-89.2008.7.08.0008/PA. Publicação: 10/02/2010).

O **roubo** praticado por **civil contra o patrimônio sob a administração militar** é crime militar, consoante o artigo 9º, inciso III, alínea "a", do Código Penal Militar, sendo **irrelevante o local** em que a ação se desenvolveu para a caracterização do delito. Portanto, há crime militar no caso de civis que, agindo em conjunto, **em local público**, abordam militar e, sob ameaça de emprego de violência, roubam-lhe o carro e a **arma que portava, pertencente ao Exército** Brasileiro. (STM. APELAÇÃO 2005.01.049923-7/SP. Publicação: 29/08/2005).

> **Como esse assunto foi cobrado em concurso?**
>
> Foi considerada correta a seguinte afirmação "O **civil** que pratica o crime de **furto** de quantia em dinheiro **pertencente a instituição militar** comete, de acordo com a legislação penal militar, crime militar." **(Analista Judiciário/STM/2004/CESPE).**

Em consonância com a jurisprudência do Supremo Tribunal Federal, se o objeto do delito é **patrimônio sob a administração militar** (**armamento que pertenceu à polícia civil e que se encontrava sob custódia do exército para fins de destruição**), o **crime é de natureza militar** (CPM, art. 9º, III, a). (HC 119581, Relator(a): Min. DIAS TOFFOLI, Primeira Turma, PUBLIC 07-05-2014).

A conduta praticada por um civil, em ambiente sujeito à administração castrense, de **pagar vantagem indevida a agente militar para obter documento falso**, expedido para série de atividades profissionais e de lazer em âmbito de transporte fluvial e marítimo, enquadra-se no tipo penal de **corrupção ativa (CPM, art. 309),** sendo apta a afetar a ordem administrativa militar e suficiente a atrair a autoridade daquela justiça especializada nos termos do CPM, art. 9º, III, *a*, e CF, art. 124. (HC 113.950, rel. min. Ricardo Lewandowski, julgamento em 27-11-2012, Segunda Turma, Informativo 690).

No mesmo sentido, o delito do art. 315 do CPM, classificado como crime militar em sentido impróprio, pois, embora previsto na legislação penal comum, também está tipificado no CPM por afetar diretamente bens jurídicos das Forças Armadas (art. 9º, III, *a*, do CPM). É competente, portanto, para processar e julgar o paciente a Justiça Castrense, por força do art. 124 da CF. (HC 98.526, rel. min. Ricardo Lewandowski, julgamento em 29-6-2010, Primeira Turma, *DJE* de 20-8-2010.)

Todavia, entende o STF que a Justiça Castrense é incompetente para processar e julgar **militar reformado** acusado pela suposta prática dos **crimes de falsificação e uso de documentos falsos em face da Caixa Econômica Federal**, uma vez que **o delito praticado contra aquela instituição financeira não ofenderia as organizações militares e, portanto, seria competente a Justiça Federal**. Nesse caso, determinou-se a invalidação de todos os atos processuais, desde a denúncia, inclusive, por incompetência absoluta daquela justiça especializada. (HC 106.683, rel. min. Celso de Mello, julgamento em 12-6-2012, Segunda Turma, Informativo 670.)

A Justiça Militar da União é **incompetente** para julgar o crime de **uso de documento ideologicamente falso cometido por civil quando não houver relação intrínseca da conduta com a atividade castrense.**

O Supremo Tribunal Federal tem decidido, em casos análogos, **pela incompetência da Justiça Militar da União para processar e julgar o uso de documento ideologicamente falso perante órgão das Forças Armadas.** *In casu*, o paciente usou declaração de capacidade ideologicamente falsa com o objetivo de contratar com o Exército brasileiro. O Superior Tribunal Militar entendeu pela competência da Justiça Militar da União em razão da ofensa direta à moralidade castrense, aplicando o disposto no artigo 9º, III, "a" do Código Penal Militar. *In casu*, não há relação de necessariedade entre o crime de falso e o crime previsto no artigo 89 da Lei 8.666/1993. É dizer, não é indispensável para o tipo do artigo 89 da Lei 8.666/1993 que se utilize de documento ideologicamente falso, o uso do documento não perfaz elemento normativo do tipo descrito na Lei das Licitações, razão pela qual não há consunção entre os delitos. (RHC 118030, Relator(a): Min. LUIZ FUX, Primeira Turma, PUBLIC 12-09-2014)

Em outro caso, entendeu o STF que, buscando ocultar sua verdadeira identidade, haja vista ser foragido da Justiça, o agente logrou obter uma cédula de identidade ideologicamente falsa. Visando ao aperfeiçoamento do delito praticado, falsificou outros documentos, entre os quais o Certificado de Alistamento Militar - CAM. Os delitos cometidos são de competência da Justiça Federal comum, uma vez que não afetaram, ainda que de forma potencial, a integridade, a dignidade, o funcionamento e a respeitabilidade das instituições militares, de modo a atrair a incidência do art. 9º, III, a, do Código Penal Militar. (HC 118047, Relator(a): Min. RICARDO LEWANDOWSKI, Segunda Turma, PUBLIC 21-11-2013)

O entendimento pacífico do **Superior Tribunal Militar era no sentido de que,** a falsificação e/ou posterior uso da **carteira de inscrição de registro** configuraria crime de competência da Justiça Castrense, na medida em que atentaria contra a Administração Militar, uma vez que compete, como atividade subsidiária da Marinha, a expedição de licença de navegação. A ordem administrativa militar, como bem jurídico tutelado, em especial a fé pública militar, foi comprometida e violada com a conduta do Acusado. **O critério adotado pela Constituição Federal de 1988 foi o *ratione legis* (em razão da lei), e não o ratione personae (em razão da pessoa).** Nesse contexto, inafastável a conclusão de que se está diante de crime praticado por civil contra a ordem administrativa militar, ex vi do **art. 9º, inciso III, alínea "a",** do Código Penal Militar. (HABEAS CORPUS nº 0000070-39.2014.7.00.0000/SP Publicação: 16/06/2014).

Todavia, em 24/10/2014, consolidando o entendimento de que se trata de crime comum, o Supremo Tribunal Federal publicou a

> **Súmula Vinculante nº 36**:
>
> Compete **à Justiça Federal comum** processar e julgar civil denunciado pelos crimes de falsificação e de uso de documento falso quando se tratar de falsificação da **Caderneta de Inscrição e Registro (CIR) ou de Carteira de Habilitação de Amador (CHA),** ainda que expedidas pela Marinha do Brasil.

Conforme orientação do STJ, o **falso testemunho** praticado por **militar reformado** em **auditoria militar** (que é órgão do poder judiciário federal) caracteriza **crime comum**, de competência da Justiça Federal (STJ. CC nº 55432. 3ª Seção).

b) **em lugar sujeito à administração militar contra militar em situação de atividade ou contra funcionário de Ministério militar ou da Justiça Militar, no exercício de função inerente ao seu cargo.**

Trata-se de **crime impropriamente militar ou militar por extensão** praticado por sujeito que não ostenta a qualidade de militar da ativa contra militar da ativa ou funcionários públicos da administração militar ou da Justiça Militar (*Ratione Personae*), no exercício de função inerente a seu cargo (*Ratione Materiae*), e em lugar sujeito à administração militar (*Ratione Loci*).

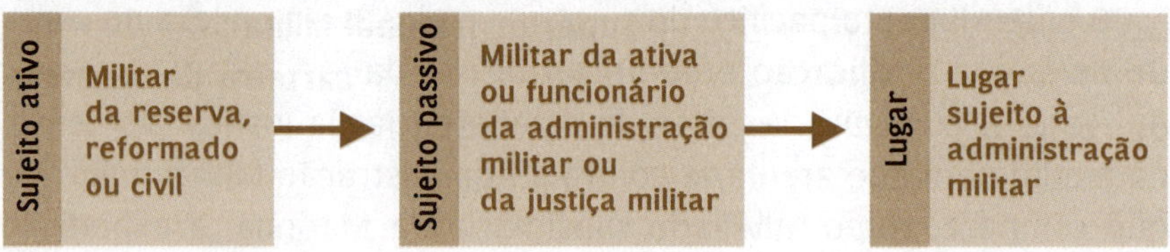

Conforme entendimento do **STM**, caracterizam-se os **crimes militares de difamação e injúria**, previstos nos artigos 215 e 216, CPM, na situação em que "um **Oficial da Reserva e o outro Civil**, pai e filho, por meio de reiterados documentos encaminhados a diversas autoridades militares, nos quais invariavelmente ofendiam a dignidade e a honra objetiva de dois Ofendidos, uma Praça e um Oficial, ambos do Exército Brasileiro. Tendo **as ofensas se consumado no interior das Organizações Militares** às quais foram encaminhados os documentos e dirigidos aos **militares no pleno exercício das suas atividades**, tais condutas amoldam-se à regra ínsita no **art. 9º, III "b", do CPM**". (APELAÇÃO nº 0000011-75.2007.7.03.0303/RS. Publicação: 15/02/2011).

Também se subsume a hipótese do art. 9º, inciso III, alínea "b", do CPM, como crime militar de **estelionato (art. 251, CPM)**, a **conduta do civil** que, **dentro de organização militar do Exército brasileiro, intermediando empréstimos consignados em folha de pagamento a militares**, deles **recebe dinheiro** depositado a maior sob os **falsos**

argumentos de que seria utilizado para pagamento de advogados, forma de seguro ou para garantia da quitação do empréstimo. (STM. RECURSO EM SENTIDO ESTRITO nº 0000120-02.2009.7.11.0011/DF. Publicação: 02/12/2010).

Para o Supremo Tribunal Federal, os crimes de lesão corporal e de desacato, tipificados nos artigos 209 e 299 do Código Penal Militar, **foram praticados em local sujeito à administração militar e contra militar em situação de atividade (artigo 9º, inciso III, alínea b, do Código Penal Militar)**, porquanto a vítima fiscalizava concurso para ingresso na escola militar que se realizava no interior do Centro de Instrução Almirante Alexandrino quando foi agredida e desacatada pela mãe de um concursando que fora impedido de fazer a prova de matemática por ter chegado atrasado, o que atrai a competência da justiça castrense para o processo e julgamento do feito, consoante pacífica jurisprudência de ambas as Turmas do Supremo Tribunal Federal (HC 96.949/RS, Rel. Min. Ayres Britto, DJ de 30.9.2011; HC 113.430/SP, Rel. Min. Dias Toffoli, DJ de 29.4.2013 e HC nº 113.128/RJ, Rel. Min. Roberto Barroso, DJ de 19.2.2014). (HC 121083, Relator(a): Min. LUIZ FUX, Primeira Turma, PUBLIC 17-06-2014).

Todavia, **não há que se falar em crime de desacato militar (art. 299 do CPM)** na situação em que civis que atravessam o veículo na rodovia estadual (Rio de Janeiro), próximo à unidade militar, passam a se agredir, mutuamente, e, quando abordados por militares do Exército Brasileiro, proferem impropérios contra estes. No caso, trata-se de crime comum, ante a impossibilidade jurídica de se estabelecer o critério ratione loci contido na alínea "b" do inciso III do art. 9º do CPM, ou de se invocar a hipótese descrita na alínea "d" do mesmo inciso. (STM. APELAÇÃO nº 0000061-73.2007.7.01.0201/RJ. Publicação: 19/03/2010).

c) **contra militar em formatura, ou durante o período de prontidão, vigilância, observação, exploração, exercício, acampamento, acantonamento ou manobras;**

Trata-se de **crime impropriamente militar ou militar por extensão** praticado por sujeito que não ostenta a qualidade de militar da ativa **contra militar da ativa** (*Ratione Personae*), **em formatura, ou durante o período de prontidão, vigilância, observação, exploração,**

exercício, acampamento, acantonamento ou manobras (*Ratione Materiae* e *Temporis*), qualquer que seja o local.

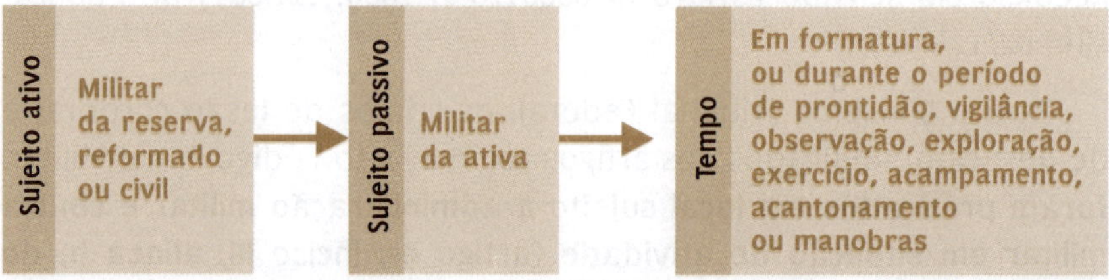

Conforme já salientado, para haver crime militar na hipótese do art. 9º, III, c, do CPM, **exige-se que o civil tenha agido com dolo de atingir,** impedir, frustrar, fazer malograr, desmoralizar ou ofender **o militar** ou o evento ou situação em que este esteja empenhado.

Assim, por exemplo, há crime comum se, a despeito de as vítimas militares estarem em serviço no momento de uma colisão de veículos, não houver evidências da vontade do paciente de se voltar contra as Forças Armadas, tampouco a de impedir a continuidade de eventual operação militar ou atividade genuinamente castrense.

d) ainda que fora do lugar sujeito à administração militar, contra militar em função de natureza militar, ou no desempenho de serviço de vigilância, garantia e preservação da ordem pública, administrativa ou judiciária, quando legalmente requisitado para aquele fim, ou em obediência a determinação legal superior.

É hipótese semelhante à anterior, de **crime impropriamente militar ou militar por extensão** praticado por sujeito que não ostenta a qualidade de militar da ativa **contra militar da ativa** (*Ratione Personae*), **em função de natureza militar, ou no desempenho de serviço de vigilância, garantia e preservação da ordem** (*Ratione Materiae*), independentemente do local.

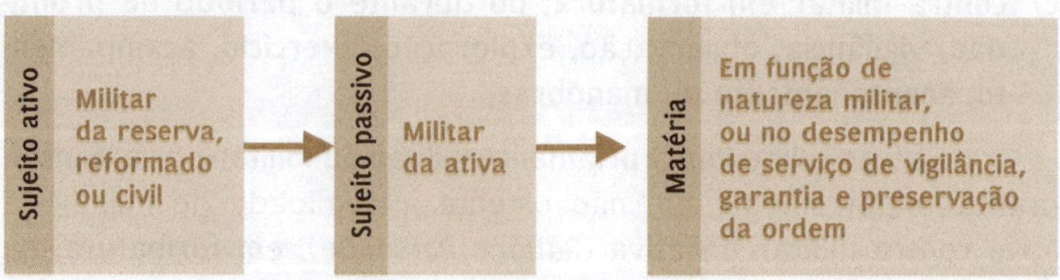

Reforça-se que é **firme a Jurisprudência do Plenário do Supremo Tribunal Federal** no sentido de que a tipificação da conduta de civil como crime militar **depende do intuito de atingir, de qualquer modo, a Força, no sentido de impedir, frustrar, fazer malograr, desmoralizar ou ofender o militar ou o evento ou situação em que este esteja empenhado.**

O simples fato de a vítima ser militar no desempenho de serviço de vigilância, garantia e preservação da ordem pública, só por si, não é suficiente para atrair a competência da Justiça Castrense. Assim, se um civil pratica um **comportamento descuidado**, do qual resultam lesões corporais culposas ou morte, **não apresenta qualquer conotação de crime militar**. (CC 7.040/RS, Rel. Min. Carlos Velloso, DJ 22.11.1996; HC 86.216/MG, Rel. Min. Carlos Britto, DJ 24.10.2008; HC 99671, Relator(a): Min. Ellen Gracie, Segunda Turma, DJ 11-12-2009).

No **Informativo nº 694**, foi publicada decisão da Segunda Turma do Supremo Tribunal Federal (**HC 112936/RJ**, rel. Min. Celso de Mello, **5.2.2013**), considerando crime comum o desacato praticado por civil contra militar do Exército Brasileiro, que realizava policiamento, em virtude de "processo de ocupação e pacificação" de comunidades. Sopesou-se que a mencionada atividade seria de índole eminentemente civil, porquanto envolveria típica natureza de segurança pública, a afastar o ilícito penal questionado da esfera da justiça castrense. Concluiu-se que competiria à JUSTIÇA FEDERAL comum processar e julgar civil, em tempo de paz, por delitos alegadamente cometidos por estes em ambiente estranho ao da Administração castrense e praticados contra militar das Forças Armadas na função de policiamento ostensivo, que traduz típica atividade de segurança pública.

Todavia, em decisões posteriores, ambas as turmas do STF pacificaram a natureza militar desse tipo de conduta praticada por civil:

> **Compete à Justiça Militar processar e julgar civil acusado de desacato e desobediência praticados contra militar das Forças Armadas que "exercem múnus tipicamente castrense, decorrente da própria Constituição da República, a saber: a garantia da ordem". (ARE 800119 AgR, Relator(a): Min. ROBERTO BARROSO, Primeira Turma, PUBLIC 24-05-2016)**
>
> **Compete à Justiça Militar processar e julgar civil acusado de desacato e desobediência praticados contra militar das**

> **Forças Armadas no "desempenho de serviço de vigilância, garantia e preservação da ordem pública" (art. 9º, III, d, CPM). Precedente da Primeira Turma: HC 115.671, Redator para o acórdão o Ministro Marco Aurélio (HC 113128, Relator(a): Min. ROBERTO BARROSO, Primeira Turma, PUBLIC 20-02-2014 - Informativo 732)**
>
> **O civil que descumpre ordem de soldado do Exército em serviço externo de policiamento de trânsito defronte a quartel responde por delito de desobediência (CPM, art. 301), consoante a alínea d do inciso III do art. 9º do CPM, uma vez que o militar teria agido, na garantia e preservação da ordem pública, a partir do poder de polícia, que a segurança pública propriamente dita poderia implementar (HC 115671/RJ, rel. orig. Min. Dias Toffoli, red. p/ o acórdão Min. Marco Aurélio, Segunda Turma, 13.8.2013 - Informativo 715).**

Na mesma linha, o **Superior Tribunal Militar** tem reafirmado a competência Justiça Militar da União para julgar **crimes praticados por civis contra militares das Forças Armadas em missões de garantia da lei e da ordem (GLO), por entender que os mesmos exercem função tipicamente militar,** segundo previsto no artigo 142 da Constituição Federal. Conforme orientação da Corte castrense,

> a Justiça Militar Federal tem como missão proteger as instituições militares e, em consequência, a soberania estatal em sentido amplo, sendo o réu civil ou militar. Comete o crime de desacato, previsto no CPM, o civil que, se negando a cumprir ordem legal determinada pela autoridade competente, no exercício de atribuição constitucional de GLO, afronta-o, proferindo xingamentos. (Apelação nº 0000162-62.2011.7.01.0301/RJ, Data da Publicação: 11/03/2013).

Segundo entendimento do STM, afronta a norma substantiva castrense (art. 299 do CPM) o civil que desacata militar, de serviço, em Delegacia de Polícia, pois que **a missão de acompanhar a lavratura de Auto de Prisão em Flagrante de militar,** ex vi **do art. 74 da Lei nº. 6.880/80, caracteriza função de natureza militar**. (APELAÇÃO nº 0000004-54.2005.7.03.0303/RS. Publicação: 16/11/2009).

Em outro caso, decidiu-se que, se os militares ofendidos se encontravam no desempenho de **policiamento naval, atividade atribuída como exclusividade à Marinha,** logo, inafastável a compreensão dessa atividade no restritivo elenco da alinea 'd', do inciso III, do artigo 9º, do estatuto repressivo militar. (STM. HABEAS CORPUS nº 1991.01.032775-4/PA. Publicação: 16/10/1991).

No âmbito da **Justiça Militar da União**, o **homicídio doloso praticado por civil contra militar em situação de serviço configura crime militar**. **A jurisprudência do Supremo Tribunal Federal é no sentido de ser constitucional o julgamento dos crimes dolosos contra a vida de militar em serviço pela justiça castrense, sem a submissão destes crimes ao Tribunal do Júri, nos termos do o art. 9º, inc. III, "d", do Código Penal Militar**. (HC 91003/BA. Rel. Min. CÁRMEN LÚCIA. Primeira Turma. Publicação 03-08-2007).

Assim, responde por crime militar o civil que pratica tentativa de homicídio contra militar quando este estiver em função de natureza militar. In casu, a vítima, oficial do Exército brasileiro, estava em serviço no momento da prática delituosa. É que, após o paciente ter alterado a sinalização de trânsito em frente ao quartel e discutido com as praças de serviço, o comandante do quartel (vítima) foi chamado para restaurar a ordem no local, momento em que sofreu disparos de arma de fogo proferidos pelo agravante. (RHC 123594 AgR, Relator(a): Min. LUIZ FUX, Primeira Turma, PUBLIC 17-12-2014)

Na mesma linha, o **STM** entende que o crime praticado por civil contra militar das Forças Armadas em serviço é da competência da Justiça Militar da União, conforme preceitua o art. 9º, inciso III, do CPM, lei autorizada a dispor sobre a matéria. As alterações trazidas pela Lei nº 9.299/96 não atingiram a competência da Justiça Militar da União, nem poderia, visto que esta é estabelecida pela Constituição Federal (art. 124). O caso concreto envolvia civis que, portando arma de fogo, entraram em vila militar e, de surpresa, atiraram em Soldado da Aeronáutica, em serviço de sentinela, tirando-lhe a vida (HABEAS CORPUS nº 2006.01.034286-9/BA Publicação: 21/12/2006).

De outro lado, **encerrada a situação de serviço, configura-se crime comum**. Portanto, não há que se falar em competência da justiça castrense se o acidente de trânsito envolvendo motocicleta pilotada por soldado do Exército se deu quando o mesmo já havia **encerrado a missão de escolta e retornava ao quartel, não se encontrando, assim, no desempenho de função militar** (art. 9º, III, d, do CPM). (HC 89592/DF. Rel. Min. CARLOS BRITTO. Primeira Turma. DJ 27-04-2007).

4.4. Artigo 9º, parágrafo único: homicídio doloso praticado por militar contra civil

Logo após a edição da polêmica Lei nº 9299/96[12], o **Superior Tribunal Militar declarou incidentalmente a sua inconstitucionalidade** no que se refere ao **parágrafo único do art. 9º do CPM e ao caput do art. 82 e seu parágrafo 2º do CPPM** (RECURSO EM SENTIDO ESTRITO 1996.01.006348-5/PE. Publicação: 18/12/1996).

Aduziu a Corte Castrense que a citada lei foi elaborada a partir de conclusões de Comissão Parlamentar de Inquérito que apurara homicídios praticados por policiais militares contra civis em atividade de policiamento e **não poderia ser aplicada aos militares das forças armadas.**

Segundo o STM, o vício do parágrafo único do artigo 9º, CPM evidencia-se no deslocamento da **competência** para processo e julgamento dos crimes **dolosos contra a vida** de **civil** praticados por militar **para a justiça comum** já que a Constituição assenta que **à Justiça Militar compete processar e julgar os crimes militares definidos em lei** (artigo 124).

Ora, nada impediria que o legislador ordinário excluísse os crimes dolosos contra a vida de civil do conceito de crime militar, sem necessidade de qualquer referência à Justiça comum. Todavia, não se autoriza ao legislador ordinário alterar uma regra de competência fixada na Constituição.

Ao fazê-lo, o legislador violou o princípio do juiz natural (art. 5º, XXXVII, CR/1988), convolando a Justiça Militar da União em verdadeiro tribunal de exceção, uma vez que seria competente para processar e julgar os homicídios dolosos praticados por militar contra militar ou por civil contra militar, mas, não no caso de vítima civil, cuja competência seria da justiça comum.

Assim, segundo o **entendimento do Superior Tribunal Militar, a ressalva do então parágrafo único do artigo 9º, CPM só se aplicaria aos militares dos Estados** que cometessem crimes dolosos contra a vida de civis, ficando sujeitos a julgamento perante o tribunal do júri.

---

12. Parágrafo único. Os crimes de que trata este artigo, quando dolosos contra a vida e cometidos contra civil, serão da competência da justiça comum. REDAÇÃO DADA PELA LEI Nº 9.299, DE 7 DE AGOSTO DE 1996.

Os crimes dolosos contra a vida de civis praticados por militares das Forças Armadas atuando em razão da função continuariam sendo crimes militares e julgados na Justiça Militar da União:

> 1. A competência do júri quando a vítima for civil faz referência às justiças militares dos estados, e não à justiça militar da União. 2. A Lei Complementar nº 97/1999, alterada pela Lei Complementar nº 136/2010, modificou a "organização, preparo e emprego" das FFAA, estendendo o caráter de atividade militar para fins de aplicação do art. 124 da Constituição Federal, que trata da competência da Justiça Militar da União, considerando crime militar os possíveis delitos ocorridos no cumprimento de atividades subsidiárias. 3. Para o emprego das Forças Armadas em GLO é indispensável a garantia, a seus membros, da competência constitucional da Justiça Militar da União, por ser especializada e com conhecimento específico que lhe é peculiar, assegurando a manutenção da hierarquia e da disciplina, princípios basilares das Forças Armadas. 4. Recurso desprovido. Decisão unânime. (RSE nº 0000144-54.2014.7.01.0101/RJ. Publicação: 10/08/2016).
>
> O parágrafo único, do art. 9º, do CPM e o § 2º do art. 82, do CPPM possuem "interpretação conforme" a vontade do Poder Constituinte reformador (Emenda Constitucional nº 45) no sentido de que as regras, contidas nos artigos retromencionados, só se aplicam à Justiça Castrense Estadual. O Constituinte Reformador inseriu no art. 125 o § 4º, da Carta Maior, dando competência ao Tribunal do Júri, quando a vítima for civil e não o fez com relação ao art. 124 da mesma constituição que trata da competência da Justiça Militar da União. (RSE nº 0000249-56.2010.7.05.0005/PR. Decisão: 15/09/2011. Publicação: 17/10/2011)

O **Plenário do Supremo Tribunal Federal**, instado a manifestar-se sobre o então parágrafo único do artigo 9º do CPM, **não declarou a sua inconstitucionalidade**, mas assentou que

> **não obstante sua forma imperfeita, que ele, ao declarar, em caráter de exceção, que todos os crimes de que trata o artigo 9º do Código Penal Militar, quando dolosos contra a vida praticados contra civil, são da competência da justiça comum, os teve, implicitamente, como excluídos do rol dos crimes considerados como militares por esse dispositivo penal, compatibilizando-se assim com o disposto no "caput" do**

artigo 124 da Constituição Federal. Corrobora essa interpretação a circunstância de que, nessa mesma Lei 9.299/96, em seu artigo 2º, se modifica o "caput" do artigo 82 do Código de Processo Penal Militar e se acrescenta a ele um § 2º, excetuando-se do foro militar, que é especial, as pessoas a ele sujeitas quando se tratar de crime doloso contra a vida em que a vítima seja civil, e estabelecendo-se que nesses crimes "a Justiça Militar encaminhará os autos do inquérito policial militar à justiça comum". Não é admissível que se tenha pretendido, na mesma lei, estabelecer a mesma competência em dispositivo de um Código - o Penal Militar - que não é o próprio para isso e noutro de outro Código - o de Processo Penal Militar - que para isso é o adequado. (**RE 260404/MG. Rel.: Min. MOREIRA ALVES. Tribunal Pleno. Publicação** DJ 21-11-2003).

Todavia, em julgado anterior, o próprio Supremo Tribunal Federal já afirmara que a norma do parágrafo único inserido pela Lei nº 9.299/99 no art. 9º do Código Penal redefiniu os crimes dolosos contra a vida praticados por policiais militares contra civis, até então considerados de natureza militar, como crimes comuns. (RHC 80718, Rel.: Min. ILMAR GALVÃO, Tribunal Pleno, DJ 01-08-2003).

▸ Como esse assunto foi cobrado em concurso?

Foi considerada correta a seguinte afirmação "De acordo com a legislação penal militar, os crimes culposos contra a vida, em tempo de paz, praticados por militar em serviço são considerados crimes militares." **(Analista Judiciário/STM/2004/CESPE).**

No mesmo concurso, também foi considerada correta a seguinte afirmação "De acordo com a legislação penal militar, em tempo de paz, são considerados crimes comuns e são julgados pelo tribunal do júri os crimes dolosos contra a vida cometidos por militar contra civil." **(Analista Judiciário/STM/2004/CESPE).**

Parecia que a polêmica seria superada com o advento da emenda nº 45/2004, que deu nova redação ao artigo 125, §4º da Constituição e redefiniu substancialmente a competência da Justiça Militar Estadual.

Antes da Emenda Constitucional 45/2004, o dispositivo apresentava a seguinte redação:

> Compete à **Justiça Militar estadual processar e julgar os policiais militares e bombeiros militares nos crimes militares, definidos em lei**, cabendo ao tribunal competente decidir sobre a perda do posto e da patente dos oficiais e da graduação das praças.

Após, a emenda, foi inserida no § 4º a ressalva quanto à competência do júri no caso de crime doloso contra a vida de civil:

> Compete à Justiça Militar estadual processar e julgar os militares dos Estados, nos crimes militares definidos em lei e as ações judiciais contra atos disciplinares militares, **ressalvada a competência do júri quando a vítima for civil**, cabendo ao tribunal competente decidir sobre a perda do posto e da patente dos oficiais e da graduação das praças.

Percebe-se que a redação do artigo 124 da Constituição, que trata da competência da Justiça Militar da União, permaneceu intacta, dando a entender que não há que se falar em aplicar no âmbito federal a regra destinada exclusivamente à esfera estadual.

Assim, na visão do STM, à luz do texto constitucional reformado, mesmo que não se entenda revogado o parágrafo único do artigo 9º do CPM, pode-se interpretá-lo restritivamente, **remetendo-se somente os homicídios dolosos contra a vida de civis praticados por militares dos Estados ao tribunal do júri**. Todos os demais casos permanecem na competência da Justiça Militar. Daí poder-se concluir que o **militar das Forças Armadas que, em situação de atividade**, praticasse crime doloso contra a vida de civil cometeria **crime militar**, sendo a **competência da Justiça Militar da União**.

> **▸ Como esse assunto foi cobrado em concurso?**
>
> Foi considerada correta a seguinte afirmação "Compete à justiça militar da União processar e julgar crime doloso contra a vida, praticado por militar do Exército Brasileiro contra civil, estando aquele em atividade inerente às funções institucionais das Forças Armadas." **(Defensor Público Federal/DPU/2007/CESPE).**

Acerca do tema, em caso envolvendo policial militar, o Supremo Tribunal Federal afirmou que a Justiça Comum é competente para julgar crime de militar (homicídio) contra civil, por força da Lei nº 9.299/96, cuja natureza processual impõe a sua aplicação imediata aos inquéritos e ações penais, mercê de o fato delituoso ter ocorrido antes da sua entrada em vigor (Precedente: HC nº 76.380/BA, Re. Moreira Alves, DJ 05.06.1998) Deveras, a redação do § único do art. 9º do Código Penal Militar, promovida pela Lei nº 9.299/96, a despeito de sua topografia, ostenta nítida natureza processual, razão por que deve ser aplicada imediatamente aos processos em curso, salvo se já houver sido proferida sentença de mérito. (Precedentes: HC nº 78320/SP, rel. Min. Sydney Sanches, 1ª Turma, DJ de 28/5/1999; HC 76510/SP, rel. Min. Carlos Velloso, 2ªTurma, DJ de 15/5/1998). (HC 111406, Relator(a): Min. LUIZ FUX, Primeira Turma, PUBLIC 16-08-2013).

Em julgados posteriores, referindo-se a homicídio **praticado por militar federal**, a Corte Suprema seguiu reafirmando que o art. 9º, parágrafo único, do Código Penal Militar excluiu do rol dos crimes militares o crime doloso contra a vida praticado por militar contra civil. A inconstitucionalidade fora afastada pelo Plenário do STF, no julgamento do RE 260.404, Rel. Min. Moreira Alves. O acórdão impugnado está alinhado com a jurisprudência do Supremo Tribunal Federal no sentido de que compete à Justiça Federal processar e julgar crime cometido por funcionário público federal no exercício de suas atribuições funcionais. (HC 124100 AgR, Relator(a): Min. ROBERTO BARROSO, Primeira Turma, PUBLIC 07-02-2017).

A jurisprudência do Supremo Tribunal Federal é no sentido de que "inexiste a pretendida inconstitucionalidade do parágrafo único do artigo 9º do Código Penal Militar nele inserido pela Lei 9.299/96" (RE 260.404, Rel. Min. Moreira Alves). (RE 881593 AgR, Relator(a): Min. ROBERTO BARROSO, Primeira Turma, PUBLIC 23-09-2016)

De acordo com o entendimento do STJ, **a exceção do parágrafo único do artigo 9º, CPM não se aplica ao crime de homicídio praticado por militar em serviço contra militar reformado**. O fato de a vítima do delito ser militar reformado, por si só, não é capaz de afastar a competência da Justiça especializada. Embora os militares na inatividade sejam considerados civis para fins de aplicação da lei penal militar, o próprio CPM fixa a competência da Justiça Militar quando o crime é praticado por militar em serviço contra outro na inatividade. Vale ressaltar que o parágrafo único do art. 9º do CPM, ao dispor que são da competência da Justiça Comum os crimes nele previstos quando dolosos contra a vida e cometidos contra civil, não exclui da competência da Justiça Militar o julgamento dos ilícitos praticados nas circunstâncias especiais descritas nos incisos I, II e III do referido artigo. **Assim, a Justiça Militar é competente para julgar crime de homicídio praticado por militar em serviço contra militar reformado.** Precedente citado: REsp 1.203.098-MG, DJe 1º/12/2011. HC 173.131-RS, Rel. Min. Jorge Mussi, julgado em 6/12/2012 (Informativo nº 0514).

Nesse cenário polêmico, sobreveio a **Lei nº 12.432, de 29/06/2011,** que acrescentou uma ressalva ao parágrafo único artigo 9º do CPM quanto aos crimes dolosos praticados por militar contra a vida de civil no contexto de ação militar realizada na forma do art. 303 da Lei no 7.565, de 19 de dezembro de 1986 – Código Brasileiro de Aeronáutica.

Trata-se da situação definida na polêmica "**Lei do Tiro de Destruição**", popularmente conhecida como "**Lei do Abate**", que prevê uma série de procedimentos a serem seguidos pelas autoridades de defesa para o policiamento do espaço aéreo.

Caso não sejam atendidos os referidos procedimentos, a aeronave suspeita passa a ser considerada hostil, estando sujeita à **medida de destruição**, que consiste na realização de disparo de tiros, feitos pela aeronave de interceptação, com a finalidade de provocar danos e impedir o prosseguimento do vôo da aeronave transgressora, como último recurso para o Estado evitar o ingresso de aeronaves que transportam drogas para o território brasileiro.

Nos termos da lei, a autoridade que autorizar o tiro de destruição responderá por seus atos quando agir com excesso de poder ou com espírito emulatório.

A "Lei do Tiro de Destruição" tem sido alvo de severas críticas pela maioria da doutrina, que a considera inconstitucional por violar a garantia à vida e por ferir o princípio da proporcionalidade. De outro lado, sustenta-se a constitucionalidade da lei por entender-se que a conduta estatal que provoque a destruição da aeronave considerada hostil, adequar-se-ia à causa de justificação de exercício regular do direito de preservação da segurança pública, bem jurídico constitucionalmente tutelado.

A par da discussão acerca da (in)constitucionalidade da "Lei do Abate", a ementa da lei 12432/2011, parece evidenciar mais uma vez a confusão promovida pelo legislador, já que sua finalidade única foi **estabelecer a competência da Justiça Militar para julgamento dos crimes praticados no contexto do art. 303 da Lei no 7.565/1986.**

Novamente, uma regra processual foi inserida por equívoco no Código Penal Militar, com o potencial de alimentar a polêmica quanto à aplicação da primeira parte do parágrafo único artigo 9º do CPM aos militares das Forças Armadas.

Com o advento da Lei nº 13491, de 13 de outubro de 2017, o controvertido parágrafo único do artigo 9º do Código Penal Militar foi revogado, surgindo dois novos parágrafos com a seguinte redação:

> § 1º Os crimes de que trata este artigo, quando dolosos contra a vida e cometidos por militares contra civil, serão da competência do Tribunal do Júri.
>
> § 2º Os crimes de que trata este artigo, quando dolosos contra a vida e cometidos por militares das forças armadas contra civil, serão da competência da Justiça Militar da União, se praticados no contexto:
>
> I - do cumprimento de atribuições que lhes forem estabelecidas pelo Presidente da República ou pelo Ministro de Estado da Defesa;
>
> II - de ação que envolva a segurança de instituição militar ou de missão militar, mesmo que não beligerante; ou
>
> III - de atividade de natureza militar, de operação de paz, de garantia da lei e da ordem ou de atribuição subsidiária, realizadas em conformidade com o disposto no art. 142 da Constituição Federal e na forma dos seguintes diplomas legais:
>
> a) Lei nº 7.565, de 19 de dezembro de 1986 - Código Brasileiro de Aeronáutica;
>
> b) Lei Complementar no 97, de 9 de junho de 1999;
>
> c) Decreto-Lei nº 1.002, de 21 de outubro de 1969 - Código de Processo Penal Militar; e
>
> d) Lei nº 4.737, de 15 de julho de 1965 - Código Eleitoral. " (NR)

Nota-se que o parágrafo primeiro faz referência a militares de forma genérica, remetendo à competência do júri o crime doloso contra a vida de civil. À luz do parágrafo 4º do artigo 125 da Constituição, evidente que o dispositivo se aplica aos militares estaduais. Mas, residualmente, pode-se também aplicá-lo ao militar das forças armadas que não estiver empenhado nas missões referidas no parágrafo segundo. Imagine-se a hipótese do artigo 9º, II, b do CPM, em que o militar da ativa pratica crime contra civil em lugar sujeito à administração militar. Nesse caso, não se exige que o sujeito ativo esteja efetivamente em serviço. Por exemplo, considere um militar que, tendo se separado de sua esposa, passe a residir no quartel e, num fim de semana, ao ser visitado pela mesma, no recinto da unidade militar, cometa um homicídio passional. Inquestionável a competência do tribunal do júri.

Já o parágrafo segundo se refere especificamente aos militares das forças armadas, que serão julgados pela Justiça Militar da União caso cometam crimes dolosos contra a vida de civil no contexto de atividade militar, nas hipóteses legais expressamente mencionadas. Se, por exemplo, na defesa do aquartelamento, o militar de serviço de sentinela vier a matar um civil invasor, será julgado pela justiça castrense.

Por fim, convém registrar que a Lei 13491/2017 é alvo de questionamento no Supremo Tribunal Federal, por meio da ADI 5804, sendo que, por ocasião do fechamento desta edição, os autos se encontravam conclusos com o relator Min. Gilmar Mendes[13].

▸ Como esse assunto foi cobrado em concurso?

Foi considerada correta a seguinte afirmação "Situação hipotética: Um soldado das Forças Armadas, no cumprimento das atribuições que lhe foram estabelecidas pelo ministro de Estado da Defesa, cometeu crime doloso contra a vida de um civil. Assertiva: Nessa situação, o autor do delito deverá ser processado e julgado pela justiça militar da União." **(Analista Judiciário - àrea judiciária/STM/2018/CESPE).**

13. http://portal.stf.jus.br/processos/detalhe.asp?incidente=5298182

5. CRIME MILITAR EM TEMPO DE GUERRA

5.1. Tempo de guerra

Nos exatos termos do artigo 15 do CPM, "o **tempo de guerra**, para os efeitos da **aplicação da lei penal militar**, **começa** com a **declaração ou o reconhecimento** do estado de guerra, ou com o **decreto de mobilização** se nele estiver compreendido aquele reconhecimento".

De acordo com a Constituição da República, compete **privativamente ao Presidente da República declarar guerra**, no caso de agressão estrangeira, **autorizado pelo Congresso Nacional ou referendado por ele**, quando ocorrida no intervalo das sessões legislativas, e, nas mesmas condições, **decretar, total ou parcialmente, a mobilização nacional** (art. 84, XIX, CR/1988).

Note-se que a única hipótese de **guerra** legitimada pela Carta Magna é a **defensiva - "no caso de agressão estrangeira"** - o que, segundo entendimento consolidado, obviamente **dispensaria a declaração de guerra prévia**.

Importante frisar que **o estado de guerra** pode existir **independentemente** da **declaração formal de guerra**, desde que evidenciada a ocorrência de **atos de guerra**, quando um Estado deliberadamente pratica atos de violência contra outro Estado, através de sua força armada.

O **tempo de guerra termina** quando ordenada a cessação das hostilidades (art. 15, *in fine*, CPM), competindo ao **Presidente da República** celebrar a paz, autorizado ou com o referendo do Congresso Nacional (art. 84, XX, CR/1988).

5.2. Crimes militares em tempo de guerra

Para definir os crimes militares em tempo de guerra, o legislador castrense deu primazia aos critérios ***ratione legis* e *ratione temporis***. Assim, à luz das balizas indicadas no **artigo 10 do CPM**, qualquer delito pode ser considerado crime militar em tempo de guerra, senão vejamos:

- Os crimes **especialmente previstos no Código Penal Militar para o tempo de guerra** estão elencados no Livro II da Parte Especial do CPM do **artigo 355 em diante**.

- Os **crimes propriamente militares** previstos para o tempo de paz, agregando-se a circunstância temporal: se praticados em tempo de guerra.
- Os **crimes impropriamente militares** (***previstos neste Código, embora também o sejam com igual definição na lei penal comum ou especial, qualquer que seja o agente***) **quando praticados em:**
  - **território** nacional, ou estrangeiro, **militarmente ocupado.**
  - **qualquer lugar**, se **comprometem ou podem comprometer** a preparação, a eficiência ou as **operações militares** ou, de qualquer outra forma, atentam contra a **segurança externa do País** ou podem expô-la a perigo.
- Os **crimes comuns** (***definidos na lei penal comum ou especial, embora não previstos no CPM)***, quando praticados:
  - em **zona de efetivas operações militares.**
  - em **território estrangeiro, militarmente ocupado.**

O artigo 25 do CPM define como **crime praticado em presença do inimigo** aquele que **ocorre em zona de efetivas operações militares** ou **na iminência ou em situação de hostilidade.**

Assim, pode-se dizer que mesmo um crime comum (não previsto no CPM), praticado por um civil, pode ser classificado como crime militar em tempo de guerra se ocorrer na presença do inimigo, ou seja, em zona de efetivas operações militares.

> **▸ Como esse assunto foi cobrado em concurso?**
>
> Foram consideradas corretas as seguintes afirmações
>
> "Com relação aos crimes militares em tempo de guerra, julgue o próximo item. Se, em tempo de guerra, um militar cometer homicídio em presença do inimigo, sua pena poderá ser reduzida conforme hipóteses previstas no Código Penal Militar." **(Analista Judiciário – àrea judiciária/STM/2018/CESPE).**[14]

14. Homicídio simples Art. 400. Praticar homicídio, em presença do inimigo: I – no caso do art. 205: Pena – reclusão, de doze a trinta anos; **II – no caso do § 1º do art. 205, o juiz pode reduzir a pena de um sexto a um terço;**

▸ **Como esse assunto foi cobrado em concurso?**

"Em tempo de guerra, um fato previsto como crime na legislação comum, mas não na militar, poderá ser considerado crime militar se praticado em presença do inimigo." **(Defensor Público Federal/DPU/2004/CESPE).**

5.3. Causa de aumento de pena

O artigo 20 do CPM prevê uma causa de **aumento de pena de um terço** para os crimes praticados em tempo de guerra. Note-se que a fração de aumento, **salvo disposição especial,** incide sobre as **penas cominadas para o tempo de paz.**

Conclui-se, portanto, que **somente haverá incidência da majorante nas hipóteses dos incisos II, III e IV, do artigo 10** do Código Castrense, já que os crimes especialmente previstos para o tempo de guerra (inciso I) apresentam penas mais graves em seus preceitos secundários. Aumentá-las em um terço caracterizaria odioso *bis in idem.*

5.4. Aplicação da lei penal militar em crimes cometidos em prejuízo de país aliado

O artigo 18 do CPM apresenta uma hipótese de incidência excepcional da lei castrense aos crimes cometidos **em prejuízo de país aliado** (em guerra contra país inimigo do Brasil) desde que tenham sido **praticados por brasileiro** ou, **qualquer que seja o agente**, se praticados no **território nacional** ou em **território estrangeiro militarmente ocupado por força brasileira.**

Relembre-se que a aplicação da lei penal militar no espaço deve respeitar as normas previstas em tratado ou convenção internacional (art. 7º, CPM).

Capítulo IV

Teoria do Crime – Fato Típico

1. INTRODUÇÃO

1.1. Teoria Geral do Delito

De início, cumpre informar que o Código Penal Militar foi concebido sob influência da Teoria Neoclássica, como denunciam diversos de seus dispositivos (artigos 33, 35, 36, 38, v.g.). Algumas estruturas são evidentemente anacrônicas, uma vez que o Código Castrense não passou pelas Reformas a que foi submetido o Código Penal comum. Outros institutos não foram recepcionados pela Constituição de 1988. Assim, ao estudarmos a Teoria do Crime, ainda que respeitando a especialidade do CPM, vamos precisar atualizá-lo, inclusive, adotando algumas concepções finalistas do Código Penal comum.

Passa-se a um brevíssimo resumo da evolução da teoria geral do delito, alertando-se que não se trata de matéria esgotada, mas de um processo ainda em construção que segue a transformação epistemológica do Direito Penal.

1.1.1. *Teoria clássica (Sistema Causal-Naturalista de Liszt – Beling)*

O Conceito clássico do crime é obra do pensamento jurídico ambientado no positivismo científico, que procurava tratar do fenômeno abstraindo de qualquer valoração filosófica, psicológica ou sociológica. No afã de afastar o risco de manipulação subjetiva do Direito por parte do intérprete, o método positivista da Teoria Clássica apegou-se ao formalismo e à exclusão de juízos de valor na tarefa de analisar, reconstruir e aplicá-lo. Esse sistema primava pela garantia de segurança jurídica, dando preponderância ao Princípio da Legalidade, todavia propunha um tratamento exageradamente formal ao comportamento humano definido como delituoso.

Uma das principais críticas à Teoria Clássica, é a sua inaptidão para reconhecer a invalidade de uma norma formalmente produzida, porém materialmente incompatível com o ordenamento vigente. Isso porque o objeto da ciência jurídica não pode ficar restrito ao direito positivo. É impossível implementar sua análise e sistematização unicamente por meio do método indutivo de construção jurídica. Porquanto as regras jurídicas projetam-se para fora de si mesmas.

Quanto ao conceito analítico clássico do delito, dividia-se a ação típica, antijurídica e culpável em dois aspectos:

- EXTERNO – OBJETIVO – ação típica e antijurídica (Injusto Penal); e
- INTERNO – SUBJETIVO – culpabilidade (vínculo psicológico).

A ação era definida como o movimento humano voluntário que causava uma alteração no mundo exterior (resultado naturalístico), ou seja, era a inervação muscular produzida por energias de um impulso cerebral que, comandadas pelas leis da natureza, provocavam uma transformação no mundo exterior. A ação típica abrangia o ato de vontade e o resultado.

O tipo penal (puramente objetivo-descritivo) compreendia o caráter externo da ação e tinha a função essencial de descrever objetivamente as condutas e prever o resultado. Além da função garantidora, cumpria também uma função indiciária de ilicitude. Conforme a Teoria da *ratio cognoscendi*, a existência do fato típico faz surgir uma presunção relativa de ilicitude (onde há fumaça, provavelmente há fogo). Portanto, ainda que não confirmada a presunção e excluída a ilicitude, o fato típico continuava a existir. Anote-se que essa é a visão majoritária no Direito Penal Brasileiro nos dias atuais.

A antijuridicidade (também puramente objetiva) era a simples confirmação de que a conduta típica contrariava formalmente a lei penal. Assim, bastava a constatação de que a conduta era típica e de que não incidia alguma causa de justificação para reconhecer-se a ilicitude.

Em consequência, as excludentes de ilicitude eram aferidas objetivamente, bastando emoldurar a conduta típica na situação definida na causa de justificação, sem necessidade de avaliar-se o elemento subjetivo – a consciência e a vontade de agir justificadamente (*animus defendendi, animus salvandi*).

Para o sistema causal-naturalista, lastreado em uma visão empírica do conhecimento, a culpabilidade representava o elemento interno do delito, o vínculo psicológico que unia o agente ao fato praticado. Por essa razão, o sistema clássico foi também denominado Teoria Psicológica da Culpabilidade.

A diversidade de intensidade desse vínculo psicológico destaca o dolo e a culpa como espécies de culpabilidade. A imputabilidade era pressuposto da culpabilidade, para a indagação do elemento anímico.

Dentre outros problemas, a teoria Clássica não conseguiu apresentar uma resposta idônea às questões da conduta omissiva, da culpa inconsciente e da tentativa.

1.1.2. *Teoria Neoclássica (Teoria Teleológica do Delito)*

Como reação ao Sistema Clássico, a Teoria Neoclássica empregou fundamentação metodológica neokantiana que permitiu uma melhor compreensão dos institutos jurídicos penais como conceitos valorativos, sem renunciar à pretensão de cientificidade. Nessa fase, evidencia-se a priorização do normativo e axiológico.

A teoria do conhecimento do neokantismo somou-se ao método científico-naturalístico clássico do "observar e descrever", restabelecendo a metodologia própria das ciências do espírito, caracterizada pelo "compreender e valorar".

O Sistema Neoclássico promoveu a substituição da coerência formal do clássico pensamento jurídico circunscrito em si mesmo por um conceito de crime orientado para os fins pretendidos pelo Direito Penal, bem como pelas perspectivas valorativas que o fundamentam.

Afirmava-se que toda a realidade teria um valor preestabelecido por força da cultura, levando à constatação de que o Direito Positivo não poderia conter de per si um sentido objetivo a ser simplesmente descoberto pelo intérprete. Portanto, as normas jurídicas, como um produto cultural, teriam valores prévios.

Apesar de não responder a todas as questões, a Teoria Neoclássica teve o mérito de perceber a necessidade de harmonizar a convivência entre o ser e dever ser do Direito Penal, além de superar a ideia de crime como um fenômeno meramente físico causador de um resultado naturalístico.

No conceito neoclássico do delito, a conduta deixou de ter uma concepção puramente naturalística e passou a admitir um sentido normativo, que permitiu a compreensão dos crimes omissivos, culposos e da tentativa.

O tipo penal deixou de ser puramente objetivo/descritivo e assimilou elementos normativos (conteúdos valorativos) e elementos subjetivos específicos (motivos, tendências).

O conceito de injusto penal reconheceu uma nova relação entre a tipicidade e a antijuridicidade, ou seja, a tipicidade deixou de ser mero indício de ilicitude (teoria da *ratio cognoscendi*) e passa a ser a razão de sua existência (teoria da *ratio essendi*).

A antijuridicidade deixa de ser a simples e lógica contradição entre a conduta e a norma jurídica (ilicitude formal - oposição à norma) e passa a conter também um juízo de desvalor material - **danosidade social** - com a introdução de considerações axiológicas e teleológicas (ilicitude material - danosidade social). Logo, onde não houvesse lesão relevante de interesse algum, o fato não poderia ser qualificado como antijurídico.

Por força das premissas neokantianas, no Sistema Neoclássico, a culpabilidade passa a ser vista como reprovabilidade, traduzindo-se na formação da vontade contrária ao dever. Em outras palavras, a Culpabilidade passa a ser um juízo de censura ou reprovação, agregando-se o elemento normativo ao que tinha apenas cunho psicológico na Teoria Clássica.

Assim, para a reprovação, não bastava a existência do vínculo subjetivo entre o fato e o agente, sendo necessário que se pudesse exigir do agente, no caso concreto, uma conduta conforme o direito.

Por agregar ao dolo e à culpa como elementos subjetivos de culpabilidade outros de natureza normativa, a Teoria Neoclássica ficou conhecida como Teoria Psicológico-Normativa ou complexa. Portanto, a culpabilidade passa a ser o juízo de desaprovação jurídica que recai sobre o autor do fato típico e antijurídico.

A imputabilidade deixou de ser mero pressuposto da culpabilidade e passou a ser seu elemento, sendo definida como a possibilidade de se responder penalmente em virtude da real consciência da ilicitude e a capacidade de autodeterminação conforme essa compreensão.

A Culpa continuou sendo um elemento subjetivo da culpabilidade, sendo tratada como uma vontade defeituosa. Agregando-se a carga normativa, pôde-se entender a culpa inconsciente.

O dolo passou a ser o *dolus malus*, pois além da vontade e consciência de praticar o comportamento típico, seria exigida a real consciência da ilicitude do fato - elemento normativo.

A exigibilidade de conduta diversa era a capacidade de agir em conformidade com as exigências do ordenamento jurídico.

1.1.3. Teoria da Ação Final (Sistema Finalista)

Em contraposição ao subjetivismo epistemológico do neokantismo, o Finalismo de Welzel, com sua visão ontológica, afirma que não é o homem, com suas categorias mentais, quem determina a ordem do real, mas o próprio homem está inserido numa ordem real correspondente a estruturas lógico-objetivas (não subjetivas). Se o ponto de partida metodológico subjetivista do neokantismo afirmava que o caráter valorativo de um fato não está no fato em si, mas naquilo que lhe é atribuído pelos homens, o finalismo sustenta que o significado dos fatos procede de sua forma de ser.

Os críticos do Finalismo afirmam que sua premissa de objetivismo existencialista desconhece que os conceitos não são puros reflexos necessários da realidade, mas construções humanas baseadas num consenso social contingente. Ademais, seu enfoque ontológico seria questionável à luz da evolução da filosofia, tendo levado tanto as correntes hermenêuticas como as analíticas a abandonarem a pretensão de apreender essências próprias do ontologismo. Na modernidade já não é possível sustentar a razoabilidade da argumentação jurídica partindo de estruturas lógico-objetivas imutáveis.

Quanto aos elementos constitutivos do crime, a ação humana passa a ser o exercício de uma atividade final, isto é, um agir orientado conscientemente ao fim. A conduta é um acontecer final e não puramente causal. Isso porque o caráter final da ação baseia-se em que o homem, graças a seu saber causal, pode prever, dentro de certos limites, as consequências possíveis de sua conduta.

O tipo penal passa a ser complexo:

- TIPO OBJETIVO (elementos descritivos e normativos);
- TIPO SUBJETIVO: DOLO/CULPA (Para alguns, a culpa elemento normativo e não subjetivo).

O dolo é extirpado da culpabilidade e transplantado para o fato típico e, afastado de sua carga normativa, passa a ser considerado dolo NATURAL (apenas consciência dos elementos do tipo e vontade de realizá-los). A consciência da ilicitude é objeto de estudo somente na culpabilidade.

Assim, o tipo doloso é a ação final dirigida à realização de resultado socialmente intolerável.

O tipo culposo é a execução da ação final em relação às consequências socialmente intoleráveis que o autor pensa que não ocorrerão (culpa consciente) ou que sequer representa sua ocorrência (culpa inconsciente). A culpa é a violação do dever de cuidado exigido no âmbito das relações.

A antijuridicidade continua sendo analisada sob os aspectos formal e material. E as causas de justificação são concebidas como tipos penais permissivos, subdividindo-se também em elementos objetivos (pressupostos legais das causas de justificação) e subjetivos – consciência e vontade de agir justificadamente.

No sistema finalista, a culpabilidade passa a um juízo de censura endereçado ao agente, por não ter agido conforme a norma quando podia fazê-lo, restando-lhe apenas elementos normativos de valoração, razão pela qual é conhecida como **Teoria Normativa Pura**.

O finalismo retirou todos os elementos subjetivos que integravam a culpabilidade e esta conservou apenas os elementos normativos:

- Imputabilidade.
- Potencial consciência da ilicitude.
- Exigibilidade de conduta diversa.

1.1.4. Pós-Finalismo - Modelos Funcionalistas

A evolução da teoria do crime a partir dos modelos funcionalistas caracteriza-se pela tendência de normativização dos conceitos, ou seja, parte-se para a elaboração de conceitos com base em juízos de valor (aspectos axiológicos). Abandona-se a abordagem ontológica do delito e busca fundamentação nas finalidades/funções do Direito Penal (teoria dos fins da pena). Evidencia-se a orientação do sistema penal a finalidades político-criminais (aspectos teleológicos).

As categorias sistemáticas do conceito analítico de delito passam a admitir certa flexibilidade (ex.: Teoria da Imputação Objetiva).

O **Funcionalismo Moderado proposto por Roxin** fundamenta o sistema penal em caracteres teleológicos (os fins do Direito Penal) e axiológicos (normativismo funcional), promovendo uma abertura metodológica. Logo, todas as categorias do sistema jurídico-penal baseiam-se em princípios reitores normativos político-criminais, que serão aplicados aos dados empíricos, chegando a conclusões diferenciadas e adequadas à realidade.

Para os críticos, a flexibilização das categorias dogmáticas em função de finalidades político-criminais variáveis pode resultar contraproducente na sistematização racional do conhecimento jurídico penal (ex. excessiva valorização da teoria da imputação objetiva).

De outro lado, o Funcionalismo Radical de Jakobs postula a total renormativização do sistema penal, com fundamento sistêmico (funcionalismo sistêmico). Assim, o Direito Penal é que deve se ajustar às necessidades sistêmicas, voltando o seu foco para os fins da pena, ou seja, nas consequências do Direito Penal.

O Funcionalismo de Jakobs também é alvo de críticas, afirmando-se que, além de distanciar-se dos referentes ontológicos da realidade empírica, rejeita as limitações externas ao próprio sistema de Direito penal. Além disso, conduziria ao endurecimento do Direito Penal em prol de sua eficácia simbólica, sobretudo nos ordenamentos jurídicos de ideologia autoritária ou naqueles em que os direitos e garantias individuais não estão devidamente consolidados.

No Funcionalismo Teleológico-Racional de Roxin, o fato típico passa a conter uma terceira dimensão. Além das dimensões objetiva e subjetiva, passa a compô-lo também a dimensão normativa ou material, nesta incluída a imputação objetiva, expressa em dupla exigência: a criação ou implementação de um risco juridicamente proibido e a imputação do resultado, através do nexo de imputação, àquele que proporcionou diretamente a ocorrência desse risco.

Há também uma ampliação do conceito de culpabilidade para a ideia de responsabilidade. A culpabilidade, neste contexto, transforma-se em critério para a punibilidade - passando a pena a ser legítima sempre que for socialmente útil. Na noção de culpabilidade orientada pelos fins da pena do funcionalismo, a responsabilidade, como condição da pena, representa o somatório da culpabilidade com a necessidade de sanção no caso concreto, por razões de prevenção geral ou especial, sendo decisivo, para fundamentá-la, que se queira e deva responsabilizar o autor do fato.

Assim, a teoria funcional voltou suas atenções para os efeitos da pena sobre as pessoas que observam o Direito e que confiam na vigência efetiva de suas normas para a proteção dos bens jurídicos (prevenção geral positiva ou de integração). De outro lado, legitimou a aplicação da pena na prevenção especial, que é dirigida à pessoa do condenado visando integrá-lo à sociedade (prevenção especial positiva) ou, ao menos impedir que pratique novos crimes enquanto estiver privado de sua liberdade (prevenção especial negativa).

1.2. Conceito Analítico

Sob o aspecto formal, crime é toda a conduta que atenta contra a lei penal editada pelo Estado. No sentido material, crime é a conduta que viola os bens jurídicos mais importantes. Todavia, essas duas abordagens não são suficientes para traduzir com precisão a ideia de crime, fazendo-se necessário desenvolver-se um conceito analítico, que exponha seus elementos constitutivos.

No Brasil, parte da doutrina (Damásio, Dotti, Mirabete e Delmanto) sustenta que os elementos do crime são dois: fato típico e antijurídico. Para quem adota esse conceito bipartite de crime, a culpabilidade não é seu requisito, mas sim mero pressuposto de aplicação da pena.

A doutrina hoje dominante sustenta que o conceito analítico de crime apresenta três pressupostos: **conduta típica, antijurídica e culpável.**

Há quem acrescente um quarto elemento: **a punibilidade.** Tal orientação é minoritária e criticada, pois se trata, a rigor, de consequência do crime e não de elemento constitutivo.

Adotando-se a concepção tripartite, neste trabalho serão estudados os três elementos, com suas respectivas características: o fato típico (conduta, tipicidade, relação de causalidade e resultado), a ilicitude (relação de antagonismo entre a conduta típica e o ordenamento jurídico) e a culpabilidade (juízo de reprovação pessoal que se faz sobre a conduta típica e ilícita do agente).

2. FATO TÍPICO

A doutrina divide o fato típico em quatro elementos com vistas a facilitar o seu estudo didático. São elementos do fato típico:

- **conduta, em seu sentido jurídico penal;**
- **relação de causalidade (nexo causal);**
- **resultado e;**
- **tipicidade penal.**

2.1. Conduta

a) Conceito

Conduta é todo comportamento humano (ação ou omissão), dotado de voluntariedade e consciência e que tenha dado causa (dirigida finalisticamente) à produção de um resultado típico (jurídico).

A dogmática penal desenvolveu diversas teorias para definir conduta em seu sentido jurídico penal. Em resumo:

- **Teoria Causalista**:
  - **Escola Clássica** - conduta é o movimento humano voluntário produtor de uma modificação no mundo exterior. Segundo Von Liszt, ação é "o fato que repousa sobre a vontade humana, a

mudança no mundo exterior referível à vontade do homem. Sem ato de vontade não há ação, não há injusto, não há crime: *cogitationis poenam nemo patitur*. Mas também não há ação, não há injusto, não há crime sem uma mudança operada no mundo exterior, sem um resultado". O conceito de ação englobava o ato de vontade e o resultado. Abstrai-se do conceito o conteúdo da vontade, que é alocado na culpabilidade (dolo ou culpa). Há uma separação taxativa dos aspectos da ação: objetivos (processo causal externo – ação e resultado) e subjetivos (processo interno – Conteúdo da Vontade – culpabilidade).

- **Teoria Neoclássica** – conduta é o comportamento humano voluntário manifestado no mundo exterior. A conduta relevante para o Direito Penal é o comportamento humano voluntário causador de um resultado.

- **Teoria Finalista**: Para Welzel, a ação humana é o exercício de uma atividade final. A ação é uma estrutura lógico-objetiva guiada pela finalidade humana. Atividade final é um comportamento humano voluntário dirigido conscientemente em função de um fim. O caráter final da ação baseia-se em que o homem, graças a seu saber causal, pode prever, dentro de certos limites, as consequências possíveis de sua conduta.

- **Teoria Social da Ação**: conduta é toda atividade humana social e juridicamente relevante, segundo padrões axiológicos de uma época, dominada ou dominável pela vontade. Para Schmidt, a ação é uma conduta arbitrária para com o mundo social externo. Engisch afirma que a ação é a causação voluntária de consequências calculáveis e socialmente relevantes. Segundo Maihoter, a ação é todo comportamento objetivamente dominável dirigido a um resultado social objetivamente previsível.

- **Teorias Funcionalistas:** Adota-se uma concepção normativa da conduta orientada sob o ponto de vista valorativo dos fins do Direito Penal e de seus princípios político-criminais. **Teoria Personalista da Ação:** A ação é manifestação exterior da personalidade; é a relação do "eu" com o mundo exterior; é tudo aquilo que pode ser atribuído a uma pessoa como centro de atos anímico-espirituais. Ação é uma categoria pré-jurídica, coincidente com a realidade da vida. Valora-se a ação do ponto de vista da necessidade abstrata da pena, cujo fim político-criminal é preventivo geral. **Teoria da Evitabilidade Individual:** Ação é a realização de um resultado individualmente evitável.

b) Formas de manifestação da conduta (ação ou omissão)

Na conduta comissiva, o comportamento penalmente relevante se manifesta de forma ativa. Na visão causalista, a ação é um movimento qualquer do agente percebido no mundo exterior. Para o finalismo, o agente direciona sua conduta a uma finalidade ilícita.

A conduta comissiva pressupõe a existência de uma norma proibitiva. No crime comissivo o comando normativo do tipo penal exige de todos uma abstenção (não fazer algo).

Já na **conduta omissiva**, ocorre a abstenção de uma atividade imposta pela lei ao agente. Há uma atividade juridicamente exigida e o sujeito manifesta uma atitude psicológica e física de não-atendimento da ação esperada, quando devia e podia ser praticada. Pune--se a inércia, pois a ordem jurídico-penal exige uma ação (norma mandamental ou preceptiva).

O crime é omissivo próprio (puro ou simples) quando descreve no próprio tipo penal uma conduta negativa, de não fazer o que a lei determina. A omissão caracteriza a transgressão da norma jurídica, independentemente de qualquer resultado naturalístico. Na maioria dos casos, há um dever genérico de proteção, em que a ação esperada é dirigida a todos indistintamente e, assim, o sujeito ativo pode ser qualquer pessoa. Todavia, em algumas hipóteses de omissão própria, a ação esperada é exigida de determinadas pessoas apontadas no tipo penal, como, por exemplo, no caso do comandante nos crimes de omissão de eficiência da força (art. 198, CPM), omissão de providências para evitar danos (art. 199, CPM) ou para salvar comandados (art. 200, CPM).

No crime omissivo impróprio (comissivo por omissão ou omissivo qualificado), a ação esperada é dirigida especificamente a uma pessoa que tem um dever especial de preservação do bem jurídico.

A omissão não está descrita no tipo, por isso, só será penalmente relevante quando o sujeito estiver na posição de garantidor. Nessa qualidade, possuindo o dever jurídico e a possibilidade de agir, simplesmente não age. Seus pressupostos fundamentais são:

- O poder de agir - é necessário que o sujeito tenha a possibilidade física de agir para que se possa afirmar que não agiu voluntariamente.
- O dever de impedir o resultado - é preciso que o sujeito tenha o dever jurídico de evitar o resultado - o especial dever de impedi-lo - condição de garantidor de não ocorrência do resultado.
- A evitabilidade do resultado - se, hipoteticamente, a realização da conduta devida não impediria a ocorrência do resultado, deve-se concluir que a omissão não deu "causa" a tal resultado. A ausência da relação de não impedimento desautoriza que se atribua o resultado ao omitente.

Excepcionalmente, o tipo comissivo é realizado de forma omissiva desde que o sujeito ocupe a posição de agente garantidor. A responsabilidade penal encontra-se implícita e a omissão equivale juridicamente a uma ação, fazendo com que o garante responda pelo resultado.

As situações de **agente garantidor** são elencadas na norma de extensão do artigo 29, § 2º do CPM: **quem, por força de lei tem obrigação de cuidado, proteção ou vigilância ou de outra forma assumiu a responsabilidade de impedir o resultado ou, ainda, quem, com seu comportamento anterior, criou o risco de sua superveniência.**

c) Comportamento Humano

É cediço que a responsabilidade jurídico-penal é subjetiva e se trata de qualidade inerente aos seres humanos. Se conduta é comportamento humano, a rigor, não há que se falar em conduta praticada por pessoa jurídica, a ponto de imputar-lhe a prática de infração penal. Por isso, parte da doutrina afirma a inadmissibilidade de a pessoa jurídica praticar crime dentro da estrutura original do Direito Penal. Na verdade, quem pratica a conduta são seus sócios, diretores etc.

Entretanto, a Constituição de 1988, em seu artigo 225, §3º, previu a responsabilidade penal da pessoa jurídica, somente no tocante a crime ambiental, o que foi regulamentado nos artigos 3º e 21, da lei

9605/98. Em que pese a controvérsia doutrinária acerca da matéria, os Tribunais Superiores têm reconhecido a responsabilidade penal da pessoa jurídica nos crimes contra o meio ambiente.

Como o permissivo constitucional foi limitado aos delitos ambientais, cujas condutas encontram-se tipificadas em lei específica, trata-se de hipótese de responsabilização que, antes da edição da lei 13491/2017, não tinha pertinência com o Direito Penal Militar, mas que passa a ser objeto de interesse, com a ampliação do conceito de crime militar.

Contudo, merece registro que o Código Castrense prevê como medida de segurança de caráter patrimonial a interdição de estabelecimento, sociedade ou associação (art. 118, CPM), pelo prazo de 15 dias a 6 meses, se o estabelecimento, sociedade ou associação serve de meio ou pretexto para a prática de infração penal. A interdição consiste na proibição de exercer no local o mesmo comércio ou indústria, ou a atividade social, não podendo a entidade exercer em outro local as suas atividades.

Assim, por exemplo, se a sede de uma associação de praças é utilizada para realização de reuniões ilícitas (art. 165, CPM) ou motim (art. 149, CPM), além de os militares envolvidos serem condenados, a associação seria submetida à medida de segurança de interdição.

Trata-se de disposição evidentemente incompatível com a Constituição de 1988, que não previu outra forma de incidência de sanção penal sobre pessoas jurídicas além dos crimes ambientais. Ademais, há evidente violação ao princípio da Intranscendência da pena (art. 5º, XLV, CR/88), pois se a pena não pode passar da pessoa do condenado, a medida de segurança, que espécie de sanção penal, também não poderia.

d) Voluntariedade e Consciência

Na visão finalista, se não houver vontade dirigida a uma finalidade, não há conduta. A conduta é voluntária quando a ação ou a omissão tenham derivado livremente da vontade do agente, sem imposição de qualquer força exterior. Por ausência de voluntariedade, não há conduta nas seguintes hipóteses:

- **Força física irresistível**, que pode ser proveniente de **evento da natureza ou de ação humana** (coação física irresistível – vis absoluta). Por exemplo, o sujeito, arrastado pelo vento ou empurrado por alguém, choca-se com uma pessoa causando-lhe lesões corporais.

  Note-se que na coação física irresistível (vis absoluta), o coator é quem atua com vontade livre e é considerado autor mediato, enquanto que aquele que causa o dano ou a lesão é mero instrumento. Não se deve confundir a coação física irresistível com a coação moral (vis compulsiva), que não exclui a voluntariedade, mas pode excluir a culpabilidade do agente, por inexigibilidade de conduta diversa, se for irresistível (art. 38, a, CPM).

- **Movimentos reflexos**, quando a ação deriva de reflexos ou impulsos naturais, que o sujeito não possa controlar, como, por exemplo, ao tocar em fio desencapado ou em superfície quente.
- **Impossibilidade física de agir nos crimes omissivos, próprios ou impróprios**, também afasta a voluntariedade da conduta. Nos crimes omissivos próprios, essa situação de real impossibilidade de agir não pode ser observada no aspecto físico, mas sim no **plano normativo**, pois que essas figuras típicas não têm resultado naturalístico algum, sendo crimes de mera conduta.

Além da voluntariedade, a **consciência é requisito fundamental** para existência de conduta penalmente relevante. Condutas praticadas em estado de inconsciência, sendo ativas ou passivas, não têm relevância jurídico-penal. Por exemplo, um sujeito **sonâmbulo ou epilético** ou **em estado de hipnose** que causa lesões corporais em outrem.

2.2. Tipicidade penal

a) Tipicidade Legal ou Formal

Pode-se dizer que uma **conduta é típica** quando se amolda perfeitamente a um modelo abstrato previsto na lei (tipo penal). Cada tipo possui características e elementos próprios que o torna especial e inconfundível com outro, não se admitindo a adequação de conduta que não lhe corresponda perfeitamente. Essa falta de correspondência não pode ser suprida por analogia ou interpretação extensiva.

O juízo de tipicidade é a operação intelectual de conexão entre a infinita variedade de fatos possíveis da vida real e o modelo típico descrito na lei para qualificá-la como infração penal. Quando esse juízo é positivo, ou seja, quando uma conduta se adapta perfeitamente ao modelo abstrato criado pela lei penal, ocorre o fenômeno chamado tipicidade. Se esse juízo é negativo, ocorre a atipicidade - a conduta não é relevante para o Direito Penal.

A norma penal estabelece um **modelo abstrato** de comportamento proibido ou esperado e esse modelo deve ser realizado no caso concreto para que haja uma conduta típica. Esse juízo de adequação da conduta pode ocorrer de forma **direta ou indireta**:

- **Adequação típica direta** - há uma subsunção direta (linear) da conduta ao tipo penal. Por exemplo, com a intenção de matar, um soldado atira em um colega e este vem a falecer. Assim, a conduta se adequou diretamente à norma do art. 205, do CPM.

- **Adequação típica indireta** - a conduta se amolda ao tipo penal por meio de uma **norma de extensão** (relação triangular), que viabiliza a adequação típica, ampliando os limites da tipicidade. Se, no exemplo anterior, a vítima não morresse, a conduta não encontraria adequação típica linear à norma do artigo 205, CPM mas, mesmo assim, o autor seria responsabilizado pela **tentativa,** porque a norma de extensão do art. 30, II, CPM viabilizaria a adequação indireta ao tipo penal.

b) Tipicidade Material

Só há tipicidade **material** quando **a conduta é ofensiva a bens de relevo para o Direito Penal.** Portanto, não se pode conceber a existência de uma conduta típica que não afete a um bem jurídico.

A doutrina define bem jurídico penalmente tutelado como a relação de disponibilidade que um indivíduo tem para com um objeto, sendo essa relação protegida pelo Estado.

Assim, bens jurídicos configuram direitos que temos a dispor de certos objetos e o Estado revela seu interesse na proteção desses interesses mediante a tipificação penal de condutas que impedem ou perturbam a sua disposição.

A **afetação do bem jurídico** é um requisito da tipicidade penal, mas não pertence à tipicidade legal (formal), servindo apenas para limitá-la, corrigi-la. Logo, se a norma tem sua razão de ser na tutela de um bem jurídico, não se pode incluir em seu âmbito de proibição conduta incapaz de afetá-lo.

De outro lado, o bem protegido deve ser relevante, sendo afastados aqueles considerados inexpressivos. A lesão ou o perigo de lesão ao bem jurídico é indispensável para a configuração da tipicidade material.

TIPICIDADE MATERIAL
Desvalor da conduta
• **Princípio da Adequação Social** – Não se pune a conduta que se comporta dentro dos padrões de normalidade da sociedade.
Desvalor do resultado
• **Princípio da insignificância** – Deve haver uma afronta significativa ao bem jurídico.

2.3. Teoria do tipo penal

2.3.1. *Conceito*

Tipo penal é a descrição precisa do comportamento humano, feita pela lei. Trata-se de um instrumento legal necessário, de natureza predominantemente descritiva, que tem por finalidade individualizar condutas humanas que apresentem relevância penal (Zaffaroni).

O Tipo é o conjunto de elementos do fato punível descrito na lei penal. É um modelo abstrato que descreve o comportamento proibido. O tipo exerce uma função limitadora e individualizadora das condutas humanas penalmente relevantes..

2.3.2. Elementares e Circunstâncias

Elementares são **dados essenciais à figura típica**, sem os quais pode ocorrer a **atipicidade absoluta** (tornando-se um indiferente penal) ou a **atipicidade relativa** (desclassificação). Trata-se de elementos integrantes do tipo penal incriminador básico.

Já as **circunstâncias** são **elementos periféricos**, que gravitam ao redor da figura típica básica, não alterando a sua definição, mas somente interferindo na delimitação da pena.

As **circunstâncias objetivas** (materiais ou reais) relacionam-se com o fato delituoso em sua materialidade e atuam sobre a magnitude do injusto (modo de execução, uso de determinados instrumentos, espécie, meios, lugar, tempo, ocasião, qualidade da vítima).

De outro lado, as **circunstâncias subjetivas** (pessoais) são condições ou qualidades que se referem à pessoa do agente, nada tendo a ver com a materialidade do delito, portanto, atuam sobre a medida da culpabilidade (motivos determinantes, condições ou qualidades pessoais).

2.3.3. Elementos que integram o tipo

O **Tipo Objetivo** é composto de elementos cuja finalidade é descrever a ação, o objeto da ação e, em sendo o caso, o resultado, as circunstâncias externas do fato e a pessoa do autor e do sujeito passivo. Tais elementos subdividem-se em:

- **Elementos descritivos** têm a finalidade de evidenciar dados que, com simplicidade, podem ser percebidos pelo intérprete.
- **Elementos normativos** são aqueles para cuja compreensão se faz necessário um juízo de valor ético ou jurídico, podendo variar de acordo com a interpretação de cada pessoa ou em virtude do sentido que lhe dá a norma. (dignidade, decoro, sem justa causa, indevidamente).

O **Tipo Subjetivo** compõe-se de elementos anímicos do agente: o dolo - consciência e vontade de realizar o tipo objetivo; os elementos subjetivos especiais, como intenções ou mesmo motivações excepcionais - especial fim de agir; e a culpa (segundo parte da doutrina).

2.3.4. Elementos específicos do tipo penal

- **Núcleo** é o verbo que descreve a conduta proibida pela lei penal, com a finalidade de evidenciar o comportamento que se procura evitar ou impor. Os Tipos podem ser uninucleares ou plurinucleares (crimes de ação múltipla ou de conteúdo variado).

- **Sujeito ativo** é pessoa que pode praticar a conduta descrita no tipo. Classifica-se em:

  - **Crime comum,** quando a infração, por sua natureza, pode ser cometida por qualquer pessoa, pois o legislador não exige nenhuma qualidade especial do sujeito ativo.

  - **Crime próprio,** quando o tipo penal exige uma qualidade ou condição especial do sujeito ativo e somente pode ser praticado por determinada pessoa em virtude de circunstâncias pessoais, admitindo delegação e autoria mediata.

  - **Crime de mão própria**, quando o crime é personalíssimo e só pode ser praticado diretamente por aquele sujeito ativo específico e mais ninguém, sendo a execução material é indelegável.

- **Sujeito passivo**:

  - **Formal** é o Estado, que é atingido todas as vezes que suas leis são descumpridas.

  - **Material** é o titular do bem ou interesse juridicamente tutelado sobre o qual recai a conduta criminosa, que em alguns casos pode ser o próprio Estado.

- **Objeto material** é a pessoa ou a coisa sobre a qual recai a conduta delituosa do agente. Em algumas hipóteses, pode ocorrer de o sujeito passivo coincidir com o objeto material (homicídio). Porém, não se pode confundir o objeto material com o objeto jurídico (bem ou interesse juridicamente tutelado). Nem todos os crimes possuem objeto material.

2.4. Tipo subjetivo

Na estrutura da Teoria Normativa Pura (finalismo) o tipo penal é complexo, pois compreende a parte objetiva e a parte subjetiva. Como já mencionado, o tipo subjetivo vincula-se à manifestação psíquica ou anímica do sujeito.

2.4.1. *Tipo Doloso*

O **dolo** é a consciência e a vontade livre de realizar os elementos objetivos do tipo penal. A ação é sempre conduzida pela **consciência** do que se quer (momento intelectual) e pela decisão a respeito de **querer realizá-lo** (vontade – momento volitivo). O dolo se dirige basicamente ao núcleo verbal, que compõe a ação típica e integra o tipo objetivo do crime.

Na maioria dos casos, o tipo subjetivo é composto essencialmente pelo dolo. Todavia, em alguns crimes dolosos, o legislador exige em acréscimo outra manifestação psíquica, distinta do dolo, porque não está necessariamente dirigida à realização da ação típica. Trata-se do chamado **dolo específico** ou **especial fim de agir** ou **elemento subjetivo do tipo distinto do dolo**. Nesses casos, a falta do dolo ou do especial fim de agir redundará em uma consequência idêntica, que é a atipicidade subjetiva da conduta.

2.4.2. *Elementos do dolo*

O dolo é composto de dois elementos: **Consciência (elemento intelectual) e a Vontade (elemento volitivo).**

A **consciência** – elemento cognitivo do dolo – refere-se ao conhecimento idôneo sobre a situação fática retratada no tipo objetivo. Quando o agente dirige a sua vontade ao cometimento de uma conduta baseada em uma **análise inidônea** da realidade fática, o **dolo** estará irremediavelmente **prejudicado**, porque o elemento cognitivo, a consciência equivocada, viciará o elemento volitivo.

Por exemplo, um militar, em operação na selva amazônica, atira em direção a uma moita próxima, que estava se mexendo, acreditando ser um animal selvagem. Cessado o movimento, aproxima-se e constata que era uma pessoa. No caso, há concretização do tipo objetivo - matar alguém. Contudo, no tocante ao tipo subjetivo, não há dolo, pois o elemento cognitivo orientou-se por dado inidôneo, laborando em erro quanto a elementar do tipo de homicídio (alguém - ser humano), em virtude de uma análise equivocada da situação de fato.

Assim, se o elemento cognitivo do tipo penal é equivocado, atuando o sujeito em erro, o elemento volitivo será viciado, já que a vontade será estranha à realização do tipo objetivo: não há dolo.

A **vontade** deve ser dirigida livremente à realização do elemento objetivo do tipo que foi corretamente analisado pelo sujeito. O agente quer (ou pelo menos assume o risco de produzir) o resultado delitivo como consequência de sua própria ação e se atribui alguma influência em sua produção.

Não se deve confundir vontade com desejo, que é simples atitude emotiva carente de toda eficácia no mundo exterior. A vontade penalmente relevante precisa ser exteriorizada com a prática da conduta descrita no tipo incriminador.

2.4.3. *Teorias do dolo no Código Penal Militar*

Nos termos do **artigo 33, I, CPM**, **"diz-se o crime doloso, quando o agente quis o resultado ou assumiu o risco de produzi-lo"**. O código castrense adota duas teorias para definir o dolo:

- **Teoria da vontade,** que considera o dolo como a vontade livre e consciente de **querer praticar** a conduta prevista no tipo penal incriminador. O agente atribui diretamente à sua conduta a produção do resultado por ele desejado.
- **Teoria do assentimento (consentimento ou assunção),** que entende que atua com dolo aquele que, antevendo como **possível** o resultado lesivo decorrente de sua conduta, **mesmo não o querendo** diretamente, **não se importa** com a sua **ocorrência, assumindo o risco** de produzi-lo.

2.4.4. Espécies de Dolo

Como visto acima, a própria lei penal distingue as espécies de dolo. Na locução **"quis o resultado"**, há o **dolo direto**, pois o agente pratica a conduta dirigindo-a diretamente à produção do resultado por ele pretendido. É o dolo por excelência.

A opção do legislador penal brasileiro foi a de **vincular a vontade ao resultado**. Significa dizer que **o agente tem a certeza que o resultado irá acontecer se sua ação se concretizar tal como idealizada.**

Assim, o dolo direto apresenta **três aspectos**: **representar** o resultado, os meios necessários e as consequências secundárias; **querer** o resultado e os meios escolhidos para alcançá-lo; e **anuir** na realização das consequências certas, necessárias ou possíveis.

De outro lado, na locução "**assumiu o risco de produzi-lo**", há o indicativo de **dolo indireto**, pois **não há certeza** quanto à ocorrência do resultado, mas **há assunção do risco** de produzi-lo, evidenciando-se uma manifestação de **desprezo** pelo bem jurídico protegido.

O dolo eventual se caracteriza no nível intelectual, por levar a sé**rio a possível produção do resultado típico e, no nível emocional, por conformar-se com a eventual produção desse resultado (ou contar com o resultado típico possível, cuja eventual produção o autor aceita). Assim,** o sujeito idealiza uma ação e, antes de praticá-la, cogita que dela poderá advir produção de um resultado típico, sendo-lhe indiferente a sua ocorrência. Assim, se no dolo **direto** há **vontade por causa** do resultado, no dolo **indireto**, há **vontade apesar do resultado.**

De acordo com a **Teoria Positiva do Conhecimento de Frank,** se o agente diz a si mesmo: "seja como for, dê no que der, em qualquer caso, não deixo de agir", **há dolo eventual.**

Embora não querendo diretamente praticar a infração penal, o sujeito **não se abstém de agir**, assumindo o risco do resultado que por ele já havia sido previsto e tolerado. Portanto, o autor considera seriamente (**previsibilidade subjetiva**) possível a realização do tipo legal e se conforma com essa possibilidade.

Essa forma de manifestação dolosa não pode ser confundida com a chamada culpa consciente ou culpa com previsão subjetiva, que se caracteriza, no nível intelectual, pela representação da possível produção do resultado típico e, no nível da atitude emocional, pela leviana confiança na ausência ou evitação do resultado, por força da habilidade, atenção, cuidado etc., na realização concreta da ação.

O ponto de semelhança entre essas manifestações é que no dolo eventual e também na culpa consciente há uma previsão subjetiva, antes de o sujeito agir, quanto à possibilidade da produção do resultado. Mas as duas figuras se distinguem porque, no dolo eventual, o sujeito prevê a possibilidade de produzir o resultado e tolera sua produção, manifestando desprezo pelo bem jurídico tutelado, enquanto na culpa consciente, apesar de prever a possibilidade de ocorrência do resultado, sincera e levianamente crê que ele não irá ocorrer, por autoconfiança.

Assim, em geral, o dolo eventual constitui decisão pela possível lesão do bem jurídico e a culpa consciente representa a leviana confiança na exclusão do resultado de lesão.

A doutrina também reconhece a existência do dolo alternativo, em que o aspecto volitivo do agente se encontra direcionado de maneira alternativa em relação a diversos resultados ou em relação a pessoa contra a qual o crime é cometido.

Haverá alternatividade objetiva quando o sujeito tem uma previsibilidade "ex ante" de que da conduta poderão decorrer diversos resultados, ambos típicos. Assim, o sujeito atuaria assumindo a possibilidade de ocorrência de um ou de outro resultado, sem ter certeza de qual deles irá ocorrer. Já na alternatividade subjetiva, o sujeito visa atingir uma ou outra pessoa.

De outro giro, há dolo cumulativo quando o agente pretende alcançar dois resultados, em sequência (v.g. no caso de progressão criminosa).

Diz-se o dolo de dano quando a vontade do agente é de causar efetiva lesão ao bem jurídico tutelado, enquanto que no dolo de perigo o agente atua apenas com a intenção de expô-lo a risco.

A **doutrina** classifica o **dolo direto** em duas modalidades: **de primeiro e de segundo graus**.

Em algumas situações, para que seja atingida a **finalidade precípua** do sujeito, a concretização do plano delituoso, da forma como planejado e desenvolvido, produz vários resultados entendidos como **efeitos colaterais necessários**.

Assim, o **dolo direto de 1º grau** é aquele em que **resultado corresponde à meta optada** pelo agente, perfazendo seu **objetivo principal** (a **finalidade precípua** de seu atuar), enquanto que o **dolo direto de 2º grau** (ou **dolo de consequências necessárias**) corresponde aos **efeitos colaterais indispensáveis** ou **necessários** ocorridos em função dos meios empregados ou do modo de execução escolhido para que o sujeito pudesse **atingir sua meta principal.**

Por exemplo, uma praça decide matar um oficial, implantando uma bomba no avião pilotado pela vítima, com plena consciência de que, com a explosão, além de matá-lo, também ceifará a vida dos outros tripulantes do avião. No caso, há **certeza** de que **vários resultados** ocorrerão, não uma mera assunção de risco. Apesar de tais resultados não corresponderem à meta optada do agente, são efeitos colaterais indispensáveis para o alcance do resultado principal.

Dessa forma, a doutrina afirma que o resultado principal é abrangido pelo **dolo direito de 1º grau**, enquanto os efeitos colaterais necessários pelo **dolo direto de 2º grau.** O dolo de 1º de grau é **mais intenso** do que o de 2º grau, embora haja a mesma certeza quanto ao resultado.

A importância da distinção reside no fato de que haverá **uma ação** com **vários resultados**, o que aponta para o **concurso formal impróprio**, em que os resultados decorrem de **desígnios autônomos e não por acidente**, implicando o somatório das penas (**regra do cúmulo material**).

2.4.5. *Tipo Culposo*

O **artigo 33, II, CPM** define o crime culposo, "**quando o agente, deixando de empregar a cautela, atenção, ou diligência ordinária, ou especial, a que estava obrigado em face das circunstâncias, não prevê o resultado que podia prever ou, prevendo-o, supõe levianamente que não se realizaria ou que poderia evitá-lo**".

A estrutura do tipo culposo é completamente diversa do tipo do crime doloso. Enquanto neste se observa claramente a distinção entre o elemento objetivo e subjetivo, o tipo culposo é **incongruente**, já que a **vontade** do sujeito **não se dirige** à **concretização** do **resultado ilícito.** Ao contrário, a definição da culpa parte do pressuposto de que o sujeito não quis nem assumiu o risco da produção do resultado.

A **vontade** no tipo culposo é orientada para a prática de uma **conduta lícita**, atípica, mas o resultado típico ocorre porque o sujeito se comportou manifestando falta de cuidado frente ao bem jurídico. Assim, na culpa, o resultado típico decorre de uma **vontade defeituosa**.

Segundo entendimento de parte da doutrina, a divisão do tipo em partes objetiva e subjetiva só faria sentido na modalidade dolosa. Assim, por ser uno, o tipo culposo não conteria parte subjetiva e, nessa linha, a culpa não seria elemento subjetivo do tipo, mas sim **elemento normativo**.

O crime culposo parte do pressuposto de que o sujeito evidencia um **comportamento socialmente indesejado** por faltar com o dever de cuidado exigido na vida em sociedade e, por essa razão, algum bem jurídico relevante para o direito penal foi atingido.

Para a tipificação de um crime culposo, é necessária a conjugação de vários **elementos**:

- **A conduta humana voluntária** comissiva (imprudência), omissiva (negligência) ou inapta (imperícia);
- **A inobservância de um dever objetivo de cuidado** (negligência, imprudência ou imperícia);
- **O resultado lesivo** não desejado, tampouco risco assumido pelo agente;
- **O nexo de causalidade** entre a conduta descuidada do agente e o resultado dela advindo;
- **A previsibilidade objetiva** (mesmo que, em alguns casos, o sujeito sequer consiga prever subjetivamente o resultado – culpa inconsciente);
- **A tipicidade (só há responsabilidade a título de culpa se expressamente previsto em lei).**

2.4.6. *Princípio da Excepcionalidade (numerus clausus)*

Conforme dispõe o **parágrafo único do artigo 33, CPM,** "salvo os casos expressos em lei, ninguém pode ser punido por fato previsto como crime, senão quando o pratica dolosamente".

Os tipos culposos são editados para tutelar somente os bens jurídicos **mais importantes** para a sociedade. Por isso, excepcionalmente, além de punir o agente que quer ou assume do risco de lesionar tais interesses, o legislador também pune aqueles que se comportam frente a esses bens jurídicos de forma descuidada, causando-lhes ofensa.

Assim, se o **Direito Penal** é **subsidiário** frente aos outros ramos do ordenamento, a punição a título de culpa, dentro do Direito Penal, também constitui a *ultima ratio*, protegendo-se somente os bens jurídicos fundamentalmente essenciais.

Se não houver previsão de tipo penal fazendo menção explícita à punição culposa, só haverá punição pela modalidade dolosa, daí porque se diz que o dolo é elemento subjetivo implícito do tipo penal. Se não houver previsão de punição por conduta culposa, o fato é atípico.

> ▸ **Como esse assunto foi cobrado em concurso?**
>
> Foi considerada errada a seguinte assertiva "O CPM, assim como o CP, não tipifica o crime de **dano culposo" (Defensor Público Federal/ DPU/2007/CESPE).**

2.4.7. Dever Objetivo de Cuidado

Para que a sociedade possa se desenvolver sem que bens jurídicos fundamentais sejam vulnerados, deve-se exigir de todos os seus membros, indistintamente, que observem o dever de cuidado.

A culpa se evidencia quando alguém atua com violação de dever de cuidado e desse comportamento resulta lesão a bens jurídicos essenciais. A **doutrina dominante** defende que a conduta culposa corresponde à violação do **dever de cuidado objetivo**.

A tipicidade no crime culposo decorre da realização de uma conduta não diligente causadora de uma lesão ou perigo concreto de lesão a um bem jurídico. A falta do cuidado devido é de natureza objetiva. Deve-se analisar se o sujeito agiu com o cuidado necessário e normalmente exigível.

Para determinar se a conduta do sujeito se conforma ao tipo de injusto culposo, deve-se perguntar, sob a perspectiva "ex ante", se no momento da ação ou omissão era possível, para qualquer pessoa no lugar do autor identificar o risco proibido e ajustar a conduta ao cuidado devido. Parte-se do critério da previsibilidade objetiva de ocorrência do resultado diante de determinada conduta. Logo, não há que se falar em **culpa presumida**. A conduta deve ser valorada no caso concreto.

Importante, também, salientar que a **compensação de culpas não é admitida** no Direito Penal a fim de isentar o sujeito de punição, como, por exemplo, em um acidente de trânsito em que os dois motoristas causam lesões corporais culposas recíprocas.

Havendo a **concorrência de culpas**, o grau de culpa de cada um será apreciado no momento da fixação da pena-base (art. 69, CPM – circunstâncias judiciais).

2.4.8. Espécies de Culpa

Voltando ao artigo 33, II, CPM, ao afirmar que o sujeito "não prevê o resultado que podia prever ou, prevendo-o, supõe levianamente que não se realizaria ou que poderia evitá-lo", o legislador distingue duas espécies de culpa.

A **culpa inconsciente** é **despida de previsão subjetiva**, já que o sujeito "não prevê o resultado que podia prever". Como anotado acima, na culpa há sempre a **previsibilidade objetiva,** que corresponde à possibilidade de qualquer pessoa, naquele contexto, prever o resultado. Se **não existir** a **previsibilidade objetiva**, haverá um acontecimento inusitado, um acontecimento **fortuito, atribuído ao acaso**. O imprevisível exclui a culpa, já que não pode ser imputado ao ser humano.

Já na **culpa consciente,** prevendo o resultado, o sujeito supõe **levianamente** que não se realizaria ou que poderia evitá-lo. Há **previsão subjetiva**, pois, antes ou durante a prática da conduta, o sujeito **representa a ocorrência do resultado**, mas **acredita sinceramente** que esse **não ocorrerá, sem verdadeiramente assumir o risco** de produzi-lo, por ser autoconfiante.

Reitera-se que não se deve confundir a culpa consciente com o dolo eventual. Conforme já exposto, o ponto de **semelhança** reside em que em ambos há a previsão **subjetiva**. O sujeito representa, antes de agir, a possibilidade da produção do resultado.

Mas a diferença evidencia-se quando, no dolo eventual, o sujeito prevê a possibilidade de produzir o resultado e a aceita, manifestando desprezo pelo bem jurídico tutelado (assume o risco). Na culpa consciente, apesar de antecipar mentalmente a possibilidade de ocorrência do resultado, o sujeito sinceramente crê que ele não irá ocorrer.

Em alguns casos concretos, é muito **difícil distinguir** o dolo eventual da culpa consciente porque tal discussão se dá no **plano psíquico (subjetivo)** do agente. Deve-se perquirir o que se passou na mente do sujeito antes de praticada a ação. Segundo a doutrina, nesses casos, sendo impossível extrair a prova da existência de um ou outro elemento subjetivo, deve o Estado-juiz se pronunciar pelo reconhecimento da modalidade mais favorável ao agente: culpa.

2.4.9. *Formas de Manifestação da Culpa*

O resultado culposo pode ocorrer mediante diversas modalidades de condutas que exteriorizam a inobservância do seu exigível dever de cuidado:

- **A Imprudência** é a conduta comissiva que corresponde à prática de um ato perigoso sem os cuidados que o caso requer.
- **A Negligência** é a conduta omissiva, de deixar de fazer aquilo que a diligência normal exigia.
- **A Imperícia** é a inaptidão, momentânea ou não, para o exercício de arte, profissão ou ofício. Normalmente está ligada a uma atividade profissional e pode derivar de uma inobservância de regra técnica.

2.5. Resultado

2.5.1. *Conceito de resultado*

Em sede doutrinária, o conceito de resultado é disputado por duas teorias:

- A **Teoria Normativista** defende que todo crime tem resultado (jurídico), pois este representa **lesão ou perigo de lesão a um bem jurídico**. O resultado tem **natureza normativa**, pois exige um juízo de valor em cada caso para se verificar se o bem jurídico protegido pela norma entrou no raio de ação dos riscos criados pela conduta.
- A **Teoria Naturalística** define resultado como a **modificação do mundo exterior causada pela conduta**. Assim, sustenta-se que **nem todo crime tem resultado**, pois este é estudado sob o ponto de vista naturalístico, como algo destacado da conduta, representando a alteração no mundo exterior.

2.5.2. *Classificação quanto ao resultado naturalístico e o momento consumativo*

- **Crime Material:** O tipo penal exige prática da conduta e a produção do resultado material (naturalístico) previsto para que haja consumação.
- **Crime Formal** (ou de consumação antecipada): O tipo penal prevê o resultado, mas o crime consuma-se de forma antecipada, com a prática da conduta, independentemente da ocorrência do resultado. Se ocorrer o resultado, há o exaurimento do crime.

  O Supremo Tribunal Federal afirma que

  > O delito de falsidade ideológica (CPM, art. 312, caput) é formal e não exige resultado naturalístico, tendo como bem jurídico tutelado a proteção da fé pública da administração ou do serviço militar. Eventual prejuízo material ao erário seria mero exaurimento do delito e sua inexistência não teria o condão de descaracterizar a conduta. (HC 129207, Relator(a): Min. DIAS TOFFOLI, Segunda Turma, julgado em 24/11/2015, PROCESSO ELETRÔNICO DJe-076 DIVULG 19-04-2016 PUBLIC 20-04-2016)

- **Crime de mera conduta:** O tipo penal não prevê qualquer resultado do ponto de vista naturalístico, só existe a previsão da conduta. Logo, o crime se consuma com a prática da conduta.

De acordo com o Superior Tribunal Militar:

> O crime de abandono de posto é de mera conduta, bastando para a sua caracterização a demonstração do comportamento do agente de abandonar, sem ordem superior, o posto ou o serviço que lhe cumpria ou o lugar de serviço que lhe tenha sido designado, antes de terminá-lo. Sua consumação causa lesão ao bem jurídico tutelado pela norma, por quebra da ordem e da disciplina militares, bem como pela redução do nível de segurança exigido na Unidade Militar. Por se tratar de crime de perigo abstrato, o sujeito é punido pela simples desobediência à lei, sem a necessidade de efetiva comprovação da existência de lesão ou ameaça de lesão ao bem juridicamente tutelado pela norma penal.
>
> O tipo penal militar inserido no art. 195 do CPM encerra elevado potencial de perigo. Sob o ponto de vista da potencialidade lesiva, a constatação de que essa prática delituosa coloca toda a Unidade e seu efetivo em situação de vulnerabilidade, justifica a incriminação, ainda que nenhum resultado de perigo tenha se concretizado, razão pela qual a sua tipificação não se contrapõe à ordem constitucional em vigor. (Apelação nº 0000053-94.2015.7.12.0012/AM. Decisão: 08/11/2016).

2.6. Relação de causalidade

2.6.1. Conceito

A relação de causalidade é o vínculo necessário entre a conduta praticada pelo agente e o resultado por ela produzido.

Nos termos do **artigo 29, CPM**, "o resultado de que depende a existência do crime somente é imputável a quem lhe deu causa. Considera-se causa a ação ou omissão sem a qual o resultado não teria ocorrido".

Ao vincular a conduta ao resultado naturalístico, o Código castrense dá a entender que só há relevância na análise do nexo de causalidade nos crimes materiais, uma vez que os crimes formais e de mera conduta não exigem produção de resultado para sua consumação.

2.6.2. Teoria da equivalência dos antecedentes causais ou Conditio Sine Qua Non

Segundo dispõe o **artigo 29, do CPM**, é considerada causa toda ação ou omissão sem a qual não haveria o resultado, ou seja, tudo que concorre para o resultado é causa. Todos os fatos que antecedem ao resultado se equivalem, desde que indispensáveis à sua ocorrência.

▸ **Como esse assunto foi cobrado em concurso?**

Foi considerada errada a seguinte afirmação "O Código Penal Militar (CPM), ao estabelecer a relação de causalidade no crime, adotou o princípio da equivalência dos antecedentes causais, ou da *conditio sine qua non*, o qual **se contrapõe à teoria monista** adotada pelo mesmo código quanto ao concurso de pessoas" **(Analista Judiciário/STM/2004/CESPE).**

Para identificar-se a causa deve-se utilizar o Processo de eliminação hipotético proposto por **Thyrén**:

- Primeiro, identifica-se o fato que se entende como influenciador do resultado;
- A seguir, deve-se suprimi-lo mentalmente;
- Se em consequência dessa eliminação hipotética, houver modificação do resultado, deve-se considerar aquele fato como causa.

A **doutrina critica** a teoria da ***conditio sine qua non*****,** adotada pelo Código Penal Militar, afirmando que a mesma pode levar a uma **responsabilidade penal infinita**. Como corretivo à equivalência dos antecedentes causais, é proposta a **teoria da causalidade adequada**, segundo a qual **causa é toda ação ou omissão sem a qual não seria possível a ocorrência do resultado da maneira como ele ocorreu**.

Assim, não basta haver o nexo de causalidade, mas também é necessário que a conduta seja **dolosa ou culposa.** Portanto, deve-se **interromper a cadeia causal** no momento em que **não houver dolo ou culpa** por parte daquelas pessoas que tiveram alguma importância na produção do resultado.

O próprio código castrense impõe limites ao alcance da teoria da ***conditio sine qua non***, pois o **art. 29 § 1º, CPM** reconhece a possibilidade de fatos supervenientes excluírem a responsabilidade pelo resultado, devendo atribuir-se ao sujeito somente os fatos anteriormente praticados por ele.

2.6.3. Espécies de Causas que contribuem ou não para o resultado

Causa absolutamente independente é aquela que produziria o resultado, mesmo que não tivesse havido qualquer conduta por parte do sujeito. Nesse caso, o resultado não pode ser imputado ao agente.

Preexistente Ocorreu anteriormente à conduta do agente	**Concomitante** Ocorre simultaneamente à conduta do agente	**Superveniente** Ocorre posteriormente à conduta do agente
Com dolo de matar, A fere mortalmente B	**A e B, com armas de calibres diferentes, disparam ao mesmo tempo contra C.**	**Com dolo de matar, A fere mortalmente B**
B falece por ter anteriormente ingerido veneno, com intuito de suicidar-se	**o projétil de B atinge o coração e provoca a morte da vítima, enquanto que o de A atinge "de raspão"**	**logo após, o prédio em que estavam desaba, comprovando-se que a morte de B foi causada por asfixia.**

Em todos os casos acima, o **sujeito "A" responderá pela tentativa**, pois, com a eliminação hipotética de sua conduta, não haverá modificação do resultado. Assim, se o resultado ocorre em virtude de qualquer das causas absolutamente independentes, não poderá ser atribuído ao agente, que responderá somente pelos atos anteriormente praticados compreendidos por seu dolo.

Causa relativamente independente é aquela que somente tem a possibilidade de produzir o resultado se for **conjugada** com a **conduta** do agente. Há uma relação de dependência entre a conduta e a outra causa que também influencia no resultado.

As concausas auxiliam ou reforçam o processo causal iniciado com o comportamento do agente. Há uma soma de esforços que produz o resultado. Portanto, a ausência de qualquer delas provoca alteração do resultado (conduta + causa = resultado).

Preexistente Ocorreu anteriormente à conduta do agente	**Concomitante** Ocorre simultaneamente à conduta do agente	**Superveniente** Ocorre posteriormente à conduta do agente
Com dolo de matar, A fere B, que é hemofílico, sabendo dessa condição da vítima	**Com dolo de matar, A fere B, que, no mesmo momento, sofre um ataque cardíaco em função do susto**	**Com dolo de matar, A fere mortalmente B, que é socorrido e levado ao hospital**
o ferimento, conjugado com a condição fisiológica da vítima, leva-a ao óbito	**comprova-se que a lesão contribuiu para a eclosão do êxito letal**	**a vítima morre no hospital, ao contrair uma infecção generalizada**

Em todos os casos acima, o sujeito responde pelo delito consumado.

Pode-se concluir que, desde que tenham entrado na **esfera de conhecimento** do agente, as causas **relativamente independentes preexistentes e concomitantes**, quando conjugadas com a conduta, levam à imputação do resultado.

Nas causas **supervenientes relativamente independentes**, o resultado só pode ser imputado ao agente se estiver na mesma linha de desdobramento natural da ação.

Contudo, determina o artigo 29, § 1º, CPM que "**a superveniência de causa relativamente independente exclui a imputação quando, por si só, produziu o resultado. Os fatos anteriores imputam-se, entretanto, a quem os praticou**".

A expressão **"por si só"** significa que somente aqueles resultados que se encontrarem como um desdobramento natural da ação é que poderão ser imputados ao agente.

Se a causa **superveniente relativamente independente**, **por si só**, produzir o resultado, por **não estar na mesma linha de desdobramento físico da ação**, há o rompimento da cadeia causal e o agente só responde pelos atos praticados compreendidos por seu dolo (tentativa).

Por exemplo, com intenção de matar, "A" dispara contra "B", causando-lhe grave ferimento, que certamente o levará à morte. Ao ser socorrida, a vítima falece em razão de traumatismo craniano, eis que a ambulância que a transportava se envolve num grave acidente de trânsito.

No caso acima, "A" responde pelo homicídio **tentado**, pois o traumatismo craniano decorrente do acidente automobilístico que causou a morte de "B" não estava na linha de desdobramento natural da ação.

2.7. *Iter Criminis*

2.7.1. Conceito

Iter Criminis é o caminho do crime, ou seja, o conjunto de etapas que se sucedem, cronologicamente, no desenvolvimento do delito. Trata-se de instituto exclusivo dos crimes dolosos. De acordo com a doutrina, o ***Iter Criminis*** comporta as seguintes fases:

1ª fase - Cogitação (*cogitatio*), que se passa na mente do agente, quando este define a infração penal que deseja praticar, representando e antecipando o resultado almejado. Por força do Princípio da Ofensividade, não pune a cogitação, uma vez que o Direito Penal não pode incidir sobre atitudes interiores, que não atingem a esfera jurídica de terceiros.

2ª fase - Preparação (*Conatus Remotus*). Após decidir pela realização do delito, o sujeito passa aos atos preparatórios, necessários ao êxito da empreitada criminosa. Assim, o agente providencia os meios, escolhe o local apropriado para realizar o ato etc. Os atos preparatórios, em regra, também não são puníveis pois o inciso II do artigo 30 do CPM exige início de execução para que seja punida a tentativa.

Entretanto, em algumas hipóteses, o legislador optou por **punir de forma autônoma condutas** que, a princípio, poderiam ser consideradas **atos preparatórios. Por exemplo**, no crime de **conspiração**, previsto no art. 152, CPM, pune-se antecipadamente a conduta de concertarem-se militares para a prática do crime previsto no artigo 149 (motim).

3ª fase – Execução (*Conatus Proximus*), quando o agente ingressa nos atos executórios do crime. Há polêmica quanto à definição do que vem a ser ato de execução, havendo diversas teorias que disputam o tema:

- **Teoria Subjetiva** – há execução quando o agente, de modo inequívoco, **exterioriza** qualquer **conduta** orientada no sentido de **praticar** a infração penal. Essa teoria **não distingue** atos preparatórios dos atos de execução. Nessa linha, por exemplo, haveria tentativa se o sujeito ficasse de tocaia, à espreita da vítima, aguardando que passasse por determinado local, quando a mesma segue por outro itinerário.

- **Teoria Objetivo-formal (adotada pelo Código Penal Militar)** – ato executório é o comportamento descrito no tipo penal objetivo. Todos os atos anteriores, que conduzem à realização da conduta descrita no tipo penal, são considerados atos preparatórios. Assim, a título de exemplo, no homicídio com emprego de arma de fogo, a ação de matar começaria com o **acionamento do gatilho** da arma de fogo carregada e apontada para a vítima. Já no furto, o ato de execução seria a ação de remover a carteira do bolso da vítima.

- **Teoria Objetivo-material** – atos executórios são aqueles **vinculados** à **conduta típica** e que produzem **situação de risco** para o **bem jurídico**. Logo, apontar a arma carregada para a vítima, já seria ato executório de homicídio.

- **Teoria Objetivo-individual** – para determinar-se a diferença entre atos preparatórios e executórios, deve-se levar em conta o **plano concreto individual do autor.** Portanto, a execução inicia-se com a atividade com que o autor, segundo seu plano delitivo, imediatamente aproxima-se da sua realização.

- **Teoria da Hostilidade ao bem jurídico** - ato **executório** é aquele que **ataca efetiva** e **imediatamente o bem** jurídico, enquanto que ato **preparatório** é o que **possibilita** tal **ataque.** Assim, deve-se indagar se houve ou não agressão direta ao bem jurídico.

4ª **fase** - Consumação (*summatum opus*). Diz-se consumado o crime quando nele se reúnem todos os elementos de sua definição legal (art. 30, I, CPM). A consumação depende da natureza do delito.

- **Nos crimes materiais, culposos e omissivos impróprios**, o momento consumativo ocorre com a **produção do resultado** naturalístico (modificação no mundo exterior provocada pela conduta).
- **Os crimes formais (ou de consumação antecipada)** consumam-se com a **prática da conduta** descrita no núcleo do tipo, independentemente da obtenção do resultado previsto. Caso este venha a ocorrer, há mero exaurimento do crime.
- **Nos crimes de mera conduta**, a consumação se dá com a realização do **simples comportamento** previsto no tipo penal, não havendo previsão resultado naturalístico.
- **Os crimes omissivos próprios consumam-se com** a **abstenção** do comportamento imposto ao sujeito ativo.
- **Nos crimes permanentes**, enquanto durar a permanência, o delito estará em consumação, pois essa se prolonga no tempo.
- **Os crimes qualificados pelo resultado** consumam-se com a ocorrência do **resultado agravador**.

5ª **fase** - Exaurimento. Para a maioria da doutrina, o exaurimento é a fase posterior à consumação do delito, esgotando-o completamente.

2.7.2. Tentativa

Nos exatos termos do **artigo 30, II do Código Penal Militar**, "diz-se o crime tentado, quando, iniciada a execução, não se consuma por circunstâncias alheias à vontade do agente".

O artigo 30, II, CPM é uma **norma de extensão** que amplia a figura típica, de modo a abranger situações não previstas expressamente no tipo penal. Trata-se de **adequação típica mediata,** sem a qual seria impossível a punição do agente cuja infração penal não se consumasse.

Assim, para falar-se em tentativa, deve haver **conduta dolosa** com ingresso obrigatório nos **atos de execução, sem, contudo, alcançar-se** a **consumação**, por circunstâncias alheias e contrárias à vontade do agente (qualquer fato externo que influencie na interrupção da execução que levaria à consumação da infração penal).

2.7.3. Espécies de Tentativa

- **Tentativa Perfeita (ou tentativa acabada ou crime falho)** – O agente **esgota toda a fase executória**, empregando, segundo seu **entendimento**, todos os **meios** que tinha a sua disposição para alcançar a **consumação** do crime, que **não ocorre** por **circunstâncias alheias à sua vontade**. Por exemplo, "A", com dolo de matar, dispara cinco tiros contra "B", atingindo-o em região letal, porém a vítima é socorrida e sobrevive.
- **Tentativa Imperfeita (ou inacabada)** – O agente **não exaure** toda a sua **potencialidade lesiva,** ou seja, não realiza todos os atos executórios que entendia necessários ao alcance da consumação. O sujeito é **interrompido** durante os atos de execução, **antes de esgotar** todos os meios que pretendia inicialmente empregar para consumar o crime. Por exemplo, "A", com dolo de matar, almeja disparar cinco tiros contra "B", mas após efetuar dois disparos, é interrompido por "C", sendo que a vítima é socorrida e sobrevive.
- **Tentativa Branca (ou incruenta)** – O agente **não consegue atingir o objeto material** (a **pessoa ou a coisa** sobre a qual deveria recair a conduta). É preciso pesquisar o dolo do agente para determinar-se o crime tentado.

- **Tentativa Cruenta** - O agente **consegue atingir o objeto material,** mas não consuma o delito pretendido.

2.7.4. Hipóteses em que não se admite tentativa

- **Nos crimes culposos, não há tentativa,** pois não há vontade dirigida à finalidade a causar o resultado lesivo. A tentativa é instituto exclusivo dos delitos dolosos. Contudo, convém atentar para a chamada **culpa imprópria,** incidente no **erro de tipo ou no erro de fato vencível (art. 36, §1º, CPM),** onde o sujeito, embora agindo dolosamente, é punido a título de culpa, em virtude de sua falsa representação da realidade. Nessa hipótese, admite-se tentativa, pois, a rigor, está-se diante de um comportamento doloso, em que pese ter sido excluído o dolo em virtude da consciência equivocada (erro).
- **Nos crimes preterdolosos,** há dolo na conduta antecedente e o resultado agravador advém de culpa, logo não há que se falar em tentativa (lesão corporal seguida de morte - artigo 209, §3º, CPM).
- **Nos crimes unissubsistentes,** não havendo fracionamento do *iter criminis,* não há possibilidade de tentativa, pois o crime se realiza num único ato (injúria verbal).
- **Nos crimes omissivos próprios,** a simples omissão já configura a consumação. Se o sujeito pratica o comportamento previsto no comando da lei, não pratica o fato típico (art. 196, CPM - descumprimento de missão).
- **Nos crimes de atentado ou de empreendimento,** o comportamento típico já inclui diretamente a tentativa, que é punida com a mesma pena da modalidade consumada (art. 180, CPM - **"tentar evadir-se"** mediante violência contra a pessoa).
- **Nos crimes habituais,** segundo o entendimento majoritário, não cabe tentativa, porque o crime se aperfeiçoa com a reiteração da conduta, que considerada de forma isolada, é um irrelevante penal.

2.7.5. Aplicação da Pena na Tentativa

De acordo com o **parágrafo único** do **artigo 30 do Código Castrense,** "pune-se a tentativa com a pena correspondente ao crime, **diminuída de um a dois terços, podendo o juiz, no caso de excepcional gravidade, aplicar a pena do crime consumado"**.

Conforme se depreende do dispositivo acima, adotou-se a **Teoria Objetiva Temperada** (ou matizada), pois o Código prevê a causa de diminuição de pena para crime tentado. Em regra, pune-se a tentativa com a pena correspondente a do crime consumado, **diminuída** de **um a dois terços.**

Entende a doutrina e a jurisprudência que, quanto mais próximo a conduta chegar da consumação, menor o percentual de diminuição. Quanto mais distante da consumação, maior o percentual de redução.

Nessa linha, já decidiu o STM que "a incidência da causa especial de diminuição de pena pela tentativa (*conatus*) incide em sua menor fração, ou seja, 1/3 (um terço), já que o iter criminis, uma vez confessado, grassou até um patamar próximo da consumação" (APELAÇÃO nº 0000020-21.2008.7.03.0103 (2009.01.051466-0/ RS) **Publicação** 29/11/2010).

Todavia, **diferentemente do Código Penal comum, o estatuto repressivo militar adota também a Teoria Subjetiva**, autorizando o juiz, no caso de **excepcional gravidade**, a aplicar a pena da figura típica consumada ao crime tentado. Na hipótese, fica a critério do juiz analisar a gravidade concreta do crime e, motivadamente, afastar a redução de pena na terceira etapa do critério trifásico.

> ▸ **Como esse assunto foi cobrado em concurso?**
>
> Foi considerada correta a seguinte afirmação "Um oficial foi preso em flagrante delito pelo cometimento de crime militar que não se consumou por circunstâncias alheias à sua vontade, tendo sido denunciado e se tornado réu em ação penal militar. Nessa situação, a depender da gravidade, o juiz poderá aplicar a pena do crime consumado, sem diminuí-la." **(Defensor Público Federal/DPU/2017/CESPE).**

2.7.6. *"Tentativa" Qualificada – Desistência Voluntária e Arrependimento Eficaz (art. 31, CPM)*

Dispõe o artigo 31, do CPM que o **"agente que, voluntariamente, desiste de prosseguir na execução ou impede que o resultado se produza, só responde pelos atos já praticados".**

"Tentativa" Qualificada é a nomenclatura que a doutrina emprega para a expressão final do artigo 31, CPM **"só responde pelos atos já praticados"**. Tanto na desistência voluntária quanto no arrependimento eficaz, o agente somente responderá pelos atos já praticados que, de per si, constituírem infração penal.

A regra acima afasta a punição pela tentativa do crime mais grave inicialmente pretendido pelo agente, mas restaura a reprimenda pelos delitos já consumados em seu curso, então absorvidos pelo critério da consunção, mas que ressurgem com o desaparecimento da punibilidade da tentativa.

Na Desistência Voluntária (ou tentativa abandonada ou "ponte de ouro"), é **necessário** que o agente já tenha **ingressado** nos **atos de execução** e, **sem esgotar** todos os meios que tinha à disposição para consumar o crime **(quadro de tentativa imperfeita), desista** voluntariamente de **prosseguir** na ação. **O sujeito já não deseja mais o crime**, pois mudou de propósito.

De acordo com a Fórmula de Frank, se o agente diz **"posso prosseguir, mas não quero"**, há **desistência voluntária**. Por exemplo, "A", com *animus necandi*, pretende disparar cinco tiros contra "B". Após efetuar o primeiro disparo, fica sensibilizado com os pedidos de clemência da vítima e interrompe a execução, não realizando os demais disparos que pretendia fazer. Não ocorrendo o resultado morte, o sujeito não responde pela tentativa de homicídio, mas somente pelas lesões corporais.

De outro lado, se ele diz **"quero prosseguir, mas não posso"**, há **tentativa imperfeita, uma vez que a desistência é forçada,** pois circunstâncias alheias à vontade do agente impedem a consumação. No mesmo exemplo acima, após o primeiro disparo, o agente percebe a aproximação de uma viatura policial e foge do local.

Na desistência voluntária, por uma questão de **política criminal**, o agente **responde só** pelos **atos praticados**, ficando afastada a punição da tentativa da infração penal mais grave por ele pretendida inicialmente. O legislador oferece-lhe essa "ponte do ouro", pois é preferível tentar impedir o resultado mais grave do que simplesmente radicalizar a aplicação da pena.

Convém salientar que a lei **requer** apenas que a **desistência seja voluntária (sem coação moral ou física), não se exigindo que seja espontânea** (quando a ideia de desistir parte do próprio agente). Tanto faz se a decisão de abandonar o prosseguimento da execução partiu espontaneamente do próprio agente ou se ele foi convencido (não forçado) por outrem a fazê-lo. Aproveitando-se, ainda, do exemplo supramencionado, verifica-se que o autor desiste de prosseguir na ação, sensibilizado com os pedidos de clemência da vítima.

Segundo entendimento do STF, a desistência voluntária (CPM, art. 31) deve ser interpretada como "causa pessoal de exclusão da punibilidade", situação que afasta a punibilidade do agente, mas não a tipicidade do crime ou a culpabilidade. No caso, o roubo (CPM, art. 242, § 2º, I e II) não se consumou porque, após subjugar a sentinela e exigir a entrega do armamento que ele e seu comparsa pretendiam subtrair, foi o paciente reconhecido pela vítima, momento em que empreendeu fuga do local sem que houvesse a efetiva subtração da res. Verifica-se a existência de circunstância alheia à vontade do agente que o levou a acreditar na impossibilidade de consumação da infração, pois que, assustando-se com o fato de haver sido reconhecido, empreendeu fuga. No caso, houve tentativa falha, tendo o delito deixado de se consumar com base em impedimento íntimo do agente, que, mesmo podendo prosseguir na empreitada, acreditou não ser possível fazê-lo. Não há, no caso, interferência de elemento externo que impedisse a consumação, mas impedimento interno, na mente do próprio roubador, que o levou a concluir pela impossibilidade de prosseguir na empreitada delitiva". (HC 115215, Relator(a): Min. DIAS TOFFOLI, Primeira Turma, PUBLIC 08-08-2013)

No **Arrependimento Eficaz, depois de esgotar** todos os meios executórios de que dispunha e pretendia utilizar para chegar à consumação da infração penal **(quadro de tentativa perfeita), o sujeito arrepende-se e atua em sentido contrário, evitando a produção do resultado** por ele pretendido inicialmente.

Por exemplo, após uma intensa discussão, "A" lança "B" ao mar, para que esse morra afogado, eis que não sabe nadar. Pouco depois, arrependido, "A" resolve salvar a vítima, atirando-lhe um salva-vidas. Se a vítima sofrer alguma lesão corporal, esta será atribuída ao agente, que não responde pela tentativa de homicídio.

A **diferença** entre a **desistência voluntária** e o **arrependimento eficaz está em que, na** primeira, o **processo de execução** ainda está **em curso (o agente está diante de uma situação de tentativa imperfeita)** e, no segundo, a fase de **execução** já foi **encerrada (quadro de tentativa perfeita)**. Na desistência voluntária, há uma **omissão**, pois o agente deixa de prosseguir na execução. No arrependimento eficaz, há uma **ação, já que,** esgotada a execução, o sujeito age para impedir o resultado.

Em ambos os casos, se **houver** a produção do **resultado,** o sujeito **não será beneficiado** pelos institutos acima, mas responderá pelo **crime consumado.** Mesmo tendo desistido de prosseguir na ação, sua conduta foi apta a produzir o resultado. Mesmo havendo arrependimento e ação no sentido de impedir o resultado, a conduta não foi eficaz. Contudo, essas circunstâncias serão relevantes na análise da culpabilidade, no momento da aplicação da pena-base.

2.7.7. Arrependimento Posterior

O **Código Castrense não contempla** o **arrependimento posterior** como causa **obrigatória de redução de pena** (minorante) na Parte Geral. Diferentemente do previsto no artigo 16 do Código Penal comum, não há previsão de diminuição de pena de um a dois terços, pela restituição da coisa ou reparação do dano por ato voluntário do agente antes do recebimento da inicial acusatória.

> ▸ **Como esse assunto foi cobrado em concurso?**
>
> Foi considerada errada a seguinte assertiva "O direito penal militar contempla o arrependimento posterior como causa obrigatória de redução da pena." **(Defensor Público Federal/DPU/2004/CESPE).**

Quanto ao tema, o **Superior Tribunal Militar** já se manifestou no sentido de afastar o instituto do arrependimento posterior, previsto no art. 16 do CP comum, tendo em vista a especialidade da norma penal castrense:

> Embora haja no art. 16 do Código Penal (CP) a previsão do arrependimento posterior como causa minorante, sob a condição de o dano ser reparado ou restituída a coisa à vítima antes do recebimento da denúncia ou da queixa, esse dispositivo não é aplicado, em face do princípio da especialidade, no âmbito da Justiça Militar da União. A Legislação Penal castrense tem norma semelhante, todavia como atenuante genérica de pena – art. 72, inciso III, alínea "b", do CPM. O arrependimento posterior, tanto no CPM como no CP, deixa de ser reconhecido quando os bens, ou parte deles, não são restituídos ao ofendido. APELAÇÃO nº 0000114-10.2014.7.11.0111/DF. Decisão: 19/10/2016.

Registre-se que a **reparação do dano** é elencada no artigo 72, III, "b", do CPM no rol de **circunstâncias atenuantes**, podendo beneficiar o agente se realizada **antes do julgamento**.

Nessa linha, já afirmou o STF que a reparação do dano após a consumação do crime, ainda que antes do recebimento da denúncia, confere ao paciente somente a atenuação da pena. (HC 91.065, rel. min. Eros Grau, julgamento em 29-4-2008, Segunda Turma, *DJE* de 15-8-2008.)

Na **parte especial** do Código Penal Militar, há **previsão de diminuição** de **pena de um a dois terços,** no caso de **furto atenuado** (art. 240, §2º, CPM), se o acusado é **primário e restitui a coisa ou repara o dano** voluntariamente, **antes de instaurada a ação penal**. O mesmo benefício se repete para os crimes de **apropriação indébita** (art. 250, CPM), **estelionato** (art. 253, CPM), **receptação** (art. 254, p. único, CPM) e **dano** (art. 260, p. único, CPM).

No **peculato culposo**, extingue-se a punibilidade se a reparação do dano precede a sentença irrecorrível. A pena é reduzida da metade, se a reparação é posterior ao trânsito em julgado (art. 303, §4º, CPM). O mesmo benefício se repete no Código Penal comum (Art. 312, §3º, CP).

De acordo com o Superior Tribunal Militar, o "**instituto do arrependimento posterior não é estranho à legislação penal Castrense**. Contudo, **no caso de peculato, é previsto apenas nos casos de peculato culposo** (art. 303, §§ 3º e 4º) não o facultando ao autor do peculato na sua forma dolosa" (EMBARGOS nº 0000016-72.2005.7.07.0007/PE. Publicação: 27/05/2010).

> **Como esse assunto foi cobrado em concurso?**
> Foi considerada correta a seguinte assertiva "No peculato culposo, a reparação do dano, antes da sentença irrecorrível, acarreta a extinção da punibilidade do agente, tanto no CP como no CPM." **(Defensor Público Federal/DPU/2004/CESPE).**

2.7.8. *Crime Impossível (Tentativa Inidônea ou inadequada ou Quase--Crime)*

Estatui o artigo 32, CPM: "Quando, por ineficácia absoluta do meio empregado ou por absoluta impropriedade do objeto, é impossível consumar-se o crime, nenhuma pena é aplicável".

Na mesma linha do Código Penal comum, o Código Castrense adotou a **Teoria Objetiva Temperada**, que afasta a punibilidade da tentativa somente quando houver ineficácia absoluta do meio empregado ou absoluta impropriedade do objeto.

Se os **meios** são **relativamente ineficazes** ou **os objetos são relativamente impróprios**, há **alguma possibilidade** de o agente **alcançar** o **resultado** pretendido, portanto, pune-se a tentativa.

Conforme já decidiu o STM, "caracteriza a tentativa e não a hipótese de crime impossível a criação de impedimento à consumação do delito por circunstâncias alheias à vontade do agente. Nesse caso, o proveito da subtração não permaneceu na posse do agente, devido à interceptação feita pela autoridade que presidiu o flagrante e não em face da absoluta ineficácia do meio empregado" (APELAÇÃO nº 0000020-21.2008.7.03.0103 (2009.01.051466-0/ RS) **Publicação** 29/11/2010).

Se meio é todo recurso empregado pelo agente **capaz de conduzi-lo** à **produção** do resultado pretendido, **absolutamente ineficaz** é aquele meio que **não possui a mínima aptidão** para produzir os efeitos pretendidos, como, por exemplo, um revólver sem munição ou com munição já detonada, bem como uma falsificação grosseira destinada à obtenção de vantagem ilícita.

De outro lado, se o meio é **relativamente ineficaz**, há **tentativa**, pois sua utilização tem **alguma possibilidade de causar o resultado**, como no caso de munição envelhecida no revólver que falha no momento do disparo ou de remédio abortivo com a validade vencida, que acaba não produzindo o efeito desejado.

De acordo com a sedimentada jurisprudência do STJ, "**a existência de aparato de segurança no estabelecimento comercial não ilide de forma absolutamente eficaz a consumação do delito de furto**" (REsp 961752/RS). E ainda, "a simples presença de sistema permanente de vigilância no estabelecimento comercial, ou de ter sido **o réu acompanhado por vigia enquanto tentava subtrair o bem, não torna o agente completamente incapaz de consumar o roubo**, logo, não há que se afastar a punição, a ponto de reconhecer configurado o crime impossível, pela absoluta ineficácia dos meios empregados. **Diante da possibilidade, ainda que mínima, de consumação do delito, não há que se falar na hipótese de crime impossível**". (HC 89530/SP).

Recentemente, foi editada a **Súmula 567 do STJ**, segundo a qual: "Sistema de vigilância realizado por monitoramento eletrônico ou por existência de segurança no interior de estabelecimento comercial, por si só, não torna impossível a configuração do crime de furto". (TERCEIRA SEÇÃO, julgado em 24/02/2016, DJe 29/02/2016). *Mutatis mutandis*, cabe aplicar o mesmo raciocínio em caso de furto praticado em detrimento de estabelecimento militar com monitoração por câmeras de vigilância.

Objeto é a pessoa ou a coisa contra a qual se dirige a conduta do agente. Se o objeto é **absolutamente impróprio,** o resultado jamais será alcançado, como, por exemplo, no caso de se atirar num cadáver ou na ingestão de substância abortiva sem haver gravidez em curso.

Todavia, o objeto é considerado **relativamente impróprio** quando a pessoa ou a coisa é colocada **efetivamente em situação de perigo** e, portanto, o resultado poderia ser alcançado pelo agente. Exemplificando: haveria tentativa se um punguista, objetivando furtar, enfiasse a mão no bolso direito da vítima, mas não obtivesse êxito, pois o dinheiro estava no bolso esquerdo. Se a vítima não portasse qualquer dinheiro o crime pretendido seria impossível.

Em que pese entendimento da doutrina em sentido contrário, na opinião dos Tribunais Superiores, em crimes complexos, não há que se cogitar em crime impossível, apenas por absoluta impropriedade do objeto. Por exemplo, "tratando-se o crime de **roubo** de **delito complexo**, tem-se por iniciada a execução tão-logo praticada a violência ou grave ameaça à vítima. O fato de **inexistir bens materiais** em poder da vítima, não desnatura a ocorrência do crime em sua modalidade tentada". (REsp 897373/SP).

Importante salientar também que, no entender do Superior Tribunal Militar, "**não há como considerar crime impossível o crime de deserção, em tempo de paz, pelo simples fato de o agente não estar em missão.** O crime se consuma na primeira hora do nono dia de ausência do militar, **não se discutindo se houve, ou não, lesão à Administração Militar, haja vista que, pela mera conduta, colocou em risco a hierarquia e a disciplina,** bens jurídicos tutelados pelo Direito Penal Militar, vetores da defesa da soberania da Pátria, fundamento do Estado Democrático de Direito (HABEAS CORPUS 0000061-19.2010.7.00.0000/RJ. Publicação: 10/08/2010). E ainda, "a tutela penal no crime de deserção é o "**Serviço Militar e o Dever Militar**", consumando-se o delito com a **simples ausência** desautorizada ao quartel por mais de oito dias, **sem estar condicionada a qualquer resultado danoso**" (HABEAS CORPUS nº 0000069-93.2010.7.00.0000/RJ Publicação: 05/07/2010).

Outro tema que merece lembrança é a hipótese de crime impossível em virtude de **flagrante preparado (ou provocado)**. Na **esfera militar aplica-se** o enunciado da **Súmula 145, STF:** "não há crime, quando a preparação do flagrante pela polícia torna impossível a sua consumação".

Conforme já decidiu o **Superior Tribunal Militar**, "não há crime quando a preparação do flagrante pela polícia torna impossível a consumação - Súmula 145 do STF. A mudança do cenário do crime, adredemente montado, colocando-se carteira no interior da pasta da pseudo vítima, deixada semi-aberta, com dinheiro que não lhe pertencia, constituiu-se em forma indireta de instigação. Cenário diverso do dia anterior. Criou-se, pois, uma farsa, distinta da realidade. Repugna, sob o aspecto moral, não aceitar o óbvio, o que os olhos vêem nas filmagens e a prova aponta como certo. Entretanto, não pode o agente estatal, como também a pseudo vítima, no afã de surpreender o "larápio" contumaz, criar cenário ou estimular a ação do mesmo para que possa ser surpreendido. Nesses casos o elemento subjetivo do delito existe em todas as suas circunstâncias, porém, sob o aspecto objetivo não há violação da lei" (EMBARGOS nº 1998.01.048087-4/DF. Decisão: 29/10/1998).

O flagrante preparado ocorre quando alguém (agente provocador), de forma insidiosa, provoca o sujeito ativo à prática de um crime e, ao mesmo tempo, adota providências a fim de que o mesmo não venha a se consumar. No caso, o elemento subjetivo do crime existe, porém, sob o aspecto objetivo, não há que se falar em violação da norma penal.

Na verdade, há uma incidente cooperação para a ardilosa averiguação da autoria de crimes anteriores. O agente é estimulado pela vítima ou mesmo pela autoridade policial (agentes provocadores) a cometer a infração penal, com o escopo de prendê-lo. Torna-se impossível a consumação do delito, tanto pela absoluta ineficácia do meio, quanto pela absoluta impropriedade do objeto. **Não há crime.**

De acordo com a orientação consagrada na doutrina, o flagrante provocado não passa de um crime de ensaio, em que o delinquente é impelido à prática do delito por um agente provocador. Trata-se de uma representação teatral em que o agente, sem saber, participa de uma encenação, não havendo qualquer possibilidade de êxito na operação.

Não se pode confundir o flagrante provocado (preparado) com o flagrante esperado, pois, neste, não há estimulação por parte da vítima ou da polícia, induzindo o agente a cometer o delito. Por sua própria iniciativa, o sujeito ativo concebe a ideia criminosa, realiza os atos preparatórios e inicia a execução, mas só não consuma seu intento porque alguém (autoridade policial), conhecendo previamente a intenção do cometimento da infração penal, intervém e evita a consumação do crime (tentativa). Assim, a presença da força policial é circunstância alheia à vontade do agente, que impede a consumação.

Não há falar-se em flagrante preparado e, sim, esperado, quando a Autoridade Militar, alertada da existência de prática criminosa, toma as providências necessárias para surpreender o agente do delito.

2.7.9. *Pena agravada pelo resultado*

O Código Penal Militar consagrou princípio da culpabilidade (*nullum crimen sine culpa*), ao prever que ninguém pode ser punido por um resultado mais grave se não o tiver causado pelo menos a título de culpa.

Dispõe o **artigo 34 do Código Castrense** que "pelos resultados que agravam especialmente as penas só responde o agente quando os houver causado, pelo menos, culposamente".

Assim, buscou o legislador afastar a odiosa responsabilidade penal objetiva, que decorre do simples reconhecimento da existência do nexo de causalidade entre a conduta do agente e o resultado mais grave. Considerando-se que a culpa é caracterizada pela inobservância do dever de cuidado objetivo, para haver responsabilidade penal pelo resultado mais grave, exige-se previsibilidade objetiva, ou seja, o resultado não pode fugir ao campo normal de previsão do homem médio.

A doutrina desenvolve o tema do crime qualificado pelo resultado, apontando as hipóteses de **tipificação complexa,** que podem ser:

- **Crimes de dupla tipicidade dolosa** (dolo + dolo) - há dolo na conduta antecedente e na ocorrência do resultado agravador (lesões corporais qualificadas - art. 209, §§1º e 2º, CPM).
- **Crimes preterdolosos** (dolo + culpa) - a ação é, ao mesmo tempo, típica de um crime doloso, em razão de sua finalidade, e de um tipo culposo, em face da violação de um dever de cuidado. O resultado vai além da intenção do agente. Inicia-se a ação voluntária como dolo, mas no final, o resultado está fora da abrangência do dolo. Há **dolo na conduta antecedente e culpa no consequente** (lesão corporal seguida de morte - art. 209, §3º, CPM e na rixa qualificada - art. 211, p. único, CPM).
- **Crimes de dupla tipicidade culposa** (culpa + culpa) - Há **culpa na conduta antecedente e no resultado agravador** (incêndio culposo - crime de perigo comum - com resultado lesão corporal ou morte - art. 268, §2º c/c art. 277, parte final, ambos do CPM).

Capítulo V

Teoria do Crime – Ilicitude (Antijuridicidade)

1. CONCEITO

Ilicitude é a relação de **contrariedade** entre o **fato humano** e as **exigências do ordenamento** jurídico em sentido amplo, representando uma **lesão ou ameaça de lesão** a **bens jurídicos protegidos.**

Em outras palavras, ilicitude ou antijuridicidade é a **relação de antagonismo** que se estabelece entre uma **conduta humana voluntária** e o **ordenamento jurídico (aspecto formal)**, de sorte a **causar lesão** ou a **expor a perigo de lesão** um **bem jurídico tutelado (aspecto material)**.

De acordo com a **Teoria da** Ratio Cognoscendi, adotada pela orientação dominante, a **tipicidade** exerce uma **função indiciária de ilicitude.** Assim, verificada a ocorrência de um fato típico, há um **juízo condicionado de ilicitude**, que se confirmará se não houver incidência de nenhuma das causas de justificação previstas no ordenamento jurídico.

2. CAUSAS DE EXCLUSÃO DA ILICITUDE (DESCRIMINANTES OU JUSTIFICATIVAS OU CAUSAS DE JUSTIFICAÇÃO)

2.1. Princípio Fundamentador

A causa de justificação tem fundamento no predomínio do direito preeminente. Faz-se um processo de ponderação, no caso concreto, a fim de determinar-se o direito prevalente de acordo com o ordenamento jurídico. Assim, aquele que atua amparado por uma causa de justificação, embora sacrificando um bem jurídico alheio, comporta-se conforme as exigências do Direito.

2.2. Requisitos das causas de exclusão da ilicitude

- O Requisito **Objetivo** diz respeito aos elementos objetivos constantes da norma permissiva.
- O Requisito **Subjetivo** caracteriza-se pela consciência e vontade de agir justificadamente, evidenciadas pela relação de congruência entre a conduta do agente e a norma que permite sua prática.

2.3. Espécies de Causas de Exclusão de ilicitude

O Código Penal Militar apresenta um rol meramente enumerativo de excludentes de ilicitude. Cediço que a lista de causas de justificação não pode ser exaustiva, pois não se trata de questão exclusiva da esfera penal, mas do ordenamento jurídico em geral.

De acordo com o artigo 42 do estatuto penal militar, não há crime quando o agente pratica o fato em:

- **estado de necessidade;**
- **legítima defesa;**
- **estrito cumprimento do dever legal; ou**
- **exercício regular de direito.**

No **parágrafo único do referido artigo**, há uma **causa de justificação exclusiva do comandante** de navio, aeronave ou praça de guerra, que, na iminência de perigo ou grave calamidade, compele os subalternos, por meios violentos, a executar serviços e manobras urgentes, para salvar a unidade ou vidas, ou evitar o desânimo, o terror, a desordem, a rendição, a revolta ou o saque.

Importante registrar que o **consentimento do ofendido não encontra aplicação na esfera penal militar**, diferentemente do que ocorre no Direito Penal comum, onde é reconhecido pela doutrina como causa supralegal de exclusão da ilicitude.

A razão é simples: os bens jurídicos tutelados no regime castrense são indisponíveis (hierarquia, disciplina, bom funcionamento das instituições militares), daí porque a ação penal é sempre pública, conforme reza o artigo 121 do CPM.

▸ **Como esse assunto foi cobrado em concurso?**

Foi considerada errada a seguinte afirmação "No direito penal militar, o consentimento do ofendido está entre as causas expressas excludentes de ilicitude e apresenta como peculiaridade, nesse sistema penal, a possibilidade de ocorrer antes ou após a prática da infração penal" **(Promotor de Justiça Substituto/MPE/ES/2010/CESPE).**

3. ESTADO DE NECESSIDADE JUSTIFICANTE - ART. 43, CPM

3.1. Conceito legal

De acordo com o artigo 43 do Código Penal Militar, "considera-se em estado de necessidade quem pratica o fato para preservar direito seu ou alheio, de perigo certo e atual, que não provocou, nem podia de outro modo evitar, **desde que o mal causado, por sua natureza e importância, é consideravelmente inferior ao mal evitado,** e o agente não era legalmente obrigado a arrostar o perigo".

O quadro no estado de necessidade é de colisão de dois bens jurídicos igualmente amparados pelo ordenamento, levando a um juízo de ponderação que determinará a prevalência de um sobre outro.

3.2. Teorias acerca do Estado de Necessidade

O **Código Penal comum** adota a **Teoria Unitária**, pois a definição do seu artigo 24 não estabelece previamente diferença quanto aos valores dos bens jurídicos em conflito. Basta ler o dispositivo: "considera-se em estado de necessidade quem pratica o fato para salvar de perigo atual, que não provocou por sua vontade, nem podia de outro modo evitar, direito próprio ou alheio, cujo sacrifício, nas circunstâncias, não era razoável exigir-se".

Assim, para o Código Penal comum, respeitado a critério da razoabilidade, **todo estado de necessidade** seria **justificante**, a **eliminar** a **ilicitude** do fato típico praticado pelo agente, **não importando** se o **bem** por ele **protegido** é de **valor igual ou superior** ao daquele que será sacrificado. O fator determinante é que o sacrifício do bem protegido, nas circunstâncias, não seja razoável exigir-se.

O **Código Penal Militar** adota a **Teoria Diferenciadora Alemã**, pois, considerando-se os valores dos bens jurídicos em conflito, distinguem-se o **Estado de Necessidade Justificante e o Estado de Necessidade Exculpante.**

O **Estado de Necessidade Justificante a**fasta a ilicitude, quando o **bem protegido** é de **valor superior** ao daquele **sacrificado.** Não há crime, nos termos do artigo 43, CPM, **"desde que o mal causado, por sua natureza e importância, é consideravelmente inferior ao mal evitado"**.

De outro lado, o **Estado de Necessidade Exculpante e**limina a culpabilidade, quando o **bem protegido** é de **valor igual ou inferior** ao valor do bem sacrificado. Trata-se de hipótese de **inexigibilidade de conduta diversa.**

Por exemplo, se durante um naufrágio, dois marinheiros disputam o último lugar no bote salva-vidas, haverá estado de necessidade exculpante para aquele que sacrifica a vida do colega para salvar-se.

De acordo com o artigo 39, CPM, **"não é igualmente culpado** quem, para proteger direito próprio ou de pessoa a quem está ligado por estreitas relações de parentesco ou afeição, contra perigo certo e atual, que não provocou, nem podia de outro modo evitar, **sacrifica direito alheio, ainda quando superior ao direito protegido,** desde que **não lhe era razoavelmente exigível conduta diversa"**.

▸ Como esse assunto foi cobrado em concurso?

Foi considerada errada a seguinte afirmação "À luz do Código Penal Militar, julgue o item a seguir, no que diz respeito a aplicação da lei penal, imputabilidade penal, crime e extinção da punibilidade. Situação hipotética: Durante operação conjunta das Forças Armadas, um sargento danificou patrimônio militar. Em sua defesa, ele argumentou que agiu em estado de necessidade, não tendo podido, por esta razão, evitar o dano causado. Assertiva: Nessa situação, o estado de necessidade, se comprovado, será considerado excludente do crime, independentemente da valoração do bem sacrificado." **(Analista Judiciário - àrea judiciária/STM/2018/CESPE).**

▸ Como esse assunto foi cobrado em concurso?

Foi considerada correta a seguinte afirmação "No sistema penal militar, o estado de necessidade segue a teoria diferenciadora do direito penal alemão, que faz o balanço dos bens e interesses em conflito. O estado de necessidade pode ser exculpante ou justificante. O primeiro é causa de exclusão da culpabilidade e o segundo, de exclusão de ilicitude" **(Promotor de Justiça Substituto/MPE/ES/2010/CESPE).**

Também foi considerada certa a seguinte assertiva "No direito castrense, o estado de necessidade pode constituir causa de exclusão da culpabilidade do delito" **(Defensor Público Federal/DPU/2004/CESPE).**

Mesmo entre os seguidores da **Teoria Diferenciadora Alemã,** há importante divergência doutrinária:

- **1ª Corrente** (Fragoso, Zaffaroni): O Estado de Necessidade é **justificante somente** quando o **bem afetado** é de **valor inferior** ao do bem defendido (**adota-se a mesma definição do CPM**).
- **2ª Corrente** (Assis Toledo): Há estado de necessidade **justificante** quando o **bem sacrificado** é de valor **menor ou igual** ao do bem defendido. O estado de necessidade é **exculpante** quando o valor do **bem afetado** é **superior** ao do bem protegido.

3.3. Requisitos legais do Estado de Necessidade Justificante

O agente deve ter consciência dos elementos objetivos da causa de justificação apontados no art. 43, CPM e agir com **vontade de salvamento (elemento subjetivo).**

A lei castrense exige a **ameaça a direito próprio ou alheio.** Assim, o interesse em perigo pode ser do próprio agente **(estado de necessidade próprio)** ou de outrem **(estado de necessidade de terceiro).**

O estado de necessidade de terceiro fundamenta-se no **reconhecimento** da **impossibilidade** de **imediata e eficiente assistência estatal**, que **outorga** a **faculdade** de **intervenção protetora** de um **particular** em favor de outro, ainda que não exista entre eles uma relação especial de preservação do bem jurídico (ex.: parentesco, amizade, subordinação etc).

Segundo a doutrina, é perfeitamente possível agir em estado de necessidade de terceiros, desde que o bem a ser defendido seja **indisponível**. Todavia, sendo o bem jurídico **disponível**, em regra, sua **defesa compete somente** ao seu **titular**, que, diante do caso concreto, pode optar em defendê-lo ou não. Nesse caso, só se pode agir em estado de necessidade de terceiro se houver anuência do titular.

Vale ressaltar que no **estado de necessidade exculpante** (art. 39, CPM), somente se autoriza agir em estado de necessidade de terceiro quando o sujeito estiver a ele **"ligado por estreitas relações de parentesco ou afeição"**.

De outro lado, é necessária a ocorrência de uma concreta **situação de perigo certo e atual**, que é aquele que está prestes a concretizar-se em dano. O perigo atual engloba a iminência do dano. Deve-se fazer uma interpretação literal quanto à atualidade do perigo, não se admitindo mero perigo abstrato, eventual ou futuro.

De acordo com a orientação da doutrina, considera-se atual o perigo se, a demora da intervenção aumentar de forma considerável e não recomendável o risco de dano. Também se considera atual o perigo permanente, como por exemplo, num imóvel em ruínas.

Ademais, o **dano para o bem jurídico deve ser inevitável**. Isso significa que o dano só pode ser evitado com o sacrifício de outro bem, **não havendo opção** por parte do agente. Não pode haver alternativa de saída mais cômoda (commodus discessus). Logo, se houver possibilidade de fuga ou outro modo de evitar o perigo, não se pode falar em estado de necessidade. Deve-se sempre buscar a solução menos gravosa para salvaguardar o bem. O dano deve ser sempre a *ultima ratio* para salvar-se ou a terceiro.

A lei exige que a situação de perigo **não tenha sido provocada pelo agente**. Assim, não pode invocar estado de necessidade o agente que provocou o perigo. Note-se que, diferentemente do Código Penal comum, o Código Penal Militar não utiliza a expressão **"que não provocou por sua vontade"**. Portanto, não importa se a situação de perigo foi dolosa ou culposamente criada pelo sujeito. Quem cria o risco não pode invocar estado de necessidade.

Por fim, completa-se o quadro do estado de necessidade justificante com a **inexistência do dever legal de afastar o perigo** ("e o agente não era legalmente obrigado a arrostar o perigo"). Arrostar significa olhar de frente, sem medo. Determinadas funções, como as desempenhadas pelos militares, por sua própria natureza, são **perigosas** e o dever de enfrentar o perigo lhes é inerente.

Dever legal é aquele **imposto pela lei** (em sentido material), **não** se permitindo interpretação **extensiva** ao dever simplesmente resultante de **contrato ou moral**.

Nesse ponto, há importante discussão acerca da **possibilidade de o garantidor alegar estado de necessidade**. É cediço que o garantidor tem o **dever jurídico** de **evitar** a ocorrência do **resultado**. Diante de um comportamento imposto pelo ordenamento, sua omissão juridicamente equivale a uma ação, imputando-se a ele o resultado, em virtude de uma relação especial de proteção com o bem jurídico.

Aquele que se encontra em estado de necessidade **pratica uma ação** justificada, sem que haja necessariamente qualquer relação especial de proteção com o bem jurídico, e essa ação produz um resultado lesivo a outrem.

O Dever legal de arrostar o perigo não se confunde com **dever jurídico** de agir para evitar o resultado (art. 29, §2º, CPM). Assim, a vedação da parte final do art. 43, CPM não se aplica a todas as hipóteses em que o sujeito ocupa a posição de garantidor.

Quando há um dever legal de impedir o resultado ou quando o sujeito, com seu comportamento anterior, criou o risco de sua superveniência não pode invocar estado de necessidade justificante. Todavia, se de outra forma assumiu a responsabilidade de impedir o resultado, caberia, em tese, albergar-se na causa de justificação.

3.4. Espécies de estado de necessidade

Denomina-se **Estado de Necessidade Defensivo** quando a conduta do agente orienta-se diretamente contra a **fonte da situação de perigo**, a fim de eliminá-la. Por exemplo, num ataque de um cão feroz, o sujeito saca o revólver e mata o animal.

Já o **Estado de Necessidade Agressivo** ocorre quando a conduta do necessitado vem a **sacrificar bens jurídicos de um inocente**, não provocador da (vinculado à) situação de perigo, como na hipótese de um motorista que, para escapar de um caminhão desgovernado, desvia seu carro para o acostamento e colide com outro veículo que ali estava estacionado.

Por fim, o **Estado de Necessidade Putativo** é aquele em que a **situação de perigo** que permitiria ao agente agir amparado pela causa de justificação é **imaginária**. Aplica-se a regra do **art. 36, caput e §1º, CPM,** referente ao **erro de fato (ou erro de tipo permissivo do artigo 20, §1º, CP). Se o erro** for escusável, isenta de pena. Todavia, se o erro derivar de culpa, permite-se a punição se o fato é previsto como crime culposo.

4. LEGÍTIMA DEFESA

4.1. Conceito Legal

Nos exatos termos do artigo 44 do Código Penal Militar, "entende-se em legítima defesa quem, usando moderadamente dos meios necessários, repele injusta agressão, atual ou iminente, a direito seu ou de outrem".

De acordo com a doutrina, a legítima defesa traduz-se na possibilidade de reação direta do sujeito em defesa de um direito próprio ou de terceiro, em face da impossibilidade de intervenção tempestiva do Estado, que tem igualmente por fim que interesses dignos de tutela não sejam afetados.

Em regra, todos os bens jurídicos tutelados pelo ordenamento jurídico são passíveis de defesa. Excetuam-se os interesses considerados comunitários, que são protegidos nos chamados **crimes vagos** (contra a fé pública, ordem pública, o reto funcionamento da administração pública), salvo se for possível individualizar a lesão ou perigo de lesão e desde que, para sua defesa, o sujeito não tenha tempo suficiente ou não possa procurar o necessário amparo das autoridades constituídas para tanto.

4.2. Requisitos da legítima defesa

O comportamento típico justificado é aquele que realiza de forma consciente todos os pressupostos fáticos da causa de justificação e cuja finalidade se orienta à defesa de um bem jurídico frente a uma injusta agressão (***animus defendendi***).

Agressão injusta é o ato oriundo de uma **conduta humana lesiva** a bem juridicamente protegido e **não autorizada pelo ordenamento**. Injusta agressão não é necessariamente uma infração penal, podendo tratar-se até mesmo de um ilícito civil. Também não se deve confundir agressão com a mera provocação do agente, que, por si só, não autoriza a legítima defesa.

A injustiça da agressão **independe da imputabilidade penal** de seu autor. A agressão perpetrada por inimputável pode ser repelida legitimamente, devendo-se utilizar a forma de repulsa que provoque o menor dano possível.

Para configurar-se legítima defesa, **exige-se a atualidade ou iminência da agressão**. Diz-se **atual** a agressão que está em curso no momento da reação defensiva, enquanto que a **iminente** é aquela que está prestes a acontecer, apresentando-se como concreta possibilidade, em vias de desencadear-se. Portanto, excluem-se da legítima defesa as agressões **passadas**, que já se consumaram e produziram seus efeitos, bem como as **futuras**, que correspondem à simples ameaça ou ao temor de agressão.

Autoriza-se a **defesa de direito próprio ou de terceiro**, neste caso cabível se o bem jurídico for indisponível. Se for **disponível** o direito de terceira pessoa que está sob ataque, o sujeito somente poderá intervir para defendê-lo com a anuência de seu titular, que tem a faculdade de defendê-lo ou não.

O comportamento justificado também implica o **uso moderado dos meios necessários**. **Meios necessários** são aqueles, dentre os que estavam disponíveis, eficazes e suficientes para repelir a injusta agressão. O **Emprego moderado** será avaliado no caso concreto, conforme a intensidade que o agente imprime na utilização dos meios defensivos, mediante um critério de proporcionalidade (necessidade de defesa/necessidade dos meios empregados). Os atos necessários e suficientes não devem causar lesão ao agressor de forma expressivamente desproporcional ao valor dos bens e interesses ameaçados.

4.3. Observações

Pela regra disposta no artigo 44, CPM **não se pode invocar legítima defesa em face de alguém que age albergado por qualquer das causas de justificação**, já que a sua conduta é lícita, amparada pelo ordenamento jurídico, mesmo que, inevitavelmente, venha ofender outros bens jurídicos.

Assim, não se afigura possível agir em legítima defesa em face de estado de necessidade, estrito cumprimento do dever legal ou exercício regular de direito, salvo se houver excesso ou erro de fato.

Também **não se admite** a chamada **legítima defesa recíproca**, já que não é possível que dois sujeitos estejam ao mesmo tempo em legítima defesa real. Somente poderá ser aventada a hipótese de legítima defesa se um dos agentes injustamente agredir o outro. Se, por exemplo, duas pessoas realizam um duelo, mesmo que haja igualdade de armas, ambas as condutas são injustas, não sendo possível invocar-se legítima defesa de nenhuma das partes. A denúncia vai ser dirigida em face de ambos os agressores.

Todavia, **admite-se a coexistência de legítima defesa real (autêntica) em face de legítima defesa putativa**, uma vez que aquele que labora em erro não pratica uma ação justificada, ainda que seja isento de pena. Nesse caso, pode alguém defender-se legitimamente da injusta agressão derivada de erro. Frente à agressão praticada numa situação de descriminante putativa (erro de fato), cabe legítima defesa, pois a situação imaginária não torna lícita a conduta do agente.

Situação distinta se configura na chamada **legítima defesa sucessiva ou pendular**, que ocorre na **hipótese de excesso extensivo**. A reação defensiva praticada pelo agente, embora inicialmente legítima, transforma-se em agressão injusta quando incide no excesso doloso ou culposo (art. 45 e 46, CPM), autorizando aquele que viu repelida e cessada a sua agressão, inicialmente injusta, agora alegar a excludente a seu favor, porque o agredido passou a ser considerado agressor, em virtude de seu excesso.

4.4. Ofendículos

Ofendículos (ou ofensáculas) são aparelhos visíveis (concertinas, arames farpados, lanças, cacos de vidro em muros etc), predispostos para a defesa da vida, da integridade física ou da propriedade. Englobam também a utilização de meios mecânicos ocultos (eletrificação de cercas ou de maçanetas de portas, instalação de armas prontas para disparar), bem como cães ou outros animais de guarda.

As ofendículas são aceitas pelo ordenamento jurídico, mas o usuário deve adotar precauções em seu emprego, sob pena de responder a título de excesso pelos resultados dele advindos.

Segundo **entendimento dominante**, os ofendículos configuram **legítima defesa preordenada**. Argumenta-se que seu funcionamento somente será efetivo se ocorrer efetivamente uma injusta agressão ao bem jurídico protegido. Em sentido contrário, a corrente minoritária entende que se trata de e**xercício regular de direito,** já que não se pode vislumbrar legítima defesa antecipada a uma agressão futura.

5. ESTRITO CUMPRIMENTO DO DEVER LEGAL

De acordo com o art. 42, III, do CPM, não há crime quando alguém pratica os atos estritamente necessários para o cumprimento de um dever previsto em norma jurídica (**lei em sentido material**).

Conforme entendimento da doutrina, o estrito cumprimento do dever legal, em regra, abrange os deveres de intervenção dos agentes públicos na esfera particular com o fito de garantir o cumprimento da lei ou de ordens de superiores do poder público, o que autoriza a realização justificada de algumas condutas típicas (coação, privação de liberdade, violação de domicílio, lesão corporal).

Dever legal é aquele previsto em norma jurídica de caráter geral, penal ou extrapenal, incluindo-se normas jurídico-administrativas (decreto, portaria, regulamento). Não se confunde com dever social, moral ou religioso.

Além disso, a ação justificada deve ser realizada obedecendo estritamente às condições objetivas a que esteja subordinada, nos exatos termos vinculados pela disposição legal.

Exige-se, ainda, a orientação de ânimo do agente (elemento subjetivo) que envolve a consciência do dever imposto pela norma legal e a vontade de cumpri-lo.

Na esfera militar, merece especial atenção o cumprimento do dever militar referente à segurança de área militar. Nessa linha, já decidiu o Superior Tribunal Militar que "não caracteriza constrangimento ilegal o ato de Oficial Militar que, em estrito cumprimento do dever legal, adverte civis que invadem área proibida, durante uma festividade" (APELAÇÃO nº 2003.01.049293-3/RJ. Publicação: 24/05/2004).

De acordo com o Superior Tribunal Militar, o ato de militares em serviço de guarda e proteção da Residência Oficial da Presidenta da República repelirem ameaça à segurança da autoridade e do local, sem excesso na atuação, configura-se em estrito cumprimento do dever. APELAÇÃO nº 0000075-38.2013.7.11.0211/DF Decisão: 11/02/2016.

6. EXERCÍCIO REGULAR DE DIREITO

Dispõe também o artigo 42, CPM que "não há crime quando o agente pratica o fato em exercício regular de direito".

Entende-se regular o exercício que se contém nos **limites** dispostos pelo **fim econômico ou social** do **direito** em causa, pela **boa fé** e pelos **bons costumes**. A expressão **direito** alcança todas as modalidades de **direito subjetivo** (penal e extrapenal), inclusive normas codificadas ou consuetudinárias.

Nessa causa de justificação, o sujeito usufrui de uma **faculdade** conferida pelo ordenamento jurídico, desempenhando uma atividade ou realizando uma conduta autorizada.

É necessário que o agente tenha a consciência e a vontade de agir de acordo com o direito, respondendo pelo **crime** se houver intuito de prejudicar (**abuso de direito) ou pelo excesso,** no caso de irregular exercício ou se ultrapassar os limites objetivos da causa de justificação.

Sobre o tema, vale conferir decisão do Superior Tribunal Militar, no sentido de que "a garantia da imunidade profissional do advogado, prevista no artigo 7º, § 2º, da Lei nº 8.906/2004, c/c o artigo 133 da Constituição Federal, não é absoluta. Tal garantia **só se aplica no regular exercício da advocacia, por ocasião dos debates em defesa do direito postulado**. Qualquer manifestação caluniosa, difamatória ou injuriosa perpetrada fora dessas condições, constitui justa causa para a instauração da competente ação penal" (HABEAS CORPUS nº 2006.01.034183-8/CE. Publicação: 08/05/2006).

7. EXCLUDENTE DE ILICITUDE DO COMANDANTE (ART. 42, PARÁGRAFO ÚNICO, CPM)

Em algumas situações excepcionais, **na iminência ou perigo de calamidade**, o comandante de navio, aeronave ou praça de guerra é autorizado a constranger, por meios violentos, seus subalternos a executarem serviços ou manobras urgentes, de modo a **salvar a unidade ou vidas**, ou **evitar o desânimo, o terror, a desordem, a rendição, a revolta ou o saque**.

Há uma combinação de estado de necessidade com estrito cumprimento do dever legal, uma vez que o comandante é legalmente obrigado, em situação de perigo, a empregar todos os meios ao seu alcance para evitar perda, destruição ou inutilização de instalações militares, navio, aeronave ou engenho de guerra motomecanizado.

Em ocasião de incêndio, naufrágio, encalhe, colisão, ou outro perigo semelhante, o comandante é obrigado a tomar todas as providências adequadas para salvar os seus comandados e minorar as consequências do sinistro, devendo ser o último a sair de bordo ou a deixar a aeronave ou o quartel ou sede militar sob seu comando. Se assim não fizer, incorrerá no delito previsto no artigo 200, CPM.

> **▸ Como esse assunto foi cobrado em concurso?**
>
> Foi considerada correta a seguinte afirmação "A legislação penal militar admite o uso, em situação especial, de meios violentos por parte do comandante para compelir os subalternos a executar serviços e manobras urgentes, para evitar o desânimo, a desordem ou o saque." **(Analista Judiciário/STM/2004/CESPE).**

8. EXCESSO NAS CAUSAS DE JUSTIFICAÇÃO

8.1. Excesso Culposo

A ação justificada deve ater-se aos limites impostos pela lei, quanto à sua intensidade e à sua extensão. Conforme assenta o artigo 45, CPM, o agente que, **em qualquer dos casos de exclusão de** crime, **excede culposamente** os **limites** da necessidade, **responde pelo fato, se este é punível, a título de culpa.**

Há excesso culposo em sentido estrito quando o sujeito, em função de sua **má avaliação** da situação fática, atua com uma **intensidade além do necessário** para afastar o perigo, defender-se de injusta agressão, cumprir um dever ou exercitar um direito.

Nesse contexto, o chamado **excesso intensivo** ocorre quando o agente, durante a ação justificada, podendo fazê-lo de forma menos lesiva, intensifica-a de forma imoderada. Parte-se do **pressuposto** de que **a agressão ou o perigo são atuais**, mas a **ação defensiva poderia e deveria ter sido menos gravosa**, mas o sujeito, por medo, susto ou consternação, acaba excedendo-se na medida requerida para a defesa. Portanto, o excesso se refere **à espécie dos meios empregados ou ao grau de sua utilização.**

Também pode haver **excesso culposo por erro de fato (erro de tipo permissivo) vencível**, quando o agente, em função de sua má avaliação dos fatos, **não consegue identificar o limite da causa de justificação**, ou seja, o momento em que **cessa a situação de perigo ou a injusta agressão.**

Assim, acreditando que ainda está sob o manto da causa de justificação, o sujeito dá continuidade à sua ação, incorrendo no **excesso extensivo. Nesse caso, responde pelo fato, se este é punível a título de culpa.**

Por exemplo, após fazer cessar a injusta agressão, o agente **dá continuidade à repulsa, quando essa já não é mais necessária**, por não estarem mais presentes os pressupostos da legítima defesa.

8.2. Excesso exculpante ou escusável

Diferentemente do Código Penal comum, o Código castrense prevê de forma expressa o **excesso exculpante**, que **não é punível quando resulta de escusável surpresa ou perturbação de ânimo, em face da situação (art. 45, p. único, CPM).**

Enquanto no **Direito Penal comum**, o excesso escusável é reconhecido pela doutrina como **causa supralegal**, o **Direito Penal**

Militar o trata como **causa legal** de **exclusão da culpabilidade do agente** por **inexigibilidade de conduta diversa**.

A **perturbação psíquica** decorrente do pavor experimentado no caso concreto pelo sujeito durante a situação de perigo ou agressão suprime-lhe a capacidade de avaliar perfeitamente a **intensidade de sua reação**. Assim, não há que se falar em resposta excessiva em razão de uma postura dolosa ou culposa, mas sim decorrente de perturbação emocional do agredido ou necessitado, daí não se poder exigir conduta diversa do agente.

Embora no direito brasileiro não se possa considerar o medo como excludente de culpabilidade, é certo que ele pode dar margem a reações inesperadas por aquele que o sente, valendo levar esse estado de espírito em conta na análise da legítima defesa e do estado de necessidade, em especial quando se discute ter havido excesso.

Trata-se da ocorrência de um excesso, na reação defensiva, que não é, por suas peculiaridades, reprovável, ou melhor, merecedor de apenação. Não se cuida de excesso culposo porque, neste, o excesso deriva da falta do dever objetivo de cuidado enquanto que, naquele, há um excesso resultante de medo, surpresa ou de perturbação de ânimo. **Nem todo excesso intensivo é exculpante**. É necessário que as circunstâncias do caso concreto evidenciem que a perturbação psíquica retirou do sujeito a possibilidade de avaliar corretamente a intensidade de sua reação defensiva. Afastada essa situação peculiar, responde pelo excesso culposo.

> **▸ Como esse assunto foi cobrado em concurso?**
>
> Foi considerada errada a seguinte afirmação "O excesso culposo, nas descriminantes legais, tem idêntico disciplinamento no direito penal militar e no direito penal comum, sendo o excesso intensivo, em qualquer caso, excludente de culpabilidade do agente" **(Promotor de Justiça Substituto/MPE/ES/2010/CESPE).**

8.3. Excesso Doloso

Há duas modalidades de excesso doloso: em sentido estrito e o decorrente de erro de Direito.

O **excesso doloso em sentido estrito** ocorre quando o agente, após iniciar sua conduta conforme o direito, consciente e voluntariamente extrapola os limites de sua atuação, desejando o resultado ilícito.

Sabendo que não podia prosseguir, por não ser mais necessário, voluntariamente, o sujeito dá continuidade. Em consequência, deve responder pelo resultado antijurídico decorrente do seu excesso intencional.

O **excesso decorrente de erro de direito (ou erro de proibição indireto)** acontece quando, após iniciada a ação justificada, em virtude de **erro de interpretação da lei** quanto aos limites da causa de justificação, o sujeito **acredita que pode** prosseguir ainda albergado pela excludente do crime.

É somente nessa situação de **erro de direito** que se aplica o **artigo 46 do Código Penal Militar**, que dispõe que o juiz **pode atenuar a pena ainda quando punível o fato por excesso doloso**. Nesse caso, o agente responde pelo resultado a título de dolo, sendo facultada ao juiz aplicação da atenuante.

> **Como esse assunto foi cobrado em concurso?**
>
> Foi considerada correta a seguinte afirmação "No sistema penal castrense, o agente poderá ter atenuada a pena quando, iniciada a conduta conforme o direito, por exemplo, em estrito cumprimento do dever legal, ultrapassar os limites da atuação legal e cometer excesso doloso" **(Promotor de Justiça Substituto/MPE/ES/2010/CESPE).**

9. ELEMENTOS NÃO CONSTITUTIVOS DO CRIME (ART. 47, CPM)

Considerando que a hierarquia e a disciplina são fundamentos da instituição militar, em alguns crimes propriamente militares, a confrontação entre superiores e subordinados é importante tanto para a sua tipificação quanto para a aplicação da pena.

Em alguns **crimes contra a autoridade ou disciplina militar** (ex.: art. 157, 158, 168, 174, 175 e 176, CPM) **é necessária a consciência dessa condição pessoal do sujeito passivo para a caracterização do delito**. Por óbvio, deixam de ser elementos constitutivos do crime a qualidade de superior ou a de inferior, **quando não conhecida**

do agente (art. 47, I, CPM). Nesse caso, pode haver, por exemplo, **desclassificação** do crime de violência contra superior para lesões corporais (art. 209, CPM).

Já na hipótese do **artigo 47, inciso II, CPM embora sabendo da condição pessoal, o militar reage a uma injusta agressão.** Não cometerá crime, pois se encontra em **legítima defesa.**

Todavia, se **houver excesso**, será responsabilizado na forma dos artigos 45 (culposo) e 46 (doloso), do Código Penal Militar, **desconsiderando-se como elemento do crime a qualidade de superior ou a de inferior, a de oficial de dia, de serviço ou de quarto, ou a de sentinela, vigia ou plantão.**

▸ **Como esse assunto foi cobrado em concurso?**

Foi considerada errada a seguinte afirmação "Para a caracterização do crime contra a autoridade ou disciplina militar, é irrelevante o fato de o agente ter ou não conhecimento da condição de superior do outro militar atingido e consciência de que está infringindo as regras de disciplina e a hierarquia militar" **(Promotor de Justiça Substituto/MPE/ES/2010/CESPE).**

Capítulo VI

Culpabilidade

1. CONCEITO

Na concepção da **Teoria Clássica ou Psicológica** (Sistema Causal-Naturalista de Liszt-Beling), a **culpabilidade** era o **vínculo psicológico** que unia o agente ao fato por ele praticado. A diversidade de intensidade desse vínculo psicológico destacava o dolo e a culpa, como espécies de culpabilidade. A imputabilidade era pressuposto da culpabilidade, para a indagação do elemento anímico. Sob a **Teoria Normativa (Frank) ou Psicológico-Normativa** (Sistema Neoclássico – Metodologia Neokantiana), a **culpabilidade** passa a ser o **juízo de desaprovação** jurídica do ato que recai sobre o autor. A **imputabilidade** deixa de ser **pressuposto** da culpabilidade e passa a ser seu elemento. Ainda são considerados como espécies de culpabilidade o **dolo** (vontade e consciência de realizar o fato proibido) **e culpa (vontade defeituosa que produz o resultado)**. Agrega-se a ideia de um **dolo normativo** – ***dolus malus***, que, além da vontade, exige a **consciência da ilicitude** do fato. Nesse contexto, a **inexigibilidade de conduta diversa** era **causa geral** de exclusão da culpabilidade.

Por fim, de acordo com a **Teoria Finalista (Normativa Pura)**, o **dolo é retirado da culpabilidade** e passa a integrar um tipo complexo (objetivo e subjetivo). Afasta-se a sua carga normativa, sendo tratado como **dolo natural**. Assim, o tipo doloso é definido como a ação final dirigida à realização de resultado socialmente intolerável.

Já a culpa configura a violação do dever de cuidado exigido no âmbito de relação. O tipo culposo é a execução da ação final em relação às consequências socialmente intoleráveis que o autor pensa que não ocorrerão (culpa consciente) ou sequer representa sua ocorrência (culpa inconsciente).

A Culpabilidade passa a ser o **juízo** de **reprovação pessoal** que se realiza sobre a **conduta típica e ilícita** praticada pelo **agente**. Por encerrar um juízo individual, todos os fatores, **internos e externos,** devem ser considerados a fim de se apurar se o agente, nas circunstâncias em que se encontrava, podia submeter-se às determinações e proibições do Direito.

Na visão Finalista, os elementos da culpabilidade são: **a imputabilidade penal, a potencial consciência da ilicitude e a exigibilidade de conduta diversa.**

Como já anotado na Introdução à Teoria do Crime, o Código Penal Militar é estruturado na Teoria Neoclássica (Psicológico-normativa), cabendo-nos promover as atualizações pertinentes, à luz da concepção Finalista (Normativa Pura).

2. IMPUTABILIDADE (CAPACIDADE DE CULPABILIDADE)

2.1. Conceito

A **imputabilidade** é a aptidão psíquica do agente em relação à compreensão do ilícito e à capacidade de determinar seu comportamento. Configura o conjunto das condições de **maturidade e sanidade mental** que permitem ao agente **conhecer** o caráter ilícito de seu ato e **determinar-se** de acordo com este entendimento.

Por ter **plena capacidade** de **entender e de querer,** o imputável responde por seus atos, sendo dotado de responsabilidade criminal.

A imputabilidade penal desdobra-se em dois aspectos:

- **Cognoscitivo (intelectivo)**, que é a capacidade genérica de compreender as proibições ou determinações jurídicas, levando a que o agente possa prever as repercussões de sua conduta no mundo social (percepção do significado ético-social do próprio agir).
- **Volitivo (determinação da vontade),** evidenciado na capacidade de dirigir a sua conduta de acordo com o entendimento ético-jurídico. O sujeito deve ter condições de valorar o motivo e o valor inibitório da ameaça penal e atuar de acordo com essa compreensão.

2.2. Causas de Exclusão da Imputabilidade (Causas de Inimputabilidade)

2.2.1. *Inimputabilidade por Alienação Mental (art. 48, CPM)*

O artigo 48, do Código Penal Militar estatui que "**não é imputável** quem, no momento da ação ou da omissão, **não possui a capacidade de entender o caráter ilícito do fato ou de determinar-se** de acordo com esse entendimento, em virtude de doença mental, de desenvolvimento mental incompleto ou retardado".

> ▸ **Como esse assunto foi cobrado em concurso?**
> Foi considerada correta a seguinte assertiva "É inimputável o agente que pratica o fato criminoso sem capacidade de entendimento e sem determinação, em razão de doença mental, desenvolvimento mental incompleto ou retardado". **(Analista Judiciário/STM/2004/CESPE).**

À semelhança do Código Penal comum, adotou-se na esfera militar o **Critério (Sistema) Biopsicológico ou Misto**, que atende tanto às **causas biológicas** que produzem a inimputabilidade como às suas **consequências na esfera psicológica** do agente. A inimputabilidade caracteriza-se pela combinação de dois elementos: presença de anomalias mentais e a completa incapacidade de entendimento e determinação.

Conforme já assentou a jurisprudência do STF:

> O CPM, da mesma forma que o CP, adotou o critério biopsicológico para a análise da inimputabilidade do acusado. (HC 101.930, rel. min. Cármen Lúcia, julgamento em 27-4-2010, Primeira Turma, *DJE* de 14-5-2010).

> ▸ **Como esse assunto foi cobrado em concurso?**
> Foi considerada correta a seguinte assertiva "O Código Penal Militar (CPM) adotou o critério do sistema biopsicológico de aferição da inimputabilidade". **(Defensor Público Federal/DPU/2001/CESPE).**

Considera-se **Doença Mental** qualquer processo patológico, degenerativo ou não, que afete a integridade psíquica do agente (paralisia cerebral, esquizofrenia, psicose maníaco-depressiva, epilepsia grave; demência senil, paranoia).

O **desenvolvimento mental incompleto ou retardado** é a falta de desenvolvimento das faculdades mentais (oligofrenia, retardamento mental, idiotia, imbecilidade, parada no desenvolvimento).

O Código Penal Militar adota o **sistema vicariante** em caso de **inimputabilidade por alienação mental**, devendo o juiz aplicar medida de segurança em lugar de pena, sendo-lhe vedada a imposição simultânea ou concorrente das duas respostas penais.

Assim, o inimputável que apresenta periculosidade submete-se ao disposto no artigo 112, CPM: "quando o agente é inimputável (art. 48), mas suas condições pessoais e o fato praticado revelam que ele oferece perigo à incolumidade alheia, **o juiz determina sua internação em manicômio judiciário"**.

Todavia, se a doença ou a deficiência mental **não suprime, mas diminui consideravelmente a capacidade** de entendimento da ilicitude do fato ou a de autodeterminação, não fica excluída a imputabilidade, porém **a pena pode ser atenuada**.

No caso do **parágrafo único, do artigo 48, CPM**, o agente apresenta redução da capacidade de imputabilidade, pois a doença ou a deficiência mental afeta a capacidade de entendimento ou determinação, sem excluí-la.

A situação corresponde a uma zona limítrofe entre a perfeita saúde mental e a insanidade em que há muita dificuldade de demarcação (fronteiriços), que pode se evidenciar nos estados atenuados, incipientes ou residuais de psicoses ou transtornos mentais transitórios.

Trata-se de uma **redução** da reprovação penal, que deve ser proporcional à capacidade de culpabilidade. Assim, constatada tal circunstância **o juiz deve atenuar a pena, devendo-se interpretar a expressão "pode" à luz das frações previstas no artigo 73, CPM**, que dispõe que quando a lei determina a agravação ou **atenuação** da pena sem mencionar o *quantum*, **deve o juiz fixá-lo entre um quinto (1/5) e um terço (1/3)**, guardados os limites da pena cominada ao crime.

Contudo, deve-se notar que o Código Penal comum confere tratamento mais benéfico ao semi-imputável, ao permitir a redução de pena entre 1/3 e 2/3 (art. 26, parágrafo único, CP). Esse entendimento é adotado pelo Superior Tribunal Militar:

> **O artigo 48, parágrafo único, do CPM, é causa de diminuição de pena, sendo inviável a incidência do disposto no art. 73 do referido Códex** para definir os parâmetros de redução da reprimenda, uma vez que este dispositivo trata do "quantum da agravação ou atenuação". Diante da omissão no ordenamento jurídico castrense, **aplica-se o parágrafo único do artigo 26 do Código Penal comum como causa de diminuição da pena**, em complemento ao reconhecimento da semi-imputabilidade do agente previsto no parágrafo único do artigo 48 do CPM. EMBARGOS DE DECLARAÇÃO Nº 0000093-25.2014.7.11.0211/DF Decisão: 02/03/2017.
>
> Em sendo um acusado comprovadamente semi-imputável, **a norma adequada para a diminuição da pena a ser aplicada, por analogia e em nome dos postulados da proporcionalidade, da razoabilidade e da individualização da pena como medidas de política criminal, é o art. 26, parágrafo único, do CP comum**, autorizando a redução da pena de um terço a dois terços, podendo, inclusive, ficar abaixo do mínimo legal. APELAÇÃO nº 0000041-92.2015.7.11.0211/DF. Decisão: 06/10/2016.

Ademais, se o juiz verificar que o semi-imputável **necessita de tratamento curativo**, deve aplicar a parte final do parágrafo único do artigo 48 do CPM, em homenagem ao **sistema vicariante**, substituindo a pena já atenuada por medida de segurança de internação em estabelecimento psiquiátrico (art. 113, CPM) ou tratamento ambulatorial.

2.2.2. *Inimputabilidade por Embriaguez Acidental Completa (art. 49, CPM)*

Nos termos do **artigo 49 do Código Penal Militar**, "**não é igualmente imputável** o agente que, por **embriaguez completa** proveniente de **caso fortuito ou força maior**, era, ao tempo da ação ou da omissão, **inteiramente incapaz de entender o caráter criminoso do fato ou de determinar-se** de acordo com esse entendimento".

Embriaguez é o distúrbio físico-mental (perturbação psicológica) resultante de intoxicação por álcool ou substância de efeitos análogos, que afeta o sistema nervoso central como depressivo ou narcótico.

A causa de inimputabilidade exige que a **embriaguez seja involuntária. Quando decorrente de caso fortuito (imprevisibilidade - evento do acaso),** o sujeito desconhece o efeito inebriante da substância, que, associada a sua particular condição fisiológica, causa o estado de embriaguez. Na segunda hipótese, a embriaguez é decorrente de **força maior: evento da natureza ou** quando alguém é coagido física ou moralmente por outrem (**ação humana**) a ingerir bebida alcoólica ou substância de efeitos análogos.

Além disso, para que seja excluída a imputabilidade penal, exige-se que a **embriaguez seja completa**, suficiente para provocar a **incapacidade total** de **entendimento e determinação.**

Caso a incapacidade seja apenas **relativa,** haverá de **redução de pena**. Conforme disposto no parágrafo único do artigo 49, CPM, a "pena **pode** ser **reduzida de um a dois terços**, se o agente, por embriaguez proveniente de caso fortuito ou força maior, **não possuía, ao tempo da ação ou da omissão, a plena capacidade de entender** o caráter criminoso do fato **ou de determinar-se** de acordo com esse entendimento".

Cumpre registrar, ainda, que o **Código Castrense**, assim como o Código comum, adota a **Teoria da *actio libera in causa ad libertatem relata* (Ação Livre na Causa),** segundo a qual é imputável o sujeito que, em estado de embriaguez, é causador, por ação ou omissão, de um resultado punível, desde que se tenha colocado naquele estado de **embriaguez** de forma **voluntária ou culposa.**

A teoria da "actio libera in causa" se aplica aos casos em que alguém, no estado de não imputabilidade, é causador, por ação ou omissão, de algum resultado punível, tendo-se colocado neste estado, ou propositadamente, com a intenção de produzir o evento lesivo, ou sem essa intenção, mas tendo visto a possibilidade do resultado, ou ainda, quando a podia ou devia prever (Narcélio de Queiroz).

▸ **Como esse assunto foi cobrado em concurso?**

Foi considerada errada a seguinte afirmação "**Situação hipotética:** Um cabo das Forças Armadas escalado para serviço na organização militar a que servia compareceu e assumiu a incumbência em estado de embriaguez, tendo ingerido, voluntariamente, grande quantidade de bebida alcoólica momentos antes de se apresentar no serviço.

Todavia, seu estado não foi notado, e, nas primeiras horas da atividade, ao discutir com um militar que também estava em serviço, disparou sua arma de fogo na direção deste, matando-o instantaneamente.

Assertiva: Nessa situação, será considerado inimputável o cabo, se ficar comprovado que, naquele momento, sua embriaguez era completa e que ele era plenamente incapaz de entender o caráter criminoso do fato." **(Analista Judiciário – àrea judiciária/STM/2018/CESPE).**

A aferição da **imputabilidade** é transferida para o **momento anterior** ao do estado de embriaguez e não no momento da **prática delitiva.** Há **três situações** que caracterizam a aplicação da Teoria da ***Actio Libera in Causa:***

- **Embriaguez Voluntária em sentido estrito:** o estado de embriaguez é desejado pelo sujeito, que faz a ingestão da substância com a finalidade de embriagar-se, sem necessariamente haver intenção de praticar crimes.
- **Embriaguez Preordenada:** voluntariamente o sujeito coloca-se em estado de embriaguez a fim de praticar infrações penais.
- **Embriaguez Culposa:** o estado de embriaguez, apesar de não desejado, é previsível pelo sujeito, pois este, sem observar o dever de cuidado, ingere álcool em quantidade suficiente para colocá-lo naquele estado.

Parte da doutrina critica a Teoria da *actio libera in causa* afirmando tratar-se de evidente afronta aos princípios da legalidade e da responsabilidade subjetiva (culpabilidade), por criar hipótese de responsabilidade penal objetiva por alcançar o fato cometido em estado de ebriedade culposa ("quando podia e devia prever").

Para alguns autores, a manutenção da embriaguez como circunstância que apenas excepcionalmente (completa e em consequência de caso fortuito ou força maior) se caracterize como excludente de imputabilidade consagra responsabilidade penal objetiva. Isto porque, no momento da realização da ação típica por parte do agente, estando ele sob os efeitos da embriaguez, não teria consciência plena de seu comportamento.

Em favor da Teoria, Nelson Hungria afirmava que haveria uma vontade residual no agente embriagado, além de um resíduo de consciência e vontade, o que não eliminaria sua imputabilidade, mas não conseguia perceber a existência de um nexo de causalidade psíquico entre "a simples deliberação de ingerir bebida alcoólica e um crime superveniente". Para Cézar R. Bittencourt, é necessário analisar-se, caso a caso, a possibilidade de o agente, nas circunstâncias, ter ou não preservada a sua imputabilidade.

▸ Como esse assunto foi cobrado em concurso?

Foi considerada errada a seguinte assertiva "A embriaguez patológica recebe o mesmo tratamento que a embriaguez voluntária ou culposa no CPM, segundo o qual ambas isentam de pena o agente, por não possuir este consciência no momento da prática do crime". **(Analista Judiciário/STM/2004/CESPE).**

O tema ganha relevância, pois o Código Penal Militar trata a **embriaguez não acidental do militar sempre como circunstância agravante** (art. 70, II, alínea "c", CPM). Se o agente for **civil, a pena será agravada somente no caso de embriaguez preordenada**, conforme ressalva do parágrafo único do mesmo artigo 70, CPM.

Além disso, no Direito Penal Militar, os **condenados** que sejam **reconhecidos como "ébrios habituais ou toxicômanos"** submetem-se à **medida de segurança de internação,** para fim curativo em substituição à pena aplicada (art. 113, §3º, CPM).

Por fim, atente-se para o fato de que, no Código Castrense, a **embriaguez em serviço** é **tipificada como crime** contra o dever militar (art. 202, CPM). O tipo penal descreve **duas condutas voluntárias**: **embriagar-se o militar estando de serviço** (elemento temporal) ou **apresentar-se para prestar serviço embriagado.**

Note-se que não basta a simples ingestão de bebida alcoólica ou substância de efeitos análogos, sendo **necessária a comprovação efetiva do estado de embriaguez, em regra,** através de perícia de dosagem alcoólica ou, na falta dessa, de outra prova idônea, de acordo com o conjunto probatório.

2.2.3. Inimputabilidade por Imaturidade Natural (art. 228, CRFB)

A Constituição da República adota a **presunção absoluta de inimputabilidade do menor de 18 anos**, sujeitando-os às normas da legislação especial. **O legislador constituinte acolheu o Critério Biológico**

Puro, por questões de política criminal, para presumir a **inimputabilidade** dos menores de 18 anos.

Somente por meio de um procedimento qualificado de emenda à Constituição, a menoridade penal pode ser reduzida, não cabendo ao legislador ordinário alterar tal critério. O menor de dezoito anos fica sujeito às disposições específicas do Estatuto da Criança e do Adolescente (lei 8069/90), respondendo pela prática de ato infracional (art. 103, ECA) e submetendo-se às medidas de proteção e medidas sócio-educativas (art. 104, ECA).

Assim, as **ressalvas e equiparações dos artigos 50 a 52 do Código Penal Militar não foram recepcionadas** pela atual ordem constitucional.

▸ **Como esse assunto foi cobrado em concurso?**

Foi considerada errada a seguinte assertiva "Um adolescente com dezessete anos de idade que, convocado ao serviço militar, após ser incorporado, praticar conduta definida no CPM como crime de insubordinação praticado contra superior será alcançável pela lei penal militar, a qual adotou, para os menores de dezoito e maiores de dezesseis anos de idade, o sistema biopsicológico, em que o reconhecimento da imputabilidade fica condicionado ao seu desenvolvimento psíquico". **(Analista Judiciário/STM/2011/CESPE).**

De outro lado, na esfera penal, considera-se que o sujeito com idade **entre 18 a 21** anos ainda não completou sua formação psicológica e, apesar de imputável, merece menor reprovação, o que se traduz em **atenuação da pena** (art. 72, I, 1ª parte, CPM) e **redução do prazo prescricional pela metade** (art. 129, CPM).

Observação: Estados emotivos ou passionais

O Código Penal Militar **não adota o critério puramente psicológico.** Portanto, os **estados emotivos ou passionais não excluem a imputabilidade penal**, salvo quando patológicos (art. 48, caput, CPM).

Segundo a doutrina, a emoção é um sentimento intenso e passageiro que altera o estado psicológico do indivíduo (angústia, medo, vingança, tristeza). Já a paixão é considerada uma emoção-sentimento, ou seja, uma ideia permanente ou crônica por algo (cupidez (cobiça), amor, ódio, ciúme).

Todavia, em certas circunstâncias, a emoção pode caracterizar circunstância **atenuante** (art. 72, III, "c", CPM "cometido o crime sob a influência de violenta emoção, provocada por ato injusto da vítima") ou **causa de diminuição de pena de 1/6 a 1/3** (art. 205, §1º, CPM – homicídio e 209, §4º, CPM – lesão corporal privilegiados: "sob o domínio de violenta emoção, logo em seguida a injusta provocação da vítima").

3. POTENCIAL CONSCIÊNCIA DA ILICITUDE

3.1. Conceito

A **Consciência da Ilicitude** é a capacidade que o agente de uma conduta proibida tem, na situação concreta, de apreender a ilicitude de seu comportamento. Não se trata de uma consciência técnico-jurídica ou formal. Trata-se de uma consciência profana do injusto, constituída do conhecimento da antissocialidade, da imoralidade ou da lesividade de sua conduta, a partir das normas de cultura, dos princípios morais e éticos, dos conhecimentos adquiridos na vida em sociedade.

3.1.1. Erro de Direito x Erro de proibição

No finalismo, Welzel reelaborou o conceito de consciência da ilicitude, introduzindo um novo elemento – o dever de informar-se. Assim, não é bastante que o sujeito não tenha a consciência do injusto para inocentar-se, é necessário verificar se ele tinha a possibilidade de adquirir tal consciência. Se havia, deve-se verificar se ocorreu negligência em não adquiri-la ou falta do dever concreto de procurar esclarecer-se sobre a ilicitude da conduta praticada.

Portanto, no Finalismo, fala-se em potencial consciência da ilicitude, ou seja, a consciência não precisa ser real, sendo suficiente que o agente tenha, no caso concreto, condições de alcançar este conhecimento. A ignorância da antijuridicidade é o desconhecimento de que a ação é contrária ao direito. Falta ao sujeito a representação da ilicitude de seu comportamento.

Conforme já registrado, o Código Penal Militar estrutura-se na Teoria Psicológico-Normativa (Sistema Neoclássico). Por isso, a

Consciência da Ilicitude é abordada no **Código Castrense de forma diversa do Código Penal comum**, já que sua disciplina envolve o chamado **Erro de Direito, previsto no artigo 35 do CPM**, que determina que a **"pena pode ser atenuada ou substituída por outra menos grave quando o agente, salvo em se tratando de crime que atente contra o dever militar, supõe lícito o fato, por ignorância ou erro de interpretação da lei, se escusáveis"**.

Percebe-se que, ao definir o erro de direito, o Código Penal Militar dá igual tratamento à ignorância da lei (falta de conhecimento - aspecto negativo) **e ao erro de interpretação da lei** (falsa representação da realidade - aspecto positivo). No **erro de direito**, o sujeito, ao praticar o fato, supõe-no lícito porque ignora a norma ou porque, apesar de conhecê-la, interpreta-a de forma equivocada.

Trata-se de conceito ultrapassado, que deve ser substituído pela ideia atual de erro de proibição, definido no artigo 21 do Código Penal comum. A concepção antiga enfocava a questão jurídica (conhecimento/interpretação da lei), enquanto que a orientação mais moderna se volta para a questão da ilicitude. Desconhecer a lei não se confunde com a falta de consciência da ilicitude.

A *ignorantia legis* é matéria de aplicação da lei, que se presume conhecida de todos. É o desconhecimento dos dispositivos legislados, da classificação jurídica, da quantidade da pena, ou das condições de sua aplicabilidade, o que não exclui a representação da ilicitude do comportamento. Por isso, é tratada como mera atenuante (nos dois Códigos).

No erro de proibição, há ignorância da antijuridicidade, ou seja, o desconhecimento de que a conduta é contrária ao Direito, afetando a culpabilidade. O agente supõe, por erro, ser lícita a sua conduta. O objeto do erro não é a lei, nem o fato, mas a relação de contrariedade do fato diante da lei. O agente supõe autorizada uma conduta que é proibida. O agente faz um juízo equivocado daquilo que não lhe é permitido fazer em sociedade.

Se o erro de proibição é escusável afasta-se a culpabilidade. Porém, sendo inescusável haverá apenas uma redução da pena a ser aplicada (1/6 a 1/3), preservando-se o juízo, ainda que menor, de reprovação sobre o fato criminoso.

Diferentemente do Código Penal comum, **o Código Penal Militar não isenta de pena** o agente que supõe lícito o fato **por ignorância ou por erro de direito escusáveis**. Nesse caso, **a pena pode ser atenuada (de 1/5 a 1/3, à luz do artigo 73, CPM)** ou **substituída** por outra menos grave, como, por exemplo, de reclusão por detenção.

Anote-se ainda que, no Código Penal Militar, **não se pode alegar erro de direito em se tratando de crime que atente contra o dever militar**, porque nesse caso o agente tem obrigação de conhecer a norma castrense e interpretá-la corretamente. O militar deve conhecer o seu dever. Os crimes contra o dever militar estão elencados entre os artigos 187 e 204, CPM.

Convém registrar que o Superior Tribunal Militar reconhece que o tratamento do erro do Código Penal Militar é mais severo do que no Código Penal comum e, apesar de não afastar peremptoriamente a vetusta disciplina do erro de direito, permite também a aplicação do conceito de erro de proibição. Nessa linha:

> **Quanto ao erro de proibição**, igualmente não merece guarida a tese defensiva, haja vista que **o réu tinha o potencial conhecimento da ilicitude do fato**, e dele esperava-se conduta diversa da que praticou. (APELAÇÃO nº 0000034-66.2016.7.11.0211/DF. Decisão: 02/02/2017)
>
> Apelação. Abandono de posto. Erro de direito e erro de fato. **Erro de tipo e erro de proibição**. Tratamento diverso entre os CPM e CP Comum. Improcedência do pedido. Dolo caracterizado. Os Acusados detinham potencial conhecimento de antijuridicidade de suas condutas. Delito contra o serviço militar e o dever militar que afasta a incidência do art. 35 do CPM (erro de direito). Militares com mais de 5 (cinco) anos de caserna e detinham as condições para entender a natureza relevante do serviço e o caráter ilícito da conduta. **Potencial conhecimento da antijuridicidade**, afastando assim os institutos previstos no art. 36 da Lei Penal Militar, **bem como dos arts. 20 e 21, ambos do CP comum.** (Apelação nº 0000157-15.2012.7.01.0201 UF: RJ Decisão: 15/10/2014).

3.1.2. *Erro de fato x Erro de Tipo*

Como no Sistema Neoclássico, o dolo era tratado na culpabilidade, o **artigo 36 do Código Penal Militar** dispõe acerca do **erro de**

fato, afirmando que é "**isento de pena** quem, ao praticar o crime, **supõe, por erro plenamente escusável, a inexistência de circunstância de fato que o constitui ou a existência de situação de fato que tornaria a ação legítima**".

O erro de fato do estatuto penal castrense **não se confunde erro de tipo** do Código Penal comum, já que este é **mais amplo**, pois recai não só sobre os elementos fático-descritivos do tipo, como também sobre os elementos jurídico-normativos.

Na Teoria Finalista (Normativa Pura), o dolo foi transportado da culpabilidade para o fato típico, passando a compor o tipo subjetivo. Portanto, o erro de fato é um conceito superado que deve ser substituído pela disciplina do **erro de tipo** do caput do artigo 20 do Código Penal comum, que incide sobre as elementares ou sobre qualquer outro dado que se agregue a determinada figura típica. Por isso **sempre exclui o dolo**, seja evitável ou não, porque nele a vontade é baseada em premissa (consciência) inidônea à luz do tipo penal.

No **erro de fato** do Código Penal Militar, o sujeito **equivoca-se** quanto a algum elemento restrito ao **plano fático**, pois, ao praticar o crime, **supõe a inexistência de circunstância de fato que o constitui**. Por exemplo, por erro, o agente toma para si a mochila de um colega de farda, por ser idêntica à sua (situação fática).

Assim, sendo o **erro de fato invencível ou plenamente escusável** (o agente **não tinha como evitá-lo**, nas circunstâncias em que se encontrava, mesmo tomando todas as cautelas necessárias), a **solução adotada pelo Código Castrense é a exclusão da culpabilidade: o agente é isento de pena**. Como já mencionado, no Código Penal comum o erro de tipo exclui o dolo.

Se o **erro de fato é vencível ou inescusável** (quando verificado que o agente, se tivesse atuado com a **diligência exigida**, teria evitado o erro), poderá ser punido a título de culpa, se houver previsão legal de modalidade culposa. É assim que o Código Penal Militar define a hipótese de **erro de fato culposo**, em seu **artigo 36, § 1º**: "se **o erro deriva de culpa**, a este título responde o agente, se o fato é punível como crime culposo". Nesse ponto, a solução adotada pelo Código Penal comum também é a punição a título de culpa, mas com a ressalva de que a culpa foi deslocada da culpabilidade para o fato típico.

Trata-se da chamada **culpa imprópria** ou **culpa por assimilação**, nessa situação em que o agente, em virtude de **erro evitável**, **realiza** a conduta típica, mas **responde** como se tivesse praticado um **delito culposo**.

Interessante notar que o estatuto repressivo castrense insere também no mesmo dispositivo (art. 36) o **erro sobre descriminante putativa** (supõe a existência de situação de fato que tornaria a ação legítima), conferindo-lhe idêntico regramento do erro de fato sobre elemento constitutivo do tipo. Por exemplo, um soldado de serviço de sentinela, acreditando tratar-se de uma invasão ao quartel, mata um civil que, fugindo de um assalto, correra em direção à área militar em busca de abrigo.

No Código Penal Comum, o erro sobre a causa de justificação é denominado **erro de tipo permissivo**, quando recai sobre os pressupostos fáticos da excludente de ilicitude (art. 20, §1º, CP). Adota-se a Teoria Limitada da Culpabilidade. Se o erro recai sobre pressupostos jurídicos (a existência ou os limites) da causa de justificação, trata-se de erro de proibição indireto (art. 21, CP).

Aqui também vale a observação feita no tópico anterior de que o Superior Tribunal Militar permite a utilização do conceito de erro de tipo, ainda que não despreze por completo o ultrapassado erro de fato.

3.1.3. Erro determinado por terceiro

De acordo com o § 2º do artigo 36, CPM, "se o **erro é provocado por terceiro**, **responderá este pelo crime**, a título de **dolo ou culpa, conforme o caso**".

Se um **terceiro determina o erro dolosamente**, deve-se verificar se o agente incidiu em **erro escusável ou inescusável**. Na **primeira hipótese**, haverá **autoria mediata**, pois o terceiro utiliza o instrumento inculpável (isento de pena) para a realização material do delito. Por exemplo, um oficial médico ordena ao enfermeiro que injete determinado "remédio" no paciente, o que é feito prontamente. O paciente vem a falecer, eis que, de fato, se tratava de um poderoso veneno.

No caso de **erro inescusável**, ter-se-á um caso de **autoria colateral heteróloga**, pois aquele que determinou o erro dolosamente responderá pelo crime doloso, enquanto que o sujeito que praticou o fato induzido a erro vencível, responderá a título de culpa, se houver previsão legal. Como exemplo, um soldado desafia um colega míope a mostrar sua boa pontaria disparando sua arma em direção a um "tronco" postado à distância. O soldado míope e irrefletido dispara e acerta o "tronco", que na verdade era outro militar, o qual vem a falecer em virtude do ferimento. O soldado que determinou o erro responde por homicídio doloso, enquanto que o colega que disparou a arma induzido em erro evitável responde por homicídio culposo.

Se **o terceiro determina o erro culposamente**, responde a título de culpa, sem prejuízo de se verificar se o agente incorreu em erro escusável (isento de pena) ou inescusável (culpa imprópria).

3.1.4. Erros Acidentais

O erro acidental não isenta de pena, pois não faz o agente julgar lícita a ação criminosa. O sujeito atua dolosamente e com consciência da antijuridicidade de seu comportamento, mas apenas se equivoca quanto a um elemento não essencial do tipo ou erra no seu movimento de execução atingindo pessoa ou bem jurídico diverso.

Há **três modalidades de erro acidental** previstas no **artigo 37** do **Código Penal Militar**:

- **Erro na identificação da pessoa** (*error in personam*)
- **Erro na execução** (*aberratio ictus*)
- **Erro quanto ao bem jurídico** (*aberratio criminis*)

No erro na identificação da pessoa (*error in personam*) o agente, **por erro de percepção, atinge uma pessoa em vez de outra** e, portanto, responde como se tivesse praticado o crime contra aquela que realmente pretendia atingir. Há uma substituição das pessoas (vítimas) que se viram envolvidas no fato.

A **execução é correta**, mas o agente tem uma **falha de percepção** na **identificação da vítima**, o que em nada modifica a classificação do crime cometido. Não se consideram as qualidades ou condições da vítima real, mas sim as da vítima virtual, que ele realmente pretendia ofender. Por exemplo, um soldado, pretendendo praticar violência contra superior hierárquico (sargento), esconde-se numa trilha pouco iluminada para surpreendê-lo, mas confunde-se e golpeia outro soldado. Nesse caso, responderá como se tivesse agredido o sargento.

A doutrina dá maior elasticidade ao conceito acima e reconhece a hipótese de **erro sobre o objeto (*error in objecto*)**, quando o agente, tendo vontade e consciência de praticar uma conduta típica e ilícita, erra na identificação do objeto. Por exemplo, pretendendo subtrair uma arma de fogo, o sujeito furta uma réplica (simulacro). Responde como se tivesse praticado o crime contra aquela coisa que realmente pretendia atingir.

O **erro na execução** (*aberratio ictus*), previsto na segunda parte do caput do artigo 37, CPM, ocorre quando o agente, **por erro no uso dos meios de execução, ou outro acidente**, **atinge uma pessoa em vez de outra.** A expressão aberratio ictus pode ser traduzida por **"desvio no golpe"**. Assim, responde como se tivesse praticado o crime contra aquela pessoa que realmente pretendia atingir.

Trata-se novamente de erro de pessoa para pessoa. Porém, nesse caso, o sujeito não atinge pessoa diversa da pretendida por erro de percepção, **mas sim por falha na execução ou por outro acidente**. Por exemplo, um soldado, pretendendo matar um colega, dispara sua arma, vindo a acertar outro militar que passava pelo mesmo local naquele momento.

O **erro quanto ao bem jurídico** (Resultado diverso do pretendido ou *aberratio criminis*) (art. 37, §1º CPM) ocorre quando, **por erro ou outro acidente na execução, é atingido bem jurídico diverso do visado pelo agente,** que **responderá por culpa**, se houver previsão legal.

A única hipótese juridicamente plausível é considerar **erro de coisa para pessoa**. Por exemplo, o sujeito arremessa uma pedra a fim de danificar uma vidraça do alojamento de praças, mas erra o alvo e acaba atingindo um militar que transitava pela alameda do quartel. Não responde pela tentativa de dano, mas pela lesão culposa.

Pensar o inverso significaria premiar o infrator, pois em vez de responder pela tentativa de crime contra a pessoa, seria punido pelo crime culposo contra a coisa. Para ilustrar o absurdo: com a intenção de matar um colega de farda, o sujeito dispara sua arma, mas erra o alvo, vindo a danificar um equipamento militar. Não obstante haver previsão de crime de dano culposo no Código castrense, inviável afastar-se a tentativa de homicídio para que o agente responda pelo crime contra o patrimônio a título de culpa.

Tanto no erro na execução quanto no erro quanto ao bem jurídico, **se houver duplicidade do resultado, aplica-se a regra do concurso formal próprio** (art. 79, CPM).

4. EXIGIBILIDADE DE CONDUTA DIVERSA

4.1. Conceito

A exigibilidade de conduta diversa é a **possibilidade** de alguém **comportar-se** de **acordo com o Direito**, considerando a sua particular condição de pessoa humana frente às circunstâncias do caso concreto. Em outras palavras, é a possibilidade, determinada pelo ordenamento jurídico, de atuar de uma forma distinta e melhor do que aquela a que o sujeito se decidiu.

Trata-se de conceito amplo, que engloba a imputabilidade e a potencial consciência da ilicitude. Todas as causas de exclusão da culpabilidade, em última análise, configuram hipóteses em que não se pode exigir do autor uma conduta conforme o direito. Na **inexigibilidade** de conduta diversa, há uma **impossibilidade** de **determinar-se** conforme o Direito, em que pese estar presente a **consciência da ilicitude**.

4.2. Causas legais de inexigibilidade de conduta diversa

O Código Penal Militar elenca **quatro causas legais de exclusão da culpabilidade por inexigibilidade de conduta diversa:**

- **Coação Irresistível (art. 38)**
- **Obediência Hierárquica (art. 38)**
- **Estado de Necessidade Exculpante (art. 39)**
- **Excesso Escusável (art. 45)**

4.2.1. Coação Irresistível

Nos termos do artigo 38, CPM, **não é culpado** quem comete o crime sob **coação irresistível** ou que **lhe suprima a faculdade de agir segundo a própria vontade**.

Apesar de o texto do Código Castrense adotar o teoria psicológico-normativa, levando a análise de todas as modalidades de coação para o âmbito da culpabilidade, seguindo-se a construção Finalista, devem-se distinguir duas situações: a **coação moral irresistível** (vis compulsiva), que exclui a culpabilidade e **a coação física irresistível** (vis absoluta), que afasta a própria tipicidade, uma vez que não há conduta, por ausência de voluntariedade.

Na coação moral irresistível, o comportamento é voluntário, mas a vontade é viciada, já que o agente não pode determinar-se livremente. A irresistibilidade da coação é aferida pela gravidade do mal prenunciado, conforme o poder do coator em cumpri-lo.

A ameaça de mal pode ser dirigida ao próprio coagido ou a alguém a ele relacionado. Por exemplo, um soldado é obrigado a subtrair munição do quartel, caso contrário, seu filho que está em poder de traficantes, será morto.

Não se exige que o coagido se oponha para atuar conforme o Direito. Só é punível o autor da coação. O coagido é mero instrumento nas mãos do coator e pratica um fato típico e antijurídico, embora não seja culpável. Não há que se falar em concurso de pessoas, pois se trata de autoria mediata.

Nos crimes em que há **violação do dever militar** (**artigos 187 a 204, do CPM**), o agente **não pode invocar coação moral irresistível**. O motivo da vedação diz respeito à própria natureza da atividade castrense, que exige que os militares suportem as mais diversas pressões para assegurar o cumprimento do dever militar. Por exemplo, não se pode alegar coação moral irresistível para afastar a culpabilidade em crime de abandono de posto, previsto no artigo 195 do Código Penal Militar. Segundo o STM:

No mérito, as razões de cunho pessoal não excluem a culpabilidade no abandono de posto, diante disso, havendo violação do dever militar, mesmo que a coação moral irresistível estivesse comprovada, não poderia ser invocada, senão quando física ou material, mantendo-se, na íntegra, a Sentença condenatória recorrida. (APELAÇÃO nº 0000139-57.2010.7.05.0005/PR. Decisão: 03/10/2011)

▸ Como esse assunto foi cobrado em concurso?

Foi considerada errada a seguinte assertiva "Admite-se a coação moral irresistível como causa de exclusão da culpabilidade no crime de deserção". **(Defensor Público Federal/DPU/2004/CESPE).**

De outro lado, se a coação é **física ou material irresistível, não há conduta, por ausência de vontade. Assim, mesmo em crimes contra o dever militar, o sujeito não pode ser responsabilizado, daí a ressalva da parte final do artigo 40, CPM.**

Por fim, **se era possível resistir** à coação, o juiz, tendo em vista as **condições pessoais** do réu, **pode atenuar a pena.**

4.2.2. Obediência Hierárquica

De acordo com o Código Penal Militar **não é culpado** quem comete o crime em estrita obediência a ordem direta de superior hierárquico, em matéria de serviços (art. 38, b,). Na hipótese, há autoria mediata, respondendo pelo crime somente o autor da ordem (superior). Quanto ao tema, não há discrepância em relação ao Código Penal comum, que lhe dá o mesmo tratamento.

O dever de obediência do subordinado nasce de um mandato vinculante. Do subordinado que executa um mandato vinculante não é exigível conduta diversa, ainda que o conteúdo da ordem (não manifestamente ilegal) viole o ordenamento jurídico, visto que ele está obrigado a obedecer. Nessa linha, só é responsabilizado o autor da ordem (superior hierárquico). Para que seja inculpável, é necessário que o executor seja **subordinado hierarquicamente** àquele que deu **diretamente** a ordem. Além disso, deve tratar-se de ordem vinculada à **matéria de serviços e não manifestamente criminosa**. Se a ordem do superior tem por objeto a prática de ato manifestamente criminoso, é punível também o inferior.

Se a ordem não for evidentemente ilegal, o subalterno deve obedecer ao superior hierárquico, não lhe cabendo questionar, pois se presume legal. A ordem legal deve ser cumprida, pois corresponde ao Direito e o militar que se recusa a cumprir ordens superiores responde por insubordinação (art. 163, CPM).

Quanto ao tema, merece registro voto do rel. min. Gilmar Mendes no julgamento do HC 101.564:

> (...) reputo não haver que se falar em manifesta ilegalidade em ato emanado de superior hierárquico consistente em determinar a subordinado que se dirija à cadeia pública, a fim de reforçar a guarda do local. Por outro lado, tenho para mim que **a obediência reflete um dos grandes deveres do militar, não cabendo ao subalterno recusar a obediência devida ao superior, sobretudo levando-se em conta os primados da hierarquia e da disciplina**. Ademais, **inviável delimitar, de forma peremptória, o que seria, dentro da organização militar, ordem legal, ilegal ou manifestamente ilegal**, uma vez que não há rol taxativo a determinar as diversas atividades inerentes à função policial militar. Observo ainda que, levando-se em conta a quadra atual a envolver os presídios brasileiros, com a problemática da superpopulação carcerária em contraste com a escassez de mão de obra, entendo razoável a participação da Polícia Militar em serviços de custódia e guarda de presos, sobretudo a fim de manter a ordem nos estabelecimentos prisionais. Por fim, emerge dos documentos acostados aos autos que a ordem foi dada no sentido de reforçar a guarda, temporariamente, em serviços inerentes à carceragem, e não para substituir agentes penitenciários como afirma a defesa. (HC 101.564, Segunda Turma, *DJE* de 15-12-2010.)

O subordinado só será responsabilizado se tem condições de perceber que a ordem constitui um ato ilícito, diante das circunstâncias por ele conhecidas. Quando o subordinado não se dá conta da ilegalidade da ordem, mas está em condições de fazê-lo, não será abarcado por essa causa de inculpabilidade, desde que presentes indícios suficientes que lhe permitiriam suspeitar da ilicitude do mandato. Todavia, havendo fundada dúvida quanto à legalidade da ordem (não era manifestamente ilegal, mas era possível ao subalterno perceber algo de errado no comando recebido), o juiz, tendo em vista as **condições pessoais** do réu, **pode atenuar a pena** (art. 41, 1ª parte, CPM).

Por fim, o executor da ordem deve ater-se estritamente aos limites dessa. Se o agente extrapola esses limites, não pode ser beneficiado com a causa de exclusão da culpabilidade, respondendo pelo **excesso tanto nos atos quanto na forma da execução** (art. 38, § 2º, CPM).

4.2.3. *Estado de Necessidade Exculpante*

De acordo com o artigo 39, CPM, "**não é igualmente culpado** quem, para proteger direito próprio ou de pessoa a quem está ligado por estreitas relações de parentesco ou afeição, contra perigo certo e atual, que não provocou, nem podia de outro modo evitar, **sacrifica direito alheio, ainda quando superior ao direito protegido,** desde que **não lhe era razoavelmente exigível conduta diversa**".

O **Estado de Necessidade Exculpante** elimina a culpabilidade, quando o **bem protegido** é de **valor igual ou inferior** que o bem sacrificado. Trata-se de hipótese de **inexigibilidade de conduta diversa.**

> ▸ **Como esse assunto foi cobrado em concurso?**
>
> Foi considerada correta a seguinte afirmação "No sistema penal militar, o estado de necessidade segue a teoria diferenciadora do direito penal alemão, que faz o balanço dos bens e interesses em conflito. O estado de necessidade pode ser exculpante ou justificante. O primeiro é causa de exclusão da culpabilidade e o segundo, de exclusão de ilicitude" **(Promotor de Justiça Substituto/MPE/ES/2010/CESPE).**
>
> Também foi considerada certa a seguinte assertiva "No direito castrense, o estado de necessidade pode constituir causa de exclusão da culpabilidade do delito" **(Defensor Público Federal/DPU/2004/CESPE).**

4.2.4. *Excesso exculpante ou escusável*

Diante de determinadas situações de perigo ou agressão injusta, a **perturbação psíquica** experimentada pelo sujeito retira-lhe a capacidade de avaliar perfeitamente a **intensidade de sua reação**. Nesses casos, o Direito Penal Militar reconhece o excesso escusável como causa legal de exclusão da culpabilidade do agente por inexigibilidade de conduta diversa.

De acordo com o parágrafo único do artigo 45, CPM, o excesso não é punível quando resulta de **escusável surpresa ou perturbação de ânimo**, em face da situação. Não há que se falar em reação excessiva em razão de uma postura dolosa ou culposa, mas sim decorrente de perturbação emocional do agredido ou necessitado, daí não se poder exigir conduta diversa do agente.

Trata-se da ocorrência de um excesso, na reação defensiva, que não é, por suas peculiaridades, reprovável, ou melhor, merecedor de apenação. Não se cuida de excesso culposo porque, neste, o excesso deriva da falta do dever objetivo de cuidado enquanto que, naquele, há um excesso resultante de medo, surpresa ou de perturbação de ânimo.

Embora não se possa considerar o medo, por si só, como excludente de culpabilidade, não se nega que ele pode dar azo a reações inesperadas por aquele que o sente, devendo-se levar em conta esse estado de espírito na análise da legítima defesa e do estado de necessidade, especialmente quando se discute ter havido excesso.

Por exemplo, um soldado em serviço de garantia da lei e da ordem, ao se defender de um ataque inesperado e violento de traficantes numa comunidade, apavora-se e dispara seu fuzil mais vezes do que seria necessário para repelir o ataque, matando um dos agressores.

▸ Como esse assunto foi cobrado em concurso?

Foi considerada errada a seguinte afirmação "O excesso culposo, nas descriminantes legais, tem idêntico disciplinamento no direito penal militar e no direito penal comum, sendo o excesso intensivo, em qualquer caso, excludente de culpabilidade do agente" **(Promotor de Justiça Substituto/MPE/ES/2010/CESPE).**

CAPÍTULO VII

Concurso de pessoas

1. INTRODUÇÃO

Os crimes podem ser classificados em **unissubjetivos ou plurissubjetivos**.

Nos crimes **unissubjetivos**, basta um único sujeito ativo para a realização do tipo penal. Todavia, pode ocorrer que, para assegurar a realização do crime ou para garantir-lhe a impunidade, ou simplesmente porque interessa a mais de um sujeito o seu cometimento, reúnam-se duas ou mais pessoas para a prática da infração penal. Nesse caso, há o **concurso eventual** de pessoas.

Os **crimes plurissubjetivos** exigem a presença de duas ou mais pessoas para a configuração do tipo penal, ou seja, são crimes de **concurso necessário**. Nesse caso, não há que se falar em concurso eventual de pessoas, pois a conduta plural é tipicamente obrigatória. É imprescindível a concorrência de dois ou mais sujeitos para a realização do tipo penal. Qualquer auxílio ao fato converte o cúmplice em autor direto.

Por exemplo, os **crimes de motim e revolta**, previstos no **artigo 149, caput e parágrafo único, do CPM** exigem **pelo menos dois militares** para o seu cometimento.

2. TEORIAS ACERCA DO CONCURSO DE PESSOAS

2.1. Teoria Monística (ou monista ou unitária ou igualitária)

A **Teoria Monista Pura** é corolário da **Teoria da Equivalência dos antecedentes causais (*Conditio sine qua non*)** e dá tratamento igualitário para todos os concorrentes. A princípio, não há qualquer distinção entre eles.

> **Como esse assunto foi cobrado em concurso?**
>
> Foi considerada errada a seguinte afirmação "O Código Penal Militar (CPM), ao estabelecer a relação de causalidade no crime, adotou o princípio da equivalência dos antecedentes causais, ou da conditio sine qua non, o qual **se contrapõe à teoria monista** adotada pelo mesmo código quanto ao concurso de pessoas" **(Analista Judiciário/STM/2004/CESPE).**

Segundo a teoria unitária, o crime é uno e indivisível e mantém essa unidade em razão da convergência objetiva e subjetiva das ações dos diversos concorrentes. Portanto, há um crime único atribuído a todos os que contribuem para ele. A participação não é entendida como acessória: o partícipe é considerado coautor e responde inteiramente pelo evento.

O Código Penal Militar, ao dispor em seu artigo 53 que "quem, de qualquer modo, concorre para o crime incide nas penas a este cominadas", adotou a **Teoria Monista.** Mas o fez de forma **matizada ou temperada**, já que estabeleceu algumas exceções, como, por exemplo, a atenuante para a participação de menor importância. O Código Castrense consagrou o princípio constitucional da individualização da pena, ao estabelecer que a "punibilidade de qualquer dos concorrentes é independente da dos outros, determinando-se segundo a sua própria culpabilidade".

> **Como esse assunto foi cobrado em concurso?**
>
> Foi considerada correta a seguinte afirmação "O CPM, ao estabelecer que aquele que, de qualquer modo, concorrer para o crime incidirá nas penas a este cominadas, adotou, em matéria de concurso de agentes, a teoria monista." **(Analista Judiciário/STM/2004/CESPE).**

2.2. Teoria Dualista

A teoria dualista distingue o crime praticado pelo autor daquele praticado pelo partícipe. Não é a regra do sistema penal militar, mas pode ser identificada em algumas situações excepcionais em que o legislador optou por romper com a regra monista.

É o caso, por exemplo, do **crime de incitamento** em que a conduta típica é "incitar à desobediência, à indisciplina ou à prática de crime militar". Assim, quem incita o motim responde pelo crime do **art. 155, CPM** enquanto que o amotinado responde pelo artigo 149 do mesmo código.

2.3. Teoria Pluralista

De acordo com a Teoria Pluralista, haverá tantas infrações penais quantos forem os concorrentes. Separam-se as condutas, com a criação de tipos penais diversos, embora os agentes busquem o mesmo resultado. Os crimes de corrupção passiva e ativa, previstos respectivamente **nos artigos 308 e 309, CPM,** configuram exceção pluralista à regra monista do Código Castrense.

3. REQUISITOS DO CONCURSO DE PESSOAS DE ACORDO COM A TEORIA MONISTA

a) **Pluralidade de pessoas e de condutas**. Deve haver uma pluralidade de agentes praticando diversas condutas.

b) **Relevância causal de cada conduta**. Exige-se um nexo causal eficaz de cada conduta para a produção do resultado.

c) **Liame subjetivo ou psicológico entre as pessoas**. Deve haver um vínculo psicológico entre os concorrentes, que se traduz na comum resolução para o fato. A convergência subjetiva corresponde à consciência e à vontade que devem ser comuns, ou seja, na unidade de desígnios para todos os concorrentes a contribuir para uma obra coletiva. Não há necessidade de ajuste prévio entre os concorrentes.

d) **Identidade do ilícito penal**. O delito deve ser idêntico ou uma unidade jurídica para todos. Os agentes, unidos pelo liame subjetivo, concorrem para a realização da mesma infração penal.

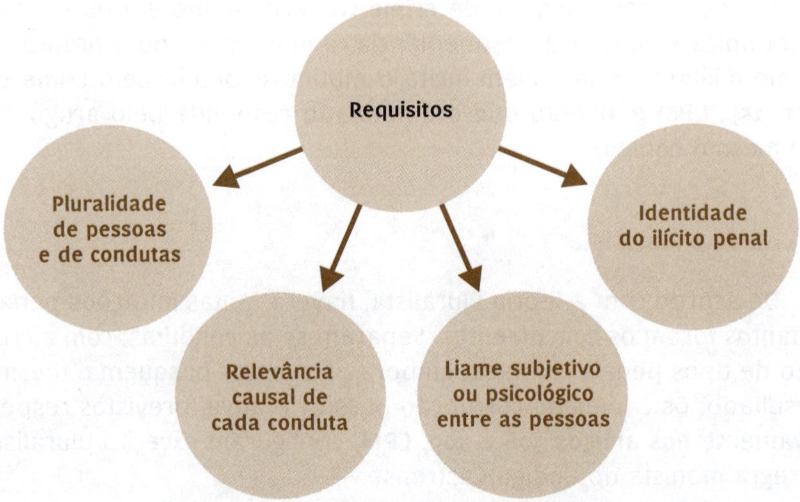

4. COMUNICABILIDADE E INCOMUNICABILIDADE DAS CONDIÇÕES PESSOAIS

De acordo com o art. 53, § 1º, CPM, "não se comunicam, outrossim, as condições ou circunstâncias de caráter pessoal, salvo quando elementares do crime".

4.1. Comunicabilidade das elementares de caráter pessoal

Elementares são dados essenciais à figura típica, sem os quais ocorre atipicidade absoluta (o fato torna-se um indiferente penal) ou relativa (desclassificação). Trata-se de elementos integrantes do tipo penal incriminador básico.

A regra é o **Princípio da Comunicabilidade**: as elementares de caráter pessoal, quando do conhecimento do concorrente, sempre se comunicam a este, conforme dispõe a parte final do art. 53, §1º CPM.

▸ **Como esse assunto foi cobrado em concurso?**

Foi considerada errada a seguinte afirmação "O CPM estabelece que não se comunicam as condições ou circunstâncias de caráter pessoal, exceto quando elementares do crime, o que significa dizer que **responde por crime comum a pessoa civil** que, **juntamente com um militar**, cometa, por exemplo, crime de **peculato tipificado no CPM.**" **(Analista Judiciário/ STM/2004/CESPE).**

Com base na regra da comunicabilidade, o **Superior Tribunal Militar** decidiu que, em caso de **ofensa aviltante a inferior (art. 176, do CPM)**, havendo concurso de agentes é **irrelevante que o concorrente seja estranho à Carreira Militar**. As **elementares** do crime consistentes na condição de **militar** e de **superior** se **comunicam ao civil**, por força do art. 53, § 1º, "in fine", do CPM. (RSE nº 2000.01.006744-8/RJ. Publicação: 11/10/2000).

Nesse mesmo sentido, o Supremo Tribunal Federal afirmou que "**embora não exista hierarquia entre um sargento e um funcionário civil da Marinha, a qualidade de superior hierárquico daquele em relação à vítima, um soldado, se estende ao civil porque, no caso, elementar do crime. Aplicação da teoria monista**" (HC 81438/RJ. Segunda Turma. Publicação 10-05-2002).

Em sede doutrinária, a orientação da doutrina **mais tradicional** é pela **impossibilidade de coautoria** entre militar e civil no crime **propriamente militar**, não havendo que cogitar-se em aplicação do artigo 53, §1º, *in fine*, CPM, uma vez que a norma constitucional (art. 5º, LXI, CR/88), que se refere aos crimes propriamente militares somente se aplica aos militares.

A questão requer análise caso a caso. Se o **crime propriamente militar é também de mão própria**, **não se comunica a condição pessoal**, já que somente o militar pode realizar direta e materialmente a conduta prevista no tipo. Nesse diapasão, o **Superior Tribunal Militar** afirmou que "**não há que se falar em co-autoria de civil para a prática do crime de abandono de posto, por ser esse propriamente militar**". (Apelação nº 2007.01.050543-1/MS. Publicação: 11/03/2008).

Há que se cogitar também os casos em que **o legislador previu outra figura para tipificar o comportamento do civil**, optando por estabelecer uma **exceção dualista à teoria monista.** Assim, deve o militar responder pelo crime propriamente militar e o civil pelo crime impropriamente militar ou comum.

É o que pode ocorrer no caso de militares que se reúnem para descumprir ordem recebida de superior, incitados por civis. Estes respondem por incitamento (art. 155, CPM) e os militares são enquadrados no crime de motim (art. 149, CPM). Em outro exemplo, em conluio, um militar e um civil desobedecem a uma ordem de uma autoridade militar em matéria de serviço. O primeiro responde por recusa de obediência (art. 163, CPM) e o segundo responde por desobediência (art. 301, CPM). Obviamente, essa construção somente faz sentido na esfera da Justiça Militar da União, uma vez que, à luz do artigo 125, §4º, da Constituição, a Justiça Militar estadual não julga civis. Neste caso, há separação obrigatória, devendo o civil responder na esfera comum, se houver previsão de figura típica correspondente na lei penal comum.

4.2. Incomunicabilidade das circunstâncias de caráter pessoal

Circunstâncias são **dados periféricos** que gravitam ao redor da figura típica básica, somente **interferindo na graduação da pena**. A existência da circunstância não altera a definição do tipo-base, mas apenas reflete no aumento ou diminuição da pena. Assim, as circunstâncias podem ser classificadas como qualificadoras, privilegiadoras, causas de aumento ou de redução de pena, agravantes ou atenuantes.

As **circunstâncias subjetivas** ou pessoais são aquelas atuantes na medida da **culpabilidade**. Trata-se de condições ou qualidades que se referem à pessoa do agente, nada tendo a ver com a materialidade do delito.

Alguns autores distinguem circunstância de condição pessoal: a primeira é a situação ou particularidade que envolve o agente, sem constituir elemento inerente à sua pessoa (ex.: confissão espontânea de um coautor). Já a condição pessoal é o modo de ser ou a qualidade inerente à pessoa humana (ex.: reincidência, menoridade).

Em que pese a distinção doutrinária, o efeito é mesmo: as **circunstâncias ou condições de caráter pessoal** seguem a **regra da incomunicabilidade** (art. 53, §1º, CPM).

4.3. Circunstâncias Objetivas

As circunstâncias **objetivas** (materiais ou reais) relacionam-se com o **fato** delituoso em sua materialidade e atuam sobre a **magnitude do injusto**, como por exemplo, os meios e modos de execução, o uso de determinados instrumentos, espécie, lugar, tempo, ocasião, qualidade da vítima.

Por serem objetivas, tais circunstâncias **comunicam-se a todos** que concorrem para o crime, se ingressarem na sua **esfera de conhecimento.** É necessário verificar se a circunstância pode ser havida como materialmente causada pelo concorrente e se é abrangida por seu dolo (direto ou eventual). Deve haver, **ao menos, a previsibilidade** da circunstância material que não causou diretamente, sob pena de imposição de responsabilidade penal objetiva, com nítida violação ao princípio da culpabilidade.

5. AUTORIA

5.1. Conceito de autor

De acordo com a **Teoria Objetivo-Formal**, adotada pelo Código Penal Militar, **autor** é **quem realiza a figura típica (conceito restritivo de autor).** Já o partícipe é aquele que comete ações fora do tipo, limitando-se a instigar, induzir ou auxiliar e vinculando-se ao fato por meio da norma de extensão do concurso eventual de pessoas - art. 53, CPM.

Para a **Teoria Subjetiva, autor é quem atua com vontade de autor** (*animus auctoris*) c **deseja a ação como própria.** O partícipe, por sua vez, atua com vontade de partícipe (*animus socci*) e aderindo à ação criminosa de outrem.

A **Teoria Normativa (Finalista)** afirma que **autor é quem possui o domínio final do fato.** O autor é aquele que **"toma nas mãos o decorrer do acontecimento típico compreendido pelo dolo"**, ou seja, tem em suas mãos as **rédeas da situação.** Ele determina o **"se"** e o **"como"** da prática do crime, pois tem a **disponibilidade da decisão** sobre a **consumação** ou a **desistência do delito.**

Partindo de um conceito restritivo de autor, a teoria do domínio do fato busca sintetizar os aspectos objetivos e subjetivos. Apesar pressupor um controle final (subjetivo), não exige apenas a finalidade, mas também um protagonismo (aspecto objetivo) que determine o efetivo domínio do fato.

À luz da teoria finalista, o partícipe não possui domínio do fato característico do autor, restringindo-se a colaborar com atividades secundárias e complementares, na ação delitiva daquele.

Convém salientar que o **domínio do fato** é **apenas** o **elemento geral do autor** aplicando-se como **regra** ao **delito comissivo doloso**. Alguns tipos penais exigem que sejam agregados ao domínio do fato **elementos especiais da autoria**, que se relacionam com **elementos especiais do tipo subjetivo** (intenções, tendências, motivações, como por exemplo no delito de Prevaricação - art. 319, CPM) ou **requisitos objetivo-pessoais** do autor ligados a especiais posições de dever, como nos delitos propriamente militares (ex.: motim - art. 149, CPM; deserção - art. 187, CPM).

Claus Roxin acrescenta que autor é aquele que detém o **domínio funcional do fato**. Portanto, haverá coautoria quando houver a reunião de vários autores, cada qual com o domínio das funções que lhe foram atribuídas essenciais para a consecução final do fato, de acordo com o critério da divisão de tarefas.

Nos delitos **omissivos** próprios e impróprios, culposos e funcionais, autor é **aquele a quem se endereça o respectivo dever**. Nos delitos de mão própria, autor é aquele que realiza pessoal e materialmente a ação típica.

5.2. Distinção entre autoria mediata e imediata.

Autor direto (imediato) é aquele que tem o domínio do fato, na forma do domínio da ação, pela pessoal (de mão própria) e dolosa (consciência e vontade) realização da conduta típica. É quem pratica o fato típico pessoalmente/diretamente.

O **autor direto** pode ser o **executor**, se realiza pessoalmente (direta/materialmente) a ação típica, ou o **autor intelectual**, se a domina dolosamente por completo, **delegando** ao coautor a sua realização material.

Autor indireto (mediato) é aquele que, possuindo o domínio do fato, pelo **domínio da vontade**, para a realização material do delito, **serve-se de terceiro, geralmente inculpável**, que atua como **mero instrumento**.

Se na instigação ocorre a corrupção do homem livre e, portanto, há concurso de pessoas, na autoria mediata, há o abuso do homem não-livre e, através deste abuso, o autor mediato controla o fato. Por consequência, **não há concurso de pessoas**. O autor mediato sofre a incidência da agravante prevista no artigo 53, §2º, CPM.

A primeira situação de autoria mediata é a **utilização de inimputável**, em que o instrumento é **doente ou retardado mental, menor de dezoito anos ou está sob efeito de embriaguez involuntária completa**. É necessário que o instrumento não tenha qualquer capacidade de entendimento ou determinação.

Também há autoria mediata nos casos de **coação moral irresistível e estrita obediência hierárquica** (art. 38, CPM). Quem responde pelo delito é o autor mediato – coator ou o autor da ordem. O coacto e o inferior hierárquico, meros instrumentos, são inculpáveis pela **inexigibilidade de conduta diversa**.

Por fim, há autoria mediata nos casos de **indução a erro de fato** (art. 36, §2º, CPM) ou quando o autor mediato se **aproveita de situação de erro invencível** do sujeito que lhe serve de instrumento. Por exemplo, um médico orienta a enfermeira a aplicar uma injeção no paciente, afirmando-lhe ser um remédio. A enfermeira, sem saber, injeta a substância letal e provoca a morte do paciente.

Há algumas **situações que não admitem** autoria mediata. Nos **crimes de mão própria** o conteúdo do injusto reside na pessoal e indeclinável realização da atividade proibida. Assim, somente a pessoa indicada no tipo penal pode praticá-lo direta e pessoalmente. É o que ocorre, por exemplo, na deserção (art. 187, CPM) e no falso testemunho (art. 346, CPM).

Nos **crimes culposos** também não se admite autoria mediata. Se alguém dolosamente induzir ou aproveitar-se da situação de **erro culposo** de outrem configura-se uma **forma heteróloga de autoria colateral**: um "instrumento" culposo, laborando em erro vencível e um autor direto agindo com dolo.

Por exemplo, um soldado desafia um colega, míope e irrefletido, a demonstrar sua pontaria, disparando contra um suposto tronco, que é, na verdade, um outro soldado parado à distância. O imprudente atirador acaba matando o colega em razão da falsa representação da realidade e responde por homicídio culposo (erro de fato culposo – art. 36, §1º, CPM), enquanto que o primeiro responde por homicídio doloso, por ter induzido o colega a erro (art. 36, §2º, CPM).

Tampouco se admite autoria mediata nos **crimes omissivos.** Por exemplo, alguém induz outrem a erro ou, mediante violência ou grave ameaça, impede-o de agir. Há autoria direta por ação, uma vez que possui o domínio do fato. De outro lado, se o garantidor permite que um inculpável lesione o bem jurídico cuja proteção lhe estava cometida, haverá autoria direta por omissão.

5.3. Autoria Colateral ou Acessória

A autoria colateral não integra o concurso de pessoas, em face da ausência de vínculo subjetivo (liame psicológico) entre os concorrentes. Tal situação se dá quando duas ou mais pessoas, simultaneamente, contribuem para a produção de um evento típico de modo independente, sem atuarem conjunta e conscientemente.

Diz-se que a **autoria colateral é incerta** quando não é possível identificar quem foi o produtor do resultado. Assim, ambos os agentes respondem pela tentativa. Quando sequer se sabe quem são autores, diz-se que há **autoria desconhecida.**

6. PARTICIPAÇÃO

6.1. Conceito de participação

É a **contribuição dolosa** (livre e consciente), **sem o domínio do fato**, em **fato punível doloso alheio**.

Na participação deve haver **homogeneidade** dos **elementos subjetivos** (dolo do autor e dolo do partícipe). **Não se admite participação culposa em crime doloso alheio** (é a hipótese de autoria colateral acima abordada), **nem participação dolosa em crime culposo** (há autoria mediata, se houver erro invencível ou uma forma heteróloga de autoria colateral, se houver erro vencível).

Conforme já registrado, para a **Teoria Objetivo-Formal**, partícipe é aquele que **comete ações fora do tipo,** limitando-se a instigar, induzir ou auxiliar o autor. Sua inclusão no concurso se dá por força da norma de extensão do artigo 53, CPM.

A Participação requer um **elemento objetivo**, que é o comportamento no sentido de auxiliar, contribuir com o crime alheio, bem como o **elemento subjetivo**, evidenciado na vontade livre e consciente de concorrer com a própria conduta, na ação delitiva de outrem.

6.2. Punibilidade da Participação

De acordo com a **Teoria da Promoção**, o fundamento da punibilidade da participação está simplesmente no desvalor intrínseco da **colaboração prestada** a um fato socialmente intolerável. Mesmo não realizando o comportamento descrito no tipo penal, o partícipe promove o delito, induzindo, instigando ou auxiliando o autor.

A participação é sempre **acessória**, dependendo de um fato principal. Quanto à acessoriedade da participação, algumas teorias disputam a delimitação da punibilidade do partícipe, de acordo com a situação do autor.

Para a **Teoria da acessoriedade mínima**, basta que o autor pratique um fato típico para que o partícipe seja punido. A **Teoria da acessoriedade limitada**, adotada pelo **Código Penal Militar** segundo a orientação dominante da doutrina, entende que é suficiente que a conduta do autor seja típica e ilícita para que o partícipe seja responsabilizado. Já a **Teoria da acessoriedade máxima ou extrema** exige que o autor pratique fato típico, antijurídico e culpável. E, por fim, a **Teoria da hiperacessoriedade** requer que o autor pratique fato típico, antijurídico, culpável e punível.

ACESSORIEDADE	FATO TÍPICO	ILÍCITO	CULPÁVEL	PUNÍVEL
MÍNIMA				
LIMITADA (CPM)				
MÁXIMA				
HIPERACESSORIEDADE				

6.3. Impunibilidade na Participação

Nos termos do art. 54, CPM, o "ajuste, a determinação ou instigação e o auxílio, salvo disposição em contrário, **não são puníveis** se o crime **não chega, pelo menos, a ser tentado"**.

Ajuste é o acordo ou pacto celebrado entre pessoas, enquanto que a determinação é a decisão tomada para alguma finalidade.

Instigação é a sugestão ou estímulo à realização de algo e o auxílio é a ajuda ou a assistência material ou intelectual dada a alguém.

A **impunibilidade** da participação **diz respeito ao fato e não ao agente.** Trata-se de **causa de atipicidade**, que afasta incidência da norma de extensão do art. 53, CPM.

Como a participação tem caráter meramente acessório (auxílio, instigação, ajuste ou determinação), sua punição sempre dependerá da conduta do autor. De acordo com o **Princípio da Executividade**, é **necessário** que, pelo menos, o **autor inicie os atos executórios,** não havendo punição do partícipe, se aquele apenas ficou na cogitação ou nos atos preparatórios.

O artigo 54, CPM faz a ressalva em relação aos **delitos de fusão**, quando há previsão de crime autônomo nucleado em condutas que ordinariamente seriam de participação. São as hipóteses, por exemplo, de Favorecimento Pessoal (art. 350, CPM) e de Favorecimento Real (art. 351, CPM).

6.4. Espécies de Participação

A doutrina classifica as modalidades de participação em **instigação e cumplicidade**.

Instigação é a indução intencional de outrem ao cometimento do delito e implica sujeito certo como destinatário e fato determinado. Não é possível persuasão por omissão, pois deve haver relevância causal na conduta do instigador.

A instigação se desdobra em duas subespécies:

- **A persuasão ou instigação por determinação** significa fazer nascer no autor, através de influência moral ou por outro meio, a decisão que o conduz à execução do crime.
- **A incitação ou instigação propriamente dita** corresponde a reforçar e alimentar no autor uma resolução ainda não concretizada, mas preexistente. O partícipe instigador estimula alguém a levar a diante a sua decisão anterior de praticar o delito.

A cumplicidade também se desdobra em duas figuras:

- **Cumplicidade Física, Material ou Real** corresponde à promoção, colaboração, cooperação ou auxílio material relevante ao autor direto, como por exemplo no fornecimento da arma.
- **Cumplicidade moral** corresponde à colaboração intelectual, psíquica ou psicológica, como por exemplo, em fornecer o segredo do cofre ou ensinar determinada técnica.

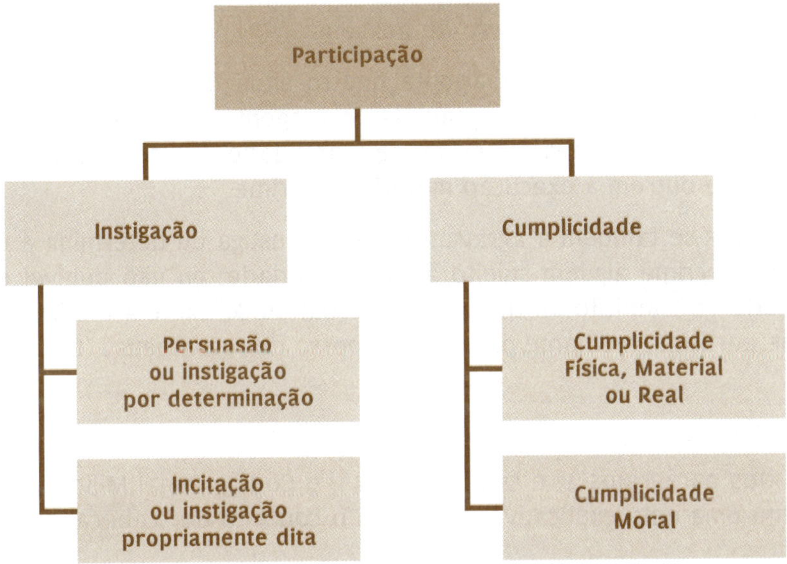

7. PUNIBILIDADE NO CONCURSO DE PESSOAS (SENTIDO AMPLO)

7.1. Atenuante da participação de somenos importância (Participação de Menor Importância ou cumplicidade desnecessária ou auxílio secundário) – art. 53, § 3º, CPM

A pena é atenuada com relação ao agente, cuja participação no crime é de somenos importância. Trata-se de **atenuante obrigatória** de pena somente aplicável na **participação em sentido estrito**, não alcançando a coautoria, já que é inadmissível que o comportamento do sujeito que realizou a conduta típica e tinha o domínio final do fato seja considerado de menor importância.

Assim, o partícipe que pouco tomou parte na empreitada criminosa, colaborando minimamente, deve receber a pena atenuada obedecendo-se aos parâmetros do artigo 73, CPM (1/5 a 1/3).

▸ **Como esse assunto foi cobrado em concurso?**

Foi considerada correta a seguinte afirmação "O CPM, ao adotar o princípio da participação de menor importância, estabeleceu uma exceção à teoria monista do concurso de agentes." **(Analista Judiciário/STM/2004/CESPE).**

7.2. Agravantes do concurso de pessoas

O artigo 53, § 2º, CPM aponta quatro situações no concurso de pessoas em que a pena é agravada. Se o agente promove ou organiza a cooperação no crime ou dirige a atividade dos demais agentes ou coage outrem à execução material do crime.

Aplica-se também a agravante a quem instiga ou determina a cometer o crime alguém sujeito à sua autoridade, ou não punível em virtude de condição ou qualidade pessoal ou se executa o crime, ou nele participa, mediante paga ou promessa de recompensa (torpeza).

7.3. Cabeças

Nos parágrafos 4º e 5º do artigo 53, o Código Penal Militar apresenta uma nota explicativa, definindo o conceito de "cabeça".

- **Crimes de concurso necessário (plurissubjetivos)** – Nos crimes de autoria coletiva necessária, cabeça é aquele que **dirige, provoca, instiga ou excita a ação, seja ele oficial ou praça.** (ex. motim e revolta – art. 149 a 152, CPM).
- **Em qualquer hipótese (crimes de concurso necessário ou eventual)**, cabeça é o **oficial**, **quando delinquir juntamente com inferiores**. Estes últimos também são considerados cabeças, se exercerem função de oficial (ex.: sargento comandando pelotão).

Assim, o Código adota o conceito militar de cabeçus, não só para os líderes (que dirigem a ação) nos crimes de autoria coletiva necessária, como também para os **oficiais**, numa fictio iuris baseada no **princípio de hierarquia**, quando estes figuram em concurso com praças na autoria de um crime.

O enquadramento do sujeito como cabeça tem efeitos práticos na punibilidade, previstos em outros dispositivos penais, como por exemplo, no crime de amotinamento do artigo 182, do CPM, que lhe comina uma pena mais grave. Não havendo nenhuma norma específica, aplica-se a agravante genérica do artigo 53, §2º, CPM.

Nesse sentido, decidiu o STM que, quando a responsabilidade de cada coparticipante do delito for diversa, merece a conduta do cabeça da ação criminosa maior reprovabilidade do que a dos demais agentes, nos termos do art. 53, § 2º, inciso I, do CPM, uma vez que não pode o militar hierarquicamente superior, a quem coube maior destinação do objeto desviado, em concurso com inferior, na autoria do delito, receber a mesma pena. (Superior Tribunal Militar. Apelação nº 7000518-48.2018.7.00.0000. Relator(a): Ministro(a) Odilson Sampaio Benzi. Data de Julgamento: 28/02/2019, Data de Publicação: 11/03/2019)

▸ **Como esse assunto foi cobrado em concurso?**

Foi considerado correto o seguinte enunciado "Embora o CPM tenha se filiado à teoria da equivalência dos antecedentes causais (conditio sine qua non), consideram-se cabeça, nos crimes de autoria coletiva necessária, os oficiais ou inferiores que exercem função de oficial." **(Defensor Público Federal/DPU/2007/CESPE).**

Considerou-se errada a seguinte afirmação "O oficial militar que, em concurso com praças, vier a praticar um crime de autoria coletiva necessária não será considerado *cabeça* somente em decorrência do princípio da hierarquia com os inferiores". **(Defensor Público Federal/DPU/2001/CESPE).**

7.4. Cooperação dolosamente distinta (Participação em crime menos grave ou desvio subjetivo de conduta)

Embora o **Código Penal Militar não tenha feito menção expressa à cooperação dolosamente distinta**, prevista no artigo 29, §2º, do Código Penal comum, boa parte da **doutrina entende que seria cabível a aplicação subsidiária** dessa disposição comum na esfera militar, sob pena de operar-se odiosa responsabilidade penal objetiva.

A expressão "concorrente" tem sentido amplo, aplicando-se à coautoria e à participação.

Na hipótese, há divergência entre o elemento subjetivo de um dos concorrentes e a conduta realizada pelo outro. Se um dos intervenientes queria participar de delito menos grave, sua culpabilidade deverá ser mensurada individualmente, com aplicação proporcional da pena daquele delito.

À luz do artigo 29, §2º, CP, há uma mitigação da teoria monista em que o coautor/partícipe responderá pelo crime menos grave e não pela concretização do crime mais grave pelo comparsa. Se previsível objetivamente o resultado mais grave, mesmo assim responderá com a pena do crime menos grave, que será aumentada até a metade.

Capítulo **VIII**

Penas e Medidas de Segurança

1. INTRODUÇÃO

O Direito Penal Militar possui um sistema sancionatório próprio. Há previsão de penas e medidas de segurança. As **penas** são classificadas em **principais e acessórias**.

As penas acessórias dependem da imposição de uma pena principal, sendo aplicadas cumulativamente. O Código Castrense **não prevê substituição das penas privativas de liberdade por penas restritivas de direitos**.

De acordo com a orientação do **Supremo Tribunal Federal**, a substituição da pena privativa de liberdade prevista no art. 44 do Código Penal não é aplicável aos crimes militares. (HC 136718 AgR, Relator(a): Min. ROBERTO BARROSO, Primeira Turma, PUBLIC 17-02-2017).

Não se aplica aos crimes militares a substituição da pena privativa de liberdade por restritiva de direitos, prevista no art. 44 do Código Penal, pois o art. 59 do Código Penal Militar disciplinou de modo diverso as hipóteses de substituição cabíveis sob sua égide. (HC 94083, Relator Min. JOAQUIM BARBOSA, Segunda Turma, DJe 12-03-2010). **A substituição da pena privativa de liberdade prevista no artigo 44 do Código Penal não é aplicável aos crimes militares.** (ARE

779938 AgR, Relator(a): Min. LUIZ FUX, Primeira Turma, PUBLIC 22-08-2014).

A referência ao **artigo 59 do Código Penal Militar** diz respeito à **"substituição" ou conversão** da pena de **reclusão ou de detenção até dois anos aplicada a militar** em **pena de prisão**, a ser cumprida em estabelecimento penal militar, quando não cabível a suspensão condicional (*sursis*). **Portanto, não cabe substituição de pena privativa de liberdade por restritiva de direitos em delitos militares, sendo inaplicável a analogia na espécie.** (HC 91.155, rel. min. Ricardo Lewandowski, julgamento em 21-6-2007, Primeira Turma, *DJE* de 10-8-2007.) No mesmo sentido: HC 94.083, rel. min. Joaquim Barbosa, julgamento em 9-2-2010, Segunda Turma, *DJE* de 12-3-2010; RE 273.900, rel. min. Sepúlveda Pertence, julgamento em 8-8-2000, Primeira Turma, *DJ* de 8-9-2000.

É firme a jurisprudência do **Supremo Tribunal Federal** no sentido de não se admitir a aplicação da Lei n. 9.714/98 para as condenações por crimes militares, sendo esta de aplicação exclusiva ao Direito Penal Comum. A conversão da pena privativa de liberdade aplicada pela Justiça Militar por duas restritivas de direito poderá ocorrer, pelo menos em tese, desde que o Paciente tenha de cumprir pena em estabelecimento prisional comum e a pena imposta não seja superior a dois anos, nos termos previstos no art. 180 da Lei de Execução Penal, por força do que dispõe o art. 2º, parágrafo único, daquele mesmo diploma legal." (HC 91709, Relatora: Min. CÁRMEN LÚCIA, Primeira Turma, DJe 13-03-2009).

Na mesma linha é o entendimento pacífico do **Superior Tribunal Militar** de que a conversão da pena privativa de liberdade em restritiva de direitos, nos termos do art. 44 do Código Penal comum, não se aplica à Justiça Militar em respeito ao Princípio da Especialidade, uma vez que o art. 59 do CPM disciplina de modo diverso as hipóteses de substituição de pena cabíveis no âmbito desta Justiça Especializada. (APELAÇÃO nº 0000013-02.2002.7.11.0011/DF. Data da Publicação: 07/03/2017)

Em concordância, o Superior Tribunal de Justiça afirma que não cabe substituir por pena restritiva de direitos, com fundamento no art. 44 do CP, a pena privativa de liberdade aplicada aos crimes militares. Isso porque o art. 59 do CPM disciplinou de modo diverso as hipóteses de substituição cabíveis sob sua égide. Precedente citado do STJ: AgRg no Ag 1.324.415-BA, Sexta Turma, DJe de 17/10/2012. Precedentes citados do STF: HC 94.083-DF, Segunda Turma, DJe de 12/3/2010; e HC 80.952-PR, Primeira Turma, DJ de 5/10/2001. H C 286.802-RJ, Rel. Min. Felix Fischer, julgado em 23/10/2014 (Informativo nº 0551).

Segundo parte da **doutrina**, em relação aos **civis condenados pela Justiça Militar da União, nada impediria a substituição** da pena privativa de liberdade em pena restritiva de direitos, já que aqueles cumprem pena em estabelecimento comum e que não há qualquer afronta direta à hierarquia e à disciplina militares. Todavia, o Superior Tribunal Militar não acolhe essa tese, mantendo a vedação de substituição, independentemente de ser o autor do crime militar ou civil:

> **Consoante o artigo 124 da Constituição Federal, compete à Justiça Militar da União o processamento e julgamento dos crimes militares definidos no Código Penal Militar. A conduta de um civil usar uniforme restrito aos integrantes das FFAA, sem que tenha direito, vai de encontro à regra do artigo 172 do CPM, o que o submete, como decorre da lei, à competência desta Justiça Especializada, nos termos do artigo 9º, incisos I e III, alínea "a", do mesmo Códex. (...) Não há previsão legal para substituição da pena privativa de liberdade pela restritiva de direito. (Apelação nº 0000182-48.2014.7.11.0211/DF Decisão: 19/04/2016).**

Importante também registrar que, pela letra do Código Penal Militar, **as penas privativas de liberdade** aplicadas e **executadas** na esfera da **Justiça Militar** devem ser cumpridas em **regime fechado, não** havendo previsão de **progressão de regime.**

Todavia, **o Supremo Tribunal Federal** tem mitigado o rigor da legislação militar. A Primeira Turma, nos autos do **RHC 92746 (DJe 09-05-2008)**, **concedeu a ordem para que um oficial cumprisse pena privativa de liberdade superior a dois anos em regime aberto, no estabelecimento militar**, sem que houvesse a decretação da perda do estado de militar. A condenação na primeira instância fixava o regime inicial aberto caso o condenado viesse a adquirir a condição de civil.

Em outra decisão, a Segunda Turma do STF concedeu parcialmente a ordem de habeas corpus para determinar ao Juízo da execução penal que promova a avaliação das condições objetivas e subjetivas para progressão de regime prisional, na concreta situação do paciente, e que **aplique, para tanto, o Código Penal e a Lei 7.210/1984 (LEP) naquilo que for omissa a Lei castrense.**

A Turma entendeu que "**os militares**, indivíduos que são, não foram excluídos da garantia constitucional da individualização da pena" sendo "**contrária ao texto constitucional a exigência do cumprimento de pena privativa de liberdade sob regime integralmente fechado em estabelecimento militar**, seja pelo invocado **fundamento da falta de previsão legal** na lei especial, seja pela **necessidade do resguardo da segurança ou do respeito à hierarquia e à disciplina no âmbito castrense**" (HC 104174, Rel. Min. AYRES BRITTO, Segunda Turma, PUBLIC 18-05-2011).

Por sua vez, o **Superior Tribunal Militar tem mantido entendimento mais rígido, somente permitindo progressão de regime quando o militar cumpre pena superior a dois anos, ainda que esteja sendo executado em estabelecimento militar. Em caso de pena até dois anos, haverá substituição da reclusão ou detenção por prisão, caso não admitido o "sursis".**

Apesar de haver julgado do Supremo Tribunal Federal que admite a aplicação da Lei nº 7.210, de 11 de julho de 1984, para fins de progressão de regime prisional, no âmbito da Justiça Militar, tal entendimento não se aplica à situação constante dos autos, os quais revelam que o recorrente foi condenado à pena de 1 ano de detenção pela prática do crime capitulado no art. 163 do CPM. Por isso, não podem prosperar os argumentos do recorrente, uma vez que, à luz do que dispõe o art. 61 do CPM, a progressão de regime prisional só seria possível naqueles casos em que o sentenciado tivesse sido condenado à pena superior a 2 anos de reclusão. (RECURSO EM SENTIDO ESTRITO 0000046-39.2014.7.12.0012/AM Decisão: 03/06/2014).

A Lei Penal Castrense veda a concessão da suspensão condicional da pena ao desertor (art. 88, inciso II, alínea "a", do CPM), bem como a progressão de regime aos militares que forem condenados à pena de reclusão ou detenção de até 2 (dois) anos, quando não cabível, neste último caso, o sursis (art. 59 do CPM). É firme a jurisprudência desta Corte quanto à recepção constitucional desses artigos. (APELAÇÃO nº 0000009-08.2008.7.06.0006 (2)/BA Decisão: 31/03/2015).

Ao militar da Ativa, cumprindo pena em estabelecimento penal militar, não se aplica a progressão de regime prevista no art. 33 do Código Penal brasileiro. (HABEAS CORPUS nº 0000084-23.2014.7.00.0000/RN Decisão: 01/08/2014).

O artigo 59, inciso II, do CPM, estabelece que a pena de reclusão ou detenção até dois anos aplicada à praça será convertida em prisão e cumprida, quando não cabível a suspensão, em estabelecimento militar, onde ficará separada dos outros presos com pena superior a dois anos e dos que estejam cumprindo penas disciplinares. Somente no caso de condenação à pena superior a dois anos ficará o militar sujeito às regras previstas na Lei de Execuções Penais, mesmo que seu cumprimento se dê em estabelecimento militar, conforme se extrai da literalidade do artigo 61 do CPM, o qual se encontra em harmonia com o disposto constante no parágrafo único do artigo 2º da LEP. Não se vislumbra nenhuma violação aos preceitos constitucionais da dignidade da pessoa humana e da individualização da pena na execução da Sentença, em virtude do tratamento diferenciado intencionalmente dispensado pelo legislador pátrio ao militar que cumpre pena em estabelecimento prisional castrense. (HABEAS CORPUS nº 0000198-93.2013.7.00.0000/BA Decisão: 19/11/2013).:

De outro lado, se o condenado pela Justiça Militar da União é civil, qualquer que seja a pena, submete-se à Lei de execução Penal:

> A civil processada e condenada no âmbito da **Justiça Militar da União cumpre a pena em estabelecimento prisional comum**, ficando sujeita à **legislação penal ordinária**, ex vi do art. 62 do CPM. A expedição do Mandado de Prisão constitui constrangimento ao *status libertatis* da Paciente, considerando a perspectiva de prisão, em condenação no **regime de execução inicial aberto**. HABEAS CORPUS nº 0000123-49.2016.7.00.0000 UF/RJ Decisão: 01/07/2016.

2. PENAS PRINCIPAIS

O **artigo 55** do Código Penal Militar elenca **sete penas principais**, conforme o quadro abaixo:

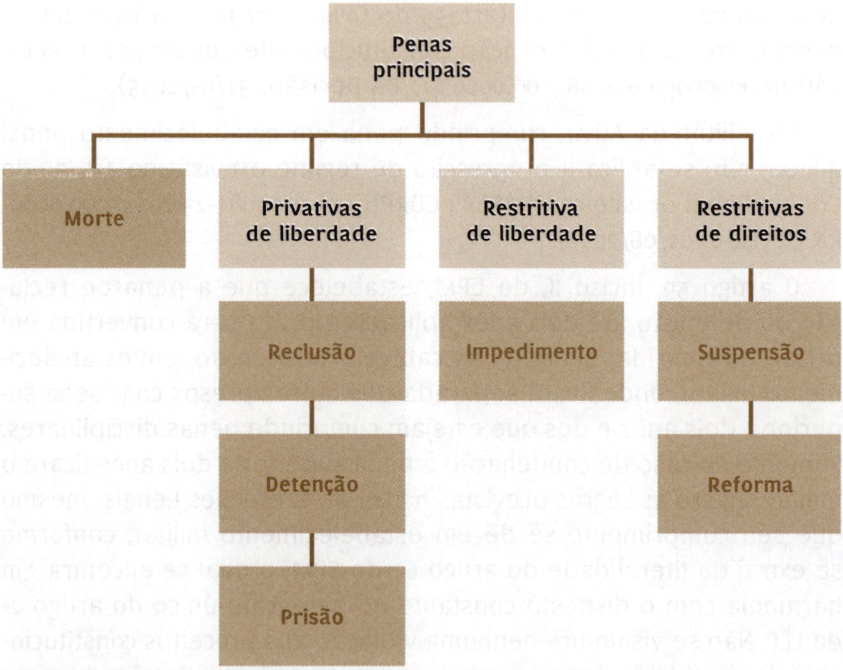

> ▸ **Como esse assunto foi cobrado em concurso?**
>
> Foi considerada correta a seguinte assertiva "No direito penal militar, as penas principais são: morte, reclusão, detenção, prisão, impedimento, reforma e suspensão do exercício do posto, graduação, cargo ou função". **(Analista Judiciário/STM/2004/CESPE).**

Convém notar que o **Código Penal Militar não prevê pena de multa.** Todavia, com o advento da lei 13491/2017, a ampliação do conceito de crime militar para abranger os chamados crimes militares por extensão, é inevitável que a pena de multa passe a ser aplicada na esfera castrense, quando àqueles for cominada, como por exemplo, nos crimes previstos nos artigos 313-A do Código Penal, 89 da lei 8666/93, dentre outros.

> ▸ **Como esse assunto foi cobrado em concurso?**
>
> Foram consideradas erradas as seguintes assertivas "O CPM dispõe sobre hipóteses de crimes militares, próprios e impróprios, e sobre infrações disciplinares militares. Entre as sanções penais, está expressa

a possibilidade de se aplicar a pena de multa nos casos de delitos de natureza patrimonial ou de infração penal que cause prejuízos financeiros à administração militar". **(Defensor Público Federal/DPU/2010/CESPE).**

"Nos casos de crimes militares, a pena de multa somente poderá ser imposta aos autores de delitos militares impróprios, por expressa disposição contida no CPM". **(Promotor de Justiça Substituto / MPE/ES /2010/CESPE).**

"Nos termos das disposições gerais do CPM, é cabível para os crimes militares a cominação das penas privativas de liberdade, restritivas de direitos e de multa, conforme também prevê o Código Penal comum". **(Analista Judiciário/STM/2011/CESPE).**

2.1. Pena de Morte

A pena de morte aplica-se somente em caso de guerra declarada (art. 5º, XLVII c/c art. 84, XIX, CR/1988).

Nos termos do **artigo 56** do CPM, a pena de morte é **executada por fuzilamento**, sendo o procedimento delineado no artigo 707 do Código de Processo Penal Militar. O condenado militar deverá deixar a prisão com o uniforme sem as insígnias, e o condenado civil deverá estar vestido decentemente. O condenado, civil ou militar, deverá estar de olhos vendados no momento da execução, salvo se o recusar.

▸ **Como esse assunto foi cobrado em concurso?**

Foi considerada correta a seguinte afirmação "Em tempo de guerra, há previsão de pena de morte para crime cometido contra o patrimônio". **(Analista Judiciário – àrea judiciária/STM/2018/CESPE).**

Apesar de correta a assertiva, **a seguinte questão foi anulada pela banca examinadora por se tratar de tema não previsto no conteúdo programático para o cargo em questão** "A legislação penal militar estabelece que a pena de morte é executada por fuzilamento e que, nessa situação, o condenado militar deverá deixar a prisão com o uniforme sem as insígnias, e o condenado civil deverá estar vestido decentemente, devendo ambos os condenados estar de olhos vendados no momento da execução, salvo se o recusarem". **(Analista Judiciário/STM/2004/CESPE).**

A lei penal castrense exige que a **sentença definitiva de condenação à morte seja comunicada, logo que passe em julgado, ao Presidente da República**, e **não pode ser executada senão depois de sete dias após a comunicação (art. 57, CPM)**. O prazo justifica-se em razão da possibilidade de concessão de indulto ou comutação da pena (art. 84, XII, CR/1988).

De acordo com a exposição de motivos do Código Castrense, tal prazo serviria para atender às hipóteses de distância do local de julgamento e possíveis dificuldades de comunicação em estado de guerra.

Todavia, se a pena é imposta em **zona de operações de guerra**, **pode** ser **imediatamente executada**, quando o exigir o **interesse da ordem e da disciplina militares**. Assim, logo após o trânsito em julgado, é possível executar-se a pena de morte, sem necessidade de aguardar-se o prazo de sete dias.

> ▸ **Como esse assunto foi cobrado em concurso?**
>
> Foi considerada correta a seguinte assertiva "A sentença que fixar pena de morte poderá ser imediatamente executada se for imposta em zona de efetiva operação militar e assim o exigir o interesse da ordem e da disciplina militares". **(Defensor Público Federal/DPU/2004/CESPE).**

A **prescrição** da pretensão punitiva dos crimes a que cominada a pena de morte se dá com o decurso do **prazo de 30 anos**, de acordo com o **artigo 125, CPM**.

> ▸ **Como esse assunto foi cobrado em concurso?**
>
> Foi considerada errada a seguinte assertiva "A prescrição da ação penal dos crimes aos quais é cominada pena de morte se dá em vinte anos". **(Defensor Público Federal/DPU/2004/CESPE).**

2.2. Penas Privativas de Liberdade

O Código Penal Militar **não faz distinção substancial** entre as penas de **reclusão e detenção**. A diferença é meramente formal e evidencia-se nos seus **limites genéricos**, conforme estatuído no **artigo 58, CPM**: o mínimo da pena de reclusão é de um ano e o máximo de trinta anos, enquanto que o mínimo da pena de detenção é de trinta dias e o máximo de dez anos.

- **Reclusão**
  - Mínimo ▶ 1 ano
  - Máximo ▶ 30 anos
- **Detenção**
  - Mínimo ▶ 30 dias
  - Máximo ▶ 10 anos

Os limites genéricos do artigo 58 jamais podem ser ultrapassados. Tal não ocorre com os limites da pena cominada abstratamente ao crime. No momento da aplicação da pena, de acordo com o disposto no artigo 76, CPM, quando a lei prevê causas especiais de aumento ou diminuição da pena, não fica o juiz adstrito aos limites da pena cominada ao crime, **senão apenas aos da espécie de pena aplicável (art. 58).**

No caso de furto privilegiado (atenuado), havendo substituição da pena de reclusão por detenção, esta pode ser fixada abaixo de 1 ano, mitigando indiretamente o rigor do artigo 58 do CPM. Nesse sentido, o entendimento do Superior Tribunal Militar:

> A existência de acordo, firmado antes do recebimento da Denúncia, entre o réu e a OM, para a restituição parcelada dos valores indevidamente recebidos autoriza a aplicação do § 2º do artigo 240 do CPM, com **atenuação da pena em dois terços**, nos termos do art. 253 do citado diploma.
>
> **A despeito da disposição do art. 76 do CPM, em observância aos princípios da individualização da pena e da proporcionalidade**, em que pese o tipo previsto no art. 251 do CPM prever pena de reclusão, cujo patamar mínimo, nos moldes do art. 58 do citado diploma legal, é de 1 (um) ano, **a pena do réu deve ser convertida em detenção e fixada no quantum de 8 (oito) meses**, a fim de que seja reconhecida, em sua plenitude, a causa especial de diminuição prevista nos §§ 1º e 2º do art. 240 do CPM. (APELAÇÃO nº 0000021-12.2014.7.06.0006/BA Decisão: 27/04/2016)

2.2.1. *Pena privativa de liberdade aplicada a militar*

A pena privativa de liberdade (reclusão ou detenção) **até dois anos** aplicada a **militar** é **obrigatoriamente convertida em pena de**

prisão (artigo 59, CPM). Se não for possível a aplicação do *sursis* (substituição condicional), deverá ser cumprida em **recinto de estabelecimento militar** se o condenado for **oficial**.

Se o condenado for **praça**, a pena será cumprida em **estabelecimento penal militar**. Nesse caso, deve-se observar a separação entre a praça que cumpre pena de prisão e aquelas que cumprem sanção disciplinar e pena superior a dois anos, bem como atender-se à hierarquia (praças especiais e graduadas).

Nos exatos termos do **artigo 61 do Código castrense**, "a pena **privativa de liberdade** por **mais de 2 (dois) anos, aplicada a militar,** é cumprida em **penitenciária militar** e, na **falta dessa**, em **estabelecimento prisional civil**, ficando o recluso ou detento sujeito ao regime conforme a **legislação penal comum**, de cujos benefícios e concessões, também, poderá gozar".

Se a pena aplicada a **militar** for **superior a 2 (dois) anos**, **não haverá substituição por prisão e será cumprida em penitenciária militar**. Se não houver penitenciária militar, a pena será executada em estabelecimento penal comum, sujeitando-se o condenado ao regramento da Lei de execução penal.

Todavia, deve-se **alertar** que, para **cumprimento da pena** em **estabelecimento comum**, é **necessário** que o **condenado tenha perdido a condição de militar.** Como o Código castrense prevê penas acessórias de perda de posto e da patente e de exclusão para condenados à pena superior a dois anos, o legislador pressupõe o cumprimento de pena em estabelecimento comum. Contudo, tal situação não ocorre de modo automático.

Assim, se for praça, primeiro deverá **haver a exclusão e, se for oficial, deverá ter havido a perda do posto e da patente.** O militar da ativa jamais cumprirá pena em presídio comum juntamente com outros presos civis.

> **▸ Como esse assunto foi cobrado em concurso?**
>
> Foi considerada correta a seguinte assertiva "A pena de reclusão superior a dois anos somente será cumprida pelo oficial em estabelecimento prisional civil após ser declarada a perda do posto e da patente". **(Defensor Público Federal/DPU/2004/CESPE).**

Em outra questão, o **examinador apegou-se à literalidade do artigo 61** do Código Penal Militar.

> **▸ Como esse assunto foi cobrado em concurso?**
>
> Foi considerada correta a seguinte assertiva "Se, no distrito da culpa de militar condenado, por crime militar, ao cumprimento de pena privativa de liberdade de oito anos de reclusão, não houver penitenciária militar, a execução da pena deverá ocorrer em estabelecimento civil comum, ficando a sua execução a cargo do juízo de execuções penais, sob a égide da legislação penal comum". **(Analista Judiciário/STM/2011/CESPE).**

O juiz federal da Justiça Militar é competente para execução das penas aplicadas pela Justiça Militar da União e cumpridas em estabelecimento militar, sendo cabível a transferência de presos de uma região militar para outra (**artigo 68, CPM**).

> **▸ Como esse assunto foi cobrado em concurso?**
>
> Foi considerada errada a seguinte assertiva "A pena privativa de liberdade imposta pela justiça militar da União será cumprida, necessariamente, em presídios federais. Nesse caso, a competência para julgar os incidentes no processo da execução é da justiça federal". **(Defensor Público Federal/DPU/2007/CESPE).**

Conforme já salientado, se a pena é cumprida em estabelecimento militar, o regime de cumprimento seria fechado, não havendo previsão legal de progressão de regime no Código Penal Militar. Do cárcere o militar passaria ao livramento condicional, desde que atendidos os requisitos. Relembra-se da controvérsia entre o Superior Tribunal Militar e o Supremo Tribunal Federal, no tocante à progressão de regime, com aplicação do Código Penal e da Lei de Execução Penal já mencionada na introdução deste capítulo.

O Superior Tribunal Militar considera que os arts. 59 e 61 do CPM devem ser conceituados como preceitos regulatórios de cumprimento da pena de natureza especial, perfeitamente justificados, em última análise, pelo interesse das Forças Armadas, em determinadas hipóteses, de ver reprimidas condutas criminosas de seus integrantes, mas sem o comprometimento irreversível dos seus retornos às suas atividades na Caserna.

Também na mesma perspectiva, segundo a Corte Militar, não cabe dizer que seriam preceitos a conter lacunas, na medida em que, com clareza meridiana, estabelecem as condições que devem ser cumpridas na aplicação da pena dos sentenciados a que se referem; e, obviamente, no que diz respeito particularmente à dicção do art. 59 do CPM, há silêncio quanto aos regimes prisionais elencados no art. 33 do Código Penal, visto que, como norma especial não carente de complementação, dispensa alusão a qualquer outro dispositivo de lei, tendo, inclusive, justamente por essa sua natureza especial, prevalência sobre outra congênere de caráter geral. (Superior Tribunal Militar. Habeas Corpus nº 7000107-68.2019.7.00.0000. Relator(a): Ministro(a) Luis Carlos Gomes Mattos. Data de Julgamento: 28/02/2019, Data de Publicação: 02/04/2019). Caso não exista penitenciária militar e, desde que o condenado a pena superior a dois anos tenha perdido a condição de militar, a pena será cumprida em estabelecimento comum, sendo competente para a execução o juízo da Vara de Execução Penal, de acordo com as regras da Lei de Execução Penal (**artigo 2º e parágrafo único, LEP**).

Sobre o tema, leia-se a **Súmula 192 do Superior Tribunal de Justiça:**

> **"Compete ao juízo das execuções penais do Estado** a execução das penas impostas a **sentenciados pela justiça** federal, **militar** ou eleitoral, **quando recolhidos a estabelecimentos sujeitos a administração estadual".**

Para efeito de detração, computam-se na pena privativa de liberdade o tempo de prisão provisória, no Brasil ou no estrangeiro, e o de internação em hospital ou manicômio, bem como o excesso de tempo, reconhecido em decisão judicial irrecorrível, no cumprimento da pena, por outro crime, desde que a decisão seja posterior ao crime de que se trata (**artigo 67, CPM**).

2.2.2. *Pena privativa de liberdade aplicada a civil*

Qualquer que seja a quantidade de pena, o **civil condenado pela Justiça Militar sempre é executado em estabelecimento comum**, submetendo-se inteiramente à Lei de Execução Penal **(artigo 62, CPM)**. Aplicam-se as disposições da Súmula 192 do STJ e do artigo 2º, parágrafo único, LEP acima mencionadas.

Excepcionalmente, o Código Penal Militar afirma que **o civil condenado por crime militar praticado em tempo de guerra poderá cumprir a pena**, no todo ou em parte, em **penitenciária militar**, se, em **benefício da segurança nacional**, assim o determinar a sentença (**artigo 62, p. único, CPM**).

Segundo orientação de parte da doutrina, tal ressalva não tem aplicação, pois os crimes contra a segurança nacional são considerados crimes políticos, de competência da Justiça Federal comum e tratados em lei própria (lei 7170/83), não se sujeitando às regras do Código castrense.

2.3. Impedimento

A pena de **impedimento** sujeita o condenado a **permanecer no recinto da unidade**, sem prejuízo da instrução militar (**art. 63, CPM**). Trata-se de pena de natureza **restritiva de liberdade**, em que não há encarceramento.

A pena de impedimento é **cominada exclusivamente** ao crime de **insubmissão** (**art. 183, CPM**) e tem **duração de 3 (três) meses a 1 (um) ano**.

> **▸ Como esse assunto foi cobrado em concurso?**
> Foi considerada errada a seguinte afirmação "A pena de impedimento prevista no CPM é aplicável a qualquer crime militar, próprio ou impróprio, desde que seja inferior a dois anos. Essa pena obsta o exercício das funções policiais e militares pelo prazo mínimo de dois anos, submetendo o apenado, quando se tratar de oficial, à pena acessória de perda do posto" **(Promotor de Justiça Substituto/MPE/ES/2010/CESPE).**

De acordo com o artigo 266 do Código de Processo Penal Militar, o insubmisso que se apresentar voluntariamente ou for capturado, será submetido à medida cautelar de menagem em quartel, independentemente de decisão judicial, sendo computado esse período de restrição de liberdade cautelar na pena de impedimento definitivamente imposta, para efeito de detração.

2.4. Suspensão do Exercício do Posto, Graduação, Cargo ou Função

A pena de suspensão consiste na **agregação, no afastamento ou no licenciamento temporário** do condenado **(artigo 64, CPM)**. Trata-se de pena principal, de natureza **restritiva de direitos**, que acarreta a **suspensão do exercício** de **posto (oficial), graduação (praça) ou cargo (civil),** pelo **prazo determinado na sentença.**

Em que pese o apenado ser obrigado a comparecer regularmente à sede do serviço, o **tempo de cumprimento** da pena de suspensão **não é computado como tempo de serviço.**

A pena de suspensão é prevista, por exemplo, para os crimes de ordem arbitrária de invasão (**art. 170, CPM**) e de exercício de comércio por oficial (**art. 204, CPM**).

De acordo com o **parágrafo único do artigo 64, CPM,** se o condenado, quando proferida a sentença, **já estiver na reserva, ou reformado ou aposentado**, a pena de suspensão será **convertida em pena de detenção, de três meses a um ano.** Entendo tratar-se de disposição incompatível com a Constituição, pois convola uma pena restritiva de direitos em privativa de liberdade, punindo o réu por ter usufruído do benefício funcional a que fez jus.

Apesar se referir a situação distinta, corrobora esse raciocínio a orientação adotada pelo Superior Tribunal Militar:

> A reprimenda preconizada no preceito secundário do artigo 204 do Código Penal Militar é a de "suspensão do exercício do posto de 6 (seis) meses a 2 (dois) anos, ou reforma", pena essa que, à evidência, é de **aplicação inexequível no caso de civil, condição essa de que hoje desfruta o Acusado** (APELAÇÃO nº 0000197-73.2012.7.12.0012/AM Decisão: 10/05/2016).

2.5. Reforma

A pena de reforma sujeita o **militar estável** condenado à **situação de inatividade compulsória**, com **proventos proporcionais ao tempo de serviço,** não podendo perceber mais de **1/25 (um vinte e cinco avos) do soldo, por ano de serviço,** nem receber importância superior à do soldo (**artigo 65, CPM**).

Trata-se de pena de natureza **restritiva de direitos** prevista para alguns crimes militares como, por exemplo, ordem arbitrária de invasão (**art. 170, CPM**) e exercício de comércio por oficial (**art. 204, CPM**).

Obviamente, os militares sem estabilidade não se submetem à pena de reforma, o que corresponderia a um verdadeiro prêmio pela prática de infração penal.

3. PENAS ACESSÓRIAS

A aplicação das penas acessórias depende da imposição de uma pena principal. Não se trata de penas alternativas aplicadas em substituição às penas privativas de liberdade. As penas acessórias são aplicadas cumulativamente com as penas principais, de acordo com a natureza do crime.

O **artigo 98** do Código Penal Militar apresenta um rol taxativo de **oito penas acessórias**, conforme o quadro abaixo:

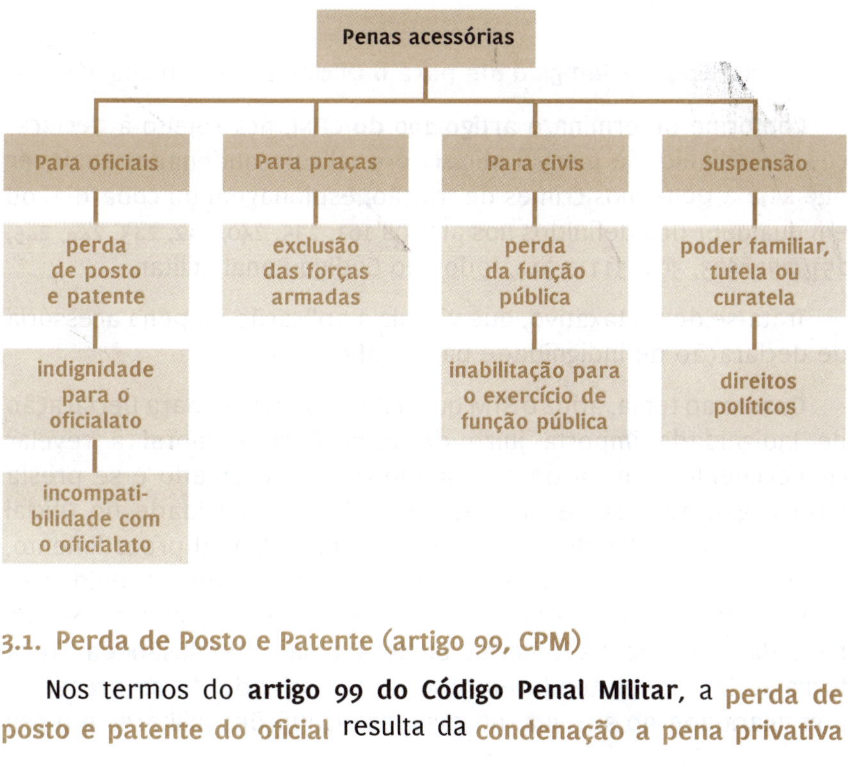

3.1. Perda de Posto e Patente (artigo 99, CPM)

Nos termos do **artigo 99 do Código Penal Militar**, a **perda de posto e patente do oficial** resulta da **condenação a pena privativa**

de liberdade por tempo **superior a dois anos** e importa a perda das condecorações.

O artigo 107 do CPM afirma que a imposição da **perda de posto e patente** não precisa constar expressamente da sentença. Entretanto, segundo parte da doutrina, essa pena acessória não tem aplicação imediata e automática porque os **oficiais das forças armadas são vitalícios** e só podem perder o posto e a patente por decisão do Superior Tribunal Militar (art. 142, §3º, VI, CR).

Nos termos da Constituição da República, há dois caminhos possíveis para a decretação da perda do posto e da patente do oficial das Forças Armadas:

- Decisão administrativa do Conselho de Justificação confirmada pelo Superior Tribunal Militar.
- Decisão judicial condenatória a pena privativa de liberdade superior a dois anos e representação do Procurador Geral da Justiça Militar ao Superior Tribunal Militar.

3.2. Declaração de Indignidade para o Oficialato (Artigo 100, CPM)

Conforme determina o **artigo 100 do CPM**, fica sujeito à **declaração de indignidade para o oficialato** o militar condenado, **qualquer que seja a pena**, nos crimes de traição, espionagem ou cobardia, ou em qualquer dos definidos nos artigos 161, 235, 240, 242, 243, 244, 245, 251, 252, 303, 304, 311 e 312, todos do Código Penal Militar.

Trata-se de rol taxativo, que vincula a aplicação da pena acessória de declaração de indignidade para o oficialato.

Quanto ao tema, aduz o STM que a Representação para Declaração de Indignidade importa juízo de valor ético e moral a revelar conhecimento sobre a personalidade do Representado e se presta para julgar, através de processo especial, a capacidade do Oficial das Forças Armadas de permanecer na Força. Em tal procedimento, deve-se levar em conta a gravidade inerente aos atos atribuídos ao Representado. Uma vez violadas as regras morais e éticas a serem pautadas na vida na caserna ou fora dela, a exclusão da Força torna-se inevitável, tendo em vista a necessidade de se preservar a regularidade do sistema, no caso, as instituições militares e o seu papel perante a sociedade. (Superior Tribunal Militar. Representação p/ Declaração de Indignidade/Incompatibilidade nº 7000694-27.2018.7.00.0000. Relator(a): Ministro(a) MARCUS VINICIUS OLIVEIRA DOS SANTOS. Data de Julgamento: 11/04/2019, Data de Publicação: 10/05/2019).

O julgamento da Representação para Declaração de Indignidade/Incompatibilidade para com o Oficialato possui natureza de aferição de requisitos morais, o que impede a emissão de qualquer juízo de valor acerca do acerto ou desacerto da condenação imposta ao Representado, bem como a aferição de vícios nela porventura existentes.

Em sede de Representação para a Declaração de Indignidade/Incompatibilidade para com o Oficialato, compete ao Superior Tribunal Militar, exclusivamente, avaliar se o Oficial possui condições morais de permanecer na vitaliciedade militar. Nesses casos, é defeso a esta Corte Castrense revisitar os aspectos determinantes da apenação e do seu cumprimento. (Superior Tribunal Militar. Embargos de Declaração nº 7000163-38.2018.7.00.0000. Relator(a): Ministro(a) Cleonilson Nicácio Silva. Data de Julgamento: 03/04/2018, Data de Publicação: 12/04/2018)

Como esse assunto foi cobrado em concurso?

Foi considerada correta a seguinte afirmação "O cometimento de crime de traição, espionagem ou cobardia, ou outros elencados no CPM, sujeita o oficial infrator, independentemente da pena aplicada, a declaração de indignidade para o oficialato." **(Defensor Público Federal/DPU/2017/CESPE).**

Foi considerada errada a seguinte assertiva "Considere que um tenente, estando em serviço, em área fora da administração militar, tenha constrangido uma mulher à prática de conjunção carnal, mediante grave ameaça, e por isso tenha sido preso em flagrante e denunciado pela prática do crime previsto no art. 232 do CPM (estupro). Considere ainda que, durante o processo, tenha sido juntada aos autos certidão de casamento do referido tenente com a vítima, fato ocorrido após o dia do delito. Em face dessas considerações e com base no CPM, julgue o item que se segue. Se o oficial for condenado pelo crime em tela, será declarado indigno para o oficialato." **(Defensor Público Federal/DPU/2004/CESPE).**

3.3. Declaração de Incompatibilidade com o Oficialato (artigo 101, CPM)

A pena de **declaração de incompatibilidade com o oficialato** aplica-se ao militar condenado nos **crimes dos artigos 141 e 142, CPM**[15].

> ▸ **Como esse assunto foi cobrado em concurso?**
>
> Foi considerada errada a seguinte assertiva "A indignidade para o oficialato é sanção administrativa disciplinar e sua aplicação ocorre no âmbito administrativo disciplinar. A incompatibilidade para o oficialato é sanção penal acessória e somente poderá ser aplicada pelo Poder Judiciário, mediante procedimento próprio". **(Promotor de Justiça Substituto / MPE/ES /2010/CESPE).**

3.4. Pena de Exclusão das Forças Armadas (artigo 102, CPM)

Na literalidade do **artigo 102 do CPM**, a condenação da **praça** a pena **privativa de liberdade**, por tempo **superior a dois anos**, importa sua exclusão das Forças Armadas.

> ▸ **Como esse assunto foi cobrado em concurso?**
>
> Foi considerada correta a seguinte assertiva "A pena acessória de exclusão das Forças Armadas prevista no CPM será obrigatoriamente aplicada à praça cuja condenação à pena privativa de liberdade for superior a dois anos". **(Defensor Público Federal/DPU/2007/CESPE).**

---

15. **Entendimento para gerar conflito ou divergência com o Brasil.** Art. 141. Entrar em entendimento com país estrangeiro, ou organização nêle existente, para gerar conflito ou divergência de caráter internacional entre o Brasil e qualquer outro país, ou para lhes perturbar as relações diplomáticas: Pena - reclusão, de quatro a oito anos. Resultado mais grave § 1º Se resulta ruptura de relações diplomáticas: Pena - reclusão, de seis a dezoito anos. § 2º Se resulta guerra: Pena - reclusão, de dez a vinte e quatro anos.

    Tentativa contra a soberania do Brasil. Art. 142. Tentar: I - submeter o território nacional, ou parte dêle, à soberania de país estrangeiro; II - desmembrar, por meio de movimento armado ou tumultos planejados, o território nacional, desde que o fato atente contra a segurança externa do Brasil ou a sua soberania; III - internacionalizar, por qualquer meio, região ou parte do território nacional: Pena - reclusão, de quinze a trinta anos, para os cabeças; de dez a vinte anos, para os demais agentes.

Nos termos do artigo 107 do CPM, a imposição da pena acessória de exclusão deve constar expressamente da sentença.

De acordo com a jurisprudência do Superior Tribunal de Justiça (HC 29575), a exclusão deve ser requerida pelo MPM e constar expressamente na sentença, não bastando a condenação.

Interessante notar que a Constituição da República menciona a necessidade de que a exclusão da praça da Polícia Militar ou do Corpo de Bombeiro Militar Estaduais se dê por decisão do Tribunal competente (art. 125, §4º, CR/88). Todavia, conforme noticiado no Informativo 786, a recente orientação do Plenário do STF é no sentido de que a pena acessória de perda do cargo, aplicada a praças da polícia militar, prescinde de processo específico para que seja imposta, ao contrário do que ocorre no caso de oficiais da corporação.

Com base nesse entendimento, o Plenário, em conclusão de julgamento e por maioria, desproveu recurso extraordinário 447859/MS, interposto em face de acórdão que mantivera condenação a pena acessória de perda do cargo aplicada a praças. Alegava-se ofensa ao art. 125, § 4º, da CF, ao fundamento de que o art. 102 do CPM, ao prever como pena acessória a exclusão de praça condenado a pena privativa de liberdade superior a 2 anos, não teria sido recepcionado pela nova ordem constitucional. Sustentava-se, ainda, que a EC 18/1998 não teria suprimido, para as praças, a garantia prevista no citado art. 125, § 4º, da CF, já que os incisos VI e VII do § 3º do art. 142 da CF fariam referência apenas à perda do posto e da patente por oficiais militares — v. Informativo 549.

O Colegiado reputou que a referência à competência do Tribunal, contida no § 4º do art. 125 da CF, remeteria, consideradas as praças, à Justiça Militar, não cabendo ver no preceito a necessidade de processo específico para ocorrer, imposta pena que se enquadrasse no art. 102 do CPM, a exclusão da praça. Observou que, relativamente aos oficiais, a regência seria diversa (CF, art. 142, § 3º). Do cotejo dessas normas, haveria tratamento diferenciado da matéria em caso de condenação de praça ou oficial pela Justiça Militar a pena privativa de liberdade superior a 2 anos. Ou seja, somente quanto aos oficiais, dar-se-ia o pronunciamento em processo específico para chegar-se à perda do posto e da patente. Assim, o art. 102 do CPM seria harmônico com a Constituição, consentâneo com a concentração do exame da matéria, a dispensar, com base na Constituição, da abertura de um novo processo.

Convém asseverar que compete à Justiça Militar Estadual decidir sobre a perda da graduação de praças somente quando se tratar de crimes militares. Porém, em caso de crime comum, a perda do cargo público constitui EFEITO DA CONDENAÇÃO, quando a pena privativa de liberdade é superior a 04 (quatro) anos de reclusão, sendo decidida tal questão na própria sentença condenatória, **sem a necessidade de instauração de procedimento específico para esse fim perante o Tribunal Militar**. (ARE 742879 AgR, Relator(a): Min. LUIZ FUX, Primeira Turma, PUBLIC 22-10-2013).

O crime de tortura, tipificado na Lei nº 9.455/97, não se qualifica como delito de natureza castrense, achando-se incluído, por isso mesmo, na esfera de competência penal da Justiça comum (federal ou local, conforme o caso), **ainda que praticado por membro das Forças Armadas ou por integrante da Polícia Militar**. A **perda do cargo**, função ou emprego público – que configura **efeito extrapenal secundário – constitui consequência necessária que resulta, automaticamente, de pleno direito, da condenação penal** imposta ao agente público pela prática do crime de tortura, ainda que se cuide de integrante da Polícia Militar, **não se lhe aplicando, a despeito de tratar-se de Oficial da Corporação, a cláusula inscrita no art. 125, § 4º, da Constituição da República.** (AI 769637 AgR-ED-ED, Relator(a): Min. CELSO DE MELLO, Segunda Turma, PUBLIC 16-10-2013).

Nesse sentido, o STF afirma que é da Justiça Comum a competência para declarar a perda do cargo de militar como efeito da condenação pela prática de crime comum (ARE 935286 ED, Relator(a): Min. EDSON FACHIN, Primeira Turma, PUBLIC 08-04-2016).

3.5. Perda da Função Pública (artigo 103, CPM)

De acordo com o artigo 103 do CPM, incorre na **perda da função pública** o civil condenado a pena privativa de liberdade por crime **cometido com abuso de poder ou violação de dever inerente à função pública** ou condenado por qualquer outro crime a pena privativa de liberdade **superior a dois anos**.

▸ **Como esse assunto foi cobrado em concurso?**

Foi considerada correta a seguinte assertiva "De acordo com a legislação penal militar, a condenação da praça e a do civil a pena privativa de liberdade superior a dois anos implicam, respectivamente, a exclusão do militar das Forças Armadas e a perda da função pública do civil." **(Analista Judiciário/STM/2004/CESPE).**

A referida pena também se aplica ao militar da reserva ou reformado que estiver no exercício de função pública de qualquer natureza.

Equipara-se à função pública a que é exercida em empresa pública, autarquia, sociedade de economia mista, ou sociedade de que participe a União, o Estado ou o Município como acionista majoritário.

Nos termos do artigo 107 do CPM, a imposição dessa pena acessória não precisa constar expressamente da sentença, somente no caso de condenação superior a dois anos por crime cometido sem abuso de poder ou violação de dever (artigo 103, II, CPM).

3.6. Inabilitação para o exercício de função pública (artigo 104, CPM)

A pena de **inabilitação para o exercício de função pública** aplica-se ao condenado à pena privativa de liberdade de **reclusão superior a quatro anos,** em virtude de crime praticado com **abuso de poder ou violação do dever militar** ou **inerente à função pública**.

O **prazo** da inabilitação para o exercício de função pública varia de **dois a vinte anos** e começa ao termo da execução da pena privativa de liberdade ou da medida de segurança imposta em substituição, ou da data em que se extingue a referida pena.

Computa-se no prazo das inabilitações temporárias o tempo de liberdade resultante da suspensão condicional da pena ou do livramento condicional, se não sobrevém revogação (Art. 108, CPM).

3.7. Suspensão do poder familiar, tutela ou curatela (artigo 105, CPM)

O condenado a pena privativa de liberdade por **mais de dois anos**, seja qual for o crime praticado, fica suspenso do exercício do poder familiar, tutela ou curatela, enquanto dura a execução da pena ou da medida de segurança imposta em substituição.

Caso necessário, o juiz pode decretar a suspensão provisória do exercício do poder familiar, tutela ou curatela ainda durante o processo.

3.8. Suspensão dos direitos políticos (artigo 106, CPM)

Durante a execução da pena privativa de liberdade ou da medida de segurança imposta em substituição, ou enquanto perdura a inabilitação para função pública, o condenado não pode votar, nem ser votado.

Nos termos do artigo 107 do CPM, a imposição dessa pena acessória não precisa constar expressamente da sentença.

4. MEDIDAS DE SEGURANÇA

O **artigo 110 do Código Penal Militar** apresenta um rol de medidas de segurança mais amplo do que aquele previsto no Código Penal comum. Na esfera castrense, as medidas de segurança **dividem-se em pessoais e patrimoniais**. As medidas de segurança **pessoais se dividem em detentivas (internação) e não-detentivas** (restritivas de direitos).

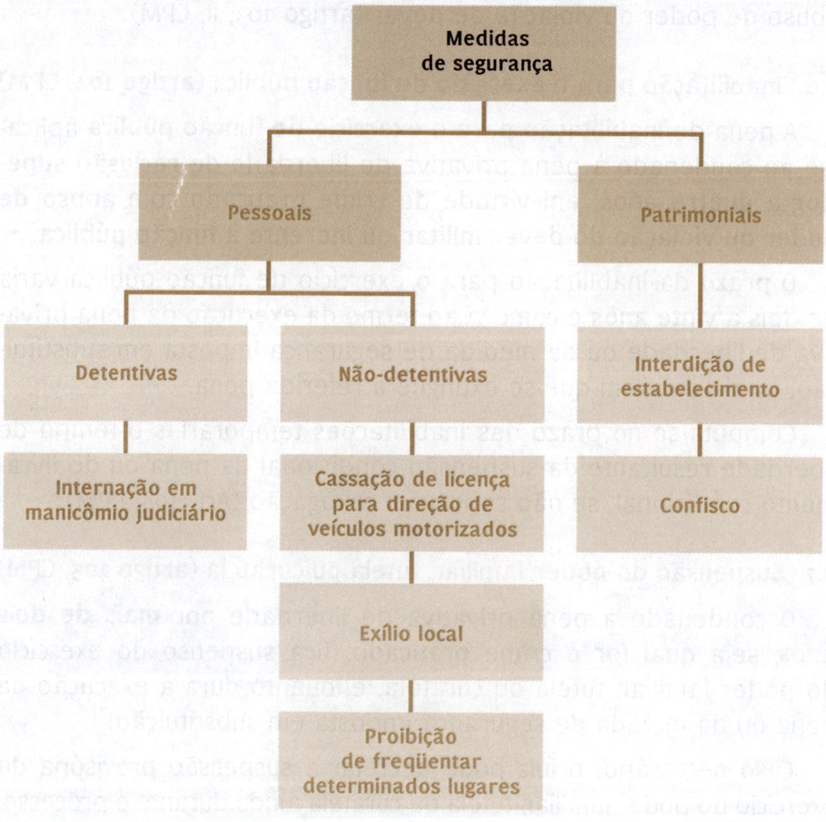

> **Como esse assunto foi cobrado em concurso?**
>
> Foi considerada errada a seguinte assertiva "O Estatuto Penal Militar vigente não contempla as medidas de segurança de natureza patrimonial". **(Defensor Público Federal/DPU/2001/CESPE).**

Conforme determinado no **artigo 111 do CPM**, em regra, as medidas de segurança somente podem ser impostas **aos civis e aos militares que tenham perdido essa condição** em virtude de condenação a pena privativa de liberdade por tempo superior a dois anos ou de outro modo hajam perdido posto e patente ou hajam sido excluídos das forças armadas.

Aos militares somente aplica-se a medida de segurança de internação, no caso de inimputabilidade por doença mental, e a de cassação de licença para direção de veículos motorizados.

Considerando que o civil processado pela Justiça Militar da União será executado na esfera comum, submetendo-se às regras da Lei de Execução Penal, entendo que as medidas de segurança incompatíveis com o Sistema Vicariante não teriam mais aplicação. Assim, somente subsistiriam as relacionadas aos inimputáveis ou semi-imputáveis. Não obstante, nos próximos tópicos serão apresentadas das espécies de medidas de segurança previstas no Código Penal Militar.

A medida de segurança é imposta em sentença, que lhe estabelecerá as condições, nos termos da lei penal militar, não impedindo a expulsão do estrangeiro (artigo 120, CPM).

4.1. Internação em manicômio judiciário

O artigo 112 do Código Penal Militar determina a internação em manicômio judiciário do agente inimputável por alienação mental que oferece perigo à incolumidade alheia em razão de suas condições pessoais e do fato praticado.

A lei penal castrense adota o **sistema vicariante** que, em oposição ao sistema do duplo binário, **rejeita a possibilidade de aplicação cumulativa ou sucessiva de pena e medida de segurança de internação**. Assim, aplica-se medida de segurança em lugar de pena, caso o autor do fato típico e ilícito seja inimputável e perigoso.

Em caso de **semi-imputabilidade**, haverá condenação com a pena reduzida, **podendo** o juiz **substituí-la** por **internação em estabelecimento psiquiátrico anexo** ao manicômio judiciário ou ao estabelecimento penal, ou em seção especial de um ou de outro, caso o sujeito **necessite de especial tratamento curativo (artigo 113, CPM)**.

Todavia, se o sujeito já cumpriu integralmente a pena imposta, em homenagem ao sistema vicariante, não se admite a aplicação de medida de segurança, ainda que persista sua periculosidade. O caso recomendaria tratamento em estabelecimento de saúde comum, fora da esfera do manicômio judiciário.

▸ Como esse assunto foi cobrado em concurso?

Foi considerada correta a seguinte afirmação "Considere que decisão do conselho de justiça substitua a pena privativa de liberdade imposta na sentença condenatória por tratamento ambulatorial, não obstante o réu ter permanecido preso por sessenta dias e cumprido integralmente a pena anteriormente fixada. Nessa situação, é incabível a decisão do conselho de justiça, mesmo diante de incontestável demonstração da periculosidade do réu". **(Analista Judiciário/STM/2011/CESPE).**

O Código Penal Militar não prevê expressamente medida de segurança de tratamento ambulatorial para o inimputável. A doutrina sugere aplicação subsidiária do Código Penal comum, sempre que a providência for benéfica ao acusado. Em concordância, o Superior Tribunal Militar admite a imposição de medida de segurança de tratamento ambulatorial.

A medida de segurança prevista pela legislação castrense é a internação em manicômio judiciário ou estabelecimento penal, a qual se mostra inaplicável à hipótese dos autos, onde se trata de condenado, dependente químico, semi-imputável, condição esta comprovada por exame de Dependência Toxicológica. No caso, a medida mais acertada, levando-se em consideração o interesse social, é a substituição da pena privativa de liberdade por medida de segurança em regime de tratamento ambulatorial, a exemplo do Código Penal Brasileiro, artigo 98, haja vista que a internação nenhum proveito traria ao réu. Periculosidade. Inocorrência. (Apelação nº 2002.01.049164-5/RJ. Decisão: 09/04/2003).

Ainda conforme orientação da Corte castrense, a contagem do prazo destinado ao cumprimento da medida de segurança de tratamento ambulatorial segue critérios legais emergentes, entre outros, dos arts. 171 a 173, todos da Lei de Execução Penal, aplicados por analogia à JMU. Nesse compasso, o seu marco inicial está interligado à expedição da Guia para a execução, pela autoridade judiciária competente, após o trânsito em julgado da Decisão que impôs o gravame. O tratamento médico, condizente à especialidade psiquiátrica, porventura realizado pelo sentenciado, antecedente à emissão da referida Guia, é inservível para antecipar a execução relativa à medida de segurança imposta.

A hipotética situação, se admitida, converter-se-ia em inidôneo crédito de tempo para efeitos de detração. O escopo da medida de segurança, como instrumento de proteção social, conecta-se à cessação da periculosidade. Reflexamente, no campo pessoal, projeta-se no restabelecimento da saúde psíquico/emocional do executado. Embora não seja computável o tempo de tratamento médico, anterior à Sentença impositiva do encargo, a consecução da terapêutica representa fator importante no contexto de recuperação do sentenciado. (Superior Tribunal Militar. Habeas Corpus nº 7000082-55.2019.7.00.0000. Relator(a): Ministro(a) MARCO ANTÔNIO DE FARIAS. Data de Julgamento: 09/04/2019, Data de Publicação: 23/04/2019).

De acordo com o entendimento do Superior Tribunal de Justiça, na fixação da medida de segurança, por não se vincular à gravidade do delito perpetrado, mas à periculosidade do agente, é cabível ao magistrado a opção por tratamento mais apropriado ao inimputável, independentemente de o fato ser punível com reclusão ou detenção, em homenagem aos princípios da adequação, da razoabilidade e da proporcionalidade. (HC 230.842/SP, Rel. Ministro SEBASTIÃO REIS JÚNIOR, SEXTA TURMA, julgado em 14/06/2016, DJe 27/06/2016).

Com o advento da Reforma Psiquiátrica (Lei 10216/2001), impõe-se uma nova interpretação das regras relativas às medidas de segurança, considerando-se parcialmente derrogadas algumas disposições tanto no Código Penal quanto na Lei de Execução Penal. Ao submeter o agente inimputável ou semi-imputável à medida de segurança, deve o juiz dar preferência ao tratamento ambulatorial, somente determinando a internação "quando os recursos extra-hospitalares se mostrarem insuficientes" (art. 4º, *caput*, da lei 10216/2001).

Ao revés da pena imposta ao imputável, a medida de segurança não tem função retributiva e visa exclusivamente ao tratamento do inimputável. Essa finalidade foi reforçada pela Lei da Reforma Psiquiátrica que, dentre outras regras, estabelece que "o tratamento visará, como finalidade permanente, a reinserção social do paciente em seu meio" (Art. 4º, § 1º). Semelhantemente ao Código comum, o Código Penal Militar estabelece o prazo mínimo de internação de um e três anos. Nesse período serão realizados exames para verificação da cessação da periculosidade.

Salvo determinação da instância superior, a perícia médica é realizada ao término do prazo mínimo fixado à internação e, não sendo esta revogada, a perícia deve ser repetida de ano em ano.

Nesse sentido, já decidiu o STM:

> Réu absolvido do crime previsto no art. 205, inciso VI, c/c os arts. 30, inciso II, e 79, todos do CPM, com fundamento no art. 48 do citado Codex. **Aplicada medida de segurança de internação em clínica psiquiátrica pelo período de 1 ano.** Atestada a inimputabilidade do acusado, contudo, não consta do laudo a graduação ou a gravidade do transtorno psicótico do agente ao tempo do crime. Seus atos poderiam ter causado danos irreparáveis, porém **não há motivação fundamentada nas peças colacionadas aos autos aptas a justificar a imposição de tempo superior ao mínimo legal para a medida de segurança aplicada.** Necessária a observação do disposto no art. 112 do CPM que prevê em seus §§ 1º e 2º que a medida de segurança perdurará enquanto não for averiguada, mediante perícia médica, a cessação da periculosidade do internado e a perícia, salvo determinação da instância superior, será realizada ao término do prazo mínimo fixado para a internação. **Não sendo esta revogada, deverá ser aquela repetida de ano em ano.** (RSE nº 0000082-46.2010.7.08.0008/PA Decisão: 15/12/2010).

Não há prazo máximo. A internação é por tempo indeterminado, perdurando enquanto não for averiguada, mediante perícia médica, a cessação da periculosidade do internado. De acordo com a orientação do Supremo Tribunal Federal, o prazo máximo de internação é de 30 anos, que equivale ao limite de unificação das penas privativas de liberdade.

Segundo orientação do STJ, "levando em conta o preceito segundo o qual "não haverá penas de caráter perpétuo" (art. 5º, XLII, b, da CF) e os princípios da isonomia e da proporcionalidade, o tempo de duração da medida de segurança **não deve ultrapassar o limite máximo da pena abstratamente cominada ao delito praticado"**. (HC 174.342/RS, Sexta Turma, DJe 14/11/2011).

> **Como esse assunto foi cobrado em concurso?**
>
> Foi considerada errada a seguinte assertiva "As medidas de segurança pessoais são não-detentivas e detentivas, sendo estas fixadas na mesma quantidade das penas privativas de liberdade cominadas abstratamente nos tipos penais." **(Analista Judiciário/STM/2004/CESPE).**

Confirmando o entendimento acima, o Superior Tribunal de Justiça editou a **Súmula 527**, limitando o máximo da medida de segurança ao teto da pena abstratamente cominada à infração penal praticada:

> **Súmula 527 – O tempo de duração da medida de segurança não deve ultrapassar o limite máximo da pena abstratamente cominada ao delito praticado (DJe 18/05/2015).**

A desinternação é sempre condicional, devendo ser restabelecida a situação anterior, se o indivíduo, antes do decurso de um ano, vem a praticar fato indicativo de persistência de sua periculosidade.

A internação, em qualquer caso, deve visar não apenas ao tratamento curativo do internado, senão também ao seu aperfeiçoamento, a um regime educativo ou de trabalho, lucrativo ou não, segundo o permitirem suas condições pessoais.

O condenado a que **sobrevenha doença mental** deve ser recolhido a manicômio judiciário ou, na falta deste, a outro estabelecimento adequado, onde lhe sejam assegurados a custódia e o tratamento (**artigo 66, CPM**). Trata-se de internação não definitiva, daí porque, sobrevindo a cura, pode o internado ser transferido para o estabelecimento penal, não ficando excluído o seu direito a livramento condicional, sendo computado o tempo de internação como pena cumprida.

Todavia, se verificado que o estado mórbido é permanente, converte-se a pena em medida de segurança. De acordo com o STJ, em se tratando de medida de segurança aplicada em substituição à pena corporal, prevista no art. 183 da Lei de Execução Penal, **sua duração está adstrita ao tempo que resta para o cumprimento da pena privativa de liberdade estabelecida na sentença condenatória.** (HC 373.405/SP, Rel. Ministra MARIA THEREZA DE ASSIS MOURA, SEXTA TURMA, julgado em 06/10/2016, DJe 21/10/2016)

4.2. Cassação de licença para dirigir veículos motorizados

Nos exatos termos do artigo 115 do CPM, ao condenado por crime cometido na direção ou relacionadamente à direção de veículos motorizados, deve ser **cassada** a licença para tal fim, **pelo prazo mínimo de um ano**, se as circunstâncias do caso e os antecedentes do condenado revelam a sua **inaptidão** para essa atividade e consequente **perigo** para a incolumidade alheia.

O prazo da interdição se conta do dia em que termina a execução da pena privativa de liberdade ou da medida de segurança detentiva, ou da data da suspensão condicional da pena ou da concessão do livramento ou desinternação condicionais.

Se, antes de expirado o prazo estabelecido, é averiguada a cessação do perigo condicionante da interdição, esta é revogada. Se, porém, a periculosidade persiste ao fim do prazo, este é prorrogado enquanto ela não cessa.

A cassação da licença deve ser determinada ainda no caso de absolvição do réu em razão de inimputabilidade.

Contudo, é importante ressalvar que o Código de Trânsito Brasileiro (lei 9503/1997) comina a pena restritiva de direitos de suspensão ou proibição de se obter a permissão ou a habilitação para dirigir veículo automotor pelo prazo de dois meses a cinco anos[16]. Assim,

16. Art. 292. A suspensão ou a proibição de se obter a permissão ou a habilitação para dirigir veículo automotor pode ser imposta isolada ou cumulativamente com outras penalidades. Art. 293. A penalidade de suspensão ou de proibição de se obter a permissão ou a habilitação, para dirigir veículo automotor, tem a duração de dois meses a cinco anos. § 1º

como os crimes de trânsito passam a ser abrangidos pelo conceito de crimes militares por extensão, com o advento da lei 13491/2017, entendo que deve prevalecer a pena prevista naquele diploma em detrimento da vetusta medida de segurança ora em análise.

4.3. Exílio local

O **exílio local** consiste na proibição de que condenado resida ou permaneça, **durante um ano, pelo menos**, na localidade, município ou comarca em que o crime foi praticado, em face da necessidade de garantia da ordem pública ou para o bem do próprio condenado (**artigo 116, CPM**).

O exílio deve ser cumprido logo que cessa ou é suspensa condicionalmente a execução da pena privativa de liberdade.

4.4. Proibição de frequentar determinados lugares

A proibição de frequentar determinados lugares consiste em privar o condenado, **durante um ano, pelo menos**, da faculdade de acesso a lugares que favoreçam, por qualquer motivo, seu retorno à atividade criminosa.

O cumprimento da proibição inicia-se logo que cessa ou é suspensa condicionalmente a execução da pena privativa de liberdade.

4.5. Interdição de estabelecimento, sociedade ou associação

Segundo dispõe o **artigo 118 do CPM**, a interdição de estabelecimento comercial ou industrial, ou de sociedade ou associação, pode ser decretada por **tempo não inferior a quinze dias, nem superior a seis meses**, se o estabelecimento, sociedade ou associação serve de **meio ou pretexto para a prática de infração penal**.

Transitada em julgado a sentença condenatória, o réu será intimado a entregar à autoridade judiciária, em quarenta e oito horas, a Permissão para Dirigir ou a Carteira de Habilitação. § 2º A penalidade de suspensão ou de proibição de se obter a permissão ou a habilitação para dirigir veículo automotor não se inicia enquanto o sentenciado, por efeito de condenação penal, estiver recolhido a estabelecimento prisional.

A interdição consiste na proibição de exercer no local o mesmo comércio ou indústria, ou a atividade social. A sociedade ou associação, cuja sede é interditada, não pode exercer em outro local as suas atividades.

4.6. Confisco

A medida de segurança patrimonial de confisco prevista no artigo 119, CPM determina que o juiz, embora não apurada a autoria, ou ainda quando o agente é inimputável, ou não punível, deve ordenar o confisco dos instrumentos e produtos do crime, desde que consistam em coisas:

- cujo fabrico, alienação, uso, porte ou detenção constitui fato ilícito;
- que, pertencendo às forças armadas ou sendo de uso exclusivo de militares, estejam em poder ou em uso do agente, ou de pessoa não devidamente autorizada;
- abandonadas, ocultas ou desaparecidas.

> ▸ **Como esse assunto foi cobrado em concurso?**
>
> Foi considerada errada a seguinte afirmação "O CPM não admite medida de segurança patrimonial, como, por exemplo, a interdição de sede de associação e o confisco." **(Defensor Público Federal/DPU/2017/CESPE).**

5. DOS EFEITOS DA CONDENAÇÃO

O artigo 109 do Código Penal Militar **repete** a redação do **artigo 91 do Código Penal** comum elencando os **efeitos genéricos da condenação**.

O primeiro efeito automático é o dever de indenizar, pois o trânsito em julgado da sentença condenatória torna certa a obrigação de reparar o dano resultante do crime.

Além disso, ressalvado o direito do lesado ou de terceiro de boa-fé, a condenação definitiva também gera a perda, em favor da Fazenda Nacional, dos instrumentos do crime, desde que consistam em coisas cujo fabrico, alienação, uso, porte ou detenção constitua fato ilícito, bem como do produto do crime ou de qualquer bem ou valor que constitua proveito auferido pelo agente com a sua prática.

Capítulo IX

Aplicação da pena

1. INTRODUÇÃO

A individualização da pena é o processo através do qual o juízo estabelece a pena adequada, dentro dos parâmetros previamente determinados pela lei, visando à suficiência para a reprovação do delito praticado e à prevenção de novas infrações penais.

2. FASES DE INDIVIDUALIZAÇÃO DA PENA

O Código Penal Militar, à semelhança do Código Penal comum, adota o método trifásico para a dosimetria da pena privativa de liberdade.

INDIVIDUALIZAÇÃO DA PENA
Método trifásico

Primeira fase	Segunda fase	Terceira fase
Pena base Circunstâncias judiciais (artigo 69, CPM)	Pena intermediária Agravantes e atenuantes (artigos 70 a 75, CPM)	Pena definitiva Causas de aumento e redução de pena da parte geral e da parte especial do CPM

2.1. Fase primária – pena base (art. 69, CPM)

De acordo com o artigo 69 do Código Penal Militar, "para fixação da pena privativa de liberdade, o juiz aprecia a gravidade do crime praticado e a personalidade do réu, devendo ter em conta a intensidade do dolo ou grau da culpa, a maior ou menor extensão do dano ou perigo de dano, os meios empregados, o modo de execução, os motivos determinantes, as circunstâncias de tempo e lugar, os antecedentes do réu e sua atitude de insensibilidade, indiferença ou arrependimento após o crime".

A **primeira etapa** do critério trifásico compreende a fixação da **pena-base**, observadas as **circunstâncias judiciais**.

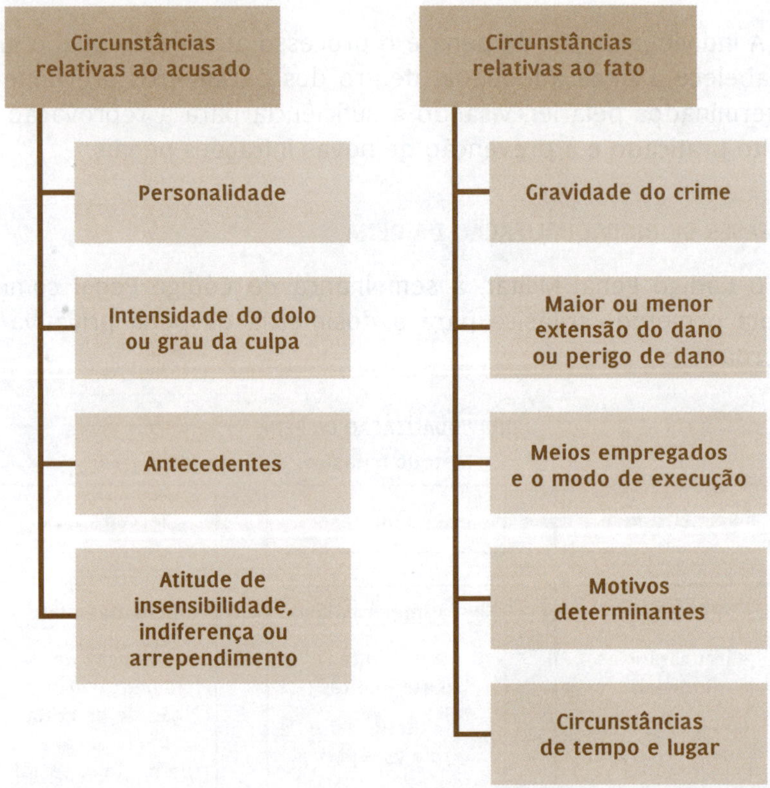

Conforme pacífica jurisprudência do Supremo Tribunal Federal, a dosimetria da pena, além de não admitir soluções arbitrárias e voluntaristas, supõe, como pressuposto de legitimidade, adequada fundamentação racional, revestida dos predicados de logicidade, harmonia e proporcionalidade com os dados empíricos em que se deve basear. Inviável reputar negativa circunstância judicial do art.

69 do Código Penal Militar com fundamento exclusivo nos elementos constitutivos e descritivos do crime. No caso, a avaliação negativa da circunstância judicial da maior extensão do dano com respaldo na ausência da vítima no desempenho de suas funções profissionais revela-se inidônea, por exprimir mera decorrência natural do evento morte. (HC 135360, Relator(a): Min. TEORI ZAVASCKI, Segunda Turma, PUBLIC 24-10-2016).

Na mesma linha, afirma o Superior Tribunal Militar que o quantum de aumento da pena decorrente da avaliação negativa das circunstâncias previstas no artigo 69 do Código Penal Militar é realizado segundo a discricionariedade do Juiz após analisar todo o contexto do crime, de modo que deve ser privilegiado o seu entendimento se não for fixada a pena-base em patamar nitidamente ínfimo ou, ao contrário, exacerbado, pois não há regras objetivas, critérios matemáticos, tampouco fração indicada na lei para incidir nessa fase. (Superior Tribunal Militar. Apelação nº 7001006-03.2018.7.00.0000. Relator(a): Ministro(a) CARLOS AUGUSTO DE SOUSA. Data de Julgamento: 22/05/2019, Data de Publicação: 10/06/2019)

Seguindo critério sugerido pela doutrina, os tribunais superiores têm admitido a utilização da fração de 1/8 para cada circunstância negativa para a exasperação da pena-base (Superior Tribunal Militar. Apelação nº 7000767-96.2018.7.00.0000. Relator(a): Ministro(a) PÉRICLES AURÉLIO LIMA DE QUEIROZ. Data de Julgamento: 04/06/2019, Data de Publicação: 10/06/2019). De acordo com o entendimento sumulado do Superior Tribunal de Justiça, (Súmula 444), é **vedada a utilização de inquéritos policiais e ações penais em curso para agravar a pena-base.** Assim, antes do trânsito em julgado da sentença condenatória, deve-se respeitar o princípio da presunção de inocência, não sendo possível considerar inquéritos policiais e ações penais em curso como maus antecedentes, má conduta social e tampouco como personalidade "voltada para o crime" para agravar a pena base.

Na primeira etapa, se houver **cominação alternativa de penas** o juiz determinará a pena aplicável (art. 69, §1º, CPM). Por exemplo, no crime de traição, previsto no artigo 355, CPM a pena é de morte em seu grau máximo ou de reclusão de 20 anos em seu grau mínimo. Nesse caso o juiz escolherá a pena adequada de acordo com as circunstâncias do crime e do agente.

A pena-base é fixada dentro dos limites legais da quantidade da pena aplicável (art. 69, §2º, CPM). Portanto, de acordo com expressa disposição legal, a pena-base deve respeitar os limites cominados em abstrato. Já na terceira etapa da dosimetria da pena (pena definitiva), na análise das majorantes e minorantes, não há vinculação.

2.2. Fase Secundária – Pena Intermediária (art. 70 a 75, CPM)

A segunda etapa do critério trifásico compreende o estabelecimento da pena intermediária, com observância das **circunstâncias legais: agravantes e atenuantes.**

2.2.1. *Agravantes*

O **artigo 70** do Código Penal Militar elenca o rol de circunstâncias que **agravam** a pena, quando não integrarem ou qualificarem o crime.

> **▸ Como esse assunto foi cobrado em concurso?**
>
> Foi considerada errada a seguinte afirmação "Situação hipotética: Durante a formatura em determinada unidade militar, na presença da tropa, um sargento desacatou o comandante da subunidade a qual pertencia. Assertiva: Nessa situação, a pena prevista para o crime de desacato a superior será agravada em razão da pessoa ofendida." **(Analista Judiciário – área judiciária/STM/2018/CESPE).** [17]

Em regra, as agravantes aplicam-se aos crimes dolosos. Segundo entendimento do STF, razão assiste àqueles que sustentam a impossibilidade de consideração de circunstâncias agravantes genéricas quanto aos crimes culposos, **salvo a reincidência**. (HC 120165, Relator(a): Min. DIAS TOFFOLI, Primeira Turma, PUBLIC 20-03-2014).

17. Desacato a superior Art. 298. Desacatar superior, ofendendo-lhe a dignidade ou o decôro, ou procurando deprimir-lhe a autoridade: Pena – reclusão, até quatro anos, se o fato não constitui crime mais grave. Agravação de pena Parágrafo único. A pena é agravada, se o superior é oficial general ou comandante da unidade a que pertence o agente.

a) Reincidência

Verifica-se a reincidência quando o agente **comete novo crime**, depois de **transitar em julgado a sentença** que, no país ou no estrangeiro, **o tenha condenado por crime anterior** (art. 71, CPM). Os crimes anistiados não são computados para efeito de reincidência (art. 71, §2º).

Todavia, nos termos do §1 do artigo 71, CPM, não se leva em consideração, para efeito da reincidência, a condenação anterior, se, entre a data do cumprimento ou extinção da pena e o crime posterior, decorreu período de tempo superior a cinco anos.

É o chamando período depurador, cujo decurso afasta a reincidência.

As Turmas do Supremo Tribunal Federal divergem quanto ao afastamento dos maus antecedentes na hipótese em que ultrapassado o prazo para reconhecimento da reincidência penal. Trata-se de tema pendente de julgamento, sob a sistemática da repercussão geral (Tema 150, RE 593.818, Rel. Min. Roberto Barroso)[18].

Nesse ínterim, a Primeira Turma tem afirmado que a legislação penal é muito clara em diferenciar os maus antecedentes da reincidência. O art. 64, do CP, ao afastar os efeitos da reincidência, o faz para fins da circunstância agravante do art. 61, I; não para a fixação da pena-base do art. 59, que trata dos antecedentes. Não se pretende induzir ao raciocínio de que a pessoa que já sofreu condenação penal terá registros criminais valorados pelo resto da vida, mas que, havendo reiteração delitiva, a depender do caso concreto, o juiz poderá avaliar essa sentença condenatória anterior (RE 1204335 AgR, Relator(a): Min. ALEXANDRE DE MORAES, Primeira Turma, PUBLIC 14-06-2019).

Em sentido oposto, a Segunda Turma entende que, quando o réu não pode ser considerado reincidente, diante do transcurso de lapso temporal superior a 5 (cinco) anos, conforme previsto no art. 64,

---

18. Até a data de fechamento desta edição, o recurso extraordinário ainda não havia sido julgado, tendo sido incluído no calendário de julgamento pelo Presidente na pauta do dia 15/08/2019, conforme consulta ao sítio eletrônico do STF (http://portal.stf.jus.br/processos/detalhe.asp?incidente=2642160)

inciso I, do Código Penal, a existência de condenações anteriores não caracteriza maus antecedentes. (HC 130500, Relator(a): Min. DIAS TOFFOLI, Segunda Turma, PUBLIC 18-12-2015)

Por fim, merece registro que a Terceira Seção do Superior Tribunal de Justiça aprovou a súmula 636, cujo enunciado estabelece que a "**folha de antecedentes criminais é documento suficiente a comprovar os maus antecedentes e a reincidência.**"

b) Motivos determinantes

A pena também é agravada se o agente tiver cometido o crime por motivo fútil ou torpe ou para facilitar ou assegurar a execução, a ocultação, a impunidade ou vantagem de outro crime.

O **Motivo Fútil** é aquele insignificante, flagrantemente desproporcional ou inadequado se cotejado com a ação ou omissão do agente, o que não se confunde com inexistência de motivo ou com motivo injusto (moralmente reprovável).

Parte da doutrina sustenta a incompatibilidade do estado de embriaguez com a agravante do motivo fútil, na inteligência de que a embriaguez, por não permitir um correto juízo de proporção entre o motivo e sua ação, excluiria a futilidade do motivo do crime.

De acordo com o STJ, é incompatível com o dolo eventual a qualificadora de motivo fútil. (HC 307.617-SP, Rel. Min. Nefi Cordeiro, Rel. para acórdão Min. Sebastião Reis Júnior, julgado em 19/4/2016, DJe 16/5/2016). (Informativo n. 583).

De outro lado, o **Motivo Torpe** é aquele considerado abjeto, indigno e desprezível. É a motivação repugnante, que provoca acentuada repulsa, sobretudo pela insensibilidade moral do autor. Revela-se um violento contraste da torpeza com o sentimento ético comunitário. A maior reprovação envolve o móvel de lucro que conduz o agente na empreitada criminosa.

A torpeza não está ligada apenas a questões patrimoniais, podendo enquadrar-se em qualquer tipo de vantagem pretendida pelo sujeito, motivando-o à realização do comportamento criminoso. Por exemplo, um militar mata o outro para ser promovido.

Por fim, a pena também é agravada se o crime é praticado **para assegurar a execução, a ocultação, a impunidade ou a vantagem de**

outro crime. Trata-se da **conexão teleológica** (meio/fim - assegurar a execução) ou **consequencial** (causa/efeito - a ocultação, a impunidade ou a vantagem), o que pressupõe a existência de dois ou mais crimes entre os quais há um vínculo.

c) Embriaguez voluntária ou culposa

A pena é agravada se o sujeito **pratica o crime depois de embriagar-se**, salvo se a embriaguez decorre de caso fortuito, engano ou força maior. Se o **autor é militar da ativa, a embriaguez sempre agrava pena**. Todavia, se o **autor é civil, somente incide** a agravante se a embriaguez for **preordenada**, conforme ressalva o parágrafo único do artigo 70.

> **Como esse assunto foi cobrado em concurso?**
>
> Foi considerada errada a seguinte afirmação "Em uma festa de confraternização nas dependências de um quartel, alguns militares, conscientemente, ingeriram bebida alcoólica. Lá mesmo, apresentando sintomas de embriaguez, um deles cometeu crime militar e foi preso, o que o tornou réu em ação penal militar. Nessa situação, o estado de embriaguez do militar será considerado circunstância para atenuar a pena." **(Defensor Público Federal/DPU/2017/CESPE).**

d) Modos de execução

Agrava-se a pena se o crime for cometido à **traição, de emboscada, com surpresa**, ou mediante outro **recurso insidioso que dificultou ou tornou impossível a defesa da vítima**.

Os **modos de execução** que dificultam ou impossibilitam a defesa da vítima atuam diretamente na **magnitude do injusto**, favorecendo o êxito do delito. A **traição** pressupõe a perfídia e a deslealdade, pois o agente goza da confiança da vítima, atacando-a de forma súbita e sorrateira, com ocultação da sua intenção hostil.

Já na **emboscada**, há a ocultação do agente clandestinamente por determinado lapso temporal, aguardando a vítima para surpreendê-la e atingi-la.

Por fim, na **dissimulação**, ocorre encobrimento dos próprios desígnios, o que torna mais custosa a defesa da vítima.

e) Meios de execução

O crime é cometido com o emprego de **veneno, asfixia, tortura, fogo, explosivo, ou qualquer outro meio dissimulado ou cruel, ou de que podia resultar perigo comum**. A agravante tem **natureza mista,** pois influi diretamente na medida do injusto, caracterizando um maior desvalor da ação (modo e forma de realização e probabilidade do resultado) e da culpabilidade (disposição de ânimo insidiosa ou cruel).

Meio **insidioso** é aquele dissimulado em sua eficiência maléfica. **Veneno** é qualquer substância que, inoculada, ingerida ou introduzida no organismo, provoca lesão ou perigo de lesão à saúde ou à vida.

Segundo entendimento amplamente majoritário, a utilização de veneno **só qualifica o crime se for feita dissimuladamente.** Por se tratar de meio insidioso, é indispensável que a vítima desconheça a circunstância de estar sendo envenenada, uma vez que o êxito letal do meio empregado está vinculado ao disfarce no seu uso. A administração **forçada do veneno ou feita com o conhecimento** da vítima não permite a agravante, mas pode caracterizar meio cruel, se houver sofrimento da vítima pelo efeito da substância.

O conceito de veneno é objetivo. Todavia, a utilização da substância que não seja necessariamente veneno, mas que seja prejudicial à vítima, pode agravar a pena se for feita com insídia, já que o texto legal autoriza interpretação analógica.

O meio **cruel** é o que aumenta inutilmente o sofrimento da vítima ou revela brutalidade fora do comum. A **asfixia**, que pode ser mecânica ou tóxica, **é meio cruel**, pois implica obstáculo à função respiratória, causando intenso sofrimento à vítima. A **tortura** também é meio cruel, pois que o agente durante a prática de um crime, inflige mal desnecessário com o mero propósito de provocar dor, angústia ou grave sofrimento físico à vítima.

O **perigo comum** é aquele capaz de afetar um número indeterminado de pessoas. O fogo e o explosivo, a depender de sua dimensão, podem criar uma situação de perigo comum. Por exemplo, com o intuito de provocar lesão corporal em um desafeto, o agente incendeia o alojamento de soldados, criando perigo comum.

f) Crime contra ascendente, descendente, irmão ou cônjuge

A existência da relação de parentesco implica o agravamento da pena, sendo vedada analogia para prejudicar o réu.

g) Crime praticado com abuso de poder ou violação de dever inerente a cargo, ofício, ministério ou profissão

Para não incorrer em odioso *bis in idem*, a agravante incidirá somente quando o abuso do poder ou a violação de dever não forem elementares do crime.

h) Crime praticado contra criança, velho ou enfermo

Deve-se considerar a condição pessoal de vulnerabilidade da vítima, que, em função da idade ou condição de saúde não pode oferecer resistência ou tem diminuída essa capacidade. Criança é menor de 12 anos, à luz do Estatuto da Criança e do Adolescente (lei 8069/90). Já o idoso é o maior de 60 anos, à luz do Estatuto do Idoso (lei 10741/2003). A situação do enfermo deverá ser comprovada por laudo pericial.

i) Quando o ofendido estava sob a imediata proteção da autoridade;

O comportamento é merecedor de maior reprimenda porque, além de atingir a vítima, o agente também desafia a autoridade pública, praticando o fato contra alguém sob a proteção desta.

j) Fato praticado em ocasião de incêndio, naufrágio, encalhe, alagamento, inundação, ou qualquer calamidade pública, ou de desgraça particular do ofendido

A reprovação é maior porque o sujeito ativo se aproveita de um momento de comoção pública ou fragilidade da vítima, evidenciando sua insensibilidade quanto à situação de perigo para a coletividade ou de miséria alheia.

l) Delito praticado estando o militar de serviço

A circunstância somente agrava o crime quando praticado por **militar da ativa (artigo 72, parágrafo único, CPM)**, sendo necessário que ele esteja **em situação de efetivo serviço (escala, plantão, sentinela)**. Não é a mera situação de atividade que autoriza a incidência da agravante.

Conforme orientação do Superior Tribunal de Justiça, não configura *bis in idem* a aplicação da agravante genérica prevista no art. 70, II, l, do CPM - incidente nos casos em que o militar pratica o delito estando **de serviço** - nos crimes de concussão (art. 305 do CPM) praticados em serviço. Isso porque a referida circunstância agravante não se insere no referido tipo penal. O militar pode cometer o delito de concussão estando ou não em serviço, **mas o fato de estar "de serviço" torna o crime mais grave, pela particular infringência ao seu dever**. HC 286.802-RJ, Rel. Min. Felix Fischer, julgado em 23/10/2014 (Informativo nº 0551/STJ).

▸ **Como esse assunto foi cobrado em concurso?**

Foi considerada errada a seguinte assertiva "Considere que um tenente, estando em serviço, em área fora da administração militar, tenha constrangido uma mulher à prática de conjunção carnal, mediante grave ameaça, e por isso tenha sido preso em flagrante e denunciado pela prática do crime previsto no art. 232 do CPM (estupro). Considere ainda que, durante o processo, tenha sido juntada aos autos certidão de casamento do referido tenente com a vítima, fato ocorrido após o dia do delito. Em face dessas considerações e com base no CPM, julgue o item que se segue. Eventual pena será agravada pelo fato de o crime ter sido praticado durante o serviço." **(Defensor Público Federal/DPU/2004/CESPE).**

m) Crime cometido com emprego de arma, material ou instrumento de serviço, para esse fim procurado

Novamente, a circunstância somente agrava o crime quando praticado por **militar da ativa (artigo 72, parágrafo único, CPM)**, sendo necessário que ele deliberadamente busque a arma ou material de serviço para o cometimento do crime. **Não basta que ele utilize o material de serviço que lhe foi entregue, deve haver um esforço para obtê-lo.**

Nessa linha, afirma o STM:

> **Concernente à aplicabilidade das agravantes do art. 70, inciso II, alíneas l e m, do CPM, registre-se que os militares podem ter acesso a arma, material ou instrumento de serviço sem a necessidade de estar em serviço. Não existe, pois, confusão entre as agravantes, que, por opção legislativa, estão inseridas em alíneas diferentes justamente para possibilitar**

a aplicação conjunta. (APELAÇÃO nº 0000013-82.2015.7.03.0103/ RS Decisão: 21/02/2017).

n) Crime cometido em auditório da Justiça Militar ou local onde tenha sede a sua administração

Como a sede da auditoria militar não é lugar sujeito à administração castrense, a agravante somente se aplica quando o sujeito ativo é militar. Se o crime é praticado por civil, é comum, de competência da Justiça Federal.

o) Crime praticado em país estrangeiro

Trata-se de hipótese de extraterritorialidade da lei penal militar (art. 7º CPM), que só agrava pena quando o crime for praticado por militar da ativa **(artigo 72, parágrafo único, CPM).**

2.2.2. *Atenuantes*

Nos termos do **artigo 72** do Código Penal Militar, são circunstâncias que sempre **atenuam** a pena.

a) Menoridade relativa ou idade avançada

A pena é atenuada se o agente é **menor de vinte e um ou maior de setenta anos**. Trata-se de condição de caráter pessoal, comprovada através de documento hábil.

Quanto à "menoridade" relativa, por razões de política criminal, o legislador concede um tratamento mais benéfico, considerando que o sujeito que não ultrapassou a idade de 21 anos, apesar de imputável, ainda não atingiu o pleno amadurecimento psíquico. Registre-se que a alteração promovida pelo Código Civil (lei 10406/2002) não alcança a regra penal.

De outro lado, por questões humanitárias, a idade avançada do maior de 70 anos também enseja um tratamento penal mais brando. Diferentemente do Código Penal comum, o CPM não indica o momento em que o réu deve contar a idade superior a setenta anos, se na data do fato ou da sentença condenatória. Admite-se interpretação mais favorável, que é considerar a idade na data da sentença condenatória, nos mesmos moldes do Código Penal comum. Anote-se, porém, que no artigo 129, CPM, o redutor do prazo prescricional para o maior de 70 anos refere-se à data do fato.

b) Comportamento anterior meritório

O histórico honroso do militar deverá ser considerado para efeito de atenuação da pena. Não há que se confundir com bons antecedentes criminais, que serão avaliados na primeira etapa da dosimetria, para a fixação da pena-base. A atenuante é vinculada à existência de atos excepcionais de bravura, condecorações e elogios por serviços extraordinários registrados nos assentamentos funcionais do militar.

A orientação do STM é muito rigorosa no tocante à incidência da atenuante acima:

> O recebimento de Medalha Militar por tempo de serviço e referências elogiosas, de per se, não configuram a atenuante do comportamento meritório estabelecida no inciso II do artigo 72 do CPM. (APELAÇÃO nº 0000013-02.2002.7.11.0011/DF. Data da Publicação: 07/03/2017)

> Para se beneficiar da atenuante de comportamento meritório na dosimetria da pena, é necessário que o acusado tenha realizado condutas excepcionais não obrigatórias ou com risco de vida, não sendo suficientes, para a sua caracterização, as meras referências elogiosas por participação em atividades rotineiras da caserna. (EMBARGOS DE DECLARAÇÃO nº 0000008-61.2009.7.03.0203/DF Decisão: 13/06/2012).

Admite-se a atenuação da pena também em relação ao civil:

> A atenuação de que trata o art. 72, inciso II, do CPM, se aplica tão somente nos casos em que o agente, **ainda que civil**, torna-se merecedor de um registro honorífico, porquanto sua conduta, em uma situação excepcional, foi marcadamente destacada, revelando tratar-se de um cidadão notável na sociedade e detentor de um comportamento austero. (Apelação nº 0000162-40.2010.7.07.0007 UF: PE Decisão: 06/11/2013).

c) Motivos determinantes: relevante valor social ou moral

Se o sujeito cometeu o crime por motivo de relevante valor social ou moral a pena poderá ser atenuada. Trata-se de circunstâncias de caráter pessoal **incomunicáveis,** que denotam menor magnitude da culpabilidade do agente.

Segundo a doutrina, **o valor social** é aquela questão relevante e de acordo com os interesses coletivos, como por exemplo, a indignação com um traidor da pátria. De outra sorte, o **motivo de relevante valor moral** leva em conta os interesses do agente, que estão em conformidade com princípios éticos dominantes em determinada sociedade. Esses motivos podem ser até nobres e altruístas (compaixão), o que não exclui a culpabilidade, mas atenua a reprovação penal.

d) Minoração das consequências do crime ou reparação do dano

A pena também pode ser atenuada se o agente, por sua espontânea vontade e com eficiência, logo após o crime, procurou evitar-lhe ou minorar-lhe as consequências, ou se reparar o dano antes do julgamento.

Importante relembrar que o Código Penal Militar **não prevê causa obrigatória de redução de pena pelo arrependimento posterior**, como faz o Código Penal comum, mas essa atitude voluntária do agente pode atenuar a pena.

Quanto ao tema, já decidiu o STM:

> O Acusado, na condição de pregoeiro, conduziu procedimento licitatório para a aquisição de um módulo de apoio à Operação Pipa e atestou o recebimento do respectivo material. Em conferência posterior foi constatado que o material não deu entrada da Organização Militar. Foi constatado, por prova pericial, o depósito de numerário similar na conta do Réu, dias após o pagamento realizado pela Administração Militar à empresa vencedora da licitação. O Apelante buscou minorar as consequências do crime, entregando a Administração Militar produtos semelhantes aos que estavam descritos na nota fiscal, pelo que faz incidir a atenuante da alínea "b" do artigo 72 do CPM. (APELAÇÃO nº 0000077-90.2012.7.10.0010/CE Decisão: 22/11/2016).

e) Cometido o crime sob a influência de violenta emoção, provocada por ato injusto da vítima

A atenuante beneficia o sujeito que tenha cometido o crime sob a influência de violenta emoção, provocada por ato injusto da vítima.

Emoção é o sentimento intenso e passageiro que altera o estado psicológico do indivíduo, provocando ressonância fisiológica (angústia, medo, tristeza). Trata-se de uma forte e transitória perturbação psíquica, a que estão ligadas certas variações somáticas ou modificações particulares das funções da vida orgânica. Os estados emocionais exacerbados não elidem a imputabilidade, salvo quando patológicos (art. 48, CPM), mas podem atuar como atenuantes.

É necessário que o sujeito esteja sob **influência de emoção violenta**, ou seja, um severo desequilíbrio psíquico a ponto de **reduzir a capacidade de reflexão e autocontrole**, levando-o a praticar o ato extremo.

Ademais, é necessário que a reação destemperada seja **provocada por ato injusto da vítima.** Ato injusto significa ilegítimo, sem motivo razoável: atitude desafiadora, ofensas diretas ou indiretas, insinuações ou atitudes de desprezo. Deve-se analisar a injustiça da provocação de forma objetiva, sem perder de vista a personalidade do provocado e as circunstâncias do fato.

Não obstante a necessidade de demonstração do nexo causal entre a violenta emoção e o ato injusto da vítima, não se exige uma reação instantânea. Admite-se um pequeno lapso temporal, dentro de um critério de razoabilidade, pois a lei não pode beneficiar o sujeito que passa um tempo alimentando e premeditando sua vingança, o que caracterizaria ponderação incompatível com a eclosão da reação emocional.

f) Confissão espontânea

Diferentemente do Código Penal comum, a atenuante castrense incide somente no caso de **confissão espontânea** de autoria que era **ignorada ou imputada a terceiro.**

A confissão espontânea revela a personalidade do agente, expressa sua lealdade processual e faz com que o agente que, de forma espontânea, confessa os fatos que lhe são imputados, faça jus à atenuação de sua pena. Logo, uma vez realizada a confissão espontânea, impõe-se ao julgador o reconhecimento da atenuante, por determinação legal, mediante critério objetivo, repercutindo ao final no cálculo pena.

Mutatis mutandis, entendo aplicável à esfera militar o enunciado da **súmula 545 do STJ**, segundo a qual "quando a confissão for utilizada para a formação do convencimento do julgador, o réu fará jus à atenuante prevista no art. 65, III, d, do Código Penal".

Outrossim, é possível, na segunda fase do cálculo da pena, a compensação da agravante da reincidência com a atenuante da confissão espontânea, por serem igualmente preponderantes.

g) Ter o agente sofrido tratamento com rigor não permitido em lei

As pressões da vida militar respaldam a incidência dessa atenuante. Na hipótese, o sujeito pode ter sua pena atenuada ao agredir um superior hierárquico que o tratara com rigor excessivo não permitido em lei.

Observações

Nos crimes em que a **pena máxima cominada é de morte**, ao **juiz é facultado atender, ou não,** às circunstâncias **atenuantes** acima enumeradas (parágrafo único do artigo 72, CPM). Por exemplo, no crime de traição, previsto no artigo 355, CPM, há previsão de pena de morte, no grau máximo e reclusão de 20 anos, no grau mínimo. Se aplicar a pena privativa de liberdade, que é a mínima cominada, pode deixar de aplicar as atenuantes.

De acordo com o artigo 73, CPM, "quando a lei determina a **agravação ou atenuação** da pena **sem mencionar o** quantum, deve o juiz fixá-lo **entre um quinto e um terço, guardados os limites da pena cominada ao crime"**.

MÍNIMO	1/5
MÁXIMO	1/3

Na fixação da pena intermediária, devem-se respeitar os limites da pena abstratamente cominada ao crime. O Código Penal Militar reforça a inteligência da Súmula 231 do Superior Tribunal de Justiça: **"a incidência da circunstância atenuante não pode conduzir à redução da pena abaixo do mínimo legal"**.

Merecem crítica tanto o CPM quanto a Súmula do STJ, pois que em uma interpretação sistemática, a dosimetria da pena, deve estar de acordo com o princípio da dignidade da pessoa humana e com os demais princípios constitucionais que visam a concretizar garantias constitucionais no âmbito penal e processual penal.

As circunstâncias judiciais favoráveis ao réu dão-lhe direito a que a pena-base seja estabelecida no mínimo legal. Entretanto, também é direito do réu a aplicação da atenuante a que faça jus, incidente no cálculo da pena, de acordo com o sistema trifásico e em respeito ao princípio da individualização da pena, ainda que a pena fique abaixo do mínimo legal.

Ao impedir que circunstâncias atenuantes, como a confissão, reduzam a pena abaixo do mínimo cominado, a equivocada Súmula provoca a supressão da análise de circunstância atenuante na 2ª fase da dosimetria penal, resultando em verdadeira sobreposição do antigo método bifásico sobre o sistema trifásico adotado pelo Código Penal Militar para o cálculo da pena.

Cumpre consignar que a Súmula nº 231 do STJ é constantemente criticada pela grande maioria da doutrina, que se filia à ideia de que seu enunciado presta-se a destituir o réu do seu direito à individualização da pena.

Não obstante, é pacífica a orientação do Superior Tribunal Militar quanto à vedação de atenuação de pena abaixo do mínimo legal:

> A circunstância atenuante prevista no art. 72, inciso III, alínea "d", do CPM (confissão), não pode ser aplicada, haja vista que a pena-base do delito foi fixada em seu mínimo legal (STJ Súmula nº 231). (STM. APELAÇÃO nº 0000069-98.2014.7.05.0005/PR Decisão: 15/02/2017)
>
> O Conselho Julgador de primeiro grau, ao fixar a pena-base em seu mínimo legal na primeira fase da dosimetria, considerou as circunstâncias judiciais favoráveis ao agente. Embora reconhecidas a menoridade e a confissão espontânea do Réu, as atenuantes deixam de ser aplicadas em decorrência da fixação da pena-base em seu mínimo legal, não sendo possível reduzir a pena aquém desse patamar.

Quando ocorre mais de uma agravante ou mais de uma atenuante, **o juiz poderá limitar-se a uma só agravação ou a uma só atenuação**. (artigo 74, CPM).

No **concurso de agravantes e atenuantes**, a **pena** deve **aproximar-se** do **limite indicado pelas circunstâncias preponderantes**, entendendo-se como tais as que resultam dos **motivos determinantes** do crime, da **personalidade** do agente, e da **reincidência**. Se há **equivalência** entre umas e outras, **é como se não tivessem ocorrido (artigo 75, CPM)**. Em outras palavras, há compensação entre agravantes e atenuantes equivalentes.

De acordo com o STM, a atenuante da menoridade relativa foi compensada pela agravante de o acusado estar de serviço, sendo certo que, remanescendo a confissão espontânea, como a pena-base foi fixada no seu mínimo legal, inaplicável a atenuação, na forma do art. 73 do Código Penal Militar. (Superior Tribunal Militar. Apelação nº 7001022-54.2018.7.00.0000. Relator(a): Ministro(a) CARLOS VUYK DE AQUINO. Data de Julgamento: 15/05/2019, Data de Publicação: 23/05/2019)

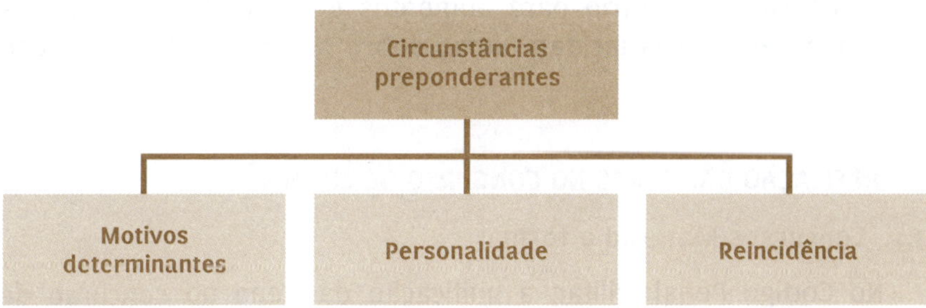

2.3. Fase Terciária – Pena Definitiva (art. 76, CPM)

A **terceira etapa** da aplicação da pena leva em consideração as causas de aumento (majorantes) e de redução de pena (minorantes), que incidirão sobre a pena intermediária, chegando-se à **pena definitiva**. Nessa fase, pode o juiz exceder os limites mínimo e máximo da pena cominada, mas **deve respeitar os limites genéricos do artigo 58, CPM**.

Nos exatos termos do artigo 76, CPM, "quando a lei prevê causas especiais de aumento ou diminuição da pena, **não fica o juiz adstrito aos limites da pena cominada** ao crime, senão **apenas aos da espécie de pena aplicável**".

Por exemplo, no crime de corrupção passiva (Art. 308, CPM), aplicada a pena máxima de reclusão de 8 anos com a causa de aumento de pena do §1º em 1/3, totalizam-se 10 anos e 8 meses, excedendo o limite cominado ao tipo, mas não ao limite genérico de 30 anos do art. 58, CPM.

No **concurso de causas** de diminuição e de aumento de pena, **a regra é a incidência obrigatória e sucessiva, sem possibilidade de compensação entre elas**. Essa regra aplica-se quando há **concurso de causas só da parte geral ou entre causas da parte especial e da parte geral ou só da parte especial.**

Excepcionalmente, no **concurso** dessas **causas especiais**, pode o juiz limitar-se a **um só aumento ou a uma só diminuição**, prevalecendo, todavia, a causa que **mais aumente ou diminua.** O parágrafo único do artigo 76 do Código castrense repete a regra do artigo 68, parágrafo único, do Código Penal comum.

O critério majoritário para aumentos e diminuições determina que **todas as causas incidam umas sobre as outras ("juros sobre juros").**

3. UNIFICAÇÃO DAS PENAS NO CONCURSO DE CRIMES

3.1. Concursos Material e formal

No Código Penal Militar, a unificação da pena no **concurso de crimes** submete-se à mesma regra: **soma de penas**. Pela letra da lei, a princípio, não há diferença na unificação da pena entre **concurso formal e material**. A mesma disposição se aplica à **continuidade delitiva**, como se verá a diante.

O artigo 79 estatui que "quando o agente, mediante **uma só (concurso formal)** ou **mais de uma ação ou omissão (concurso material)**, **pratica dois ou mais crimes**, idênticos ou não, as penas privativas de liberdade devem ser **unificadas.** Se as penas são da **mesma espécie, a pena única é a soma de todas**; se, de **espécies diferentes,** a pena **única** é a **mais grave**, mas **com aumento correspondente à metade do tempo das menos graves**, ressalvado o disposto no **art. 58".**

Sendo as penas de mesma espécie (reclusão e reclusão), devem ser somadas. Se forem de espécies diferentes (reclusão e detenção), utiliza-se a pena mais grave aumentada da metade da soma das penas menos graves.

Conforme jurisprudência do STM:

> Em face do cúmulo material relativo a crimes com penas de espécies diferentes, aplica-se o art. 79, in fine, do CPM, para unificar a pena imposta. APELAÇÃO nº 0000135-78.2014.7.05.0005/PR. Decisão: 19/10/2016.

A pena aplicada a cada crime deve respeitar os limites genéricos do artigo 58, CPM. Todavia, quanto ao **limite máximo das penas unificadas**, deve-se atender ao limite imposto pelo **artigo 81, CPM**: **detenção (15 anos) e reclusão (30 anos).**

A título de ilustração, observe-se o quadro a seguir:

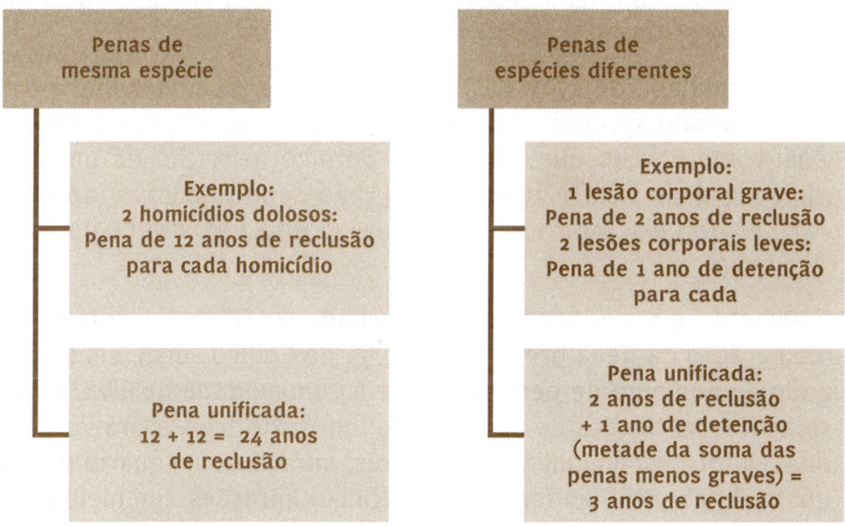

3.2. Crime continuado

Quanto ao **crime continuado**, nos termos do artigo 80, CPM, "**aplica-se a regra do artigo anterior**, quando o agente, mediante **mais de uma ação ou omissão**, pratica **dois ou mais crimes da mesma espécie** e, pelas **condições de tempo, lugar, maneira de execução e outras semelhantes**, devem os **subsequentes** ser considerados como **continuação do primeiro**".

A regra castrense de aplicação da pena no crime continuado é alvo de **severa controvérsia** nos Tribunais Superiores.

O Superior Tribunal Militar, com respaldo na doutrina, entende aplicável a regra da exasperação do artigo 71 do Código Penal comum por considerá-la mais benéfica ao réu.

Nessa linha, registra-se que, se tratando de crime continuado, **a Jurisprudência do STM adota os princípios norteadores do Direito Penal comum (artigo 71, CP),** em detrimento do Código Penal Militar (artigo 80), por entender que a legislação comum melhor atende aos anseios de uma boa política criminal. Com isso, busca-se evitar que se apliquem aos condenados na Justiça Militar penas cumulativas a um agente que comete vários atos criminosos da mesma espécie, em momentos diversos e contra um mesmo sujeito passivo, para unificá-las numa só, com os acréscimos recomendados no caso concreto (2001.01.048715-8. DJ: 25/01/2002).

A pluralidade de ações justifica a incidência da continuidade delitiva, devendo ser aplicada a regra esculpida no art. 71 do Código Penal comum, visto que tal medida permite a fixação de uma reprimenda mais justa e proporcional, não sendo aplicável ao caso o art. 80 do CPM. (Apelação nº 0000106-43.2012.7.10.0010/CE Decisão: 11/02/2016).

Quanto ao tema, também tem decidido o STM que o critério de exasperação da pena previsto no art. 71 do Código Penal, em se tratando de aumento de pena referente à continuidade delitiva, deve-se aplicar as frações de aumento de: um sexto para a prática de 2 (duas) infrações; um quinto para 3 (três) infrações; um quarto para 4 (quatro) infrações; um terço para 5 (cinco) infrações; um meio para 6 (seis) infrações; e dois terços para 7 (sete) ou mais infrações. Não se pode agravar a pena por um mesmo fato utilizado para fundamentar outro agravamento, sob pena de incorrer em violação ao princípio do no bis in idem. (Superior Tribunal Militar. Apelação nº 7000671-81.2018.7.00.0000. Relator(a): Ministro(a) FRANCISCO JOSELI PARENTE CAMELO. Data de Julgamento: 05/06/2019, Data de Publicação: 14/06/2019):

Em sentido contrário, o **Supremo Tribunal Federal entende que não cabe tal raciocínio, em respeito ao princípio da especialidade**.

Assim, afirma o STF que "não se aplica aos crimes militares a regra de continuidade delitiva a que se reporta o art. 71 do Código Penal Comum. Isso porque, nos termos do art. 12 do CP, a inexistência de regramento específico em sentido contrário é premissa da aplicação subsidiária do Código Penal às legislações especiais. No caso, tal premissa não se faz presente. **Bem ou mal, o Código Penal Militar cuidou de disciplinar os crimes continuados de forma distinta e mais severa do que o Código Penal Comum.** Não se pode mesclar o regime penal comum e o castrense, de modo a selecionar o que cada um tem de mais favorável ao acusado. **Tal proceder geraria um "hibridismo" incompatível com o princípio da especialidade das leis. Sem contar que a disciplina mais rigorosa do Código Penal Castrense funda-se em razões de política legislativa que se voltam para o combate com maior rigor daquelas infrações definidas como militares.** (HC 86854, Relator(a): Min. CARLOS BRITTO, Primeira Turma, DJ 02-03-2007).

De acordo com o Código Penal Militar, "consideram-se **crimes da mesma natureza** os **previstos no mesmo dispositivo legal**, **bem como os que**, embora previstos em dispositivos diversos, **apresentam**, pelos fatos que os constituem ou por seus motivos determinantes, **caracteres fundamentais comuns**" (art. 78, §5º, CPM).

Essa definição legal está de acordo com o entendimento dos Tribunais Superiores. Todavia, segundo parte da doutrina, crimes de mesma espécie são aqueles que ofendem o mesmo bem jurídico.

Dispõe também o Código castrense que "não há crime continuado quando se trata de **fatos ofensivos de bens jurídicos inerentes à pessoa, salvo** se as ações ou omissões sucessivas são dirigidas **contra a mesma vítima" (parágrafo único do artigo 8º, CPM).**

3.3. Redução da pena unificada no concurso formal e no crime continuado

Merece especial atenção a **causa de redução** prevista no **artigo 81, § 1º** do Código Penal Militar: "a pena unificada **pode ser diminuída** de um **sexto a um quarto**, no caso de **unidade de ação ou omissão**, ou de **crime continuado"**.

Assim, para mitigar os rigores do artigo 79, CPM, **pode-se reduzir a pena unificada de 1/6 a 1/4** nos casos de **concurso formal ou crime**

continuado, mantendo-se a soma de penas somente no concurso material.

3.4. Limites globais da pena unificada

O artigo **81, CPM aponta os limites da pena unificada no concurso de crimes.** A **pena unificada** não pode ultrapassar de **trinta anos**, se é de **reclusão**, ou de **quinze anos**, se é de **detenção**.

RECLUSÃO	30 ANOS
DETENÇÃO	15 ANOS

3.5. Regras especiais no caso de pena de morte

Dispõe o **§ 2º** do artigo 81, CPM que "quando cominada a **pena de morte** como **grau máximo** e a de **reclusão como grau mínimo**, aquela corresponde, **para o efeito de graduação, à de reclusão por trinta anos"**.

Por exemplo, no crime de traição, previsto no artigo 355, CPM, há previsão de pena de morte no grau máximo e reclusão de 20 anos, no grau mínimo. Se o juiz optar por aplicar a pena privativa de liberdade, o máximo corresponderá a 30 anos.

Nos **crimes punidos com a pena de morte**, esta corresponde à de **reclusão por trinta anos**, para cálculo da pena aplicável à **tentativa**, salvo disposição especial **(artigo 81, §2º do CPM)**.

Portanto, em caso de tentativa de crime em que é cominada pena de morte, utiliza-se o *quantum* de 30 anos de reclusão, se o juiz optar por aplicar a pena privativa de liberdade. Sobre essa quantidade de pena aplica-se a causa de redução referente à tentativa.

3.6. Dosimetria das penas não privativas de liberdade

As penas **não privativas de liberdade** são **aplicadas distinta e integralmente**, ainda que previstas para um só dos crimes concorrentes, conforme dispõe o **artigo 83 do CPM**. A aplicação das penas principais de natureza restritiva de direitos não segue a regra do critério trifásico das penas privativas de liberdade.

3.7. Criminoso habitual ou por tendência

Estranhamente, o **artigo 78** do Código Penal Militar afirma que a **pena** a ser imposta será por **tempo indeterminado** em se tratando de **criminoso habitual ou por tendência**.

A lei penal castrense considera **criminoso habitual** aquele que **reincide pela segunda** vez na prática de **crime doloso da mesma natureza**, punível com pena privativa de liberdade **em período de tempo não superior a cinco anos**, descontado o que se refere a cumprimento de pena.

Como se não bastasse, o Código cria uma odiosa **habitualidade presumida, reconhecível pelo juiz para quem, "embora sem condenação anterior**, comete sucessivamente, em período de tempo não superior a cinco anos, **quatro ou mais crimes dolosos da mesma natureza**, puníveis com pena privativa de liberdade, e demonstra, pelas suas condições de vida e pelas circunstâncias dos fatos apreciados em conjunto, acentuada inclinação para tais crimes". Nesse caso, fica sem aplicação o disposto quanto ao concurso de crimes idênticos ou ao crime continuado (art. 82, CPM).

Consideram-se **crimes da mesma natureza** os previstos no mesmo dispositivo legal, bem como os que, embora previstos em dispositivos diversos, apresentam, pelos fatos que os constituem ou por seus motivos determinantes, caracteres fundamentais comuns.

De outro lado, "considera-se **criminoso por tendência** aquele que comete homicídio, tentativa de homicídio ou lesão corporal grave, e, pelos motivos determinantes e meios ou modo de execução, revela extraordinária torpeza, perversão ou malvadez".

Segundo o Código, a pena imposta será por **tempo indeterminado** e o juiz fixará a pena correspondente à nova infração penal, que constituirá a duração mínima da pena privativa da liberdade, não podendo ser, em caso algum, inferior a três anos.

A duração da pena indeterminada **não poderá exceder a dez anos, após o cumprimento da pena imposta,** ficando ressalvado, em qualquer caso, o disposto no art. 113 do CPM (substituição da pena por medida de segurança para o semi-imputável).

Entende-se que o dispositivo **não foi recepcionado** pela Constituição da República por **violar** os princípios da **individualização da pena** (art. 5º, XLVI, CR) e da **limitação das penas**, que veda a pena de caráter perpétuo (art. 5º, XLVII, b, CR).

4. SURSIS – SUSPENSÃO CONDICIONAL DA PENA

4.1. Conceito

O *sursis* ou suspensão condicional da pena é uma medida descarcerizadora destinada a evitar o aprisionamento de condenados a penas privativas de liberdade de curta duração. **O artigo 84 do CPM** dispõe que a execução da pena privativa da liberdade **não superior a 2 (dois) anos** pode ser suspensa por **2 (dois) anos a 6 (seis) anos.** Note-se que o tempo de suspensão no âmbito militar é maior que o estabelecido no Código Penal comum (dois a quatro anos).

Conforme entendimento do Superior Tribunal Militar, a suspensão condicional da execução da pena é um instituto de política criminal destinado a evitar o recolhimento do condenado à prisão, que deve observar certos requisitos legais e determinadas condições estabelecidas pelo Juiz. Passado o prazo determinado, a pena privativa de liberdade considera-se extinta. E nunca é demais lembrar que este Tribunal tem posição consolidada de que *sursis* não é pena, posição sempre firmada quando há pedidos de cômputo do período da suspensão para fins de indulto. E em não sendo pena, não há que se falar em sua execução provisória (APELAÇÃO nº 0000094-18.2013.7.06.0006/BA Decisão: 10/10/2016).

4.2. Pressupostos

O *sursis* **aplica-se somente ao condenado militar**, uma vez que os civis condenados na Justiça Militar, qualquer que seja a pena, são executados na Justiça comum, submetendo-se às disposições da Lei de Execução Penal.

Os pressupostos para a concessão do benefício na Justiça Militar são idênticos aos impostos na esfera comum.

Exige-se que o sentenciado **não haja sofrido** no País ou no estrangeiro, **condenação irrecorrível** por outro crime a **pena privativa da liberdade, salvo o disposto no 1º do art. 71, CPM. Em outras palavras, não pode ser reincidente condenado a pena privativa de liberdade.**

Além disso, as **circunstâncias judiciais** devem ser **favoráveis**: os seus **antecedentes e personalidade**, os **motivos e as circunstâncias** do crime, bem como sua **conduta posterior**, devem autorizar a presunção de que não tornará a delinquir.

A suspensão é somente da pena principal privativa de liberdade, **não se estendendo às penas de reforma, suspensão do exercício** do posto, graduação ou função **ou à pena acessória, nem exclui a aplicação de medida de segurança não detentiva**.

4.3. Condições

No caso de concessão do benefício, a sentença estabelecerá as condições e regras a que ficará sujeito o condenado durante o prazo fixado, começando este a correr da audiência em que for dado conhecimento da sentença ao beneficiário (artigos 85 do CPM e 608 do CPPM).

As condições devem ser adequadas ao delito, ao meio social e à personalidade do condenado. **Serão normas obrigatórias impostas ao sentenciado que obtiver o livramento condicional, nos termos do artigo 626 do CPPM:**

- tomar ocupação, dentro de prazo razoável, se for apto para o trabalho;
- não se ausentar do território da jurisdição do juiz, sem prévia autorização;
- não portar armas ofensivas ou instrumentos capazes de ofender;
- não frequentar casas de bebidas alcoólicas ou de tavolagem;
- não mudar de habitação, sem aviso prévio à autoridade competente.

Além das condições acima, poderão ser impostas as seguintes **condições facultativas** (artigo 608 do CPPM):

- frequentar curso de habilitação profissional ou de instrução escolar;
- prestar serviços em favor da comunidade;
- atender aos encargos de família;
- submeter-se a tratamento médico.

4.4. Revogação obrigatória

De acordo com o **artigo 86** do Código Penal Militar, a suspensão **é revogada** se, no curso do prazo, o beneficiário:

- vem a ser **condenado, por sentença irrecorrível,** na Justiça **Militar ou na comum,** em razão de **crime**, ou de **contravenção reveladora de má índole** ou a que tenha sido imposta **pena privativa de liberdade;**
- **não efetua**, sem motivo justificado, a **reparação do dano;**
- sendo **militar, é punido por infração disciplinar** considerada **grave.**

4.5. Revogação facultativa e prorrogação do *sursis*

A suspensão **pode ser também revogada**, se o condenado **deixa de cumprir qualquer das obrigações** constantes da sentença.

Nesse caso, o juiz pode, ao invés de decretá-la, **prorrogar o período de prova até o máximo,** se este não foi o fixado.

Se o beneficiário está respondendo a processo que, no caso de condenação, pode acarretar a revogação**, considera-se prorrogado o prazo da suspensão até o julgamento definitivo.**

4.6. Extinção da pena

Nos termos do artigo 87, CPM, se o prazo expira sem que tenha sido revogada a suspensão, fica extinta a pena privativa de liberdade.

Quanto ao tema, entende o STM que o transcurso do lapso temporal estipulado para o cumprimento da suspensão condicional da reprimenda, sem que tenha havido a revogação ou a suspensão do benefício, impõe a extinção da pena privativa de liberdade. Esse contexto inviabiliza o pleito do MPM para a prorrogação do *sursis* e a exacerbação das condições impostas, sob pena de caracterizar o excesso de execução.

Opera-se a preclusão lógica do pleito de prorrogação e a exacerbação das condições do *sursis* quando comprovado que, durante a Execução Penal, o Parquet teve ciência das justificativas para o seu descumprimento inicial e anuiu com a sua continuidade pelo período originalmente proposto, inclusive sem qualquer insurgência. (Superior Tribunal Militar. Recurso em Sentido Estrito nº 7000343-20.2019.7.00.0000. Relator(a): Ministro(a) MARCO ANTÔNIO DE FARIAS. Data de Julgamento: 30/05/2019, Data de Publicação: 12/06/2019).

Aduz, ainda, a Corte Militar que, uma vez cumprido o período de prova sem que o *sursis* tenha sido revogado, a situação do sentenciado se torna imutável, em face do **direito público subjetivo** que lhe assiste de ver declarada a extinção da punibilidade. Não é mera expectativa de direito, mas algo consumado que demanda pronto reconhecimento do Poder Judiciário. Eventuais requerimentos do MPM com o fito de esclarecer a situação do militar junto à Força, em momento posterior ao fim do período de prova, configuram medidas inócuas, ante os efeitos jurídicos inarredáveis do art. 87 do CPM. (Superior Tribunal Militar. Recurso em Sentido Estrito nº 7000099-91.2019.7.00.0000. Relator(a): Ministro(a) FRANCISCO JOSELI PARENTE CAMELO. Data de Julgamento: 28/05/2019, Data de Publicação: 06/06/2019).

4.7. Vedação do *sursis*

A suspensão condicional da pena **não se aplica** ao condenado por **crime** cometido **em tempo de guerra.**

Também é vedada a concessão de sursis, em alguns crimes praticados em **tempo de paz** que **afetem gravemente a ordem, a disciplina e o dever militares.** Tais delitos são elencados no **rol taxativo do artigo 88, CPM:**

- **Aliciação e incitamento** (art. 154 a 156, CPM);
- **Violência contra superior** (art. 157, CPM);
- **Violência contra oficial de dia**, de serviço ou de quarto, sentinela, vigia ou plantão (art. 158, CPM);
- **Desrespeito a superior** (art. 160, CPM);
- **Desrespeito a símbolo nacional** (art. 161, CPM);
- **Despojamento desprezível** (art. 162, CPM);
- **Insubordinação - gênero** (art. 163 a 166, CPM);
- **Deserção** (art. 187 a 194, CPM);
- **Pederastia** (art. 235, CPM); e
- **Receita legal** (art. 291 e seu parágrafo único, ns. I a IV, CPM).

▸ **Como esse assunto foi cobrado em concurso?**

Foi considerada errada a seguinte afirmação "Situação hipotética: Em tempo de paz, durante uma instrução e na presença de outros militares, um soldado desrespeitou o sargento responsável pela atividade, tendo sido processado, julgado e condenado a um ano de detenção, por desrespeito a superior. Assertiva: Nessa situação, a execução da pena poderá ser suspensa pelo período de dois anos, a depender dos antecedentes do infrator." **(Defensor Público Federal/DPU/2017/CESPE).**

A jurisprudência do Supremo Tribunal Federal reconhece a constitucionalidade do tratamento processual penal mais gravoso aos crimes submetidos à justiça militar, em virtude da hierarquia e da disciplina próprias das Forças Armadas.

Com efeito, no próprio texto constitucional, há discrímen no regime de disciplina das instituições militares. Desse modo, como princípio de hermenêutica, somente se deveria declarar um preceito normativo conflitante com a Lei Maior se o conflito fosse evidente. Ou seja, deve-se preservar o afastamento da suspensão condicional da pena por ser opção política normativa. Em consequência, entendem-se como recepcionadas pela Constituição as normas previstas na alínea "a" do inciso II do artigo 88 do Código Penal Militar e na alínea "a" do inciso II do artigo 617 do Código de Processo Penal Militar. (HC 119567, Relator(a): Min. DIAS TOFFOLI, Relator(a) p/ Acórdão: Min. ROBERTO BARROSO, Tribunal Pleno, PUBLIC 30-10-2014)

Em face de expressa vedação do art. 88, II, *b*, do CPM, o Supremo Tribunal Federal denegou a ordem no Habeas Corpus nº 109.390, que pleiteava a concessão de *sursis* em favor de militar condenado por **ato libidinoso** com agravante, tipificado no art. 235, c/c art. 237, II, e art. 70, II, *g*, do CPM (**HC 109.390**, rel. min. **Gilmar Mendes**, julgamento em 18-9-2012, Segunda Turma, *DJE* de 9-10-2012).

Na mesma linha, posiciona-se o Superior Tribunal Militar afirmando que a norma prevista no art. 88 do CPM, que impede a suspensão condicional da pena nos crimes que enumera, é constitucional. (APELAÇÃO nº 0000061-30.2016.7.09.0009/MS Decisão: 28/03/2017)

A jurisprudência do **Superior Tribunal Militar é firme no sentido de que** permanece dotado de plena eficácia o art. 88, inciso II, alínea "a", do CPM, que veda a concessão do "sursis" para o crime de deserção. (APELAÇÃO nº 0000018-40.2015.7.01.0401/RJ Decisão: 28/03/2017). Todavia, merece registro que a Corte Castrense , por questões de política criminal, tem relativizado a vedação, permitindo **a concessão de sursis aos condenados por deserção, desde que comprovado o licenciamento/exclusão do serviço ativo**. (Apelação nº 7000112-90.2019.7.00.0000. Relator(a): Ministro(a) PÉRICLES AURÉLIO LIMA DE QUEIROZ. Data de Julgamento: 24/04/2019, Data de Publicação: 03/05/2019):

> **▸ Como esse assunto foi cobrado em concurso?**
>
> Foi considerada errada a seguinte assertiva "De acordo com o CPM, é vedada a concessão de suspensão condicional da pena no crime de violência contra inferior." **(Defensor Público Federal/DPU/2007/CESPE).**

5. LIVRAMENTO CONDICIONAL

5.1. Conceito

Na esfera penal militar, o livramento condicional tem natureza de **incidente da execução, diferentemente do Código Penal e da Lei de Execução Penal**, em que se trata de uma das etapas do cumprimento da pena privativa de liberdade.

Assim, o livramento condicional não seria automático, podendo ser concedido **mediante requerimento** do sentenciado, de seu cônjuge ou parente em linha reta, ou por proposta do diretor do estabelecimento penal, ou por iniciativa do Conselho Penitenciário, ou órgão equivalente, incumbindo a decisão ao auditor, ou ao Tribunal se a sentença houver sido proferida em única instância (**artigo 619, CPPM**).

O livramento somente será concedido mediante parecer do Conselho Penitenciário, ouvidos o diretor do estabelecimento em que está ou tenha estado o liberando e o representante do Ministério Público da Justiça Militar.

5.2. Cabimento

O livramento condicional aplica-se **somente ao militar** condenado a pena de **reclusão ou de detenção** por tempo **igual ou superior a dois anos** (art. 89, CPM) executado em **estabelecimento militar**.

Segundo o STM, é firme a jurisprudência na órbita do direito penal militar no sentido de que, como um dos requisitos objetivos para a concessão do livramento condicional, **está o de ter havido condenação à pena privativa de liberdade igual ou superior a dois anos.** A negativa da concessão do livramento condicional ao Paciente assentou-se no não atendimento de requisito objetivo definido em lei plenamente vigente, não sendo dada, portanto, ao Magistrado da execução, a possibilidade de simplesmente descumpri-la. (HC nº 0000127-96.2010.7.00.0000 UF: RN Decisão: 16/09/2010).

Relembre-se que o militar condenado a pena privativa de liberdade de até a dois anos tem a pena de reclusão ou detenção substituída por prisão quando não cabível o benefício do *sursis* (art. 59, CPM).

Por sua vez, o civil condenado pela Justiça Militar da União terá necessariamente a execução desenvolvida perante a Justiça comum (art. 62, CPM), sujeitando-se ao regramento da Lei de Execução Penal. O mesmo tratamento será dado ao militar que perde tal condição (pena superior a 2 anos implica perda de posto/patente de oficial, bem como exclusão de praça) e passa a ser executado na esfera comum. . Quanto ao tema, anote-se entendimento do Superior Tribunal Militar de que o ex-militar condenado pela Justiça Militar e que cumpra pena em estabelecimento civil fica sujeito ao regime conforme a legislação penal comum, de cujos benefícios e concessões, também, poderá gozar. Preenchidos os requisitos objetivos e subjetivos, com fulcro no Art. 131 da Lei nº 7.210/84, c/c o Art. 83, incisos I a IV, do Código Penal, deve ser concedido o benefício. (RSE nº 0000024-78.2010.7.03.0203/RS Decisão: 15/06/2010).

Por expressa vedação legal (**art. 96, CPM**), o livramento condicional **NÃO SE APLICA** ao condenado por crime cometido **EM TEMPO DE GUERRA**. Diferentemente do que ocorre com o "sursis", não há vedação de livramento para os crimes de tempo de paz, mas é exigido um lapso temporal maior (2/3 de pena cumprida, conforme artigo 97, CPM).

5.3. Requisitos

Os requisitos para o livramento condicional na esfera militar são **mais rigorosos** que aqueles exigidos no Direito Penal comum.

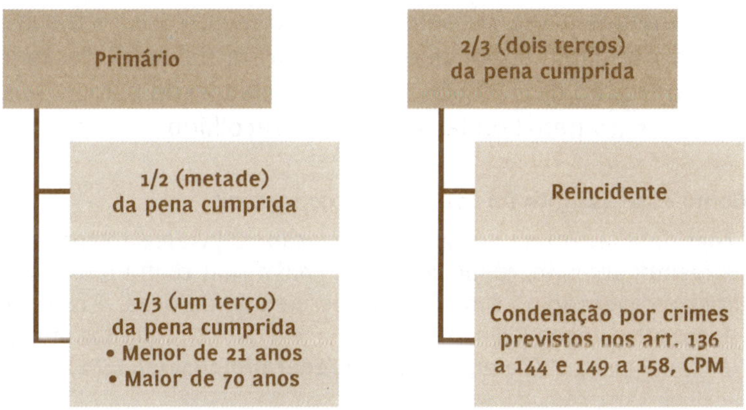

De acordo com o **artigo 89 do CPM**, é necessário que o condenado tenha cumprido **1/2 (metade) da pena**, caso seja **primário**, sendo esse prazo **reduzido para apenas 1/3 (um terço)** se o primário também for **menor de 21** (vinte e um) ou **maior de 70** (setenta) anos.

Se o apenado for **reincidente**, exige-se que tenha cumprido **2/3 (dois terços)** da reprimenda.

Nos termos do **artigo 97 do CPM**, o mesmo lapso temporal **de 2/3 da pena cumprida** é necessário em caso de condenação por crime **contra a segurança externa do país** (art. 136 a 144, CPM), **revolta e motim** (art. 149 a 153, CPM), **aliciação e incitamento** (art. 154 a 156) e **violência contra superior ou militar de serviço** (art. 157e 158, CPM).

No caso de condenação por infrações penais em concurso, para aferir-se o tempo de pena cumprida, deve ter-se em conta a pena unificada.

Além do requisito temporal, o condenado deve ter **reparado o dano causado** pelo crime, salvo impossibilidade de fazê-lo.

De acordo com o STM, o benefício de livramento condicional deve ser concedido quando comprovado nos autos que não há dano a ser ressarcido e quando preenchidos os demais requisitos previstos no CPPM, prestigiando o direito à liberdade. (HC nº 0000086-27.2013.7.00.0000 UF: RJ Decisão: 18/06/2013).

Também é necessário que seja atestada sua **boa conduta** durante a execução da pena, sua **adaptação ao trabalho** e que as circunstâncias atinentes a sua **personalidade**, ao **meio social** e à sua **vida pregressa** permitem supor que não voltará a delinquir. Essas informações constarão de **minucioso relatório** elaborado pelo **diretor do estabelecimento** penal onde se encontra recolhido.

> **Como esse assunto foi cobrado em concurso?**
>
> Foi considerada correta a seguinte afirmação "O livramento condicional de sargento, primário, condenado por crime militar contra o patrimônio estará condicionado ao cumprimento de metade da pena, à reparação do dano, salvo impossibilidade de fazê-lo, e a outros requisitos previstos na lei penal militar." **(Defensor Público Federal/DPU/2017/CESPE).**

5.4. Condições

A sentença deve especificar as condições a que fica subordinado o livramento. O artigo **626 do CPPM estabelece as normas obrigatórias** a serem impostas ao sentenciado que obtiver o livramento condicional:

- tomar ocupação, dentro de prazo razoável, se for apto para o trabalho;
- não se ausentar do território da jurisdição do juiz, sem prévia autorização;
- não portar armas ofensivas ou instrumentos capazes de ofender;

- não frequentar casas de bebidas alcoólicas ou de tavolagem;
- não mudar de habitação, sem aviso prévio à autoridade competente.

O liberado fica sob observação cautelar e proteção realizadas por patronato oficial ou particular. Na falta de patronato, o liberado fica sob observação cautelar realizada por serviço social penitenciário ou órgão similar.

Se for permitido ao liberado residir fora da jurisdição do juiz da execução, será remetida cópia da sentença à autoridade judiciária do local para onde se houver transferido, ou ao patronato oficial, ou órgão equivalente.

5.5. Revogação do livramento

Nos termos do artigo 93 do CPM, **revoga-se obrigatoriamente livramento**, se o liberado vem a ser **condenado**, em sentença **irrecorrível**, a **pena privativa de liberdade** por **infração penal** (crime militar ou comum ou contravenção - §2º) **cometida durante** a vigência do benefício.

Também haverá **revogação obrigatória** se sobrevém **condenação definitiva** por **infração penal anterior** e a **nova unificação** torna **incompatível** o benefício, devendo-se considerar o período de prova como pena já cumprida. Nesse caso, não há impedimento para concessão de outro livramento com base na nova pena unificada.

A revogação do livramento é **facultativa** se o liberado **deixa de cumprir qualquer das obrigações** constantes da sentença **ou** é **irrecorrivelmente condenado a pena não privativa de liberdade** por **contravenção penal ou, ainda,** se o **militar sofre penalidade por transgressão** disciplinar considerada **grave.**

Revogado o livramento, não pode ser novamente concedido e, salvo quando a revogação resulta de condenação por infração penal anterior ao benefício, não se desconta na pena o tempo em que esteve solto o condenado (artigo 94, CPM).

Assim, quando é cometida infração penal no período de prova, a revogação do livramento impede a concessão de novo benefício na mesma execução, devendo-se cumprir integralmente o restante da pena. Entretanto, pode-se conceder livramento em relação à nova condenação.

5.6. Extinção da pena

Cumprido o período de livramento sem revogação, considera-se extinta a pena privativa de liberdade (artigo 95, CPM).

Contudo, se o liberado é processado por infração penal cometida na vigência do livramento, enquanto não passa em julgado a sentença, deve o juiz abster-se de declarar a extinção da pena. Nesse caso, prorroga-se o período de cumprimento da pena.

CAPÍTULO X

Extinção da punibilidade

1. INTRODUÇÃO

A punibilidade é a consequência natural da prática do crime. A possibilidade de punir o autor de uma infração penal pertence exclusivamente ao Estado e esse interesse reflete uma pretensão que se define como:

- **Pretensão punitiva:** obter um provimento jurisdicional condenando o réu ao cumprimento de uma sanção penal.
- **Pretensão executória:** executar o título judicial obtido após o trânsito em julgado, impondo efetivamente a sanção penal.

2. CAUSAS DE EXTINÇÃO DA PUNIBILIDADE

Após a ocorrência do delito podem surgir situações que impedem a aplicação ou a execução da sanção respectiva. A punibilidade do fato cessa em razão de certas contingências ou por motivos de conveniência e oportunidade política. Em determinadas situações **expressamente previstas na lei**, o Estado pode abrir mão do direito de punir ou até mesmo perder a pretensão punitiva.

O **Código Penal Militar** apresenta um rol de causas de extinção da punibilidade distinto daquele previsto no Código Penal comum:

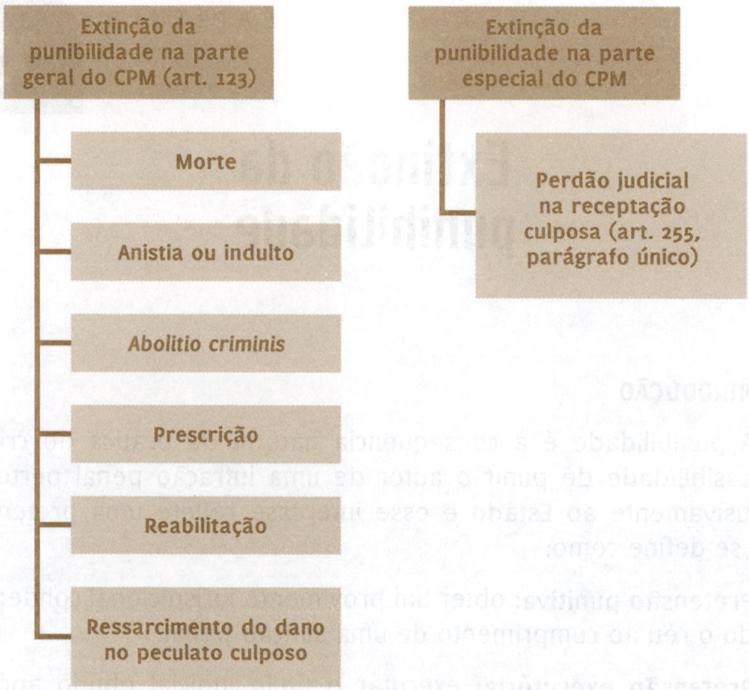

As causas de extinção da punibilidade **devem ser previstas expressamente em lei, não se admitindo, em regra, utilização de analogia para a integração de supostas lacunas na lei penal militar**. Por exemplo, o casamento do autor do estupro com a vítima, antes da edição da lei 11106/2005, extinguia a punibilidade do agente no Código Penal comum, mas o mesmo raciocínio não poderia ser estendido à esfera castrense.

▸ Como esse assunto foi cobrado em concurso?

Foi considerada correta a seguinte assertiva "Considere que um tenente, estando em serviço, em área fora da administração militar, tenha constrangido uma mulher à prática de conjunção carnal, mediante grave ameaça, e por isso tenha sido preso em flagrante e denunciado pela prática do crime previsto no art. 232 do CPM (estupro). Considere ainda que, durante o processo, tenha sido juntada aos autos certidão de casamento do referido tenente com a vítima, fato ocorrido após o dia do delito. Em face dessas considerações e com base no CPM, julgue o item que se segue. O casamento do autor com a vítima não é causa de extinção da punibilidade do crime." **(Defensor Público Federal/DPU/2004/CESPE).**

A extinção da punibilidade de um crime que é pressuposto, elemento constitutivo ou circunstância agravante de outro crime, não se estende a este. Nos crimes conexos, a extinção da punibilidade de um deles não impede, quanto aos outros, a agravação da pena resultante da conexão (art. 123, parágrafo único, CPM).

> **Como esse assunto foi cobrado em concurso?**
>
> Foi considerada errada a seguinte assertiva "Nas infrações penais conexas, especificamente em relação aos crimes militares próprios, a declaração de extinção da punibilidade de um dos delitos impede que este agrave a pena resultante dos demais delitos da conexão." **(Promotor de Justiça Substituto/MPE/ES/2010/CESPE).**

2.1. Extinção da punibilidade pela morte do agente

De acordo com o **Princípio da intranscendência da pena**, previsto no artigo 5º, XLV da Constituição da República, "nenhuma pena passará da pessoa do condenado, podendo a obrigação de reparar o dano e a decretação do perdimento de bens ser, nos termos da lei, estendidas aos sucessores e contra eles executadas, até o limite do valor do patrimônio transferido".

A responsabilidade penal é pessoal, não podendo passar do agente que praticou o ilícito, sem prejuízo da obrigação de reparar o dano e da perda de bens. A pena é uma medida de caráter estritamente pessoal, sobretudo por se caracterizar uma ingerência ressocializadora sobre o condenado.

A **comprovação da morte** se dá mediante a apresentação de documento hábil (**certidão de óbito**). **Há uma interessante controvérsia** quanto às consequências da comprovação da falsidade da certidão de óbito apresentada em juízo para fundamentar a extinção da punibilidade:

- **1ª corrente: para a maioria da doutrina,** a decisão que julga extinta a punibilidade é terminativa de mérito em sentido amplo, justamente por declarar não haver mais pretensão punitiva do Estado. Como não há revisão criminal *pro-societate*, não se poder reiniciar a ação penal contra o réu, cabendo apenas processá-lo pelo crime de falsidade documental.

- **2ª Corrente: de acordo com a jurisprudência dominante dos Tribunais Superiores,** revoga-se o despacho que julgou extinta a punibilidade, pois fundamentado em documento comprovadamente falso. Além de não fazer coisa julgada em sentido estrito, já que o acusado estaria se beneficiando de conduta ilícita, a decisão fundou-se em fato juridicamente inexistente, não produzindo qualquer efeito. Se não houve morte, estava ausente o pressuposto de extinção da punibilidade, não podendo fazer coisa julgada. Assim, o processo retoma seu curso, se não houver ocorrido a prescrição.

2.2. Extinção da punibilidade pela anistia ou pelo indulto

2.2.1. Anistia

A **anistia,** também chamada de **clemência soberana** ou indulgencia principis, corresponde ao esquecimento jurídico de crimes pelo Estado. Essa causa de extinção da punibilidade é **irrevogável** e tem por objeto fatos e não pessoas, sendo concedida por meio de **Lei do Congresso Nacional** com sanção presidencial, nos termos dos artigos art. 21, XVII e 48, VIII, da Constituição da República, com efeitos **retroativos** (*ex tunc*).

Quanto ao momento, a doutrina classifica a anistia em **própria e imprópria.** A **primeira** ocorre **antes do trânsito** em julgado da sentença condenatória, enquanto a última se dá **após o trânsito, não atingindo os efeitos civis** da condenação (subsiste a obrigação de indenizar). Nos dois casos, extinguem-se todos os efeitos penais (inclusive o pressuposto da reincidência).

Quanto aos **sujeitos beneficiados,** a doutrina distingue a anistia **geral, que** favorece a todos os que praticaram determinado fato indistintamente, ou **parcial,** beneficiando somente alguns criminosos, como por exemplo, apenas os não reincidentes.

Quanto ao **objeto,** classifica-se em anistia **irrestrita ou limitada,** conforme abranja todos os delitos relacionados ao fato criminoso principal ou exclua somente alguns deles.

É cediço que a anistia **não se aplica** aos crimes **hediondos e equiparados,** nos termos do art. 5º, XLIII da Constituição da República.

Porém, vale registrar que os crimes militares não integram o rol de crimes hediondos e equiparados da lei 8072/90. Assim, mesmo que se trate, por exemplo, de homicídio qualificado ou estupro previstos no Código Penal Militar, não há vedação de concessão de anistia.

2.2.2. Indulto

O indulto **extingue a pena** imposta a uma pessoa, sendo concedido mediante **decreto presidencial** ou de autoridade com delegação, como por exemplo, o Ministro da Justiça ou o Advogado Geral da União, nos termos do artigo 84, XII e parágrafo único da Constituição.

O indulto fulmina apenas a pretensão executória, não atingindo os demais efeitos penais (reincidência) e extrapenais (dever de indenizar).

Conforme entendimento pacífico do STF e do STM, o período de prova do *sursis* não é computado para concessão de indulto, por se tratar de medida de política criminal despenalizadora da competência do Presidente da República, que na sua decretação, discrimina os requisitos a serem preenchidos pelos apenados para que tenham o direito. O Magistrado desvirtua o fim do Decreto Presidencial de indulto quando aceita o período de cumprimento do *sursis* como efetivo tempo de pena. (RSE nº 0000078-29.2016.7.07.0007 UF: PE Decisão: 31/05/2016).

Corroborando essa orientação, foi editada a **Súmula nº 16 do Superior Tribunal Militar**, em 11.11.2016, com o seguinte verbete: "A suspensão condicional da pena (sursis) não é espécie de pena; portanto, o transcurso do período de prova, estabelecido em audiência admonitória, não atende ao requisito objetivo exigível para a declaração de extinção da punibilidade pelo indulto".

Segundo a posição da Corte Suprema, "tratando-se de institutos penais diversos, não cabe ter como tempo de cumprimento da pena o período de prova exigido para a suspensão condicional da pena" (HC nº 117.855/SP, Primeira Turma, Relator o Ministro Luiz Fux, DJe de 19/11/13). Para que houvesse direito ao indulto, seria mister que o Decreto Presidencial, expressamente, se referisse, ao invés de tempo de cumprimento de pena, ao cumprimento de determinada fração do período de prova, o que é bem diverso. (HC 129209,

Relator(a): Min. DIAS TOFFOLI, Segunda Turma, julgado em 17/11/2015, PUBLIC 14-12-2015)

Apesar de **não haver referência expressa à graça no Código Penal Militar**, não há óbice à sua concessão, eis que, na essência, tem a mesma natureza do indulto. A diferença está em que, enquanto o **indulto** tem caráter **coletivo**, dirigindo-se a um grupo indeterminado de condenados e sendo delimitado pela natureza do crime e quantidade da pena aplicada, a **graça** tem caráter **individual**, sendo direcionada especificamente a determinado condenado.

Em consonância com o exposto, o STM reconhece o indulto individual (graça) ao lado do coletivo:

> Sendo o indulto uma concessão **individual ou coletiva** de competência do Presidente da República, descabe ao Poder Judiciário qualquer ingerência sobre ele, sob pena de violação ao princípio da separação de Poderes. Nesses termos, o decreto não é passível de interpretação extensiva. (RSE nº 0000081-81.2016.7.07.0007 UF: PE Decisão: 14/06/2016).
>
> No **Indulto Coletivo** é necessário o preenchimento de todos os requisitos elencados no Decreto Presidencial para a sua concessão. (HC nº 0000076-75.2016.7.00.0000 UF: MG Decisão: 07/06/2016)

Por fim, mesmo não havendo disposição expressa, admite-se também a **comutação** (diminuição) de penas, pois que equivale a um **indulto parcial**.

2.3. Extinção da punibilidade pela retroatividade de lei que não mais considera o fato como criminoso – abolitio criminis

A ***Abolitio criminis*** não desfaz a existência do crime já cometido, mas **extingue a sua punibilidade, afastando todos** os **efeitos penais** (principais e secundários) da sentença condenatória, mesmo com trânsito em julgado. Nesse caso, evidentemente, extingue-se a pretensão executória, mas **não são afastados os efeitos civis**, como por exemplo, o dever de indenizar por eventuais danos causados.

Antes do trânsito em julgado, a *abolitio criminis* também impede a incidência dos efeitos civis, já que, faltando o título executivo judicial, não há a possibilidade de executá-la diretamente, sendo necessária a propositura da ação de conhecimento na esfera cível.

2.4. Reabilitação

Diferentemente do Direito Penal comum, **a reabilitação na esfera penal militar é tratada como causa de extinção de punibilidade, alcançando quaisquer penas** impostas por sentença definitiva (art. 134, CPM). O instituto da reabilitação é um instrumento cuja finalidade é a recuperação profissional e o estímulo a um bom comportamento após o cumprimento da pena recebida. Enquanto o Código Penal comum estabelece o prazo de dois anos, o prazo exigido no CPM para requerer a reabilitação é **de cinco anos contados do dia em que for extinta**, de qualquer modo, **a pena principal ou terminar a execução desta ou da medida de segurança aplicada em substituição (art. 113)**, ou do dia em que **terminar o prazo da suspensão condicional da pena ou do livramento condicional**, desde que o condenado seja domiciliado no País, no prazo acima referido e tenha dado, durante esse tempo, demonstração efetiva e constante de bom comportamento público e privado.

Conforme a jurisprudência do Superior Tribunal Militar:

> Os requisitos do pedido de reabilitação presentes na legislação castrense foram preenchidos. Demonstrados nos autos o decurso do lapso temporal superior a cinco anos após a extinção da punibilidade, o domicílio no país, bem como declaração de idoneidade e certidões negativas, é possível inferir que o requerente não tornou a delinquir, demonstrando total recuperação social. (RSE nº 0000032-33.2016.7.04.0004 UF: MG Decisão: 05/04/2016)

> ▸ **Como esse assunto foi cobrado em concurso?**
>
> Foi considerada errada a seguinte assertiva "O prazo para requerer a reabilitação, após o cumprimento ou a extinção da pena, é idêntico no processo penal comum e no processo penal militar." **(Defensor Público Federal/DPU/2007/CESPE).**

Além disso, exige-se que o sujeito **tenha ressarcido o dano causado pelo crime** ou demonstre absoluta impossibilidade de fazê-lo até o dia do pedido, ou exiba documento que comprove a renúncia da vítima ou novação da dívida.

O requerimento de reabilitação exige capacidade postulatória, devendo o interessado constituir advogado ou ser assistido pela

Defensoria Pública. Quanto ao tema, o STM tem afirmado que, em Reabilitação Criminal, por ser matéria de direito personalíssimo, somente o interessado pode intentar o pedido e, se não tiver capacidade postulatória, deverá constituir patrono devidamente inscrito na Ordem dos Advogados do Brasil. Não basta ao interessado a titularidade de um direito, é preciso, para tanto, que o postulante seja possuidor de legitimação para atuar no processo, sob pena de nulidade do feito, ressalvada a possibilidade de renovação. (RSE nº 0000057-57.2015.7.08.0008 (1)/PA Decisão: 28/10/2015).

Não se concede reabilitação em favor dos que foram reconhecidos perigosos, salvo prova cabal em contrário, e em relação aos atingidos pelas penas acessórias de suspensão do exercício do poder familiar, tutela ou curatela, se o crime for de natureza sexual em detrimento de filho, tutelado ou curatelado.

Negada a reabilitação, não pode ser novamente requerida **senão após o decurso de dois anos**. Mais uma vez, o **Código castrense difere do Código comum**, que permite a renovação do pedido a qualquer tempo, desde que com nova fundamentação.

Se o reabilitado for **definitivamente condenado** ao cumprimento de pena **privativa da liberdade**, a **reabilitação será revogada** de ofício ou a requerimento do Ministério Público.

Nos termos do artigo **135 do CPM, d**eclarada a reabilitação, serão cancelados, mediante averbação, os antecedentes criminais. Concedida a reabilitação, o registro oficial de condenações penais não pode ser comunicado senão à autoridade policial ou judiciária, ou ao representante do Ministério Público, para instrução de processo penal que venha a ser instaurado contra o reabilitado. É também extinta eventual pena de inabilitação imposta na sentença condenatória.

Acrescente-se que a decisão que concede reabilitação é sujeita ao duplo grau obrigatório (recurso de ofício – art. 654, CPPM). Diz o STM que o recurso de ofício tem como supedâneo legal o art. 654 do CPPM, que determina que o julgador de primeira instância, ao conceder a reabilitação, submeta a sua decisão a esta Corte. Presentes as condições legais previstas na legislação penal e processual castrense, deve ser concedido o benefício da reabilitação. (Superior Tribunal Militar. Recurso em Sentido Estrito nº 7001027-76.2018.7.00.0000. Relator(a): Ministro(a) ALVARO LUIZ PINTO. Data de Julgamento: 21/05/2019, Data de Publicação: 27/05/2019).

2.5. Ressarcimento do dano no peculato culposo

No caso de **peculato culposo, a reparação do dano antes da sentença irrecorrível é causa de extinção da punibilidade (artigo 303, § 4º, CPM)**. O Código Penal Militar traz disposição idêntica à do Código Penal comum (artigo 312, § 3º, CP). Se a reparação é **posterior ao transito,** não há extinção da punibilidade, mas **reduz-se de metade a pena imposta.**

> **Como esse assunto foi cobrado em concurso?**
>
> Foi considerada errada a seguinte afirmação "Situaçao hipotética: O oficial encarregado pelo setor financeiro de determinada organização militar foi indiciado em inquérito policial militar, por suspeita de ter cometido dolosamente crime de peculato. No curso da investigação, ele assumiu a autoria do que lhe estava sendo imputado e ressarciu integralmente o dano. Assertiva: Nessa situação, o indiciado não poderá ser denunciado, pois o ressarcimento realizado configurou a extinção da punibilidade." **(Analista Judiciário - àrea judiciária/STM/2018/CESPE).**
>
> Foi considerada correta a seguinte assertiva "No peculato culposo, a reparação do dano, antes da sentença irrecorrível, acarreta a extinção da punibilidade do agente, tanto no CP como no CPM." **(Defensor Público Federal/DPU/2010/CESPE).**

2.6. Perdão Judicial

Apesar de não mencionado no rol do artigo 123 do Código Penal Militar, há previsão de **perdão judicial, na parte especial, no caso de RECEPTAÇÃO CULPOSA (artigo 255, Parágrafo único), podendo o juiz deixar de aplicar a pena** se o **agente é primário e o valor da coisa não é superior a um décimo do salário mínimo.**

Conforme orientação do STF, o art. 123 do Código Penal Militar **não contempla a hipótese de perdão judicial** como causa de extinção da punibilidade e, **ainda que *in bonan* partem, não se aplica, por analogia, o art. 121, § 5º, do Código Penal.** Embora o perdão judicial seja previsto no art. 255 do mesmo diploma, a cuidar de receptação culposa, a analogia pressuporia lacuna, omissão na lei e, na situação, tratar-se-ia de **silêncio eloquente, sendo evidente no Código Penal Militar a vontade do legislador de excluir o perdão judicial do rol de causas de extinção da punibilidade**. (HC 116254, Relator(a): Min. ROSA WEBER, Primeira Turma, PUBLIC 14-08-2013 - Informativo 712/STF)

> ▸ **Como esse assunto foi cobrado em concurso?**
>
> Foi considerada errada a seguinte afirmação "Militar que cometer crime de lesão corporal leve poderá ser beneficiado pelo perdão judicial, com a consequente extinção da sua punibilidade." **(Analista Judiciário - àrea judiciária/STM/2018/CESPE).**

Na mesma linha, há diversos precedentes do STM no sentido de que o instituto do perdão judicial não seria aplicável ao rito castrense, considerando a especificidade do Código Penal Militar. (APELAÇÃO nº 0000045-03.2014.7.04.0004/MG Decisão: 02/02/2016). Como a legislação militar não prevê o instituto do perdão judicial. Não há que falar em interpretação por analogia ao Código Penal, uma vez que não se constata lacuna a ser suprida. (APELAÇÃO nº 0000039-41.2012.7.08.0008/PA Decisão: 03/03/2015). Não se aplica o perdão judicial disposto no art. 107, inciso IX, do Código Penal comum, uma vez que inexiste previsão na legislação penal castrense para aplicação do referido instituto nos crimes de abandono de posto. (APELAÇÃO nº 0000021-80.2012.7.06.0006 UF: BA Decisão: 08/10/2013).

Contudo, sinalizando flexibilização desse posicionamento, a Corte militar entendeu que "o disparo acidental com arma, utilizada durante o serviço de escala, causa prejuízos de ordem material e moral à Instituição Militar e à família da vítima. O perdão judicial é medida de política criminal, com previsão apenas na Lei Penal comum, permitindo ao juiz deixar de aplicar a pena em situações excepcionais. **No âmbito da Justiça Militar da União, também pode ser aplicado, mas somente se as consequências, advindas pelo cometimento do crime, atingirem o agente de forma tão grave,**

que tornem a sanção penal cruel e desnecessária". (Apelação nº 0000046-62.2014.7.08.0008. Relator(a): Ministro(a) Marco Antônio de Farias. Data de Julgamento: 17/08/2017, Data de Publicação: 29/08/2017)

2.7. Retratação

A retratação não figura no rol do artigo 123 do Código Penal Militar, **mas é prevista na parte especial, como causa extintiva de punibilidade no crime de falso testemunho, onde o** fato deixa de ser punível, se, antes da sentença o agente se retrata ou declara a verdade (art. 346, § 2º, do CPM)

Quanto ao tema, o Superior Tribunal Militar já decidiu que a leitura conjunta do art. 346, § 2º, do CPM e do art. 364 do CPPM recomenda que não se instaure a ação penal pelo crime de falso testemunho antes de proferida a sentença no processo onde se produziu o depoimento tido como falso. Mesmo porque, até a sentença, o agente pode se retratar ou declarar a verdade, ficando extinta a punibilidade, a teor do § 2º do citado art. 346 do CPM. Não há, entretanto, óbice legal à instauração da ação penal antes da sentença do processo onde se prestou o depoimento tido como falso, desde que: a denúncia descreva fato que, em tese, constitua o crime de falso testemunho; os elementos colhidos na instrução provisória dêem suporte à imputação; e o julgamento fique sobrestado até a prolação da referida sentença (Superior Tribunal Militar. Recurso em Sentido Estrito nº 2003.01.007087-2.Relator(a): Ministro(a) José Julio Pedrosa. Data de Julgamento: 01/08/2003, Data de Publicação: 29/08/2003)

2.8. Prescrição

2.8.1. Conceito

A prescrição é a perda pretensão punitiva do Estado, pelo decurso de tempo, em razão do seu não exercício no prazo fixado pela lei.

Trata-se de **instituto** jurídico de **natureza penal** mediante o qual o **Estado**, por **não** ter **capacidade** de **fazer valer** seu **direito de punir** em determinado **lapso temporal** previsto na lei, faz com que ocorra a **extinção da punibilidade**.

O próprio Estado estabelece **critérios limitadores** para o **exercício** do **direito de punir** e, levando em conta a **gravidade da conduta** delituosa e da **resposta penal** correspondente, **fixa lapso** temporal dentro do qual estará **legitimado** a aplicar a sanção adequada.

Por ser matéria de ordem pública, a prescrição, embora não alegada, **deve ser declarada de ofício (artigo 133, CPM)**. Trata-se de questão **preliminar**, que deve anteceder ao mérito (**Súmula 241, do TFR**).

De acordo com o **artigo 124 do Código Penal Militar**, a prescrição refere-se à ação penal ou à execução da pena. A **prescrição antes do trânsito em julgado**, impropriamente chamada de prescrição **da ação penal**, diz respeito à **pretensão punitiva (*ius puniendi*)**, que se traduz na possibilidade de formar o título executivo. **Após o trânsito** em julgado, a prescrição é da **pretensão executória** (*ius punitionis*).

2.8.2. *Fundamentos políticos da prescrição*

- **Decurso do prazo (teoria do esquecimento do fato)**: o decurso do tempo leva ao esquecimento do fato. Aos poucos, o alarme social desaparece até apagar-se definitivamente, gerando desinteresse de fazer valer a pretensão punitiva.

- **Correção do condenado:** o decurso do prazo leva à autorrecuperação do criminoso. Se o condenado não voltar a delinquir após longo lapso temporal, conclui-se que, por si mesmo, foi capaz de alcançar o reajustamento social que a pena se dispõe a fazer. Assim, a pena perde seu fundamento de prevenção especial, esgotando-se os motivos do Estado para desencadear a punição.

- **Negligência da autoridade:** o Estado deve suportar o ônus de sua inércia, não se admitindo que o delinquente submeta-se, *ad infinitum*, ao império da vontade estatal.

- **Fundamento Processual:** o decurso do prazo enfraquece o suporte probatório e dificulta uma justa apreciação do delito. A apuração torna-se mais incerta e a defesa mais difícil.

2.8.3. *Espécies de Prescrição da Pretensão Punitiva*

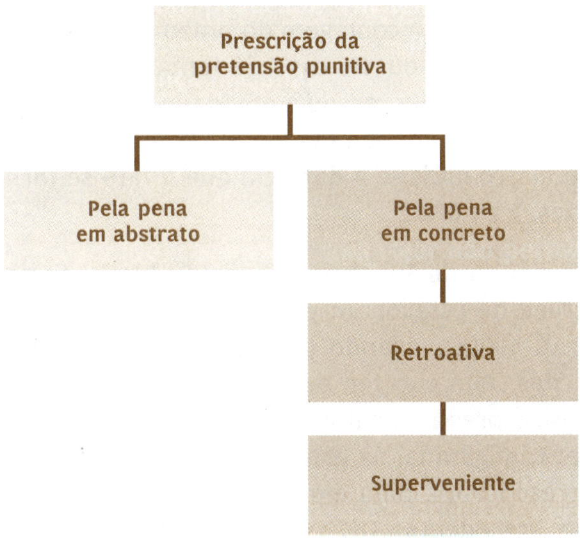

2.8.4. *Prescrição pela pena em abstrato*

Antes da sentença condenatória, a prescrição **regula-se pelo máximo da pena abstratamente cominada** ao crime, verificando-se nos prazos do **artigo 125, CPM:**

QUANTIDADE DE PENA MÁXIMA	PRAZO PRESCRICIONAL
PENA DE MORTE	30 ANOS
PENA MÁXIMA > 12 ANOS	20 ANOS
8 ANOS < PENA MÁXIMA , 12 ANOS	16 ANOS
4 ANOS < PENA MÁXIMA , 8 ANOS	12 ANOS
2 ANOS < PENA MÁXIMA , 4 ANOS	8 ANOS
1 ANO , PENA MÁXIMA , 2 ANOS	4 ANOS
PENA MÁXIMA < 1 ANO	2 ANOS

▸ **Como esse assunto foi cobrado em concurso?**

Foi considerada errada a seguinte assertiva "A prescrição da ação penal dos crimes aos quais é cominada pena de morte se dá em vinte anos." **(Defensor Público Federal/DPU/2004/CESPE).**

a) Termo Inicial

O termo inicial para a contagem do prazo prescricional é o **dia em que o crime se consumou**. No caso de **tentativa**, começa a correr a prescrição do **dia em que cessou a atividade criminosa** e, nos **crimes permanentes**, do **dia** em que **cessou a permanência**. Nos **crimes de falsidade**, o marco inicial é a **data em que o fato se tornou conhecido (artigo 125, § 2º, CPM)**.

A jurisprudência do Supremo Tribunal Federal é firme no sentido de que o crime de **estelionato previdenciário de valores sujeitos à Administração Militar**, quando praticado **pelo próprio beneficiário das prestações, tem caráter permanente**, o que fixa como termo inicial do prazo prescricional a **data da cessação da permanência**, devendo ser configurada, na espécie, como termo inicial para a contagem da prescrição, a data em que foi percebida a última parcela do benefício. Precedentes. (HC 115975, Relator(a): Min. CÁRMEN LÚCIA, Segunda Turma, PUBLIC 11-11-2013).

b) Causas Suspensivas

O Código Penal Militar indica **duas causas suspensivas** da prescrição da pretensão punitiva. **Havendo questões prejudiciais obrigatórias**, a prescrição não corre enquanto não resolvida, em outro processo, questão de que dependa o reconhecimento da existência do crime. Também fica suspenso prazo prescricional **enquanto o agente cumpre pena no estrangeiro (artigo 125, § 4º, CPM)**.

Importante registrar que **não se aplica subsidiariamente o artigo 366 do Código de Processo Penal comum à esfera castrense**. No caso de citação por edital em que o réu não comparece nem constitui advogado, **não há suspensão do prazo prescricional** nem do processo, que segue à revelia do acusado. A adoção da referida suspensão, além de ferir a índole do processo penal militar, caracteriza analogia *in malam partem*.

> **▸ Como esse assunto foi cobrado em concurso?**
>
> Foi considerada errada a seguinte assertiva "No processo penal militar, efetivada a citação por edital, não comparecendo o réu, nem constituindo

advogado, ficarão suspensos o processo e o curso do prazo prescricional, podendo o juiz determinar a produção antecipada de provas consideradas urgentes e, se for o caso, decretar a prisão preventiva." **(Defensor Público Federal/DPU/2007/CESPE).**

c) Causas Interruptivas

O prazo prescricional é **interrompido** pela **instauração do processo** (recebimento da denúncia ou da queixa subsidiária) e pela **prolação da sentença condenatória recorrível (artigo 125, § 5º, CPM).** Interrompida a prescrição, todo o prazo começa a correr, novamente, do dia da interrupção **(artigo 128, CPM).**

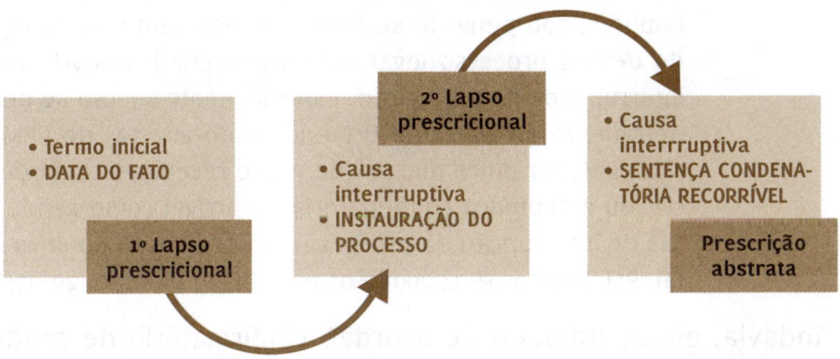

▸ **Como esse assunto foi cobrado em concurso?**

Foi considerada errada a seguinte assertiva "A extinção da punibilidade dá-se, entre outras causas, pela prescrição, a qual, no curso da ação penal, é interrompida pela instauração do processo, pela sentença condenatória recorrível e pela prática de outro crime pelo acusado." **(Analista Judiciário/STM/2004/CESPE).**

A jurisprudência do STF afirma que o acórdão que dá provimento ao recurso de sentença absolutória, por ser o primeiro decreto condenatório, tem o condão de interromper o prazo prescricional. Nesse sentido:

> **a causa interruptiva da prescrição, inserta no art. 125, § 5º, inciso II, do Código Penal Militar, refere-se à sentença ou acórdão condenatório recorrível, visto que não há distinção ontológica entre ambos**, não incidindo o entendimento em analogia *in malam partem*. Assim, absolvido o paciente em primeiro grau, a causa interruptiva a ser considerada é a data da publicação do acórdão da apelação que o condenou,

> sobretudo porque é nele que será fixada a pena in concreto que balizará o cálculo da prescrição. (HC 115035, Relator(a): Min. LUIZ FUX, Primeira Turma, PUBLIC 01-07-2013).

O Superior Tribunal Militar segue a mesma orientação:

> Apesar de o art. 125 do CPM, no seu § 5º, inciso II, mencionar a sentença condenatória recorrível como sendo o marco para interrupção da prescrição, **é entendimento sedimentado nesta Corte que, nos casos de decisões que reformam as sentenças absolutórias prolatadas no Juízo a quo, o acórdão condenatório, por ser a primeira decisão condenatória recorrível, passa a ser considerado para tanto.** Não é possível também, sob pena de se ferir o mandamento constitucional do devido processo legal, que sejam criados novos marcos interruptivos da prescrição, especialmente se isso se der em detrimento do acusado. O mencionado art. 125 do CPM não cita qualquer outro marco que não o recebimento da denúncia, ou a sentença condenatória recorrível como sendo causas de interrupção da prescrição da pretensão punitiva estatal. RSENº 0000008-34.2003.7.01.0201 UF: RJ Decisão: 29/03/2016.

Todavia, em se tratando de acórdão confirmatório de condenação, ainda não há unanimidade no Supremo Tribunal Federal quanto à interrupção do prazo prescricional.

A Primeira Turma afirma que o acórdão confirmatório da condenação interrompe a prescrição. A prescrição é, como se sabe, o perecimento da pretensão punitiva ou da pretensão executória pela inércia do próprio Estado. No art. 117 do Código Penal que deve ser interpretado de forma sistemática todas as causas interruptivas da prescrição demonstram, em cada inciso, que o Estado não está inerte. Não obstante a posição de parte da doutrina, o Código Penal não faz distinção entre acórdão condenatório inicial e acórdão condenatório confirmatório da decisão. Não há, sistematicamente, justificativa para tratamentos díspares. A ideia de prescrição está vinculada à inércia estatal e o que existe na confirmação da condenação é a atuação do Tribunal. Consequentemente, se o Estado não está inerte, há necessidade de se interromper a prescrição para o cumprimento do devido processo legal. (RE 1182718 AgR, Relator(a): Min. ALEXANDRE DE MORAES, Primeira Turma, PUBLIC 27-03-2019)

A Segunda Turma do STF não acolhe a tese da interrupção do prazo prescricional (ARE 931443 AgR, Relator(a): Min. DIAS TOFFOLI, Segunda Turma, PUBLIC 28-06-2016).

A Corte Castrense não reconhece o acórdão confirmatório de condenação como marco interruptivo do prazo prescricional:

> Não é possível também, sob pena de se ferir o mandamento constitucional do devido processo legal, que sejam criados novos marcos interruptivos da prescrição, especialmente se isso se der em detrimento do acusado. O mencionado art. 125 do CPM não cita qualquer outro marco que não o recebimento da denúncia, ou a sentença condenatória recorrível como sendo causas de interrupção da prescrição da pretensão punitiva estatal. RSENº 0000008-34.2003.7.01.0201 UF: RJ Decisão: 29/03/2016.

A interrupção da prescrição produz efeito relativamente a todos os concorrentes do crime. Nos crimes conexos que sejam objeto do mesmo processo, a interrupção relativa a qualquer deles estende-se aos demais **(artigo 125, § 6º, CPM).**

d) Causas modificativas do prazo prescricional

Para calcular-se o prazo prescricional definitivo, é preciso computar as **causas de aumento de pena (majorantes) em seu grau máximo e** as causas de **redução de pena (minorantes) em seu grau mínimo.** No cálculo da prescrição pela pena em abstrato, deve-se considerar a pior hipótese para o réu, pois prevalece o interesse da sociedade.

Excluem-se nesse cálculo as circunstâncias **agravantes e atenuantes.** No caso de **concurso de crimes ou de crime continuado,** o prazo de prescrição de **cada crime** é considerado **isoladamente (artigo 125, § 4º, CPM).**

De acordo com o **artigo 129 do CPM,** "são **reduzidos de metade os prazos da prescrição**, quando o criminoso era, **ao tempo do crime**, menor de **vinte e um anos** ou **maior de setenta**". Trata-se de **condições pessoais** que beneficiam o agente com a redução do prazo prescricional pela metade.

O Código Penal Militar exige que o sujeito tenha **setenta anos ao tempo do crime**, diferentemente do Código comum, em que o preenchimento desse requisito se dá por ocasião da primeira decisão condenatória.

2.8.5. *Prescrição pela pena em concreto*

a) Prescrição retroativa

Transitada em julgado para a acusação a sentença condenatória, o prazo prescricional é calculado com fundamento na pena em concreto aplicada na tabela do artigo 125 do Código Penal Militar.

Os lapsos prescricionais são considerados retroagindo-se da sentença ao primeiro marco interruptivo. Nos exatos termos § 1º do artigo 125 do CPM, "sobrevindo sentença condenatória, de que somente o réu tenha recorrido, a prescrição passa a regular-se pela pena imposta, e deve ser logo declarada, sem prejuízo do andamento do recurso se, entre a última causa interruptiva do curso da prescrição e a sentença, já decorreu tempo suficiente".

Aplica-se o **artigo 129 do CPM**, reduzindo de metade o prazo da prescrição se condenado era, ao tempo do crime, menor de vinte e um anos ou maior de setenta.

Note-se que o Código Castrense não menciona a retroatividade a fato anterior ao recebimento da denúncia. Antes da edição da **Lei 12.234/2010**, a Jurisprudência dos Tribunais Superiores admitia aplicação subsidiária do Código Penal à esfera militar e permitia a prescrição retroativa até a data do crime.

Nessa linha, a Segunda Turma do Supremo Tribunal Federal, nos autos do **HC 103407 (DJe 17-09-2010)**, concedeu a ordem para declarar extinta a punibilidade da paciente pela ocorrência da prescrição, considerada a pena em concreto, uma vez que, "no caso, a sentença registrou as "condutas delituosas iniciaram em maio de 1998", sendo que a denúncia somente foi recebida em 02.05.2008. Considerando que entre a consumação do ilícito e o recebimento da inicial acusatória se passaram mais de quatro anos, impõe-se o reconhecimento da prescrição do crime pelo qual a paciente foi condenada, uma vez que o montante da pena aplicada foi de dois anos (art. 125, VI, § 2º, a, e § 5º, I, do Código Penal Militar, **c/c os arts. 109, V, 110, §§ 1º e 2º, e 117, I, do Código Penal, na redação anterior à Lei 12.234/2010, por ter o fato ocorrido antes da sua entrada em vigor, o que se deu em 06.05.2010**).

A chamada **prescrição pela pena ideal**, que consiste no reconhecimento antecipado da prescrição retroativa em razão da pena em perspectiva, a ser virtualmente aplicada ao réu numa hipotética condenação, não tem sido admitida pelos Tribunais Superiores **por falta de amparo legal e por ferir o princípio da presunção de inocência.**

Sobre o tema, o **Superior Tribunal de Justiça** editou a Súmula 438 (DJe 13/05/2010), segundo a qual, *é inadmissível a extinção da punibilidade pela prescrição da pretensão punitiva com fundamento em pena hipotética, independentemente da existência ou sorte do processo penal.*

b) Prescrição superveniente ou intercorrente

A prescrição superveniente também leva em conta a pena aplicada *in concreto* na sentença condenatória, sendo calculada da mesma forma, mas **dirige-se ao futuro.** Duas hipóteses podem ocorrer:

- **Recurso exclusivo da defesa** – o lapso prescricional começa a correr do trânsito em julgado da sentença condenatória para a acusação e termina com a prolação do acórdão, independentemente da sorte do recurso.

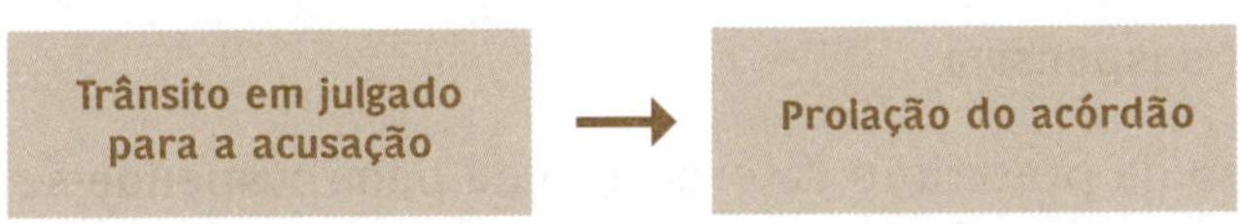

- **Recurso da acusação** – o lapso prescricional começa a correr da prolação da sentença condenatória e termina com o improvimento do recurso.

2.8.6. Prescrição da Pretensão Executória

Nos termos do **artigo 126** do Código Penal Militar, a **prescrição da execução da pena privativa de liberdade ou da medida de segurança que a substitui (art. 113)** regula-se pelo tempo fixado na sentença e verifica-se nos mesmos prazos estabelecidos no art. 125, os quais **se aumentam de um terço, se o condenado é reincidente.**

A prescrição da pretensão executória leva em conta a pena aplicada *in concreto* na sentença condenatória, mas somente após o trânsito em julgado para a acusação e para a defesa.

a) Termo Inicial

A prescrição executória **começa a correr** do dia em que **passa em julgado** a **sentença condenatória** ou a que **revoga a suspensão condicional da pena** ou o **livramento condicional** ou do dia em que **se interrompe a execução**, salvo quando o tempo da interrupção deva computar-se na pena.

Ressalva-se a hipótese de **internação por doença mental superveniente** ao início da execução, em que o prazo da internação é computado na pena.

No caso de **evadir-se o condenado** ou de **revogar-se o livramento** ou **desinternação condicionais**, a prescrição se regula pelo **restante tempo da execução**.

b) Causa suspensiva

O curso da prescrição da execução da pena **suspende-se** enquanto o condenado está **preso por outro motivo**.

c) Causas interruptivas

O curso da prescrição da execução da pena **interrompe-se** pelo **início ou continuação** do cumprimento da pena ou pela **reincidência**. De acordo com o artigo 128 do CPM, interrompida a prescrição, salvo o caso de **início ou continuação** de cumprimento da pena, **todo o prazo** começa a correr, novamente, do dia da interrupção.

2.8.7. *Regras especiais da prescrição das penas de suspensão e reforma e das penas acessórias*

A prescrição nos crimes cuja pena cominada, no máximo, é de **reforma** ou de **suspensão** do exercício do posto, graduação, cargo ou função verifica-se em **quatro anos** (**artigo 127, CPM**).

De acordo com o artigo 130 do CPM, é imprescritível a execução das **penas acessórias**. Assim, transitada em julgado a sentença condenatória, independentemente da efetiva execução das penas principais, a execução das penas acessórias não está sujeita a prazo prescricional. Ressalte-se que a imprescritibilidade diz respeito somente à pretensão executória. O Código Penal Militar não segue a regra do Código comum de que as penas mais leves prescrevem com as mais graves. Nesse sentido, a jurisprudência dos Tribunais Superiores:

Nesse sentido, a jurisprudência do Superior Tribunal Militar impõe a **rejeição** da preliminar de **extinção da punibilidade** pelo advento da prescrição retroativa, tendo em vista **a pena acessória de exclusão das forças armadas** fixada no Acórdão embargado e o disposto no **art. 130 do CPM acerca da imprescritibilidade da execução das penas acessórias em geral**. (EMBARGOS: 0000008-69.2004.7.09.0009/DF Decisão: 18/08/2009).

2.8.8. *Regra especial de prescrição no crime de insubmissão*

No crime de insubmissão, a prescrição **começa a correr do dia** em que o **insubmisso atinge a idade** de **trinta anos (artigo 131, CPM). Essa regra especial somente se aplica** à prescrição **em abstrato** referente aos **trânsfugas**, que são aqueles insubmissos que **não foram capturados** nem se apresentaram espontaneamente.

Como se trata de crime permanente, na regra geral, a prescrição começa a correr no dia em que cessa a permanência, com a captura ou apresentação voluntária. Quando isso não ocorre, para não gerar uma situação de imprescritibilidade, mesmo durante a consumação, a prescrição começa a correr, valendo-se o Código de um critério etário, proporcional à utilidade para o serviço militar.

É pacífica a orientação do Superior Tribunal Militar no sentido de que em relação aos delitos de deserção e insubmissão, o Supremo Tribunal Federal já firmou entendimento de que, enquanto os infratores se encontrarem trânsfugas, contam-se os prazos prescricionais por implemento de idade (prescrição especial). Apresentando-se ou sendo capturados os infratores, os prazos prescricionais passam a ser regidos pela contagem normal (prescrição ordinária). Enquanto ausente o infrator, os autos de IPD/IPI devem permanecer em cartório, até a apresentação voluntária ou captura do desertor. (APELAÇÃO nº 0000007-44.2006.7.01.0201/RJ).

Sendo a insubmissão crime de natureza permanente, a prescrição, em relação a ele, começa a correr na data em que cessa a permanência, ou seja, quando o insubmisso que se furtou à incorporação no devido tempo comparece voluntariamente à unidade militar ou é capturado (Regra geral do artigo 125, § 2º, letra "c" do CPM). No entanto, a partir do momento em que o insubmisso completa 30 anos, a prescrição tem início mesmo durante a consumação do referido crime (Regra especial do artigo 131 do CPM). Nesta situação o prazo prescricional só se configura com o advento da idade. Se a partir deste momento o prazo da prescrição se concretiza, a punibilidade estará extinta." (HC nº 2003.01.033868-3/RS. Decisão: 19/02/2004).

Note-se que não é aplicável a redução do prazo prescricional prevista no artigo 129, CPM, tendo em vista tratar-se de crime permanente. Se a prescrição começa a correr quando o insubmisso ausente completa 30 anos, não será beneficiado com o redutor por já ser maior de 21 anos. Como o crime de insubmissão (art. 183, CPM) tem cominada pena de impedimento de 3 meses a 1 ano, o prazo prescricional é de 4 anos, conforme artigo 125, VI, CPM. Nesse caso, quando o insubmisso completa 34 (trinta e quatro) anos, opera-se a prescrição.

2.8.9. Regra especial de prescrição no crime de deserção

Nos termos do **artigo 132** do Código Penal Militar, "no crime de deserção, **embora decorrido o prazo da prescrição,** esta **só extingue a punibilidade** quando o desertor **atinge a idade de quarenta e cinco anos,** e, **se oficial, a de sessenta"**.

Essa **regra especial** para a prescrição no crime de deserção **somente se aplica ao trânsfuga** (desertor não capturado). Nesse caso, estando o **réu ausente**, a extinção de punibilidade pela prescrição somente ocorre com o advento da idade de 45 anos, para as praças, e de 60 anos, para os oficiais. Por isso, atrelada a prescrição ao critério etário, pode até ultrapassar o maior lapso temporal previsto para os crimes em tempo de paz, que é de 20 anos (art. 125, II, CPM).

Como esse assunto foi cobrado em concurso?

Foi considerada errada a seguinte afirmação "O CP prevê prazo máximo para prescrição da ação penal de vinte anos, assim como prevê o CPM para os crimes cometidos em tempo de paz." **(Defensor Público Federal/DPU/2017/CESPE).**

De acordo com o Superior Tribunal Militar, na exata dicção do art. 132 do Código Penal Militar, o militar que se encontra na condição de trânsfuga somente terá extinta a sua punibilidade pela prescrição ao atingir, se praça, os 45 anos de idade e, se oficial, os 60. Regra singularmente aplicável ao trânsfuga, sobrepondo-se, por isso, ao regramento geral da prescrição previsto no artigo 125, alíneas e parágrafos, do Código Penal Militar. (RSE nº 0000079-76.2007.7.01.0401/RJ Decisão: 21/05/2013).

De acordo com o Supremo Tribunal Federal, o diploma penal castrense apresentaria dois critérios de prescrição no crime de deserção: a) o primeiro – geral – seria destinado ao agente que, apesar de ter incorrido no referido delito, foi reincorporado ao serviço militar. Nesse caso, incidiria a regra do art. 125 do CPM, em que a prescrição em abstrato se regula pelo máximo da pena privativa de liberdade aplicada ao crime praticado; e b) o segundo critério – especial – seria aplicado exclusivamente ao trânsfuga, o desertor que não foi capturado e nem se apresentou à corporação. Para essas hipóteses, a extinção da punibilidade observaria o art. 132 do CPM, cuja inconstitucionalidade é suscitada na impetração no caso em comento. Entretanto, o que se pretenderia com a declaração de inconstitucionalidade deste último dispositivo seria inverter sua lógica, porquanto o art. 132 do CPM constituiria garantia à defesa, por impedir a imprescritibilidade do crime permanente de deserção em relação ao trânsfuga. (HC 112005/RS, rel. Min. Dias Toffoli, 10.2.2015. Informativo 774, 1ª Turma).

Para o desertor presente, segue-se a regra geral prevista no artigo 125, VI do Código Penal Militar, operando-se a extinção da punibilidade pela prescrição com base na pena máxima abstratamente cominada após o decurso do prazo de 4 (quatro) anos. Havendo condenação à pena inferior a um ano, o prazo prescricional é de 2 anos, podendo, em ambos os casos, haver redução do prazo pela metade se, na data da consumação do fato (cessação da permanência), o desertor era menor de 21 anos.

> **Como esse assunto foi cobrado em concurso?**
>
> Foi considerada correta a seguinte assertiva "A prescrição da ação penal militar, de regra, regula-se pelo máximo da pena privativa de liberdade cominada ao crime, possuindo natureza jurídica de causa extintiva da punibilidade. Entretanto, no crime de deserção, o sistema do CPM configura duas hipóteses para a questão da prescrição, ora aplicando a norma geral, ora estabelecendo norma especial, previstas igualmente no estatuto castrense". **(Analista Judiciário/STM/2011/CESPE).**
>
> Foi considerada errada a seguinte assertiva "Se um oficial da Aeronáutica desertasse aos 25 anos de idade e fosse capturado 25 anos depois, a ação penal já se encontraria prescrita em abstrato, pois o crime de deserção possui pena máxima de 2 anos." **(Defensor Público Federal/DPU/2004/CESPE).**

É firme a orientação jurisprudencial do Supremo Tribunal Federal e do Superior Tribunal Militar no sentido de que a prática de **novo crime de deserção não interfere no cômputo** do delito militar antecedente.

O sobrestamento do feito em razão da prática de nova deserção não obsta o transcurso do prazo prescricional, tendo em vista que a relação jurídica processual já se encontra aperfeiçoada com o recebimento da denúncia, passando o instituto da prescrição a ser regulado pela norma geral insculpida no art. 125 do CPM. O art. 132 do mesmo diploma legal só é aplicável ao segundo crime, enquanto o agente desertor encontrar-se na situação de trânsfuga. Por se tratar de matéria de ordem pública, deve ser declarada a extinção da punibilidade pela ocorrência da prescrição da pretensão punitiva, considerada a pena em abstrato, com fulcro nos arts. 123, inciso IV, c/c os arts. 125, inciso VI, e 129, todos do CPM, tendo em vista o transcurso do lapso temporal suficiente para aplicação desse instituto entre o recebimento da denúncia e o julgamento do presente feito. (Apelação nº 0000239-80.2011.7.01.0201/RJ Decisão: 23/11/2016).

A jurisprudência consolidada na Corte Suprema firmou-se no sentido de que a prática de novo crime de deserção não interfere na contagem do prazo prescricional do delito de deserção antecedente e de que a regra do art. 132 do Código Penal Militar aplica-se somente aos desertores foragidos. (HC 111477, Relator(a): Min. TEORI ZAVASCKI, Segunda Turma, PUBLIC 08-10-2013). Assim, aplica-se a norma geral do art. 125 do CPM ao militar desertor que se apresenta ou é capturado (HC 120183, Relator(a): Min. DIAS TOFFOLI, Primeira Turma, PUBLIC 11-02-2014). O cômputo do prazo prescricional do artigo 125 do Código Penal Militar permanece inalterado nos casos em que o acusado, reincorporado ao serviço militar após o cometimento do crime de deserção (artigo 187, caput, do Código Penal Militar), reincide na prática delitiva. (HC 116249, Relator(a): Min. ROSA WEBER, Primeira Turma, PUBLIC 27-11-2013). À falta de previsão legal, a superveniência de um segundo delito de deserção não é de ser tratada como causa de suspensão ou mesmo de interrupção do lapso prescricional (HC 102008, Relator Min. Ayres Britto, Segunda Turma, DJE 15-02-2012 – Informativo 652/STF).

A prescrição do crime de deserção se opera com o decurso do prazo de quatro anos (podendo reduzir-se pela metade, na forma do artigo 129, CPM) a contar do recebimento da denúncia (causa interruptiva – art. 125, §5º, I, CPM). Com a nova deserção não há interrupção ou suspensão do prazo prescricional, pois o desertor será considerado revel em relação ao primeiro crime.

▸ Como esse assunto foi cobrado em concurso?

Foi considerada correta a seguinte assertiva "Um soldado do Exército responde a processo-crime pelo delito de deserção, ocorrido em 22/11/1991. Nascido em 27/12/1972, contava, na época, com dezenove anos de idade. Em 1992, o soldado foi reincluído nas fileiras do Exército, deixando de ser desertor. A denúncia foi oferecida e recebida em 28/9/1992. Em 25/3/1993, ele desertou outra vez. Nesse caso, considerando que, de acordo com o CPM, o crime de deserção tem a pena máxima de dois anos de detenção, operando-se a prescrição em quatro anos, em relação ao primeiro crime de deserção, a prescrição se consumou em 28/9/1994". **(Defensor Público Federal/DPU/2001/CESPE).**

De acordo com o Supremo Tribunal Federal, em caso de anulação da denúncia, afasta-se o marco interruptivo do prazo prescricional, que é contado a partir da apresentação voluntária ou captura do desertor, mesmo na hipótese de nova deserção:

> O **crime de deserção é permanente**. Prazo prescricional que **começou a fluir do momento em que cessada a permanência pela apresentação voluntária do Paciente** (art. 125, § 2º, alínea c, do Código Penal Militar). Considerada a pena máxima de dois anos ao delito de deserção tipificado no art. 187 do Código Penal Militar, o **prazo prescricional pela pena em abstrato é de quatro anos** (art. 125, inc. VI, do Código Penal Militar). Anulação do processo em primeira instância a partir da denúncia pelo Superior Tribunal Militar. **Não havendo recebimento da denúncia até o presente momento, nem, por consequência, qualquer condenação, há que se considerar apenas a data da cessação da permanência do primeiro crime de deserção**. Decurso do prazo de quatro anos dessa data. Ordem concedida para declarar extinta a punibilidade **quanto ao primeiro crime de deserção** imputado ao ora Paciente, em razão da prescrição da pretensão punitiva. (HC 113891, Relator(a): Min. CÁRMEN LÚCIA, Segunda Turma PUBLIC 15-02-2013)

A orientação pacífica do **Superior Tribunal Militar e do Supremo Tribunal Federal, com apoio na ampla maioria da doutrina**, é no sentido de que se trata de crime permanente. Assim, enquanto o trânsfuga não é capturado nem se apresenta voluntariamente, o crime está em consumação, não correndo o prazo prescricional enquanto não cessar a permanência.

Ademais, na visão do Superior Tribunal Militar, por tratar-se a deserção de crime permanente, se o réu atinge a idade de vinte e um anos na constância da permanência – e, portanto, na condição de trânsfuga – não é cabível a redução do prazo prescricional previsto no art. 129 do Código Penal Militar" (Embargos de Declaração nº 0000002-60.2008.7.11.0011/DF. 09/08/2011).

Nessa mesma linha de entendimento, afirma o STF que o crime de deserção é **crime permanente**. A permanência cessa com a apresentação voluntária ou a captura do agente. **Capturado o agente após completos seus vinte e um anos, não há falar na aplicação da redução do art. 129 do Código Penal Militar** (HC 91873, Relator(a): Min. RICARDO LEWANDOWSKI, Primeira Turma, DJ 19-12-2007).

Em sentido contrário, setor minoritário da doutrina sustenta que a deserção é crime instantâneo de efeitos permanentes. Portanto, o prazo prescricional começaria a correr da data da deserção, mas a extinção da punibilidade do trânsfuga somente se operaria com o advento da idade apontada no artigo 132 do CPM.

CAPÍTULO XI

Ação Penal

Nos termos do artigo 121 do Código Penal Militar, a ação penal somente pode ser promovida por denúncia do Ministério Público Militar. Assim, a ação penal na esfera militar é **sempre pública e, em regra, incondicionada**.

> **Como esse assunto foi cobrado em concurso?**
>
> Foi considerada correta a seguinte assertiva "No sistema penal militar, a ação penal deve ser, via de regra, pública incondicionada, salvo em relação a determinados crimes, previstos de forma expressa e excepcional, que impõem a observância da requisição ministerial; admite-se, ainda, a ação penal privada subsidiária da pública". **(Analista Judiciário/STM/2011/CESPE).**
>
> Foi considerada errada a seguinte assertiva "No sistema penal castrense, a ação penal é, em qualquer hipótese, pública e incondicionada, por expressa disposição do CPM." **(Promotor de Justiça Substituto/MPE/ES/2010/CESPE).**
>
> Foi considerada errada a seguinte assertiva "Nos crimes militares, a ação penal é, em regra, pública, condicionada ou incondicionada e promovida pelo Ministério Público Militar; excepcionalmente, é privada, promovida pelo ofendido, quando a lei assim dispuser". **(Analista Judiciário/STM/2004/CESPE).**

Excepcionalmente, conforme preconiza o artigo 122 do Código castrense, nos **crimes contra a segurança externa do país (artigos 136 a 141 do CPM)**, a ação penal pública é **condicionada a requisição do Ministro da Defesa** ao Procurador-geral da Justiça Militar quando o **autor for militar.**

Afirma também o estatuto repressivo que, no caso do **artigo 141 do CPM**, quando o **agente for civil e não houver coautor militar**, a requisição será do **Ministro da Justiça**. Essa disposição é rechaçada por parte da doutrina, que entende tratar-se de crime político (contra a segurança nacional) cuja competência seria da Justiça Federal comum, sem a necessidade de requisição – ação incondicionada.

Sem prejuízo dessa disposição, o Procurador-geral da Justiça Militar dará conhecimento ao Procurador-geral da República de fato apurado em inquérito que tenha relação com qualquer dos crimes acima referidos.

De outro lado, **qualquer pessoa** poderá **provocar a iniciativa do Ministério Publico,** dando-lhe informações sobre fato que constitua **crime militar e sua autoria,** e indicando-lhe os elementos de convicção (notitia criminis).

Se considerar procedentes as informações, o *Parquet* dirigir-se-á à autoridade militar para que esta proceda às diligências necessárias ao esclarecimento do fato, instaurando inquérito, se houver motivo para esse fim.

▸ **Como esse assunto foi cobrado em concurso?**

Foi considerada errada a seguinte assertiva "Considere a seguinte situação hipotética. A Associação Nacional de Sargentos do Exército (ANSAREX), em nome próprio e na defesa estatutária de seus associados, ofertou representação ao Ministério Público Militar (MPM) em face da conduta de um oficial que era comandante de batalhão de infantaria motorizada, superior hierárquico de 20 sargentos desse batalhão, todos associados à ANSAREX, uma vez que ele, diuturnamente, tratava seus subordinados com rigor excessivo; punira alguns militares com rigor não permitido por lei; ordenara que dois militares em prisão disciplinar ficassem sem alimentação por um dia; e ofendia os subordinados, constantemente, com palavras. Decorridos dois meses da representação, sem que tivesse havido manifestação do MPM, a associação promoveu ação penal privada subsidiária da pública perante a Justiça Militar da União, pedindo conhecimento da demanda e, ao final, a total procedência dos pedidos, com consequente aplicação da pena correspondente pelos delitos, além da anulação das sanções disciplinares injustamente aplicadas, com a respectiva baixa nos assentamentos funcionais. Considerando essa situação, é correto afirmar que é da Justiça Militar da União a competência para julgar ações judiciais contra atos disciplinares militares e que, mesmo sem previsão no CPM e CPPM, se admite a ação penal privada subsidiária da pública no processo penal militar, bem como seu exercício pela pessoa jurídica, no interesse dos associados, com legitimação concorrente nos crimes contra a honra de servidor militar." **(Defensor Público Federal/DPU/2010/CESPE).**

Em virtude da **indisponibilidade dos bens jurídicos** tutelados na esfera penal militar, **não há previsão** de ação penal pública **condicionada à representação do ofendido**, nem de ação **privada originária (ou exclusiva)**.

Nessa linha, entende o STF que, embora o CPM e o CPPM sejam silentes quanto à representação da vítima em crimes sexuais, o instituto é incompatível com a natureza da ação penal militar que, em regra, é pública, excetuadas, apenas, as hipóteses previstas no art. 122 do CPM. (HC 109.390, rel. min. Gilmar Mendes, Segunda Turma, *DJE* de 9-10-2012).

▸ Como esse assunto foi cobrado em concurso?

Foi considerada errada a seguinte assertiva "Considere que um tenente, estando em serviço, em área fora da administração militar, tenha constrangido uma mulher à prática de conjunção carnal, mediante grave ameaça, e por isso tenha sido preso em flagrante e denunciado pela prática do crime previsto no art. 232 do CPM (estupro). Considere ainda que, durante o processo, tenha sido juntada aos autos certidão de casamento do referido tenente com a vítima, fato ocorrido após o dia do delito. Em face dessas considerações e com base no CPM, julgue o item que se segue. A ação penal militar será pública e condicionada à representação da vítima." **(Defensor Público Federal/DPU/2004/CESPE).**

Mesmo não havendo disposição expressa na lei militar, é **perfeitamente cabível ação privada subsidiária da pública** em caso de inércia do Ministério Público Militar, nos termos do **art. 5º, LIX da Constituição** da República.

Quanto à previsão Constitucional da ação privada subsidiária da pública, já afirmou o STF que a ação penal privada subsidiária da pública, de nítida envergadura constitucional (inciso LIX do art. 5º da CF), configura espécie excepcional de legitimidade do ofendido (ou seu representante legal) para promover ação penal. (Inq 2696 AgR, Relator(a): Min. CARLOS BRITTO, Tribunal Pleno, julgado em 19/12/2008).

O Supremo Tribunal Federal reconhece o direito a mover ação penal privada subsidiária da pública, nos termos do Art. 5º, LIX, da Constituição Federal, à vítima e sua família se o Ministério Público não agir em tempo. O ajuizamento da ação penal privada pode ocorrer após o decurso do prazo legal, sem que seja oferecida denúncia, ou promovido o arquivamento, ou requisitadas diligências externas ao Ministério Público. Diligências internas à instituição são irrelevantes. Ademais, a conduta do Ministério Público posterior ao surgimento do direito de queixa não prejudica sua propositura. Assim, o oferecimento de denúncia, a promoção do arquivamento ou a requisição de diligências externas ao Ministério Público, posterior ao decurso do prazo legal para a propositura da ação penal, não afastam o direito de queixa. Nem mesmo a ciência da vítima ou da família quanto a tais diligências afasta esse direito, por não representar concordância com a falta de iniciativa da ação penal pública. (ARE 859251 RG, Relator(a): Min. GILMAR MENDES, julgado em 16/04/2015, PROCESSO ELETRÔNICO REPERCUSSÃO GERAL – MÉRITO DJe-094 DIVULG 20-05-2015 PUBLIC 21-05-2015)

Todavia, convém salientar a restrição apontada pela doutrina e corroborada pela jurisprudência do Supremo Tribunal Federal quanto à legitimidade para a propositura da queixa subsidiária **a quem sofre, diretamente, as consequências do delito, e não à toda coletividade.** A condição de cidadão não confere um direito difuso ao ajuizamento de ação penal privada subsidiária da pública. Ainda que assim não fosse, não há prova de que o Ministério Público, podendo agir, não o fez por desídia. (Pet 6071 AgR, Relator(a): Min. ROBERTO BARROSO, Primeira Turma, PUBLIC 30-03-2017). Nessa linha:

> Embora admissível, em tese, a queixa subsidiária nos delitos militares, impende assinalar, por necessário, que tais infrações penais têm, ordinariamente, como sujeito passivo, o próprio Estado, considerados os bens juridicamente tutelados pelo ordenamento castrense. **Excepcionalmente, haverá crimes militares de dupla subjetividade passiva, nos quais, além do Estado, também figurará, como ofendido, terceira pessoa, como sucede, por exemplo, nos crimes militares de homicídio e de lesões corporais.** Daí a precisa observação de Claudio Amin Miguel e de Nelson Coldibelli (...) 'Entendeu o legislador que os bens jurídicos tutelados são indisponíveis, pois, antes de atingir o interesse de um particular, o delito afronta a instituição militar, que seria o sujeito passivo principal, implícita ou explicitamente. A finalidade maior do CPM é a proteção às instituições militares, que apresentam, nos seus pilares básicos, a hierarquia e disciplina. Essa é a razão de uma Justiça especializada e, consequentemente, de uma

legislação específica.' (...) O exame dos crimes militares que a Federação Brasileira das Associações de Controladores de Tráfego Aéreo (FEBRACTA) imputa aos ora querelados revela que, neles, figura, como sujeito passivo, somente o Estado (as instituições militares), não se identificando, na peça acusatória, a existência de delitos castrenses qualificados pela nota da dupla subjetividade passiva, exceto no que se refere ao crime de desrespeito a superior (CPM, art. 160), em que também é vítima o superior hierárquico do agente infrator. Não foi por outro motivo que Célio Lobão (...), ao identificar os sujeitos passivos dos crimes militares de abandono de posto (art. 195), de descumprimento de missão (art. 196) e de ineficiência da força (art. 198), referiu-se, expressamente, às ‹instituições militares›, enquanto que, com relação ao delito de desrespeito a superior (art. 160), classificou, como sujeito passivo, ‹as instituições militares', e, como ofendido, 'o superior hierárquico'. **Isso significa, portanto, que, nos delitos castrenses em que só figuram, como sujeitos passivos, as instituições militares, não assiste legitimação *ad causam* a qualquer pessoa (ou a entidades de direito privado em geral), para o ajuizamento da queixa subsidiária**. Mesmo no crime militar tipificado no art. 160 do CPM – que se qualifica como delito de dupla subjetividade passiva –, a queixa subsidiária eventualmente ajuizável só poderia ser proposta pelo militar ofendido, vale dizer, presente o contexto ora em exame, pelo superior hierárquico daquele que incidiu na conduta desrespeitosa." (Pet 4.281, rel. min. Celso de Mello, decisão monocrática, julgamento em 10-8-2009, *DJE* de 17-8-2009.)

Considerando que os Códigos Penal e de Processo Penal Militar não fazem menção à ação privada subsidiária da pública, aplica-se a disciplina dos artigos 29 e 38 do Código de Processo Penal comum:

Art. 29. Será admitida ação privada nos crimes de ação pública, se esta não for intentada no prazo legal, cabendo ao Ministério Público aditar a queixa, repudiá-la e oferecer denúncia substitutiva, intervir em todos os termos do processo, fornecer elementos de prova, interpor recurso e, a todo tempo, no caso de negligência do querelante, retomar a ação como parte principal.

Art. 38. Salvo disposição em contrário, **o ofendido, ou seu representante legal, decairá no direito de queixa** ou de representação, **se não o exercer dentro do prazo de seis meses,** contado do dia em que vier a saber quem é o autor do crime, ou, **no caso do art. 29, do dia em que se esgotar o prazo para o oferecimento da denúncia.**

▸ Como esse assunto foi cobrado em concurso?

Foram consideradas corretas as seguintes assertivas "Considere que, diante de crime impropriamente militar, cuja ação é pública e incondicionada, o Ministério Público, mesmo dispondo de todos os elementos necessários à propositura da ação, tenha deixado, por inércia, de oferecer a denúncia no prazo legal. Nessa situação, não obstante se tratar de delito previsto em legislação especial castrense, o ofendido ou quem o represente legalmente encontra-se legitimado para intentar ação penal de iniciativa privada subsidiária. **(Defensor Público Federal/DPU/2010/ CESPE).**

"No dia 28/9/1999, no interior de uma unidade militar, um primeiro-tenente da Marinha, em situação de atividade, agrediu, com socos e pontapés, um cabo, na mesma situação, causando-lhe lesões corporais de natureza leve. Ao tomar conhecimento da infração penal, o comandante da unidade delegou a um capitão-tenente a instauração do inquérito policial militar (IPM). Após instaurar o procedimento inquisitório, ouvir testemunhas, determinar a realização do exame de corpo de delito e elaborar relatório, a autoridade delegada encaminhou os autos ao juiz-auditor da Circunscrição Judiciária Militar, que abriu vista ao Ministério Público Militar (MPM). O órgão do MPM apresentou denúncia contra o oficial, que foi aceita. Instalado o Conselho Especial de Justiça, o MPM apresentou um aditamento à denúncia, que foi rejeitado. Diante dessa situação hipotética, julgue os itens a seguir.

A ação penal é pública incondicionada, tendo o MPM legitimidade ativa ad causam. Caso o órgão do MPM não oferecesse denúncia no prazo legal nem pedisse a sua prorrogação ao juiz-auditor, bem como não requeresse diligências ou o arquivamento dos autos, ficando inerte, caberia ao ofendido ou ao seu representante legal intentar a ação penal privada subsidiária". **(Defensor Público Federal/DPU/2001/CESPE).**

Por fim, relembre-se que **não se aplicam à esfera penal militar as disposições da Lei 9.099/95**, que trata dos Juizados Especiais Criminais (art. 90-A, da lei 9099/95).

Segundo entendimento doutrinário, não haveria incompatibilidade na aplicação da lei 9099/95 ao civil processado pela Justiça Militar da União, pois não afetaria a disciplina e a hierarquia militar.

Todavia, o Superior Tribunal Militar não admite excepcionar a vedação mesmo em relação ao civil:

> A conduta imputada ao Réu constitui crime de natureza militar, com previsão no art. 299 do CPM (desacato), subsumindo-se no enquadramento descrito no art. 9°, inciso III, alínea d, do CPM quanto à competência desta Justiça Especializada. Precedentes do STM. É pacífica a jurisprudência desta egrégia Corte Castrense no sentido de ser a Justiça Militar competente para processar e julgar delitos praticados contra integrantes das Forças Armadas, quando empregados em operações em garantia da lei e da ordem. (...) A Defesa postula a aplicação ao caso os institutos da Lei nº 9.099/95, sob o fundamento de ser o Réu Civil. Tal pleito não merece ser provido, tendo em vista que os institutos da Lei nº 9.099/95, consoante a jurisprudência da Corte, não se aplicam no âmbito da Justiça Militar da União, ex vi do disposto no art. 90-A da referida norma e enunciado nº 9 da Súmula do STM. É cediço que o art. 90-A foi inserido na Lei nº 9.099/95 pela Lei nº 9.839/99 com o objetivo específico de determinar que as disposições da mencionada Lei não se aplicam no âmbito da Justiça Militar da União. (apelação nº 0000108-75.2015.7.01.0101/RJ. Decisão: 09/02/2017).
>
> No mérito, a cogitada interpretação conforme a Constituição não se integra com o entendimento firmado neste Tribunal, que confere plena efetividade às disposições em enfoque. Não há respaldo na alegação de violação ao princípio constitucional da isonomia para desconstituir o processo desde o recebimento da denúncia, pois o art. 90-A da Lei nº 9.099/95, acrescido pela Lei nº 9.839/99, não estabeleceu qualquer diferenciação quanto à qualidade do réu (civil ou militar) ao instituir a não aplicação de suas disposições no âmbito da JMU. Embargos Infringentes nº 0000008-88.2012.7.09.0009 (2)/DF Decisão: 18/10/2016.

Quanto ao tema, o Plenário do Supremo Tribunal Federal, após acalorado debate, afirmou que "o art. 90-A da 9.099/1995 – Lei dos Juizados Especiais Cíveis e Criminais –, com a redação dada pela Lei 9.839/1999, não afronta o art. 98, inciso I, § 1º, da Carta da República no que veda a suspensão condicional do processo ao militar processado por crime militar. In casu, o pedido e a causa de pedir referem-se apenas a militar responsabilizado por crime de deserção, definido como delito militar próprio, não alcançando civil processado por crime militar. Obiter dictum: inconstitucionalidade da norma que veda a aplicação da Lei 9.099 ao civil processado por crime militar". (HC 99.743, rel. p/ o ac. min. Luiz Fux, julgamento em 6-10-2011, Plenário, DJE de 21-8-2012.)

Registra-se que a Corte apenas se referiu de passagem ***(obiter dictum)*** à ausência da vedação ao civil, deixando implícita essa conclusão, mas sem votar especificamente sobre o tema, já que não estava incluído no caso concreto.

Todavia, em julgado posterior, envolvendo **civil acusado de desacato e desobediência praticados contra militar** das Forças Armadas no desempenho de serviço de vigilância, garantia e preservação da ordem pública" (art. 9º, III, d, C.P.M), a primeira Turma do Supremo Tribunal Federal relembrou que o Plenário declarou a constitucionalidade do art. 90-A da Lei nº 9.099/95, com a redação dada pela Lei nº 9.839/99, daí a inaplicabilidade da Lei dos Juizados Especiais Cíveis e Criminais no âmbito da Justiça Militar. (HC 113128, Relator(a): Min. ROBERTO BARROSO, Primeira Turma, PUBLIC 20-02-2014).

Convém salientar que, segundo a jurisprudência do Supremo Tribunal Federal, **a superveniência da Lei nº 9.839/99 não se aplica a fatos delituosos ocorridos antes da sua vigência** em virtude da garantia da irretroatividade da lei penal *in pejus*. (HC 80099, Relator(a): Min. SEPÚLVEDA PERTENCE, Primeira Turma, DJ 16-06-2000). Assim, no período compreendido entre a publicação da Lei 9.099/95 e a Lei 9.839/99, foi possível aplicar as normas benéficas da lei dos juizados especiais criminais aos fatos sujeitos à apreciação da Justiça Militar.

ANEXO

Questões de Concurso de Direito Penal Militar

VUNESP – TJM-SP – 2017 – ESCREVENTE TÉCNICO JUDICIÁRIO

1. Assinale a alternativa que apresenta a assertiva correta.

a) Desrespeitar um superior hierárquico diante de um civil caracteriza o crime militar de desrespeito a superior.

b) O despojamento, apenas por menosprezo, de uniforme militar por parte do militar não caracteriza crime militar.

c) O militar que critica publicamente em rede social na internet uma resolução do Governo pratica o crime militar de publicação ou crítica indevida.

d) O crime militar de desrespeito a símbolo nacional se caracteriza com base no ato ultrajante praticado pelo militar ao símbolo nacional independentemente do lugar ou diante de quem o ato for praticado.

e) Pratica o crime militar de deserção o militar que se ausenta, sem licença, da unidade em que serve, ou do lugar em que deve permanecer, por mais de dois dias.

2. É correto afirmar que

a) o crime militar de dormir em serviço exige o dolo do autor para a sua caracterização.

b) a ingestão de álcool pelo militar durante o serviço caracteriza o crime militar de embriaguez em serviço.

c) o simples concerto para deserção não é crime militar.

d) pratica o crime militar de exercício de comércio a praça que toma parte na administração ou gerência de sociedade comercial.

e) o militar que usa indevidamente uniforme, distintivo ou insígnia de posto ou graduação superior somente cometerá crime militar se obtiver alguma vantagem desse uso.

3. Com relação aos crimes contra a Administração Militar e contra a Administração da Justiça Militar, é correto afirmar que:

a) desacatar superior, ofendendo-lhe a dignidade ou o decoro, ou procurando deprimir-lhe a autoridade só tipificará o crime militar de desacato a superior se for praticado diante de outro militar.

b) o militar que pratica, indevidamente, ato de ofício, contra expressa disposição de lei, para satisfazer interesse ou sentimento pessoal, comete o crime militar de prevaricação.

c) aquele que patrocina, direta ou indiretamente, interesse privado perante a administração militar, valendo-se da qualidade de funcionário ou de militar só cometerá crime militar se o interesse for ilegítimo.

d) fraudar o cumprimento de decisão da Justiça Militar caracteriza o crime militar de fraude processual.

e) provocar a ação da autoridade, comunicando-lhe a ocorrência de crime sujeito à jurisdição militar, que sabe não se ter verificado, caracteriza o crime militar de denunciação caluniosa.

VUNESP – TJM-SP – 2016 – JUIZ DE DIREITO SUBSTITUTO

1. A definição de crime militar, no ordenamento jurídico brasileiro, é estabelecida de modo exclusivo em razão

a) da lei (*ratione legis*).

b) do lugar em que a conduta foi praticada (*ratione loci*).

c) da pessoa que praticou a conduta (*ratione personae*).

d) da pessoa contra a qual a conduta foi praticada (*ratione personae*).

e) do tempo em que a conduta foi praticada (*ratione temporis*).

2. Assinale a alternativa que indica um crime propriamente militar, de acordo com a denominada Teoria Clássica.

a) Dano em navio de guerra ou mercante em serviço militar (art. 263 do Código Penal Militar).

b) Ingresso clandestino (art. 302 do Código Penal Militar)

c) Favorecimento a desertor (art. 193 do Código Penal Militar).

d) Omissão de socorro (art. 201 do Código Penal Militar).

e) Ofensa às Forças Armadas (art. 219 do Código Penal Militar).

3. O autor que, ao praticar o crime, supõe, por erro plenamente escusável, a inexistência de circunstância de fato que o constitui:

a) poderá ter a pena atenuada ou substituída por outra menos grave, nos termos do Código Penal Militar, e terá sua conduta considerada como atípica, nos termos do Código Penal Comum.

b) poderá ter a pena atenuada ou substituída por outra menos grave, nos termos do Código Penal Comum, e terá sua conduta considerada como atípica, nos termos do Código Penal Militar.

c) será isento de pena, nos termos do Código Penal Militar, e terá excluído o dolo, nos termos do Código Penal Comum.

d) será isento de pena, nos termos do Código Penal Comum, e terá excluído o dolo, nos termos do Código Penal Militar.

e) poderá ter a pena atenuada ou substituída por outra menos grave, salvo em se tratando de crime que atente contra o dever militar, nos termos do Código Penal Militar, e será isento de pena, nos termos do Código Penal Comum.

4. Quando o agente, mediante uma só ação ou omissão, pratica dois ou mais crimes, idênticos ou não, sendo as penas para eles previstas, da mesma espécie,

a) nos termos do Código Penal Militar, aplica-se-lhe a pena de um só dos crimes.
b) nos termos do Código Penal Comum, deverá ter as penas privativas de liberdade unificadas e a pena única será a soma de todas.
c) nos termos do Código Penal Comum, deverá ter aplicada cumulativamente as penas privativas de liberdade em que haja incorrido.
d) nos termos do Código Penal Militar, deverá ter as penas privativas de liberdade unificadas, sendo a pena única a mais grave, mas com aumento correspondente à metade do tempo das menos graves.
e) nos termos do Código Penal Militar, deverá ter as penas privativas de liberdade unificadas e a pena única será a soma de todas.

5. Considere o seguinte caso hipotético. Um Sargento da Polícia Militar do Estado de São Paulo pratica o crime de deserção, em 02 de abril de 2005, e permanece foragido, sendo capturado em 12 de abril de 2016. Na data de captura, referido Sargento contava com 43 anos de idade. Nesse caso, nos termos do Código Penal Militar, e de entendimento sumulado pelo Tribunal de Justiça Militar do Estado de São Paulo, é correto afirmar que

a) sendo instaurado o processo antes do alcance do limite etário previsto no artigo 132 do Código Penal Militar, a prescrição só ocorrerá após o transcurso do prazo previsto na regra geral do art. 125 do Código Penal Militar e alcance da idade prevista no art. 132 do Código Penal Militar.
b) o crime de deserção estará prescrito.
c) sendo instaurado o processo antes do alcance do limite etário previsto no artigo 132 do Código Penal Militar, a prescrição ocorrerá se durante o curso do processo o autor atingir o limite etário previsto nesse dispositivo, independentemente do transcurso do prazo previsto na regra geral do art. 125 do Código Penal Militar.
d) independentemente da data de instauração do respectivo processo, e do transcurso do prazo previsto na regra geral do art. 125 do Código Penal Militar, o crime de deserção estará prescrito quando o Sargento atingir a idade de 45 anos.
e) independentemente da data de instauração do respectivo processo, o crime de deserção estará prescrito somente quando o Sargento atingir a idade de 60 anos.

6. Com relação aos crimes contra a Autoridade ou Disciplina Militar, é correto afirmar:

a) o simples concerto de militares para a prática do crime de motim não é punível, nos termos da lei penal militar, se estes não iniciarem, ao menos, os atos executórios do crime de motim.
b) militares que apenas se utilizam de viatura militar para ação militar, em detrimento da ordem ou disciplina militar, mas sem ocupar quartel, cometem o crime de motim.

c) o militar que, estando presente no momento da prática do crime de motim, não usar de todos os meios ao seu alcance para impedi-lo, será responsabilizado como partícipe deste.

d) o militar que, antes da execução do crime de motim e quando era ainda possível evitar-lhe as consequências, denuncia o ajuste de que participou terá a pena diminuída pela metade com relação ao referido crime militar.

e) a reunião de dois ou mais militares com armamento ou material bélico, de propriedade militar, para a prática de violência contra coisa particular, só caracterizará o crime de organização de grupo para a prática de violência se a coisa se encontrar em lugar sujeito à administração militar.

7. Consoante o previsto no Código Penal Militar e na jurisprudência majoritária do Tribunal de Justiça Militar do Estado de São Paulo, assinale a alternativa correta no que diz respeito aos crimes contra o serviço militar e o dever militar.

a) Um Capitão da Polícia Militar, da ativa, que, por imprudência, deixa de desempenhar a função que lhe foi confiada não poderá ser punido pelo crime de descumprimento de missão por atipicidade da conduta.

b) O Comandante que, por negligência, deixa de manter a força sob seu comando em estado de eficiência incorre no crime de omissão de eficiência de força.

c) Um Soldado da Polícia Militar, da ativa, que, por negligência, dorme durante o serviço de dia em uma Companhia Policial Militar comete o crime militar de "dormir em serviço".

d) Um Major da Polícia Militar, da ativa, que participa e exerce atividade de administração na empresa proprietária de uma rede de "autoescolas", que fornece cursos de formação de condutores em várias cidades do seu estado, comete o crime de "exercício de comércio por oficial".

e) Um Cabo da Polícia Militar, da ativa, que se apresenta embriagado para prestar um serviço administrativo de protocolista não comete o crime militar de embriaguez em serviço.

8. Com relação aos crimes militares contra a pessoa, nos termos do Código Penal Militar e da jurisprudência majoritária do Tribunal de Justiça Militar do Estado de São Paulo, assinale a alternativa correta.

a) Um Tenente da Polícia Militar que, de serviço, e durante abordagem policial, por imprudência, dispara sua arma de fogo e atinge fatalmente um civil terá praticado o crime comum de homicídio culposo.

b) Um Soldado da Polícia Militar que, em serviço de policiamento, dolosamente ofende a integridade corporal de um civil terá praticado o crime comum de lesão corporal.

c) O Sargento reformado da Polícia Militar que, mediante processo técnico, viola o direito à intimidade pessoal de uma Soldado da Polícia Militar, da ativa, filmando-a nua no interior da residência desta comete o crime de "violação de recato".

d) Um policial militar, da ativa, que, durante deslocamento de uma viatura ônibus, retira seu órgão genital para fora da farda, exibindo-o aos demais militares presentes no ônibus, pratica o crime militar de "ato obsceno" por encontrar-se em lugar sujeito à administração militar.

e) Um Cabo da Polícia Militar, da ativa, que mata sua esposa, também Cabo da Polícia Militar, da ativa, não incorrerá no crime militar de homicídio em virtude da existência de vínculo conjugal entre eles.

9. No que diz respeito aos crimes contra a Administração Militar, assinale a alternativa correta.

a) Um Tenente da Polícia Militar, da reserva, que, durante uma abordagem realizada por dois soldados da Polícia Militar que se encontravam em serviço, atribui falsa identidade a um colega civil que o acompanhava, a fim de evitar que os policiais militares o identificassem como infrator da lei, pratica o crime militar de "falsa identidade".

b) Um Tenente da Polícia Militar, da ativa, que, por negligência, abusa da confiança de outro militar, apresentando-lhe para recebimento qualquer documento que deve saber ser inexato, ainda que o ato atente contra a administração ou o serviço militar, será atípico em decorrência da excepcionalidade do crime culposo.

c) Um Cabo reformado da Polícia Militar que, durante abordagem a que está sendo submetido, em repulsa à injusta agressão sofrida, profere palavras de baixo calão a Sargento da Polícia Militar, da ativa, responsável pela agressão, incorre no crime de "desacato a superior".

d) Deixar o militar no exercício de função, por negligência, de observar lei, regulamento ou instrução, dando causa direta à prática de ato prejudicial à administração militar é fato atípico no âmbito penal militar.

e) Revelar fato de que tem ciência em razão do cargo ou função e que deva permanecer em segredo, em prejuízo da administração militar, será considerado fato atípico no âmbito penal militar se não for cometido mediante o recebimento de vantagem indevida.

10. Assinale a alternativa correta no que diz respeito aos crimes militares contra administração da Justiça Militar.

a) Acusar-se, perante a autoridade, de crime sujeito à jurisdição militar, praticado por outrem, é fato atípico no âmbito penal militar.

b) O militar que se acusar, perante a autoridade, de crime sujeito à jurisdição militar, inexistente, não incorre em crime em virtude da atipicidade da sua conduta.

c) Provocar a ação da autoridade, comunicando-lhe a ocorrência de crime sujeito à jurisdição militar, só caracterizará o crime militar de "comunicação falsa de crime" se o autor da conduta sabe que o crime comunicado não se verificou.

d) O crime militar de "falso testemunho ou falsa perícia" deixa de ser punível se, antes de iniciada a execução da pena, o agente se retrata ou declara a verdade.

e) O Soldado da Polícia Militar, da ativa, que durante o serviço, inovar artificiosamente, na pendência de processo civil ou administrativo, o estado de lugar, de coisa ou de pessoa, com o fim de induzir a erro o juiz ou o perito, incorrerá no crime militar de fraude processual.

VUNESP - TJ-RJ - 2016 - JUIZ DE DIREITO SUBSTITUTO

1. O Soldado Stive, da Polícia Militar do Estado do Rio de Janeiro, de serviço, juntamente com sua companheira de serviço, Soldado Julieta, durante abordagem a uma civil conhecida como Chapinha, por imprudência e sem intenção, efetuou um disparo de arma de fogo que veio a atingir fatalmente Chapinha. Diante da conduta praticada pelo Soldado Stive, é correto afirmar que o policial militar cometeu

a) crime comum de homicídio culposo.
b) crime militar de homicídio culposo.
c) crime comum de feminicídio.
d) crime militar de feminicídio.
e) crime comum de lesão corporal seguida de morte.

CESPE - DPU - DEFENSOR PÚBLICO FEDERAL - 2017

- Acerca da aplicação da lei penal militar, dos crimes militares e da aplicação da pena no âmbito militar, cada um dos itens que se seguem apresenta uma situação hipotética, seguida de uma assertiva a ser julgada.

1. Em uma festa de confraternização nas dependências de um quartel, alguns militares, conscientemente, ingeriram bebida alcoólica. Lá mesmo, apresentando sintomas de embriaguez, um deles cometeu crime militar e foi preso, o que o tornou réu em ação penal militar. Nessa situação, o estado de embriaguez do militar será considerado circunstância para atenuar a pena.

2. Hélio, que é soldado, desertou e, antes de ele se apresentar ou ser capturado, o CPM foi alterado para aumentar a pena do crime de deserção. Nessa situação, caso seja capturado futuramente, Hélio estará sujeito à nova pena.

3. Um oficial foi preso em flagrante delito pelo cometimento de crime militar que não se consumou por circunstâncias alheias à sua vontade, tendo sido denunciado e se tornado réu em ação penal militar. Nessa situação, a depender da gravidade, o juiz poderá aplicar a pena do crime consumado, sem diminuí-la.

- À luz do direito penal militar, julgue os itens a seguir, relativos a suspensão condicional da pena, livramento condicional, penas acessórias e extinção da punibilidade.

4. O cometimento de crime de traição, espionagem ou cobardia, ou outros elencados no CPM, sujeita o oficial infrator, independentemente da pena aplicada, a declaração de indignidade para o oficialato.

5. O CP prevê prazo máximo para prescrição da ação penal de vinte anos, assim como prevê o CPM para os crimes cometidos em tempo de paz.

6. Situação hipotética: Em tempo de paz, durante uma instrução e na presença de outros militares, um soldado desrespeitou o sargento responsável pela atividade,

tendo sido processado, julgado e condenado a um ano de detenção, por desrespeito a superior. Assertiva: Nessa situação, a execução da pena poderá ser suspensa pelo período de dois anos, a depender dos antecedentes do infrator.

7. O livramento condicional de sargento, primário, condenado por crime militar contra o patrimônio estará condicionado ao cumprimento de metade da pena, à reparação do dano, salvo impossibilidade de fazê-lo, e a outros requisitos previstos na lei penal militar.

- No que se refere aos crimes militares e às medidas de segurança adotadas nesses casos, julgue os itens subsecutivos.

8. O CPM não admite medida de segurança patrimonial, como, por exemplo, a interdição de sede de associação e o confisco.

9. O militar que cometer homicídio contra outro militar dentro de um quartel cometerá um crime propriamente militar, pois o ato terá sido praticado nessa condição.

10. Situação hipotética: Enquanto assumia posto de sentinela de determinado quartel, um soldado foi encontrado portando certa quantidade de substância entorpecente. Assertiva: Nessa situação, dependendo da quantidade de droga encontrada com o soldado, o princípio da insignificância poderá ser aplicado e o militar poderá não ser denunciado pela posse do entorpecente.

CESPE – DPU – DEFENSOR PÚBLICO FEDERAL – 2015

Em cada um dos próximos itens, é apresentada uma situação hipotética, seguida de uma assertiva a ser julgada à luz do direito penal militar.

1. Determinado soldado das Forças Armadas foi condenado por crime militar. Entretanto, inconformado com a decisão proferida em sentença, ele recorreu ao STM, tendo sua condenação sido confirmada por aquela corte por meio de acórdão condenatório. Nessa situação, ocorrerá interrupção do prazo prescricional da ação penal pela publicação tanto da sentença quanto do acórdão recorríveis.

2. Em determinada organização militar, durante o expediente, dois militares que trabalhavam na mesma seção desentenderam-se e um deles, sem justificativa e intencionalmente, disparou sua arma de fogo contra o outro, que faleceu imediatamente. Nessa situação, o autor do disparo cometeu crime impropriamente militar.

3. Certo militar das Forças Armadas foi condenado por crime militar e, depois de cumpridos todos os requisitos e condições que possibilitavam a concessão de livramento condicional, foi-lhe concedido tal benefício. Nessa situação, se o liberado deixar de cumprir qualquer das obrigações constantes da sentença, a referida concessão deverá ser obrigatoriamente revogada.

4. Um militar das Forças Armadas, durante a prestação de serviço na organização militar onde ele servia, foi preso em flagrante delito por estar na posse de substância entorpecente. Nessa situação, segundo o entendimento do STF, se a quantidade da substância entorpecente for pequena, poder-se-á aplicar ao caso o princípio da insignificância.

• Ainda com relação ao direito penal militar, julgue os itens que se seguem.

5. Se um oficial das Forças Armadas cometer crime de furto simples, ele ficará sujeito à declaração de indignidade para o oficialato, qualquer que seja a sua pena.

6. Considere a seguinte situação hipotética. Um grupamento do Exército Brasileiro estava em determinada comunidade urbana realizando atividade de policiamento, em apoio a processo de ocupação e pacificação da região, quando, em determinado dia, um civil desacatou um dos militares do referido grupamento. Nessa situação hipotética, segundo o entendimento do STF, a lei penal militar deverá ser aplicada e a conduta do civil será considerada crime militar.

CESPE - DPU - DEFENSOR PÚBLICO FEDERAL - 2010

1. Considere que um militar, no exercício da função e dentro de unidade militar, tenha praticado crime de abuso de autoridade, em detrimento de um civil. Nessa situação, classifica-se a sua conduta como crime propriamente militar, porquanto constitui violação de dever funcional havida em recinto sob administração militar.

2. Diversamente do direito penal comum, o direito penal militar consagrou a teoria da ubiquidade, ao considerar como tempo do crime tanto o momento da ação ou omissão do agente quanto o momento em que se produziu o resultado.

3. Considere que, em conluio, um servidor público civil lotado nas forças armadas e um militar em serviço tenham-se recusado a obedecer a ordem do superior sobre assunto ou matéria de serviço. Nessa situação, somente o militar é sujeito ativo do delito de insubordinação, que é considerado crime propriamente militar, o que exclui o civil, mesmo na qualidade de coautor.

4. O CPM dispõe sobre hipóteses de crimes militares, próprios e impróprios, e sobre infrações disciplinares militares. Entre as sanções penais, está expressa a possibilidade de se aplicar a pena de multa nos casos de delitos de natureza patrimonial ou de infração penal que cause prejuízos financeiros à administração militar.

5. Considere a seguinte situação hipotética. A Associação Nacional de Sargentos do Exército (ANSAREX), em nome próprio e na defesa estatutária de seus associados, ofertou representação ao Ministério Público Militar (MPM) em face da conduta de um oficial que era comandante de batalhão de infantaria motorizada, superior hierárquico de 20 sargentos desse batalhão, todos associados à ANSAREX, uma vez que ele, diuturnamente, tratava seus subordinados com rigor excessivo; punira alguns militares com rigor não permitido por lei; ordenara que dois militares em prisão disciplinar ficassem sem alimentação por um dia; e ofendia

os subordinados, constantemente, com palavras. Decorridos dois meses da representação, sem que tivesse havido manifestação do MPM, a associação promoveu ação penal privada subsidiária da pública perante a Justiça Militar da União, pedindo conhecimento da demanda e, ao final, a total procedência dos pedidos, com consequente aplicação da pena correspondente pelos delitos, além da anulação das sanções disciplinares injustamente aplicadas, com a respectiva baixa nos assentamentos funcionais.

- Considerando essa situação, é correto afirmar que é da Justiça Militar da União a competência para julgar ações judiciais contra atos disciplinares militares e que, mesmo sem previsão no CPM e CPPM, se admite a ação penal privada subsidiária da pública no processo penal militar, bem como seu exercício pela pessoa jurídica, no interesse dos associados, com legitimação concorrente nos crimes contra a honra de servidor militar.

CESPE – DPU – DEFENSOR PÚBLICO FEDERAL – 2007

1. Entre os critérios utilizados para se classificar o crime militar, o critério processualista (*ratione materiae, ratione personal, ratione loci, ratione temporis* e *ratione legis*) se impôs, com preferência pelo critério *ratione materiae*, sendo crime militar aquele definido no CPM.

2. Embora o CPM tenha se filiado à teoria da equivalência dos antecedentes causais (*conditio sine qua non*), consideram-se cabeça, nos crimes de autoria coletiva necessária, os oficiais ou inferiores que exercem função de oficial.

3. No CPM há crimes em que se procede somente mediante representação.

4. No peculato culposo, a reparação do dano, antes da sentença irrecorrível, acarreta a extinção da punibilidade do agente, tanto no CP como no CPM.

5. A pena acessória de exclusão das Forças Armadas prevista no CPM será obrigatoriamente aplicada à praça cuja condenação à pena privativa de liberdade for superior a dois anos.

6. O CPM, assim como o CP, não tipifica o crime de dano culposo.

7. O CPM, igualmente à legislação penal comum, tipifica os crimes contra a paz pública, especialmente o crime de quadrilha ou bando.

8. O crime militar de corrupção passiva não tipifica a conduta de solicitar para si ou para outrem, direta ou indiretamente, ainda que fora da função, ou antes de assumi-la, mas em razão dela, vantagem indevida, nem a conduta de aceitar promessa de tal vantagem.

9. De acordo com o CPM, é vedada a concessão de suspensão condicional da pena no crime de violência contra inferior.

10. O crime de recusa de obediência (art. 163 do CPM) é espécie do gênero insubordinação.

CESPE – DPU – DEFENSOR PÚBLICO FEDERAL – 2004

1. O direito penal militar adota a teoria da extraterritorialidade irrestrita, sendo suficiente, para a sua aplicação, que o delito praticado constitua crime militar nos termos da lei penal militar nacional, independentemente da nacionalidade da vítima ou do criminoso, do lugar onde tenha sido cometido o crime ou do fato de ter havido prévio processo em país estrangeiro.

2. O termo nacional, quando utilizado em relação às pessoas pela lei penal militar, relaciona-se apenas aos brasileiros natos; já o termo brasileiro diz respeito tanto aos brasileiros natos quanto aos naturalizados.

3. Considera-se crime militar o homicídio praticado por suboficial da Aeronáutica contra cabo da Marinha, mesmo que o fato se dê em momento de folga de ambos os militares, fora da área militar e com a utilização de arma particular.

4. Em tempo de guerra, um fato previsto como crime na legislação comum mas não na militar poderá ser considerado crime militar se praticado em presença do inimigo.

5. O direito penal militar contempla o arrependimento posterior como causa obrigatória de redução da pena.

6. No direito castrense, o estado de necessidade pode constituir causa de exclusão da culpabilidade do delito.

7. Admite-se a coação moral irresistível como causa de exclusão da culpabilidade no crime de deserção.

- Considere que um tenente, estando em serviço, em área fora da administração militar, tenha constrangido uma mulher à prática de conjunção carnal, mediante grave ameaça, e por isso tenha sido preso em flagrante e denunciado pela prática do crime previsto no art. 232 do CPM (estupro). Considere ainda que, durante o processo, tenha sido juntada aos autos certidão de casamento do referido tenente com a vítima, fato ocorrido após o dia do delito.
  Em face dessas considerações e com base no CPM, julgue os itens que se seguem.

8. A ação penal militar será pública e condicionada à representação da vítima.

9. O casamento do autor com a vítima não é causa de extinção da punibilidade do crime.

10. Eventual pena será agravada pelo fato de o crime ter sido praticado durante o serviço.

11. Se o oficial for condenado pelo crime em tela, será declarado indigno para o oficialato.

12. A sentença que fixar pena de morte poderá ser imediatamente executada se for imposta em zona de efetiva operação militar e assim o exigir o interesse da ordem e da disciplina militares.

13. A prescrição da ação penal dos crimes aos quais é cominada pena de morte se dá em vinte anos.

14. A pena de reclusão superior a dois anos somente será cumprida pelo oficial em estabelecimento prisional civil após ser declarada a perda do posto e da patente.

15. Se um oficial da Aeronáutica desertasse aos 25 anos de idade e fosse capturado 25 anos depois, a ação penal já se encontraria prescrita em abstrato, pois o crime de deserção possui pena máxima de 2 anos.

CESPE – DPU – DEFENSOR PÚBLICO FEDERAL – 2001

1. Foram adotados os princípios da territorialidade e da extraterritorialidade para a aplicação no espaço da lei penal castrense.

2. Considera-se crime propriamente militar o furto praticado no interior de um quartel por uma praça em situação de atividade.

3. O Código Penal Militar (CPM) adotou o critério do sistema biopsicológico de aferição da inimputabilidade.

4. O oficial militar que, em concurso com praças, vier a praticar um crime de autoria coletiva necessária não será considerado cabeça somente em decorrência do princípio da hierarquia com os inferiores.

5. O Estatuto Penal Militar vigente não contempla as medidas de segurança de natureza patrimonial.

MPU/MPM – PROMOTOR DE JUSTIÇA MILITAR – 2013

1. Acerca do chamado princípio da intervenção mínima no Direito Penal pátrio, assinale a alternativa incorreta.

a) Parte da doutrina defende que o princípio da intervenção mínima foi recepcionado pela CF através da cláusula geral prevista pelo § 2º do art. 5º, tendo sua raiz no art. 8º da Declaração dos Direitos do Homem e do Cidadão (Paris, 1789), ao proclamar que a lei deve estabelecer penas estrita e absolutamente necessárias.

b) Enquanto o princípio da intervenção mínima se dirige ao juiz do caso concreto, quando o dano ou perigo de dano são irrisórios, o princípio da insignificância se dirige ao legislador, visando reduzir o número de normas incriminadoras.

c) O objeto de proteção do diploma penal castrense denomina-se bem jurídico composto, na medida em que (tendo como objetividade jurídica em primeiro plano: a vida, a integridade física, o patrimônio, etc.) não se afasta de uma tutela mediata da regularidade das instituições militares.

d) Dentre os vetores estabelecidos pelo Supremo Tribunal Federal como necessários a legitimar o reconhecimento da insignificância, nos crimes contra o patrimônio praticados por militares, o grau de reprovabilidade do comportamento tem afastado a aplicação do referido princípio.

2. Com relação aos crimes contra a segurança externa do país e, sob a ótica constitucional vigente, assinale a alternativa correta.

a) A hostilidade contra país estrangeiro é crime previsto apenas no CPM e só pode ser cometido por militar ou assemelhado.

b) Apesar da divergência doutrinária quanto ao seu emitente, no crime de entendimento para empenhar o Brasil à neutralidade ou à guerra, a ação penal exige uma condição de procedibilidade, que é a representação governamental ao Procurador-Geral de Justiça Militar.

c) O militar condenado pelo crime de entendimento para gerar conflito ou divergência com o Brasil, fica sujeito à declaração de indignidade para o oficialato.

d) No crime de entendimento para empenhar o Brasil à neutralidade ou à guerra, a ação penal exige uma condição de procedibilidade, que é a requisição do Ministério a que o agente esteja subordinado ao Procurador-Geral de Justiça Militar, requisição de caráter cogente face ao aspecto político da questão.

3. Acerca das circunstâncias que envolvem o conceito, classificação e identificação do crime militar, assinale a alternativa incorreta.

a) Em face do princípio da extraterritorialidade, se um capitão de corveta brasileiro, integrante de uma tripulação de um contratorpedeiro, em comissão de natureza militar, comete crime de homicídio contra uma civil, estando de folga e no interior de um quarto de hotel nos Estados Unidos, o fato delituoso constitui crime comum e não militar.

b) Partindo-se do pressuposto que a caracterização do crime militar aponta para uma tipicidade indireta ensejadora de reflexão, torna-se de fundamental importância analisar a efetiva ofensa à instituição militar considerada, como elemento determinante da caracterização do crime militar.

c) Questão controvertida é o cometimento de crime militar por civil. Nos termos do art. 9º, III, do CPM, é imprescindível para tanto a efetiva ofensa às instituições militares. Se um civil comete crime contra as instituições militares estaduais, por exemplo, assalto ao quartel para roubo de armas, a competência para processar e julgar o feito é da Justiça Militar.

d) Não só a qualidade de superior ou a de inferior, quando não conhecidas do agente, deixam de ser elementos constitutivos do crime. Apesar da presença de elemento normativo do tipo (art. 9º, II, letra 'a', do CPM), de acordo com a teoria contemporânea do dolo, se um militar agride outro militar, causando-lhe lesões, porém desconhecendo a condição castrense da vítima, tal fato delituoso constitui crime comum.

4. Acerca dos crimes contra a autoridade ou disciplina militar, assinale a alternativa correta.

a) Tanto o motim como a revolta e a organização de grupo para a prática de violência têm como elemento objetivo do tipo a reunião ou ajuntamento.
b) No crime de motim e de revolta, quando os agentes estiverem agindo contra ou se negando a cumprir ordem do superior, é juridicamente possível a tentativa.
c) O soldado PM Temporário (cuja contratação é autorizada aos Estados pela Lei federal nº 10.029 de 20.10.2000) que, em uma solenidade pública, rasgar seu uniforme, arrancando condecoração militar, insígnia ou distintivo, por menosprezo ou vilipêndio, comete o crime de despojamento desprezível.
d) No crime de conspiração está prevista a hipótese de delação espontânea e, em decorrência dela, da figura da chamada escusa absolutória, que independe do arrependimento eficaz do agente.

5. A relação de causalidade apresenta-se nos tipos dependentes de um resultado externo (delitos de resultado) como vínculo ou nexo entre a conduta do agente e o resultado típico. Analise as proposições abaixo e assinale a alternativa incorreta.
a) A teoria da equivalência das condições ou da conditio sine qua non é admitida pelo Código Penal, prevendo sob a rubrica de superveniência de causa independente, um limite à amplitude do conceito de causa.
b) Para a teoria da imputação objetiva, a causação de um resultado típico só realizará o tipo objetivo se o agente criar um perigo juridicamente desaprovado, que se consubstancia naquele, ou se aumenta o risco permitido com violação do dever de cuidado relevante.
c) Para os efeitos da relação de causalidade jurídico-penal, a distinção entre causa e condição irrelevante.
d) Nos crimes comissivos por omissão, a ilicitude surge: não porque o agente impediu o resultado, mas porque não o causou quando devia e podia fazê-lo.

6. Acerca da usurpação e do excesso ou abuso de autoridade, assinale a alternativa correta.
a) O crime de assunção ilegal de comando (art. 167, CPM) assemelha-se ao crime de usurpação de função pública (art. 328, CP), e pode ser cometido por qualquer pessoa, desde que em área sob administração militar.
b) O delito de operação militar sem ordem superior na sua forma mais simples (art. 169, caput, CPM) classifica-se como de mão própria e também como subsidiário.
c) O crime de amotinamento de presos ou internados (art. 182, CPM) é de concurso necessário, sendo que o oficial presente e omisso incorre nas mesmas penas.
d) No crime de evasão de preso civil (art. 180, CPM) se ao fato sucede deserção (art. 180, § 2º, CPM), aplicam-se cumulativamente as penas correspondentes.

7. Acerca do tipo do injusto (doloso e culposo), assinale a alternativa incorreta.
a) O dolo, como elemento subjetivo geral, representando consciência e vontade de realizar os elementos objetivos do tipo, não exige a consciência da ilicitude, que é elemento da culpabilidade.
b) Dentre os tipos penais que exigem um elemento subjetivo do injusto, estão aqueles que parte da doutrina denomina de delitos de tendência (intensificada), nos

quais o tipo legal exige uma determinada tendência subjetiva na realização da conduta típica, como na satisfação da própria lascívia ou concupiscência, a intenção sexual ou a tendência voluptuosa, como tendência especial da ação.

c) A culpa inconsciente é a culpa comum, que se verifica quando o autor prevê o resultado, mas espera que não ocorra.

d) O agente que, com necandi animus, desfecha 2 tiros contra a vítima, atingindo-a e imediatamente a socorre, levando-a ao hospital onde é operada e salva, só responde pelo crime de lesão corporal na medida de sua gravidade.

8. Acerca do crime de genocídio, assinale a alternativa incorreta.

a) No Brasil, HUNGRIA sustentou que o genocídio derivaria de duas expressões latinas: genus (raça, povo, nação) e excidium (destruição, ruína, aniquilamento). No entanto, não explica por qual razão teria reduzido a denominação, que deveria, nesse caso, ser genoxcídio ou genixídio.

b) No Brasil, o genocídio está definido duas vezes: na legislação penal extravagante e no Código Penal Militar, além de ser considerado crime hediondo.

c) O genocídio é considerado crime hediondo desde que na sua forma consumada.

d) A transferência forçada caracterizadora de genocídio abrange apenas as pessoas menores de 12 anos, todavia parte da doutrina entende que poderia haver disposição expressa a respeito do velho.

9. Analise as proposições abaixo e assinale a resposta correta.

I. Com o advento da Lei nº 12.015 de 07.08.2009, a figura do estupro passou a punir o constrangimento de alguém (homem ou mulher), mediante violência ou grave ameaça, a ter conjunção carnal ou a praticar ou permitir que com ele se pratique outro ato libidinoso (que anteriormente caracterizava o atentado violento ao pudor), revogando o art. 233 do Código Penal Militar.

II. Independentemente do contido no § 7º, do art. 15, da Lei Complementar nº 97/1999, com a redação da LC nº 136/2000, compete à Justiça comum julgar o militar que cometer o crime de abuso de autoridade em Operações de Garantia da Lei e da Ordem.

III. No crime de tortura qualificada praticada por militar incide uma majorante específica sobre a pena.

IV. Sargento que, valendo-se da facilidade que lhe proporcionava o fato de ser responsável pela sala de meios da Organização Militar, se utiliza de computador ali existente, copiando fotos pornográficas de revistas e digitando textos de igual conteúdo, produzindo panfletos pornográficos, que eram impressos no local e mantidos em armário pessoal do graduado, comete o crime de escrito ou objeto obsceno (CPM, art. 239).

a) I e II estão corretas e III e IV estão erradas.

b) I está errada e III está correta

c) I, II, III e IV estão corretas

d) I e IV estão corretas

10. Acerca do tratamento dado ao erro no Direito Penal pátrio, analise as proposições abaixo e depois assinale a alternativa incorreta.

a) O erro de direito (art. 35 do CPM) se relaciona com a ignorância ou falsa interpretação da lei. É mais severo que o tratamento dado pelo Código Penal comum, pois, mesmo sendo invencível o erro (escusável) não exclui o dolo, mas apenas atenua ou permite a substituição da pena.

b) O erro de fato (art. 36 do CPM) incide sobre o fato que constitui o crime, e se apresenta de duas formas: a. engano quanto a circunstância de fato que constitui o crime (atualmente é erro de tipo); b. engano quanto a circunstância que se existisse tornaria a ação legítima (descriminante putativa).

c) Existe uma correspondência entre as denominações "erro de tipo" e "erro de proibição", vigentes no direito penal comum, com as denominações "erro de fato" e "erro de direito", previstas no direito penal militar.

d) O erro de tipo, tratado no art. 20 do CP, incide sobre os elementos do tipo, ou seja, sobre um dos fatos que compõe um dos elementos do tipo. Também pode recair sobre um dos elementos normativos do tipo. Seu efeito é a exclusão do dolo porque não há no agente a vontade de realizar o tipo objetivo. Permite, no entanto, a punição por crime culposo, se previsto em lei.

11. Acerca das isenções de culpabilidade previstas no Direito Penal pátrio, assinale a alternativa incorreta.

a) São requisitos da coação moral que exclui a culpabilidade: 1º) irresistibilidade da coação; 2º) presença indispensável das figuras do coator, coacto e vítima.

b) No Código Penal existe uma circunstância atenuante genérica em face do agente ter cometido o crime sob coação a que podia resistir, circunstância que está presente no Código Penal Militar, como atenuante específica da coação.

c) O Código Penal Militar, ao tratar da obediência hierárquica (CPM, art. 38, letra 'b' e §§ 1º e 2º), acolheu um sistema intermediário ou sincrético entre as teorias conhecidas, em direito penal militar, como o das baionetas inteligentes e o da obediência cega.

d) Quanto à excludente de culpabilidade da obediência hierárquica, o CPM de 1969 descreve um conceito idêntico ao do Código Penal comum, em uma intenção do legislador de manter similaridade entre os dois códigos, que só devem se diferenciar naqueles princípios específicos da vida castrense.

12. Analise as proposições abaixo e assinale a alternativa incorreta.

a) O civil somente responderá por crime militar de furto nas hipóteses do inciso III, do art. 9º do CPM.

b) Para o reconhecimento da figura do furto de uso, tanto no direito penal militar como no direito penal comum, a coisa subtraída deve ter por finalidade o uso momentâneo e deve ser imediatamente restituída ou reposta no lugar onde se encontrava.

c) O furto de uso de animal de tiro implica em uma causa de especial aumento de pena.

d) No crime militar de roubo simples, o emprego de violência contra pessoa pode ser concomitantemente com a subtração da coisa ou logo após a subtração da coisa.

13. Acerca das causas excludentes do crime, assinale a alternativa incorreta.

a) No Código Penal Militar existe uma causa de justificação especial que é a discriminante do comandante de navio, aeronave ou praça de guerra, concedendo autoridade ao comandante para compelir seus subordinados a realizarem manobras e serviços urgentes, com a finalidade de salvaguardar quer vidas humanas, quer a própria unidade.

b) O estrito cumprimento do dever legal é causa de exclusão de ilicitude, prevista no Código Penal Militar de 1969, que não o conceitua, assim como não é conceituado no Código Penal. Ambos, porém, definem o estado de necessidade e a legítima defesa.

c) No direito militar pátrio, em matéria de legítima defesa, em que pese ser permitida a repulsa à "agressão, atual ou iminente, a direito próprio ou de outrem", serão sempre considerados elementos constitutivos do crime: a qualidade de superior ou a de inferior, a de oficial de dia, de serviço ou de quarto, ou a de sentinela, vigia ou plantão, quando a ação é praticada em repulsa à agressão.

d) A diferença entre o estado de necessidade como excludente de culpabilidade e o estado de necessidade como excludente do crime, quanto aos requisitos que os constituem, é que, neste, o agente não era legalmente obrigado a arrostar o perigo e, naquele, não lhe era razoavelmente exigível conduta diversa.

14. Assinale a alternativa incorreta.

a) No crime militar de estelionato, não se aplica a agravação da pena prevista no § 3º do art. 251 do CPM, se o agente for civil.

b) O crime de fraude no pagamento de cheque (CPM, art. 251, § 1º, V) somente será considerado militar quando praticado por militar em situação de atividade ou assemelhado, em lugar sujeito à Administração Militar, contra militar da reserva ou reformado, ou assemelhado ou civil.

c) São elementos constitutivos do crime militar de abuso de pessoa (CPM, art. 252), dentre outros: 1. o abuso da doença ou deficiência mental de outrem; 2. que esse abuso ocorra no exercício de função em unidade, repartição ou estabelecimento militar.

d) No crime militar de receptação, a pena, que é de um a cinco anos de reclusão, pode ser substituída, atenuada ou considerada a infração como disciplinar.

15. Acerca do concurso de agentes (concurso de pessoas) e do crime continuado, considere as proposições abaixo e assinale a resposta correta.

I. O legislador, tanto do Código Penal como do Código Penal Militar, adotando o princípio do ***nullum crimen sine*** culpa como parâmetro de toda a reforma penal, previu a participação de crime menos grave - também chamada de cooperação dolosamente distinta, segundo a qual, "se algum dos concorrentes quis participar de crime menos grave, ser-lhe-á aplicada a pena deste; essa pena será aumentada até a metade, na hipótese de ter sido previsível o resultado menos grave".

II. Em termos de concurso de agentes, o Código Penal Militar de 1969 adotou uma teoria monista temperada ou mitigada, permitindo a distinção entre os concorrentes.

III. Antenor agride Carlos, deixando-o prostrado no chão e vai embora. Benício vem e furta os objetos de Carlos. Ocorre autoria colateral. Antenor responde pelas lesões; e Benício responde por furto, se não houve ajuste. Havendo ajuste, respondem os dois por roubo.

IV. O crime continuado é tratado de forma mais severa no CPM (art. 80) do que a prevista no Código Penal comum (art. 71). Assim, em que pese o caráter especial da norma penal militar, é possível aplicar o dispositivo do CP ao caso concreto, por analogia da norma penal mais benéfica.

a) I, II, III e IV estão corretas.

b) I e II estão corretas, III e IV estão erradas.

c) I e IV estão erradas.

d) II e III estão erradas.

16. Acerca dos crimes contra a incolumidade pública, assinale a alternativa correta.

a) No crime militar de explosão (art. 269, CPM), ratione loci, pune-se a tentativa pela teoria objetiva.

b) No crime militar de incêndio, o § 1º, do art. 268 do CPM, estabelece casos de agravação da pena, sem fixar o quantum, devendo o juiz aplicar o art. 73 do mesmo código, onde se encontram os limites. Já no crime comum de incêndio, no § 1º, do art. 250 do CP, o aumento da pena é fixado em um terço.

c) O crime militar de perigo de inundação (CPM, art. 253) é crime militar impróprio, e assim como seu semelhante no CP comum (art. 255), é crime de perigo abstrato, não sendo necessário a superveniência do perigo para o bem jurídico tutelado.

d) O fornecimento de substância adulterada (CPM, art. 296) é crime militar impróprio. Seu semelhante encontra-se no art. 273 do CP, nominado de alteração de substância alimentícia ou medicinal. Tanto a norma penal comum como a castrense foram erigidas à categoria de crime hediondo, pela Lei 9.677 de 02.07.1998.

17. Analise as proposições abaixo e assinale a resposta correta.

I. Um cadete da PM, com 17 anos de idade, durante o desfile de 7 de setembro, desentende-se com um cadete do Exército, que estava em forma no pelotão ao lado do seu, desferindo no militar do EB um golpe com a coronha do fuzil, lesionando-o gravemente (CPM, art. 209, § 1º). A competência para processo e julgamento é da Justiça Militar da União.

II. Militar de 17 anos, desde que tenha desenvolvimento psíquico suficiente para entender o caráter ilícito do fato e determinar-se de acordo com esse entendimento (CPM, art. 50) é penalmente imputável. A norma penal militar está em consonância com o art. 5º, § 2º, da Lei do Serviço Militar [será permitida a prestação do serviço militar como voluntário a partir dos 17 anos de idade] e, com o art. 5º, parágrafo único, inciso III, do Código Civil de 2002 [cessa, para os menores, a incapacidade, pelo exercício de emprego público efetivo].

III. O Código Penal Militar, na esteira do revogado Código Penal comum de 1969 (revogado sem nunca entrar em vigor), acabou com as medidas de segurança para imputáveis e aboliu o sistema do duplo binário para semi-imputáveis, substituindo-o pelo denominado sistema vicariante, segundo o qual, o juiz ou impõe pena ou medida de segurança, vedada a cumulação de ambas.

IV. Tanto no Código Penal comum, como no Código Penal Militar, a emoção como a paixão não excluem a imputabilidade penal.

a) I, II, III e IV estão corretas

b) I e II estão corretas e III e IV estão erradas

c) a III está correta e a IV está errada

d) a I está errada e a IV está correta

18. Analise as questões abaixo e assinale a alternativa incorreta.

a) O crime de desacato a superior (art. 298, CPM) é crime militar próprio, que exige do agente a circunstância de caráter pessoal de ser militar, mais que isso, a de ser subordinado (inferior) da vítima, ainda que de igual posto ou graduação.

b) O furto é um crime patrimonial, já o peculato-furto é um crime funcional.

c) Com exceção da modalidade culposa, no crime de ingresso clandestino (CPM, art. 302), é exigido um dolo específico de penetração na área militar por onde seja defeso.

d) No crime militar de excesso de exação (CPM, art. 306), caracterizado pela cobrança onde houve emprego de meio vexatório ou gravoso, não autorizado por lei, não há ofensa patrimonial ao contribuinte.

19. Acerca do tratamento dado às penas no direito penal militar, analise as proposições abaixo e assinale a resposta correta.

I. No direito penal militar é possível a aplicação da pena de morte (CPM, art. 55, letra 'a') em desfavor de uma praça, desde que a sentença capital tenha sido decretada pelo Juiz-Auditor e confirmada pelo Conselho Superior de Justiça.

II. A sentença definitiva de condenação à morte de oficial intermediário é comunicada, logo que passe em julgado, ao Presidente da República e não pode ser executada, em hipótese alguma, senão depois de sete dias após a comunicação.

III. O civil que cumpre a pena aplicada pela Justiça Militar, ainda que recolhido a estabelecimento penal militar, ficará sujeito ao regime conforme a legislação penal comum, de cujos benefícios e concessões também poderá gozar.

IV. No Código Penal Militar, a perda da função pública, ainda que eletiva, é uma pena acessória, enquanto que no Código Penal comum passou a ser um dos efeitos da condenação.

a) I e II estão corretas e III e IV estão erradas

b) I está correta e II está errada

c) I, II, III e IV estão corretas

d) II está correta e IV está errada

20. Assinale a alternativa incorreta.

a) A doutrina se refere à corrupção subsequente, onde a entrega da vantagem indevida é posterior.

b) A corrupção subsequente somente é possível de acontecer na forma passiva e será inadmissível na sua forma ativa.

c) O Supremo Tribunal Federal vem, reiteradamente, negando habeas corpus para invalidar o procedimento penal instaurado contra civil acusado de crime militar

- suposto uso de documento alegadamente falso (CPM, art. 315), caderneta de inscrição e registo (CIR) emitida pela Marinha do Brasil - considerando que, mesmo sendo a referida licença de natureza civil, sobressai o caráter especial da jurisdição penal militar sobre civis em tempo de paz (CF, art. 124).

d) No crime militar de falsa identidade (CPM, art. 318), em que pese o quantum da pena (detenção, de três meses a um ano), não se aplica o instituto da infração de menor potencial ofensivo, da Lei 9.099 de 1995, que criou os Juizados Especiais Criminais.

e) O crime de uso de documento pessoal alheio (CPM, art. 317) é de natureza subsidiária, sendo conditio sine qua non que o fato atente contra a Administração ou Serviço Militar.

21. Assinale a alternativa incorreta.

a) Nos crimes previstos entre os artigos 136 a 141 do CPM, a lei não estabelece prazo para a requisição da ação penal,

b) Embora cediço no direito penal militar contemporâneo a existência da ação penal privada subsidiária da pública, a ela não aplicam as causas extintivas da punibilidade próprias da ação penal privada exclusiva.

c) Com relação ao instituto da suspensão condicional da pena - sursis - enquanto no direito penal comum exige-se que o condenado não seja reincidente em crime doloso (podendo ser reincidente em crime culposo), no direito penal militar exige-se que o sentenciado não seja reincidente em crime punido com pena privativa de liberdade (que tanto pode ser doloso como culposo).

d) Em tempo de paz, o livramento condicional especial (por crime contra a segurança externa do país), só será concedido após o cumprimento de metade da pena, se primário, observada ainda a reparação do dano, salvo impossibilidade de fazê-lo e, a boa conduta do condenado durante a execução da pena.

22. Analise as proposições abaixo e assinale a resposta correta.

I. O sujeito ativo do crime militar de usurpação de função é o civil.

II. O indivíduo que, sem tê-la, alega possuir influência sobre funcionário da Junta Militar e por conta disso, solicita dinheiro ao conscrito, a pretexto de incluí-lo no excesso de contingente, comete o crime de estelionato.

III. No crime militar de inutilização de livro ou documento (CPM, art. 337 - subtração ou inutilização de livro, processo ou documento), se o sujeito ativo possui a guarda do objeto material, o crime será o do art. 321 do CPM (extravio, sonegação ou inutilização de livro ou documento), de semelhante nomen iuris.

IV. Tanto o crime militar de impedimento, perturbação ou fraude de concorrência (CPM, art. 339), como seu semelhante no direito penal comum (CP, art. 335), foram revogados pelos artigos 93 e 95, da Lei 8.666 de 21.06.1993, que instituiu normas específicas para licitações e contratos.

a) I e II estão corretas

b) I e III estão corretas e II e IV estão erradas

c) I está errada e IV está correta

d) I e IV estão erradas

23. Acerca das medidas de segurança, assinale a alternativa incorreta.

a) Nos termos do art. 112, § 3º do CPM, a medida de segurança de internação é por tempo indeterminado, ou seja, enquanto perdurar a periculosidade do internado.

b) A medida de segurança de cassação de licença para dirigir veículos motorizados (CPM, art. 110), em que pese ser decretada pela autoridade judiciária, somente será implementada pela autoridade de trânsito.

c) A medida de segurança de confisco de instrumentos e produtos do crime, prevista no Código Penal Militar é, ao mesmo tempo, um dos efeitos extrapenais da sentença condenatória previstos no mesmo código.

d) A proibição de que o condenado resida ou permaneça, durante um ano pelo menos, na localidade, município ou comarca onde o crime foi praticado, será fiscalizado pela autoridade policial, conforme determinação do juiz.

24. Analise as proposições abaixo e assinale a alternativa correta.

a) No crime de recusa de função militar (CPM, art. 340), cujo sujeito ativo é o militar ou assemelhado, a recusa torna-se atípica para este último, desde que haja motivo legal para tanto (CPPM, artigos 37 e 38).

b) Atualmente, a única hipótese de presença de assemelhado, a que se refere o crime de recusa de função na Justiça Militar, é a do PM Temporário, cuja criação foi autorizada pela lei federal nº 10.029 de 20.10.2000.

c) No crime militar de desacato à autoridade judiciária (CPM, art. 341), o IPM pode ser dispensado, salvo diligência requisitada pelo Ministério Público.

d) No crime militar de coação (CPM, art. 342), se da violência decorre lesão corporal, esta é absorvida pela coação em si.

25. Analise as proposições abaixo e assinale a alternativa correta.

a) Aquele que der causa a instauração de um Conselho de Justificação (investigação administrativa) contra alguém, imputando-lhe o cometimento de falta administrativa de que o sabe inocente, comete o crime militar de denunciação caluniosa (CPM, art. 346).

b) A comunicação falsa de crime (CPM, art. 344), cuja pena é de detenção, de trinta dias até seis meses de detenção, inclui-se na categoria de infração de menor potencial ofensivo.

c) No crime de falso testemunho ou falsa perícia, a retratação do agente é condição resolutiva a punibilidade.

d) No crime de favorecimento pessoal (CPM, art. 350), se quem presta o auxílio é ascendente, descendente, tutor ou curador do criminoso, fica isento de pena.

26. Acerca das alterações no prazo prescricional da pretensão punitiva, analise as proposições abaixo e assinale a resposta correta.

I. Com a edição da Lei nº 12.234/2010, a prescrição retroativa, no CP, acabou pela metade.

II. A Lei nº 12.234/2010, também alterou o inciso VII, do art. 109 do CP, aumentando o menor prazo prescricional em abstrato, que de 2(dois) passou para 3(três) anos, quando o máximo da pena for inferior a 1(um) ano. Seus efeitos, a toda evidência são ex tunc.

III. Enquanto estiver na condição de trânsfuga, a extinção da punibilidade do desertor ocorrerá somente aos 45 anos para praças e 60 para oficiais (CPM, art. 132). Tendo se apresentado ou sido capturado, ao ser recebida a denúncia a prescrição passa a reger-se pela regra geral do CPM, art. 125, VI, combinado com seu § 2º, letra 'c'.

IV. Se o militar processado por deserção comete nova deserção, e agora como civil, retorna à condição de trânsfuga, o processo que estava em andamento será suspenso pela falta de condição de procedibilidade (ser militar), suspendendo-se, igualmente, o prazo prescricional.

a) I, II e III estão erradas, e IV está correta

b) I e III estão erradas

c) I está correta e IV está errada

d) II está correta e III está errada

MPU/MPM – PROMOTOR DE JUSTIÇA MILITAR – 2005

01. Pertinentemente à legitimação do Direito Penal no Estado Social e Democrático de Direito, assinale a alternativa incorreta:

a) Dentre os princípios materiais do Estado Democrático de Direito, não expressamente formalizado no texto constitucional, encontra-se o princípio da proporcionalidade.

b) O princípio da intervenção mínima encontra expressão em duas perspectivas diversas: o princípio da fragmentariedade e o princípio da subsidiariedade.

c) O princípio da subsidiariedade põe em destaque a circunstância de que o Direito Penal é o único controle social formal dotado de recursos coativos.

d) A Constituição Federal, ao adotar o princípio da pessoalidade, estabelece restrição para a direta execução do julgado; nunca, contudo, para efeitos reflexos, não jurídicos e de caráter social.

02. Quanto à determinação do momento da prática delitiva (tempus delicti), é correto afirmar que:

a) O Código Penal Militar adotou a Teoria mista ou unitária: o tempo do delito é considerado tanto o da ação quanto o do resultado.

b) O Código Penal Militar admite, implicitamente, como exceção à teoria adotada, o marco inicial da prescrição in abstrato ter seu começo a partir do dia em que o crime se consuma.

c) O Código Penal Militar admite, implicitamente, como exceção à teoria adotada, o marco inicial da prescrição in abstrato nos crimes permanentes coincidir com o início da permanência.

d) Na hipótese de um militar, em serviço, atirar em um outro militar, também em serviço, com animus necandi, embora obtendo o resultado somente alguns dias depois, o crime de homicídio consumado será considerado praticado, para todos os efeitos, no momento em que ocorrer o resultado "morte".

03. Em relação a crimes militares, assinale a alternativa correta:

a) O crime de Revolta é o Motim armado, sendo a existência de armas o único e essencial ponto de distinção entre os dois crimes.

b) No crime de Conspiração, punem-se os atos preparatórios que constituem sua conduta típica. A delação espontânea, a ele associada, tem o efeito de reduzir a pena, e não de isentar o agente da mesma.

c) No crime de Desrespeito a Superior, cogita-se do critério ratione loci. É necessário que o desrespeito, além de ser perpetrado diante de outro militar – de qualquer posto ou graduação – ocorra em local sob administração militar.

d) No crime de Incitamento, o sujeito ativo só pode ser militar.

04. No que se refere à relação de causalidade, indique a alternativa correta:

a) A Teoria da Imputação Objetiva do Resultado, na perspectiva de Claus Roxin, não se desvincula do dogma causal. A ele somam-se critérios normativos, cujo traço comum é o princípio do risco, com base no qual, partindo do resultado, o importante é saber se a conduta do agente criou ou não um risco juridicamente relevante de lesão típica de um bem jurídico penalmente protegido.

b) O delito omissivo próprio consiste em dar lugar à ocorrência de um resultado típico, não evitado por quem podia e devia fazê-lo, isto é, por aquele que, na situação concreta, tinha a capacidade de ação e o dever jurídico de agir, para impedir a lesão ou o perigo de lesão ao bem jurídico tutelado.

c) A ação e omissão deixam de ser imputáveis pelo resultado, quando uma causa, ainda que relativamente independente, venha, por si só, a produzi-lo. Rompe-se, então, a cadeia de causalidade, quando a conduta anterior, embora criminosa, não esteja na linha necessária de desdobramento causal.

d) Considera-se como causa de um resultado, de conformidade com a Teoria da Equivalência das Condições, toda condição sem a qual o resultado não teria ocorrido, isto é, tudo aquilo que tenha contribuído para a sua produção. A causa absolutamente independente, ou seja, aquela sem qualquer vínculo com a ação ou omissão, não exclui a imputação pelo resultado.

05. Quanto à antijuricidade, assinale a alternativa incorreta:

a) O Código Penal Militar, adotando a Teoria Diferenciadora, admite o estado de necessidade tanto como justificante quanto como exculpante.

b) Não é possível legítima defesa contra quem pratica uma conduta acobertado por uma exculpante.

c) No estado de necessidade justificante, o agente não é legalmente obrigado a arrostar o perigo.

d) Não há que se falar em legítima defesa na conduta do militar que, em momento posterior à injusta provocação, agride um outro militar, em fuga, com golpe de facão, pois age com ânimo de revide e não de defesa.

06. Em relação ao arrependimento eficaz e à desistência voluntária, é correto afirmar que:

a) É pacífico o entendimento doutrinário de que os dois institutos têm a natureza jurídica de causas pessoais de extinção da punibilidade.

b) São requisitos da desistência voluntária: a espontaneidade e o esgotamento de toda a atividade executória.

c) Fazem surgir a figura do crime impossível, por ineficácia absoluta do meio ou por absoluta impropriedade do objeto.

d) São requisitos do arrependimento eficaz: o esgotamento de toda a atividade executória; impedimento eficaz do resultado e voluntariedade.

07. Marque a alternativa correta:

a) No crime omissivo impróprio, a consumação ocorre com a simples inatividade do agente, como no crime omissivo puro.

b) De regra, os atos preparatórios não são puníveis. No entanto, algumas vezes, o legislador transforma esses atos em tipos penais especiais, fugindo à regra geral.

c) Dá-se, também, o crime impossível, quando os meios empregados são relativamente inidôneos à consumação do delito.

d) Dá-se a tentativa imperfeita, quando, apesar da ação executória ter-se esgotado, não se alcançou, todavia, o resultado proposto, por razão alheia à vontade do agente.

08. Marque a alternativa correta:

a) Nas hipóteses de erro no uso dos meios de execução, consideram-se as qualidades ou condições da pessoa efetivamente atingida e não as da pessoa visada.

b) Se o erro é provocado por terceiro, responderá este pelo crime tão-somente a título de dolo.

c) O desconhecimento da antijuridicidade de um comportamento e o desconhecimento de uma norma legal são coisas completamente iguais, ou seja, a ignorância da lei pode confundir-se com o desconhecimento da antijuridicidade.

d) A pena pode ser atenuada ou substituída por outra menos grave, quando o agente supõe lícito o fato, por ignorância ou erro de interpretação da lei, se escusáveis, salvo em se tratando de crime contra o dever militar.

09. Marque a alternativa correta:

a) A suspensão condicional da pena exclui a aplicação de medida de segurança não detentiva.

b) A suspensão condicional da pena se aplica ao condenado por crime cometido em tempo de guerra.

c) A suspensão condicional da pena não se aplica, em tempo de paz, aos crimes de Violência contra superior e Insubordinação.

d) É possível a suspensão condicional do processo, na Justiça Castrense, em função da aplicação das disposições da Lei nº 9.099/95 (Lei dos Juizados Especiais Criminais).

10. Marque a alternativa correta:

a) Não se toma em conta, para efeito de reincidência, a condenação anterior, se, entre a data do cumprimento ou extinção da pena e o crime posterior, decorreu período de tempo inferior a cinco anos.

b) O condenado a qualquer das penas principais previstas no CPM, por tempo igual ou superior a dois anos, desde que atendidos certos requisitos, pode ser liberado condicionalmente.

c) Salvo em hipóteses expressamente previstas no CPM, a imposição da pena acessória deve constar expressamente da sentença.

d) Constitui um dos efeitos da condenação, a perda, em favor da Fazenda Nacional (ressalvado o direito do lesado ou de terceiro de boa fé), dos instrumentos do crime, independentemente de consistirem, ou não, em coisas cujo fabrico, alienação, uso, porte ou detenção constitua fato ilícito.

11. Marque a alternativa correta:

a) Não há crime continuado quando se trate de fatos ofensivos a bens jurídicos inerentes à pessoa, salvo se as ações ou omissões sucessivas são dirigidas contra a mesma vítima.

b) Não exclui a imputabilidade penal a embriaguez completa proveniente de caso fortuito ou força maior.

c) Os crimes militares, em tempo de paz, quando dolosos contra a vida, e cometidos contra civil, não são da competência da justiça comum.

d) As medidas de segurança previstas pelo CPM são pessoais ou patrimoniais. As primeiras subdividem-se em detentivas e não detentivas (sujeição a tratamento ambulatorial).

12. Marque a alternativa correta:

a) De acordo com o CPM, são reduzidos de metade os prazos de prescrição quando o criminoso era, ao tempo do crime, menor de 21 (vinte e um) anos, ou, na data da sentença, maior de 70 (setenta) anos.

b) A reabilitação não alcança qualquer pena imposta por sentença definitiva.

c) No crime de deserção de oficial, embora decorrido o prazo de prescrição, esta só extingue a punibilidade quando o desertor atinge a idade de quarenta e cinco anos.

d) A prescrição da ação penal começa a correr nos crimes de falsidade, da data em que o fato se tornou conhecido.

13. A respeito do crime de Evasão de preso ou internado (Artigo 180 do CPM), assinale a afirmativa correta:

a) Se o agente, evadindo-se de prisão militar, mediante arrombamento, não se apresenta voluntariamente, ou não é capturado dentro de 9 (nove) dias, comete dois crimes autônomos: o de Evasão e o de Deserção.

b) Nesse tipo penal não se equipara a forma consumada à forma tentada.

c) Comete esse crime o agente que, empunhando uma arma, aproveita a oportunidade para fugir da prisão, em que se encontrava legalmente, quando aberta a porta, e dispara tiros para o alto, ao ser perseguido.

d) Para que o crime se caracterize, faz-se necessário que a evasão, com violência contra a pessoa, ocorra de lugar fechado, restando descaracterizado o crime, quando a fuga é procedida por preso escoltado, que se encontra em local aberto.

14. Sobre o crime de Amotinamento (Artigo 182 do CPM), é correto afirmar que:

a) Constitui ele um crime unissubjetivo, em que o concurso de agentes é eventual.

b) Constitui o crime a mera desavença entre presos, dentro da mesma cela, ainda que não haja o intuito de contrariar a autoridade ou o poder constituído.

c) Na mesma pena incorre quem, não estando preso ou internado, sendo oficial, e encontrando-se presente, não usa os meios ao seu alcance para debelar o amotinamento.

d) Não se inclui como recinto de prisão militar, o local fora das grades, onde os presos ou internados trabalham ou estudam.

15. Sobre a tentativa, assinale a alternativa correta:

a) A tipicidade da tentativa decorre da conjugação do tipo penal com o dispositivo que a define e prevê a sua punição, que tem eficácia extensiva.

b) Existe dolo especial de tentativa. O dolo da tentativa não é o mesmo do delito consumado.

c) Pelo Código Penal Militar, só poderá ser aplicada à tentativa, a pena do crime consumado, nas estritas hipóteses previstas em alguns tipos penais, tal como dispõe o Código Penal comum.

d) Os crimes omissivos próprios admitem a tentativa. Diferentemente, os crimes omissivos impróprios não a admitem.

16. É correto afirmar em relação aos crimes culposos:

a) É pacífico o entendimento doutrinário brasileiro de que é possível, tanto a coautoria quanto a participação nos crimes culposos.

b) Haverá crime culposo quando o agente, não observando o dever de cuidado devido, envolver-se em evento lesivo, que se verificaria mesmo que a diligência devida tivesse sido adotada.

c) A opinião dominante no Direito nacional é no sentido de ser possível configurar-se a tentativa culposa, uma vez que a ideia da tentativa não exclui a da culpa.

d) Se os fatos narrados numa denúncia descrevem imprudência por parte do agente, e o tipo penal refere-se a crime comissivo doloso, não prevendo a forma culposa, não deve a exordial acusatória ser recebida pelo Juiz.

17. Em relação ao crime de Abandono de posto, é correto afirmar que:

a) É um crime de perigo abstrato, uma vez que se consuma com a simples criação do perigo para o bem jurídico protegido, sem produzir um dano efetivo. O perigo abstrato é presumido *juris et de jure*, uma vez que não precisa ser provado, pois a lei contenta-se com a simples prática da ação que pressupõe perigosa.

b) A alegação do diminuto lapso temporal de afastamento do posto tem o condão de elidir a ocorrência do crime.

c) É necessário, para sua configuração, que, durante o período de afastamento do militar, ocorram fatos lesivos à OM, que poderiam ser evitados ou, ao menos, atenuados, mediante a sua intervenção.

d) Não há distinção entre posto e lugar de serviço. Ambos configuram um local amplo, onde o militar deve permanecer no exercício de qualquer função militar.

18. Em relação ao crime de Lesão corporal, assinale a alternativa correta:

a) Na lesão corporal seguida de morte, se o resultado qualificativo deriva de caso fortuito, essa qualidade não desaparece, respondendo o agente pelo crime preterdoloso.

b) A deformidade duradoura constitui lesão estética de certa monta, quando se limite exclusivamente ao rosto da vítima.

c) Quanto ao perigo de vida provocado pela lesão corporal, não se trata de perigo concreto, mas de perigo presumido; não se trata de probabilidade, mas de possibilidade de morte da vítima.

d) A autolesão não tipifica o crime de lesão corporal. Ela poderá, contudo, constituir elementar de um outro tipo penal.

19. Quanto ao crime de Rixa, assinale a alternativa correta:

a) Constitui ele um crime plurissubsistente, comissivo e unissubjetivo, em que o concurso de agentes é eventual.

b) Não se exige qualquer fim especial de agir. Pune-se a troca de agressões, independentemente de qualquer dos participantes resultar ferido.

c) Caracteriza-se pela ocorrência de agressões recíprocas generalizadas, mesmo estando claramente definida a posição dos contendores.

d) É possível a modalidade culposa da Rixa.

20. Relativamente aos crimes contra a honra, assinale a afirmativa correta:

a) Tanto a Calúnia quanto a Difamação lesam a honra objetiva; referem-se a fatos e necessitam chegar ao conhecimento de terceiro, para consumar-se.

b) A honra é um dos bens jurídicos disponíveis por excelência, sendo pacífico o entendimento, na doutrina nacional, que o consentimento do ofendido constitui causa excludente de tipicidade.

c) O Código Penal Militar estabelece que o conceito desfavorável emitido em apreciação ou informação prestada no cumprimento do dever de ofício não constitui ofensa punível, salvo quando inequívoca a intenção do agente tão-somente em injuriar ou difamar.

d) Tanto a Calúnia, quanto a Difamação e a Injúria, pela previsão do Código Penal Militar, admitem a exceção da verdade.

21. A respeito das causas excludentes de culpabilidade, pela sistemática do Código Penal Militar, é correto afirmar que:

a) No Estado de necessidade exculpante, o agente sacrifica direito alheio, ainda quando superior ao direito protegido, desde que lhe seja razoavelmente exigível conduta diversa.

b) Nos crimes em que há violação do dever militar, o agente pode invocar a seu favor a ocorrência de coação física irresistível.

c) A coação irresistível, com idoneidade para afastar a culpabilidade, é a moral, ou a vis absoluta, uma vez que exclui a ação, e, por conseguinte, a própria conduta típica.

d) No que se refere à Obediência hierárquica, o Código Penal Militar — da mesma forma que o Código Penal comum em relação ao subordinado —, estabelece implicitamente que o militar não deve obedecer à ordem manifestamente criminosa.

22. Quanto ao crime de Receptação, assinale a alternativa correta:

a) A Receptação está toponimicamente situada no título que trata dos crimes patrimoniais exatamente porque é necessário que o crime precedente seja contra o patrimônio.
b) O crime de Receptação diferencia-se do crime de Favorecimento real, porque, neste, o agente atua em benefício do autor do crime antecedente, enquanto que, naquele, o agente atua em benefício próprio ou de outrem, que não seja o autor do crime anterior, com *animus lucrandi.*
c) Não é possível falar-se em Receptação se desconhecido o autor do crime anterior.
d) Para a caracterização da receptação culposa, faz-se necessário o preenchimento de todos os requisitos previstos no tipo penal (natureza; desproporção entre o valor e o preço; condição de quem oferece), uma vez que eles constituem pressupostos cumulativos.

23. Relativamente ao concurso de agentes, assinale a alternativa correta:

a) A regra do artigo 53 do CPM ("Quem, de qualquer modo, concorre para o crime incide nas penas a este cominadas") é dispensável para a punibilidade do partícipe.
b) Para a Teoria do Domínio do Fato, coautor é aquele que, de acordo com um plano delitivo, presta contribuição independente, essencial à prática do crime, obrigatoriamente em sua execução.
c) Autor colateral é aquele que realiza a ação típica, servindo-se de terceiro, que atua como instrumento, sem culpabilidade.
d) No concurso de pessoas são incomunicáveis as circunstâncias e as condições de caráter pessoal dos agentes, mas, quando elementares do crime, comunicam-se aos participantes, desde que delas tenham tido conhecimento.

24. Sobre o crime de Peculato, é correto afirmar que:

a) Não haverá Peculato mediante erro de outrem, se o agente induziu ou manteve a vitima em erro.
b) Tratando-se, tanto de peculato doloso, quanto de peculato culposo, a reparação do dano antes do trânsito em julgado da sentença, extingue a punibilidade.
c) O Peculato, segundo o Código Penal Militar, constitui um crime contra o patrimônio, e não um crime contra a administração militar.
d) O militar que, em razão do cargo, usa, em proveito próprio, veículos e equipamentos militares, realiza conduta típica, uma vez que existe peculato de uso.

25. Em relação às circunstâncias agravantes e atenuantes, é correto dizer que:

a) No concurso de circunstâncias agravantes e atenuantes, a pena deve aproximar-se do limite indicado pelas circunstâncias preponderantes, entendendo-se como tais aquelas de conotação objetiva.

b) A circunstância de o agente ter cometido o crime com material ou instrumento de serviço, para esse fim procurado, agrava a pena, independentemente de ser ele militar ou civil.
c) Para efeito de reincidência se consideram os crimes anistiados.
d) Nos crimes em que a pena máxima cominada é a de morte, ao Juiz é facultado atender, ou não, às circunstâncias atenuantes.

26. Relativamente às penas principais previstas no Código Penal Militar, assinale a alternativa correta:
a) A sentença definitiva de condenação à morte é comunicada, logo que passe em julgado, ao Presidente da República, e pode ser executada de imediato, independentemente de ser imposta, ou não, em zona de operações de guerra.
b) A pena privativa de liberdade por mais de dois anos, aplicada a militar, quando cumprida em estabelecimento prisional civil, faz com que ele fique sujeito ao regime de execução da legislação penal comum.
c) O civil cumpre a pena aplicada pela Justiça Militar em penitenciária militar, independentemente de o crime ter sido cometido em tempo de guerra ou em tempo de paz.
d) A pena de impedimento consiste na agregação, no afastamento, no licenciamento ou na disponibilidade do condenado, pelo tempo fixado na sentença, sem prejuízo do seu comparecimento regular à sede do serviço.

27. Sobre os crimes de falsidade é correto afirmar que:
a) O ato falsificado ou alterado é punível, ainda quando não seja idôneo a produzir prejuízo.
b) Distingue-se a falsidade material da falsidade ideológica, porque, nesta, é ela materialmente gráfica e visível, enquanto que naquela, é falso apenas o conteúdo.
c) Quando a falsificação de documento de identidade militar for destinada, apenas, a qualificar o portador no meio civil, para a prática de enganos e fraudes, sem repercussão no patrimônio, na administração ou no serviço militar, o crime não é da competência da justiça castrense.
d) Quando o falso se exaure no estelionato, sem mais potencialidade lesiva, não é por este absorvido.

28. Quanto ao crime de Prevaricação, assinale a alternativa correta:
a) O simples retardamento de atos de ofício não configura, por si só, o crime. Sem o dolo específico, ou seja, sem a prova da intenção de satisfazer interesse ou sentimento pessoal, é impossível condenar por tal espécie de delito.
b) Distingue-se a Prevaricação da Corrupção passiva, porque aquela exige a bilateralidade, ou seja, a intervenção ilícita ou não de terceiro.
c) Tanto na Prevaricação, quanto na Concussão, o agente exige vantagem indevida do ofendido.
d) O sentimento pessoal do agente, sendo nobre e respeitável, elide a configuração do crime, mesmo que não afastado o dolo genérico exigível para o mesmo, apresentado pela consciência da ilicitude da conduta.

29. Sobre o crime de Denunciação caluniosa, previsto no CPM, é incorreto afirmar que:

a) Se o agente individualiza o autor (suposto) do crime, sabendo-o inocente, responde, em tese, por Denunciação caluniosa e não pelo delito de Comunicação falsa de crime.

b) O crime de Denunciação caluniosa absorve o crime de Calúnia.

c) Consuma-se o crime no lugar e no momento em que o agente denunciar caluniosamente a prática de crime sujeito à jurisdição militar.

d) A existência de verdade subjetiva por parte do agente é suficiente para afastar o dolo da imputação no crime de Denunciação caluniosa.

30. Assinale a alternativa incorreta:

a) Crime praticado em presença do inimigo é aquele ocorrido em zona de efetivas operações militares, ou na iminência ou em situação de hostilidade.

b) Aos crimes especialmente previstos para o tempo de guerra aplicam-se as penas cominadas para o tempo de paz, com o aumento de um terço.

c) É competência privativa do Presidente da República declarar Guerra, no caso de agressão estrangeira, autorizado pelo Congresso Nacional ou referendado por ele.

d) Os tipos penais relativos à Traição referem-se ao agente como sendo o "nacional". Com isso conclui-se poder ser ele um brasileiro, nato ou naturalizado, militar ou civil.

CESPE – TJ/DFT. JUIZ SUBSTITUTO. 2015

1. Acerca do concurso de agentes, assinale a opção correta à luz do CPM.

a) No cálculo da pena de crimes militares em que haja concurso de pessoas, as condições ou as circunstâncias de caráter pessoal dos coautores serão consideradas apenas nos casos em que os agentes tenham consciência dessas condições ou circunstâncias.

b) O CPM tipifica como causa de aumento da pena o fato de um agente dirigir as atividades dos demais agentes envolvidos no evento delituoso.

c) Se o crime for praticado com o concurso de dois ou mais oficiais, a pena desses oficiais deverá ser aplicada em dobro.

d) Agente cuja participação no crime seja de menor importância deve ser apenado na mesma proporção que os demais agentes envolvidos no delito.

e) Se o crime for cometido por inferiores juntamente com um ou mais oficiais, estes, assim como os demais inferiores que estiverem exercendo função de oficial, serão considerados cabeças da ação delituosa.

2. Francisco, Pedro e Fábio, todos policiais militares, estavam de serviço em uma mesma guarnição comandada por Pedro, até as seis horas da manhã, quando, por volta das quatro horas da manhã, em via pública, se depararam com Abel, de vinte e três anos de idade, capaz, caminhando. Todos os policiais militares desceram da viatura, momento em que Francisco, já com um cassetete na mão, passou a perguntar a Abel o que ele estava fazendo na rua naquele horário,

enquanto lhe golpeava os braços com o cassetete. Abel, que estava desarmado e não esboçou nenhuma reação, após a agressão, foi para casa ferido. A ação de Francisco foi presenciada por Pedro e Fábio, que nada fizeram para impedilo e não comunicaram o fato ao oficial de dia. Em decorrência das lesões sofridas, Abel ficou quarenta e cinco dias afastado de suas ocupações habituais, conforme laudo pericial juntado aos autos da ação penal ajuizada. A respeito dessa situação hipotética, assinale a opção correta.

a) Pedro, Fábio e Francisco devem responder por lesões corporais graves na forma comissiva, uma vez que todas as circunstâncias do crime, nesse caso, se comunicam.

b) As lesões corporais sofridas por Abel não são de natureza grave, uma vez que não resultaram em incapacidade permanente para o trabalho.

c) Francisco cometeu crime de lesões corporais graves tipificado no CPM, mas Pedro e Fábio não devem responder por referido crime, uma vez que não participaram das agressões.

d) Não se trata de crime militar, uma vez que Abel é civil e não se encontrava em ambiente militar.

e) Pedro e Fábio devem responder por lesões corporais graves por omissão em concurso de agentes com Francisco, que responderá na forma comissiva.

CESPE – MPE/ES. PROMOTOR DE JUSTIÇA SUBSTITUTO. 2010

1. Assinale a opção correta com base no direito penal militar.

a) Os crimes contra a administração militar são crimes militares próprios, ou seja, não são perpetrados por civis.

b) No tocante ao lugar do crime, o CPM aplica a teoria da ubiquidade para os crimes comissivos e omissivos, do mesmo modo que o CP.

c) O CPM admite retroatividade de lei mais benigna e dispõe que a norma penal posterior que favorecer, de qualquer outro modo, o agente deve ser aplicada retroativamente, ainda quando já tenha sobrevindo sentença condenatória irrecorrível. O referido código determina também que, para se reconhecer qual norma é mais benigna, a lei posterior e a anterior devem ser consideradas separadamente, cada qual no conjunto de suas normas aplicáveis ao fato.

d) No sistema penal castrense, a ação penal é, em qualquer hipótese, pública e incondicionada, por expressa disposição do CPM.

e) Nas infrações penais conexas, especificamente em relação aos crimes militares próprios, a declaração de extinção da punibilidade de um dos delitos impede que este agrave a pena resultante dos demais delitos da conexão.

2. Juca, sargento da polícia militar, presidente da associação dos sargentos da polícia militar de um dos estados da Federação, adentrou as dependências de um dos batalhões de polícia da capital desse estado, local diverso daquele em que exerce suas funções policiais, e distribuiu aos colegas texto associativo, firmado por ele, em que tecia duras e infundadas críticas de cunho depreciativo a algumas decisões do comandante do batalhão, atinentes à disciplina militar e ao rigoroso serviço daquela unidade policial militar. Além disso, ocupou, sem

a devida autorização, por mais de dois minutos, o sistema de comunicação do referido batalhão com a leitura do texto associativo, convocando os colegas para reunião preparatória de campanha remuneratória, com indicativo de greve e discussão dos atos disciplinares apontados como ilegais e abusivos. Com base no direito penal militar e considerando a situação hipotética acima, assinale a opção correta.

a) O comparecimento de policiais armados à reunião convocada pela associação, nos termos da situação hipotética em tela, será suficiente para caracterizar a conduta como crime militar de revolta, por ser delito formal.

b) A única infração penal militar cometida pelo sargento Juca na situação em apreço foi a conduta de convocar reunião ilícita, cuja sanção penal poderá ser desclassificada para transgressão disciplinar.

c) Na situação descrita, Juca não praticou crime militar, uma vez que o livre exercício da atividade associativa encontra-se assegurado na CF, bem como a garantia da manifestação do pensamento e a liberdade de expressão, sendo vedado, apenas, o anonimato.

d) As condutas praticadas pelo sargento Juca amoldam-se aos tipos penais militares de reunião ilícita, crítica indevida, aliciação para motim ou revolta e incitamento à desobediência, à indisciplina e à prática de crime.

e) Os militares que atenderem à convocação do sargento Juca cometerão crime militar pela participação em reunião ilícita. Na assembleia, caso haja deliberação pela greve, com prática de atos que se ajustem à figura típica de motim, a norma penal militar exige, para caracterização desse tipo de infração, que haja participação de, pelo menos, quatro militares.

3. Com relação à aplicação da lei penal e processual penal militar, assinale a opção correta.

a) No direito penal militar, o consentimento do ofendido está entre as causas expressas excludentes de ilicitude e apresenta como peculiaridade, nesse sistema penal, a possibilidade de ocorrer antes ou após a prática da infração penal.

b) Nos casos de crimes militares, a pena de multa somente poderá ser imposta aos autores de delitos militares impróprios, por expressa disposição contida no CPM.

c) Para a caracterização do crime contra a autoridade ou disciplina militar, é irrelevante o fato de o agente ter ou não conhecimento da condição de superior do outro militar atingido e consciência de que está infringindo as regras de disciplina e a hierarquia militar.

d) O excesso culposo, nas descriminantes legais, tem idêntico disciplinamento no direito penal militar e no direito penal comum, sendo o excesso intensivo, em qualquer caso, excludente de culpabilidade do agente.

e) No sistema penal castrense, o agente poderá ter atenuada a pena quando, iniciada a conduta conforme o direito, por exemplo, em estrito cumprimento do dever legal, ultrapassar os limites da atuação legal e cometer excesso doloso.

4. Assinale a opção correta com base no direito penal militar.

a) No sistema penal militar, o estado de necessidade segue a teoria diferenciadora do direito penal alemão, que faz o balanço dos bens e interesses em conflito. O estado de necessidade pode ser exculpante ou justificante. O primeiro é causa de exclusão da culpabilidade e o segundo, de exclusão de ilicitude.

b) A reunião de dois ou mais militares, com armamento ou material bélico de propriedade militar, para a prática de violência à pessoa ou à coisa pública ou particular, em lugar sujeito à administração militar, constitui crime militar próprio e autônomo. Os crimes que ocorrem fora do lugar sujeito à administração militar, contra o patrimônio da administração pública civil e a propriedade particular, constituem delitos de formação de quadrilha ou bando, apenados na esfera penal castrense.

c) O crime de violência contra superior somente se caracteriza como delito material com a efetiva lesão ao superior hierárquico direto do agente, tendo como bem jurídico tutelado a integridade física do militar que exerce as funções de comando. Somente o militar em atividade poderá ser autor desse delito.

d) A indignidade para o oficialato é sanção administrativa disciplinar e sua aplicação ocorre no âmbito administrativo disciplinar. A incompatibilidade para o oficialato é sanção penal acessória e somente poderá ser aplicada pelo Poder Judiciário, mediante procedimento próprio.

e) A pena de impedimento prevista no CPM é aplicável a qualquer crime militar, próprio ou impróprio, desde que seja inferior a dois anos. Essa pena obsta o exercício das funções policiais e militares pelo prazo mínimo de dois anos, submetendo o apenado, quando se tratar de oficial, à pena acessória de perda do posto.

CESPE – STM – JUIZ-AUDITOR SUBSTITUTO DA JUSTIÇA MILITAR DA UNIÃO – 2013

1. Com relação a tempo e lugar do crime, bem como à territorialidade e extraterritorialidade da lei penal militar, assinale a opção correta à luz do CPM e da doutrina de referência.

a) No que se refere à aplicação da lei penal militar no espaço, adota-se no CPM, de forma expressa, os princípios da justiça universal ou cosmopolita, da personalidade ou nacionalidade e da defesa real.

b) No CPM, é adotada a teoria mista em relação ao tempus delictis, considerando-se praticado o crime tanto no momento da conduta ou omissão quanto no momento do resultado do crime.

c) Para os crimes permanentes e continuados, é estabelecida no CPM regra específica em relação ao tempo do crime, adotando-se a teoria da atividade, que se fundamenta nos princípios constitucionais da legalidade e da ultratividade da lei penal mais favorável ao réu.

d) Diferentemente do sistema adotado no CP, no CPM considera-se lugar do crime apenas o lugar onde se tenha produzido ou deveria produzir-se o resultado, consoante a teoria do resultado.

e) A extraterritorialidade da lei penal militar constitui regra geral no CPM, a qual se aplica, inclusive, ao caso de o agente — de qualquer nacionalidade — ter praticado crime militar e estar sendo processado ou ter sido julgado por justiça estrangeira.

2. Com base no CPM e em sua interpretação doutrinária, assinale a opção correta com relação a erro de direito, erro de fato, erro determinado por terceiro, aberratio delicti, aberratio ictus e aberratio causae.

a) A aberratio delicti, figura prevista expressamente no CPM, tem origem necessária com a ocorrência da aberratio causae e resulta em um erro persona in rem.

b) A aberratio ictus constitui erro na execução e difere do erro sobre a pessoa, ambos previstos expressamente na norma penal militar, em duas circunstâncias assinaladas pela doutrina: no erro sobre a pessoa, não há concordância entre a realidade do fato e a representação do agente; na aberratio ictus, a pessoa visada pelo agente sofre perigo de dano, o que não ocorre no erro sobre a pessoa.

c) O erro de direito, que se configura quando o agente supõe lícito o fato ilícito, classifica-se em direto, se cometido por agente que ignora os preceitos normativos, e indireto, se praticado por agente que interpreta erroneamente a lei penal. Em ambos os casos, exclui-se a culpabilidade do agente, salvo se o ato praticado constituir crime que atente contra o dever militar.

d) Os erros de fato essencial e acidental excluem o dolo. Em caso de erro de fato essencial, o agente será isento da pena; em caso de erro de fato acidental, o agente será punido a título de culpa, se o fato for punível como crime culposo.

e) Nos casos de erro de direito e de erro de fato determinado por terceiro, o agente responderá por culpa, em caso de erro invencível; e o terceiro provocador, por dolo, em qualquer situação.

3. Acerca da prescrição, assinale a opção correta à luz do CPM.

a) É causa de redução, pela metade, dos prazos prescricionais da pretensão punitiva em favor de condenado a mora no julgamento a ser aferida na data da prolação da sentença penal condenatória ou do acórdão.

b) O curso da prescrição executória é suspenso enquanto o condenado estiver preso por outro motivo e é interrompido pelo início ou continuação do cumprimento da pena ou pela reincidência.

c) Interrompe-se a prescrição pelo recebimento da denúncia e pela publicação da sentença ou acórdão condenatórios recorríveis, o que produz efeito relativamente a todos os autores do crime.

d) São causas suspensivas da prescrição da pretensão punitiva: a existência de questão prejudicial obrigatória, o fato de o agente encontrar-se cumprindo pena no estrangeiro e a captura do desertor e do insubmisso.

e) A prescrição da pretensão executória para as penas principais e acessórias é regulada pelo tempo fixado na sentença, computando-se nos mesmos prazos estabelecidos para a prescrição em abstrato, com o aumento de um terço desses prazos se o condenado for reincidente específico em crimes militares.

4. No tocante às espécies de penas previstas no CPM e à sua aplicação, assinale a opção correta.

a) Na aplicação da pena, caso haja mais de uma agravante e mais de uma atenuante, o juiz poderá limitar-se a uma só agravação ou uma só atenuação, mas não poderá fazê-lo no tocante às majorantes e minorantes.

b) A suspensão condicional da pena aplica-se a todos os crimes militares – desde que a pena privativa de liberdade imposta não seja superior a dois anos –, podendo perdurar por dois a seis anos – desde que o réu não seja reincidente por crime praticado no país ou no estrangeiro e que os seus antecedentes, sua personalidade e sua conduta posterior, bem como os motivos e as circunstâncias do crime, possibilitem a presunção de que ele não tornará a delinquir.

c) A imposição das penas acessórias deve ser declarada de forma expressa na sentença, com indispensável fundamentação, admitindo-se a cominação da perda do posto e da patente pelo juízo de primeiro grau nos casos de condenação à pena privativa de liberdade por tempo superior a dois anos, vedada a declaração da pena de indignidade ou incompatibilidade para o oficialato.

d) O magistrado, na aplicação da pena, ao reconhecer a presença de circunstâncias atenuantes, poderá diminuir a pena abaixo do mínimo previsto na lei penal militar, em face da existência de crimes para os quais não seja prevista pena mínima e da possibilidade de reconhecer o ato praticado como infração disciplinar.

e) No trato do concurso de circunstâncias agravantes e atenuantes, deve o magistrado dar preponderância às de natureza subjetiva, entendidas como as que resultem dos motivos determinantes do crime, da personalidade do agente e da reincidência.

5. Em relação ao concurso de agentes e de crimes no direito penal militar, assinale a opção correta.

a) No tocante ao concurso de agentes, o CPM adota a teoria pluralista, distinguindo de forma expressa as categorias de autor, coautor e partícipe.

b) De acordo com a doutrina majoritária, o civil poderá ser coautor em crime militar próprio, pois, também de acordo com a mesma doutrina, a circunstância de caráter pessoal (ser militar e superior da vítima) pode comunicar-se ao coautor.

c) No que tange ao concurso de crimes, o CPM adota idêntico sistema do CP, prevendo a punição do agente com a exasperação da pena no concurso homogêneo.

d) Em relação ao crime continuado, há no CPM disposição diversa daquela prevista no CP, vedando-se de forma expressa o reconhecimento da continuidade delitiva nos crimes contra a pessoa, ainda que estes sejam perpetrados contra a mesma vítima.

e) Tratando-se de concurso de agentes, as circunstâncias e as condições de natureza pessoal são elementos essenciais à infração penal, uma vez que definem o liame entre as pessoas e a qualidade e quantidade da pena a ser imposta a cada agente.

7. No que tange aos crimes militares de insubmissão e de deserção, assinale a opção correta.

a) Em se tratando de crime de insubmissão, o CPM isenta o réu de pena se há, por parte deste, ignorância ou a errada compreensão dos atos dirigidos ao chamamento do dever militar, quando esses atos forem escusáveis; e exclui igualmente de pena nos casos de favorecimento real ou pessoal ao insubmisso, se o agente favorecedor for ascendente, descendente, cônjuge ou irmão do criminoso.

b) A consumação do delito de deserção, em todas as suas espécies, ocorre após o transcurso de oito dias de ausência do militar.

c) O CPM afasta a escusa absolutória nos casos de favorecimento real ou pessoal quando da prática do crime de deserção, ainda que o favorecimento seja cometido em favor de ascendente, descendente, cônjuge ou irmão do criminoso.

d) Tratando-se de crime de deserção propriamente dita ou clássica, pela ausência do militar, sem licença, da unidade em que serve, ou do lugar em que deve permanecer, por mais de oito dias, a contagem do prazo de graça inicia-se no dia seguinte ao dia da verificação da ausência, enquanto o dia final é contado por inteiro.

e) O crime de insubmissão é caracterizado pela recusa do agente em obedecer a ordem do superior sobre assunto ou matéria de serviço, ou relativamente a dever imposto em lei, regulamento ou instrução.

8. No que concerne a alguns crimes contra a autoridade ou disciplina militar, assinale a opção correta.

a) Para a tipificação dos crimes de violência contra superior e contra militar de serviço, exige-se a condição de militar do sujeito ativo.

b) No que se refere ao crime de revolta — que consiste na prática dos atos que caracterizam o motim, acrescido do uso de armas pelos agentes —, o CPM prevê agravamento de pena para os cabeças e atribui essa condição de proeminência aos oficiais que participarem do movimento.

c) Para a configuração do crime militar de motim, exige-se a reunião de mais de três militares com o objetivo específico de subverter a ordem, de ofender a hierarquia e a disciplina.

d) Admite-se o civil como sujeito ativo do crime de aliciação para motim, que se consuma com o mero convite para a prática do crime.

e) Para sua consumação o incitamento — que é o chamamento de militares para a prática de crimes diversos do motim e da revolta, não compreendendo ato de indisciplina —, são necessários o assentimento e a prática das infrações pelo incitado.

9. À luz do CPM, assinale a opção correta a respeito dos crimes contra a liberdade individual, dos crimes sexuais e das penas principais e acessórias.

a) A simples condição de oficial, quando da prática de qualquer dos crimes sexuais, resulta na incidência da causa de aumento de pena, pela metade, com a consequente sujeição do agente à declaração de indignidade para o oficialato.

b) Todos os crimes sexuais atentam contra a liberdade sexual da vítima, por violarem o direito desta de dispor do próprio corpo e de escolher livremente seus parceiros.

c) Em se tratando do crime de ameaça, só haverá caracterização de delito militar se a motivação da ameaça decorrer de razões referentes a serviço de natureza militar.

d) Na punição ao crime de constrangimento ilegal, incidirá aumento de pena, aplicando-se esta em dobro, quando, entre outras situações, houver emprego de arma na perpetração do crime. Nesse caso, além da pena cominada, haverá o concurso daquela correspondente à violência.

e) Em relação dos crimes sexuais que evolvam menores, o CPM segue idêntico preceito do CP, considerando haver presunção absoluta de violência – iuris et iure –, se a vítima não for maior de quatorze anos, ainda que tenha consentido com a prática do ato sexual.

10. No que concerne aos crimes de falsidade e às penas principais e acessórias, assinale a opção correta de acordo com o CPM.

a) Para todos os crimes de falsidade, haverá a incidência de agravante se o agente perpetrar o delito com fim de obter lucro ou de causar prejuízo a terceiro.
b) A ocorrência de prejuízo à administração militar ou a terceiro, ou a potencialidade da ocorrência desse prejuízo, constitui condição sine qua non para a consumação do crime de uso de documento falso.
c) Na punição ao crime de falsificação de documento, a agravação da pena do agente devido à sua condição de oficial dependerá do seu efetivo exercício na repartição militar responsável pela confecção do documento falsificado.
d) A condenação do militar pelo crime de falsidade material ou ideológica submeterá o oficial à declaração de indignidade para o oficialato, qualquer quer seja a pena imposta.
e) Em relação à punição ao crime de uso de documento falso quando o agente é também autor da falsificação, o CPM, ao impor o concurso de crimes, estabelece forma distinta daquela prevista no CP.

11. À luz do CPM, assinale a opção correta com relação ao crime de furto.

a) A agravante decorrente do furto perpetrado no período noturno não se encontra prevista de forma expressa no CPM. O escopo de legislador na norma penal comum foi proteger a casa onde repousa o indivíduo, não se aplicando, portanto, tal agravante à pena pelo furto de patrimônio sob a administração militar.
b) De acordo com preceito expresso do CPM, o furto praticado contra o patrimônio da fazenda nacional é sempre qualificado, o que não afasta, por si só, a possibilidade de incidência do privilégio em razão do pequeno valor da coisa subtraída e o arrependimento posterior consistente na reparação do dano ou restituição do bem.
c) Ao furto qualificado pela destruição ou rompimento de obstáculo à subtração da coisa, ou com abuso de confiança, mediante emprego de chave falsa ou por concurso de duas ou mais pessoas não se aplicam a atenuante do pequeno valor da coisa e a causa de diminuição de pena pela restituição do bem, pois há maior desvalor da ação.
d) No sentenciamento do agente que tiver praticado crime de furto, se o valor do bem não exceder ao décuplo do valor do salário mínimo vigente no país, o juiz poderá diminuir a pena de um a dois terços, podendo, ainda, deixar de aplicar a pena e conceder o perdão judicial, considerando o fato apenas como infração disciplinar.
e) Em relação ao crime de furto, o CPM admite que incida o arrependimento posterior, com a substituição da pena de reclusão pela de detenção ou a sua diminuição de um a dois terços, ou, ainda, que se considere a infração como disciplinar, desde que o agente seja primário e, antes de instaurada a ação penal, restitua

a coisa ao seu dono ou repare o dano causado. Nesse caso, para a incidência da causa de diminuição de pena pela reparação ou restituição do bem, não se levará em consideração o valor do bem subtraído, sendo admitida, de forma diversa do CP, a extensão desse benefício ao coautor e ao partícipe, por se tratar de circunstância de natureza objetiva.

12. Em determinada missão militar de treinamento, foram utilizados diversos aparelhos de localização por satélite, de propriedade das Forças Armadas, sob a supervisão e vigilância do sargento Z, responsável pela instrução. No fim do dia, depois de cumprida a missão, no momento da restituição dos equipamentos, o soldado X manteve em seu poder o equipamento que lhe fora entregue para a o exercício, tendo, em conluio com o soldado F, falsificado de forma grosseira a assinatura do sargento M, responsável pelo recebimento do patrimônio, na guia de restituição de patrimônio. Ao conferir todos os bens utilizados, o diligente militar imediatamente percebeu a ausência do equipamento em questão e a falsificação de sua assinatura no documento. Prontamente, ele comunicou o fato ao oficial responsável pela missão, que ordenou a revista em todos os militares participantes da instrução. O equipamento foi, então, encontrado na mochila do soldado X. Este, por sua vez, confessou o fato e disse que pretendia apenas utilizar o equipamento em uma trilha particular e que o restituiria logo em seguida. O soldado F declarou ter assinado o documento a pedido do soldado X, por ter a letra parecida com a do sargento M, mediante a promessa de ser posteriormente compensado pelo auxílio. O bem foi avaliado em mil e duzentos reais. À luz do que preceitua o CPM quanto aos crimes de furto, apropriação indébita, estelionato e peculato, assinale a opção correta a respeito da situação hipotética acima descrita.

a) O crime perpetrado pelos militares foi o de furto qualificado mediante fraude e concurso de agentes, na forma tentada.
b) Os soldados X e F praticaram o crime de apropriação indébita qualificada, em razão de o bem lhes ter sido entregue para o exercício militar, na forma tentada.
c) O crime perpetrado pelos soldados foi o de estelionato, na forma tentada, por meio de fraude, com o objetivo de induzir a administração militar em erro e permanecer na posse do bem.
d) O crime perpetrado pelos soldados foi o de peculato qualificado pelo concurso de agentes e pelos meios de execução, mediante fraude na forma tentada.
e) Os soldados praticaram o crime de peculato-furto na forma tentada.

13. No que se refere à aplicação do princípio da insignificância no direito penal militar, assinale a opção correta.

a) O princípio da insignificância somente pode ser aplicado nos crimes materiais ou de resultado.
b) O juízo positivo de tipicidade dispensa a análise da ofensa ao bem jurídico tutelado.
c) A excludente de tipicidade pela aplicação do princípio da bagatela é aceita por analogia, ou interpretação integrativa, inclusive contra a lei.
d) O princípio da insignificância não é um princípio constitucional implícito.
e) A exposição de motivos do CPM admite a aplicação do princípio da insignificância.

14. Assinale a opção correta a respeito da aplicação da lei penal militar no tempo e das leis penais excepcionais e temporárias.

a) As normas do CPM relativas aos crimes militares praticados em tempo de guerra não constituem exemplo de lei penal temporária.

b) Aos condenados por crimes praticados em tempo de guerra serão aplicadas as penas mais severas estabelecidas, ainda que a sentença condenatória seja proferida depois da cessação do estado de guerra.

c) Ao contrário do que ocorre no direito penal comum, no direito penal militar, a lei posterior que deixa de considerar determinado fato como crime estende-se aos efeitos de natureza civil.

d) De acordo com o CPM, para se reconhecer qual a lei mais favorável, a lei posterior e a anterior devem ser combinadas, extraindo-se de cada uma delas o dispositivo que mais beneficie o réu.

e) O princípio da retroatividade benigna não é aplicável às medidas de segurança.

15. A respeito da lei penal militar no espaço, do lugar do crime e da pena cumprida no estrangeiro, assinale a opção correta.

a) O CPM pune o infrator aos seus preceitos, qualquer que seja sua nacionalidade ou o lugar onde tenha delinquido, dentro ou fora do território nacional, processado ou julgado por justiça estrangeira.

b) Os prédios das embaixadas não são considerados, para o direito penal militar, como extensão do território nacional, visto que pertencem aos Estados que representam.

c) Para a verificação do lugar do crime, o CPM adotou, apenas, a teoria da atividade, considerando praticado o fato no lugar em que se tiver desenvolvido a atividade criminosa.

d) A pena cumprida no estrangeiro atenua a pena imposta no Brasil pelo mesmo crime, quando diversas, ou nesta é computada, quando idênticas. Assim, se for mais severa, a pena cumprida no estrangeiro funcionará, por não ser idêntica, apenas como uma atenuante, não podendo ser computada na pena aqui imposta.

e) Da mesma forma que o CP, o CPM adota, como regra, o princípio da territorialidade e, como exceção, o princípio da extraterritorialidade.

16. No que refere à caracterização do crime militar, assinale a opção correta.

a) A facilitação da fuga de um preso de uma cadeia pública estadual comum por policial militar configura crime militar.

b) O Código de Trânsito Brasileiro não afasta a incidência do CPM nos crimes militares, pois, diante do princípio da especialidade, este é especial em relação àquele.

c) Os crimes de deserção e cobardia são considerados crimes impropriamente militares.

d) Os crimes militares somente podem ser praticados por militar, jamais por civil, exceto quando em coautoria.

e) Os crimes militares não são expressamente previstos na CF.

17. A respeito da prescrição no direito penal militar, assinale a opção correta.

a) A execução das penas acessórias prescreve em quatro anos, contados da data do fato.

b) A prescrição do crime de insubmissão começa a correr do dia em que o insubmisso atinge a idade de quarenta e cinco anos.
c) Ao militar que deserta e permanece nesta condição sem ser reintegrado aplica-se a regra de que, embora decorrido o prazo da prescrição, a extinção da punibilidade somente poderá ocorrer quando o desertor atingir a idade de quarenta e cinco anos, e, se oficial, a de sessenta.
d) A prescrição não pode ser decretada de ofício pelo juiz.
e) Da mesma forma que no CP, o CPM estabelece que serão reduzidos de metade os prazos de prescrição dos crimes militares se o criminoso tiver, ao tempo do crime, menos de vinte e um anos de idade, ou, na data da sentença, mais de setenta anos de idade.

20. A respeito da imputabilidade penal e do concurso de agentes, assinale a opção correta.
a) Com relação ao concurso de agentes, o CPM adotou, como regra, a teoria dualista.
b) A participação não é possível nos crimes de autoria coletiva necessária, como, por exemplo, o crime de rixa.
c) Adotou o CPM, nos moldes do CP, o chamado sistema biopsicológico ou misto, que sincretiza os sistemas biológico e psicológico.
d) De acordo com o CPM, a embriaguez completa, ainda que proveniente de caso fortuito ou força maior, não isenta o réu de pena, mas pode atenuá-la.
e) Para o direito penal militar, o indivíduo com menos de dezoito anos de idade será inimputável, salvo se, já tendo completado dezesseis anos, revelar suficiente desenvolvimento psíquico para entender o caráter ilícito do fato e determinar-se de acordo com esse entendimento.

21. À luz do CPM, assinale a opção correta a respeito da disciplina do erro.
a) A pena pode ser atenuada ou substituída por outra menos grave quando o agente, em se tratando de crime que atente contra o dever militar, supuser lícito o fato, por ignorância ou erro de interpretação da lei, se escusáveis.
b) Será isento de pena aquele que, quando convocado à incorporação, deixar de se apresentar por ignorância ou errada compreensão dos atos da convocação militar, quando escusáveis.
c) O erro de fato essencial incide somente sobre o tipo fundamental do crime, não sendo extensível às qualificadoras e agravantes.
d) O CPM, assim como o CP, distingue o erro de tipo direto e indireto do erro de proibição.
e) Nos crimes militares, se, por acidente na execução, for atingido bem jurídico diverso do visado pelo agente, responderá este por culpa, se o fato for previsto como crime culposo.

22. A respeito das causas excludentes de ilicitude e da inexigibilidade de conduta diversa, assinale a opção correta.
a) A inexigibilidade de conduta diversa é expressamente prevista pelo CPM.
b) O CPM não permite a legítima defesa contra agressões morais, mas somente físicas.

c) Quando os bens e interesses necessariamente sacrificados são inferiores aos protegidos, o estado de necessidade é exculpante; quando iguais ou superiores, é justificante.

d) No que se refere ao estado de necessidade, o CPM adotou a teoria unitária.

e) A legítima defesa no contexto dos crimes militares não diverge do regramento estabelecido pelo CP.

23. A respeito dos crimes militares em espécie, assinale a opção correta.

a) O crime militar de abandono de posto pode ser cometido de forma dolosa ou culposa.

b) Militares que, armados, se reunirem contra ordem recebida de superior, negando-se a cumpri-la, praticarão o crime de motim.

c) O militar que desrespeitar superior diante de outro militar cometerá o crime de insubordinação.

d) Cometerá o crime de deserção o militar que se ausentar, sem licença, da unidade em que sirva, ou do lugar em que deva permanecer, por mais de cinco dias.

e) Constitui crime militar a prática de ato libidinoso em lugar sujeito a administração militar.

24. À luz do CPM, assinale a opção correta a respeito do crime de furto.

a) Não constitui crime militar a subtração de coisa alheia móvel para fim de uso momentâneo, desde que seja imediatamente restituída ou reposta no lugar onde se achava.

b) O CPM não admite a figura do furto qualificado-privilegiado.

c) Tratando-se do crime de furto, se o agente for primário e for de pequeno valor a coisa furtada, o juiz poderá substituir a pena de reclusão pela de detenção, diminuí-la de um a dois terços, ou considerar a infração como disciplinar. Para esse fim, entende-se como pequeno o valor que não exceda a quantia mensal correspondente ao mais alto salário mínimo do país.

d) Extinguir-se-á a punibilidade do crime de furto simples se o criminoso, sendo primário, restituir a coisa ao seu dono ou reparar o dano causado, antes de instaurada a ação penal.

e) Ao contrário do CP, o CPM prevê o furto qualificado pelo repouso noturno.

STM – JUIZ-AUDITOR SUBSTITUTO DA JUSTIÇA MILITAR DA UNIÃO – 2005

1. No que concerne ao tratamento do Erro no Direito Penal brasileiro está correto afirmar-se que:

a) não existe diferença no tratamento dado à questão do erro no Código Penal comum e no Código Penal Militar.

b) erro de Fato é igualmente tratado nos dois diplomas legais.

c) erro sobre a pessoa não tem relevância nos dois diplomas legais.

d) chamado Erro de Tipo é inexistente no Código Penal Militar brasileiro.

2. No Direito Penal Militar brasileiro, a chamada lei supressiva de incriminação:

a) faz com que cessem todos os efeitos jurídicos que dela decorrem.
b) faz com que cessem todos os efeitos penais e civis da sentença penal condenatória.
c) faz com que cesse a própria vigência de sentença condenatória irrecorrível, exceto quanto aos efeitos de natureza civil.
d) faz com que cesse a própria vigência de sentença condenatória irrecorrível, incluindo os efeitos de natureza civil.

3. Entre as afirmações abaixo, somente uma pode ser considerada inteiramente correta:
a) a lei posterior que, de qualquer outro modo, favorece o agente, aplica-se retroativamente enquanto não transitar em julgado a sentença penal condenatória.
b) a lei posterior que, de qualquer outro modo, favorece o agente, aplica-se retroativamente mesmo depois de sobrevir sentença penal condenatória irrecorrível.
c) para se reconhecer qual a mais favorável, a lei posterior e a anterior devem ser analisadas pelo juiz e, a requerimento da parte, aplicar aquela que o acusado entender lhe ser mais benéfica.
d) considera-se praticado o crime, segundo o Código Penal Militar, no momento em que o crime produza os seus maléficos efeitos.

4. Entre as afirmações contidas abaixo, marque aquela que está absolutamente acorde com os dispositivos vigentes na lei penal militar:
a) na definição de território nacional por extensão para os efeitos da lei penal militar, consideram-se como extensão do território nacional as aeronaves e navios brasileiros de propriedade privada que estejam em porto ou aeroporto brasileiro.
b) na definição de território nacional por extensão para os efeitos da lei penal militar, consideram-se como extensão do território nacional as aeronaves e navios sob o comando militar ou militarmente utilizados ou ocupados, que se encontrem unicamente em território brasileiro.
c) na definição de território nacional por extensão para os efeitos da lei penal militar, consideram-se como extensão do território nacional as aeronaves e navios estrangeiros que estejam em lugar sujeito à administração militar, e o crime praticado atente contra as instituições militares.
d) na definição de território nacional por extensão para os efeitos da lei penal militar, consideram-se como extensão do território nacional as aeronaves e navios estrangeiros que estejam em lugar sujeito à administração militar, e o crime praticado viole a lei penal brasileira.

5. No tocante à Relação de causalidade na lei penal militar brasileira está correto afirmar-se que:
a) uma causa pré-existente é considerada como causa, quando sem a qual o resultado não teria ocorrido.
b) uma causa pré-existente é considerada como causa, quando a causa principal for a única responsável pelo resultado obtido pelo agente.
c) a superveniência de causa relativamente independente não é relevante para excluir a responsabilidade do autor da causa principal.

d) a superveniência de causa relativamente independente, quando por si só produziu o resultado, fica na dependência do que ocorrer à vítima em relação à causa principal.

6. Entre as afirmações abaixo marque a opção que esteja absolutamente correta em relação à lei penal militar vigente:

a) pune-se a tentativa com a pena correspondente ao crime, diminuída de metade, podendo o juiz, no caso de excepcional gravidade, aplicar a pena do crime consumado.

b) o agente que, voluntariamente, desiste de prosseguir na execução ou impede que o resultado se produza, responde pela mesma pena do crime tentado.

c) o agente que, voluntariamente, desiste de prosseguir na execução ou impede que o resultado se produza, responde como se tivesse consumado o crime.

d) pune-se a tentativa com a pena correspondente ao crime, diminuída de um a dois terços, podendo o juiz, no caso de excepcional gravidade, aplicar a pena do crime consumado.

7. O Código Penal Militar, contrariamente ao que dispõe o Código Penal comum, prevê o estado de necessidade como sendo:

a) causa de justificação.

b) causa excludente de ilicitude.

c) causa excludente de culpabilidade e de ilicitude.

d) causa excludente de culpabilidade.

8.

I. A prescrição no crime de deserção só extingue a punibilidade quando o desertor atinge a idade de quarenta e cinco anos, e, se oficial, a de sessenta anos.

II. É imprescritível a execução das penas acessórias.

III. A reabilitação alcança quaisquer penas impostas por sentença definitiva, exceto em relação aos atingidos pelas penas acessórias de suspensão do pátrio poder, tutela ou curatela, se tiverem praticado crime de natureza sexual em detrimento de filho, tutelado ou curatelado.

IV. Em qualquer caso, interrompida a prescrição, todo o prazo começa a correr novamente do dia da interrupção.

V. No caso de prescrição com trânsito em julgado para a acusação, o prazo prescricional tem como base de cálculo não a pena em abstrato, mas sim a pena concretizada na sentença.

Das cinco proposições acima pode-se afirmar que:

a) todas estão corretas.

b) a primeira e a quinta estão erradas, e segunda, terceira e quarta estão corretas.

c) a primeira, a terceira e a quinta estão erradas, e a segunda e quarta estão corretas.

d) a primeira, a terceira e a quinta estão corretas, e a segunda e quarta estão erradas.

9.

I. No crime de tentativa contra a soberania do Brasil a pena de reclusão de quinze a trinta anos, para os cabeças, é aplicada podendo ser diminuída de um a dois terços.

II. Quando, por ineficácia absoluta do meio empregado ou por absoluta impropriedade do objeto, é impossível consumar-se o crime, a pena aplicada será sempre diminuída de um a dois terços.

III. Salvo os casos expressos em lei, ninguém pode ser punido por fato previsto como crime, senão quando o pratica culposamente.

IV. Nos crimes em que há violação do dever militar, o agente não pode invocar coação irresistível de qualquer espécie.

V. O Código Penal Militar brasileiro em sua parte geral define com precisão, em quatro artigos meramente explicativos, o que sejam o estado de necessidade, a legítima defesa, o estrito cumprimento do dever legal e o exercício regular de direito.

Com referência às proposições acima pode-se afirmar que:

a) todas estão corretas.

b) todas estão erradas.

c) a primeira, terceira e quinta estão erradas, e a segunda e quarta estão corretas.

d) a primeira, terceira e quinta estão corretas, e a segunda e quarta estão erradas.

10. No Concurso de agentes a punibilidade de quaisquer dos participantes no crime se dará na medida da sua culpabilidade:

a) e disso resulta em que todos terão as mesmas penas.

b) e uma circunstância agravante, de caráter pessoal, não se comunica ao co-autor, salvo se elementar do crime.

c) e uma circunstância de caráter pessoal não se comunica nunca ao co-autor do crime.

d) e uma circunstância de caráter pessoal, não elementar do crime, se comunica ao co-autor.

11. Nos crimes de Violência contra superior, definido no Código Penal Militar, artigo 157, ou Violência contra militar de serviço, previsto no artigo 158 – diante da hipótese de ausência de dolo no resultado, artigo 159 – está errado afirmar-se que:

a) se o superior é comandante da unidade a que pertence o agente ocorre uma forma qualificada de pena.

b) se o superior é oficial general ocorre uma forma qualificada de pena.

c) se a violência é praticada com arma ocorre uma causa especial de aumento de pena.

d) quando da violência resulta morte ou lesão corporal e as circunstâncias evidenciam que o agente não quis o resultado nem assumiu o risco de produzi-lo, a pena é atenuada.

12. Nos Crimes contra a pessoa previstos no Capítulo I, do Título IV, do Código Penal Militar, está correto afirmar-se que:

a) homicídio privilegiado ocorre se o crime é cometido impelido sob o domínio de violenta emoção, não importa o motivo.
b) se o homicídio é culposo ocorre uma forma qualificada se o agente deixa de prestar socorro à vítima.
c) se o homicídio é culposo ocorre uma agravante se o agente deixa de prestar socorro à vítima.
d) no crime de Provocação indireta ao suicídio, se o suicídio é apenas tentado não existe hipótese de punibilidade do agente provocador.

13. Entre as penas acessórias definidas no Código Penal Militar pode-se afirmar que não está prevista:
a) a suspensão do pátrio poder, tutela ou curatela.
b) a suspensão dos direitos políticos.
c) a interdição temporária de direito.
d) inabilitação para o exercício de função pública.

14. Com referência ao sursis está correto afirmar-se que:
a) a sentença pode deixar de especificar as condições a que fica subordinada a suspensão.
b) se o prazo da suspensão expira ainda que tenha sido revogada a suspensão, fica extinta a pena privativa de liberdade.
c) a suspensão condicional da pena não se aplica ao condenado por crime cometido em tempo de paz se o militar deixa de se apresentar no momento da partida do navio ou aeronave de que é tripulante.
d) a suspensão não pode ser revogada mesmo se o condenado deixa de cumprir qualquer das obrigações constantes da sentença.

15. Uma conduta voluntária, consciente, que produz um resultado considerado ilícito, não querido, mas previsível, e que foi excepcionalmente previsto pelo agente, que podia, com a devida atenção e cautela ser evitado, é considerado:
a) um crime doloso, praticado com dolo direto.
b) um crime doloso, praticado com dolo eventual.
c) um crime culposo, praticado com culpa inconsciente.
d) um crime culposo, praticado com culpa consciente.

16. Nos termos do que dispõe o artigo 123 e seu parágrafo único do Código Penal Militar, está errada a afirmação:
a) extingue-se a punibilidade pela anistia, graça ou indulto.
b) extingue-se a punibilidade pela prescrição.
c) extingue-se a punibilidade pela reabilitação.
d) a extinção da punibilidade de crime que é pressuposto de outro não se estende a este.

17. "Art. 49 – Não é imputável o agente que, por embriaguez completa proveniente de caso fortuito ou força maior, era, ao tempo da ação ou da omissão, inteiramente incapaz de entender o caráter criminoso do fato ou de determinar-se de acordo com esse entendimento".

Diante dessa afirmação contida no Código Penal Militar está correto afirmar-se que:

a) o critério adotado acima pela lei penal militar para aferir a imputabilidade é o chamado critério psicológico de imputabilidade.
b) o critério adotado acima pela lei penal militar para aferir a imputabilidade é o chamado critério biológico de imputabilidade.
c) o agente fica inteiramente sem poder receber uma medida qualquer.
d) esta é uma hipótese de embriaguez pré-ordenada.

CESPE - MPU - ANALISTA - DIREITO - 2013

- **Julgue os itens seguintes, relativos ao direito penal militar.**

1. Para a caracterização de crime militar, é necessário, entre outros requisitos, que o ilícito tenha sido praticado em local que integre o patrimônio militar, não bastando que o espaço esteja sob a administração militar.

2. Considere que João, dentista civil, tenha sido condenado pela justiça militar da União à pena de quatro anos de reclusão, pelo crime de violência contra militar em serviço. Nessa situação, o condenado deve cumprir a pena em penitenciária militar.

3. Considere que militares do Exército brasileiro, reunidos em alojamento militar, tenham criado uma coreografia ao som de uma versão funk do Hino Nacional, além de terem filmado a dança e divulgado o vídeo na Internet. Nessa situação, segundo entendimento do Superior Tribunal Militar, a conduta dos militares não constitui crime de desrespeito a símbolo nacional, devendo ser tratada, na esfera disciplinar, como brincadeira desrespeitosa.

CESPE - STM - 2018 - ANALISTA JUDICIÁRIO - ÁREA JUDICIÁRIA

- À luz do Código Penal Militar, julgue os itens a seguir, no que diz respeito a aplicação da lei penal, imputabilidade penal, crime e extinção da punibilidade.

1. Situação hipotética: Durante operação conjunta das Forças Armadas, um sargento danificou patrimônio militar. Em sua defesa, ele argumentou que agiu em estado de necessidade, não tendo podido, por esta razão, evitar o dano causado. Assertiva: Nessa situação, o estado de necessidade, se comprovado, será considerado excludente do crime, independentemente da valoração do bem sacrificado.

2. Situação hipotética: O oficial encarregado pelo setor financeiro de determinada organização militar foi indiciado em inquérito policial militar, por suspeita de ter cometido dolosamente crime de peculato. No curso da investigação, ele assumiu a autoria do que lhe estava sendo imputado e ressarciu integralmente o dano. Assertiva: Nessa situação, o indiciado não poderá ser denunciado, pois o ressarcimento realizado configurou a extinção da punibilidade.

3. Situação hipotética: Um soldado das Forças Armadas, no cumprimento das atribuições que lhe foram estabelecidas pelo ministro de Estado da Defesa, cometeu crime doloso contra a vida de um civil. Assertiva: Nessa situação, o autor do delito deverá ser processado e julgado pela justiça militar da União.

4. Situação hipotética: Um cabo das Forças Armadas escalado para serviço na organização militar a que servia compareceu e assumiu a incumbência em estado de embriaguez, tendo ingerido, voluntariamente, grande quantidade de bebida alcoólica momentos antes de se apresentar no serviço. Todavia, seu estado não foi notado, e, nas primeiras horas da atividade, ao discutir com um militar que também estava em serviço, disparou sua arma de fogo na direção deste, matando-o instantaneamente. Assertiva: Nessa situação, será considerado inimputável o cabo, se ficar comprovado que, naquele momento, sua embriaguez era completa e que ele era plenamente incapaz de entender o caráter criminoso do fato.

- A respeito dos crimes militares em tempo de paz, julgue os itens subsequentes.

5. Se um militar preso, por decisão judicial, em uma organização militar, tentar evadir-se da prisão, usando violência contra a pessoa, ele responderá por crime militar.

6. Comete crime propriamente militar o cidadão alistado para o serviço militar que, convocado à incorporação, apresenta-se dentro do prazo, mas ausenta-se antes do ato oficial de incorporação.

7. Militar que cometer crime de lesão corporal leve poderá ser beneficiado pelo perdão judicial, com a consequente extinção da sua punibilidade.

8. Situação hipotética: Um militar que servia em determinado quartel verificou que o veículo de outro militar estava estacionado na unidade com a porta destrancada e com a chave na ignição. Sem autorização, ausentou-se do aquartelamento com o carro e, ao final do dia, retornou e devolveu as chaves ao proprietário, que já tinha comunicado ao comandante da organização o suposto furto. Assertiva: Nessa situação, o fato narrado configuraria furto de uso, mas este é considerado atípico pelo Código Penal Militar.

9. Situação hipotética: Durante a formatura em determinada unidade militar, na presença da tropa, um sargento desacatou o comandante da subunidade a qual pertencia. Assertiva: Nessa situação, a pena prevista para o crime de desacato a superior será agravada em razão da pessoa ofendida.

- Com relação aos crimes militares em tempo de guerra, julgue os próximos itens.

10. Em tempo de guerra, há previsão de pena de morte para crime cometido contra o patrimônio.

11. Se, em tempo de guerra, um militar cometer homicídio em presença do inimigo, sua pena poderá ser reduzida conforme hipóteses previstas no Código Penal Militar.

CESPE – STM – 2011 – ANALISTA JUDICIÁRIO – ÁREA JUDICIÁRIA

1. Um adolescente com dezessete anos de idade que, convocado ao serviço militar, após ser incorporado, praticar conduta definida no CPM como crime de insubordinação praticado contra superior será alcançável pela lei penal militar, a qual adotou, para os menores de dezoito e maiores de dezesseis anos de idade, o sistema biopsicológico, em que o reconhecimento da imputabilidade fica condicionado ao seu desenvolvimento psíquico.

2. Se, no distrito da culpa de militar condenado, por crime militar, ao cumprimento de pena privativa de liberdade de oito anos de reclusão, não houver penitenciária militar, a execução da pena deverá ocorrer em estabelecimento civil comum, ficando a sua execução a cargo do juízo de execuções penais, sob a égide da legislação penal comum.

3. Considere que decisão do conselho de justiça substitua a pena privativa de liberdade imposta na sentença condenatória por tratamento ambulatorial, não obstante o réu ter permanecido preso por sessenta dias e cumprido integralmente a pena anteriormente fixada. Nessa situação, é incabível a decisão do conselho de justiça, mesmo diante de incontestável demonstração da periculosidade do réu.

4. Nos termos das disposições gerais do CPM, é cabível para os crimes militares a cominação das penas privativas de liberdade, restritivas de direitos e de multa, conforme também prevê o Código Penal comum.

5. Considere que um militar em atividade se ausente de sua unidade por período superior a quinze dias, sem a devida autorização, sendo que, no decorrer de sua ausência, lei nova, mais severa e redefinindo o crime de deserção, entre em vigor. Nessa situação, será aplicada a lei referente ao momento da conduta de se ausentar sem autorização, porquanto o CPM determina o tempo do crime de acordo com a teoria da atividade.

6. A prescrição da ação penal militar, de regra, regula-se pelo máximo da pena privativa de liberdade cominada ao crime, possuindo natureza jurídica de causa extintiva da punibilidade. Entretanto, no crime de deserção, o sistema do CPM configura duas hipóteses para a questão da prescrição, ora aplicando a norma geral, ora estabelecendo norma especial, previstas igualmente no estatuto castrense.

7. Considere as seguintes situações hipotéticas.

I Um agrupamento de militares armados, em concurso com civis, ocupou estabelecimento militar em desobediência a ordem superior.

II Reunidos, militares agiram contra ordem recebida de superior, negando-se a cumpri-la, todavia, sem a utilização de armamento.

Nesse caso, a situação I configura crime de revolta, sendo que os civis não ingressam na relação jurídico-penal castrense, nem mesmo como coautores, e a situação II tipifica o crime de motim, sendo elemento diferenciador entre as duas situações a existência de armas.

8. Considere a seguinte situação hipotética: o comandante de um batalhão do Exército, após a prisão de um suboficial por policiais civis, determinou a invasão da delegacia de polícia, a fim de livrar o suboficial da custódia, considerada, por esse, como irregular. Apesar da determinação do superior, não houve aquiescência da tropa, que permaneceu aquartelada sem sujeição às ordens do comandante. Nessa situação hipotética, a conduta do comandante caracteriza a figura típica de movimentação ilegal de tropa e ação militar, sendo indiferente o cumprimento ou não da ordem emanada.

CESPE – STM – 2011 – ANALISTA JUDICIÁRIO – EXECUÇÃO DE MANDADOS

1. No Código Penal Militar, para efeitos de incidência da norma penal castrense, consideram-se como extensão do território nacional as aeronaves e os navios brasileiros, onde quer que se encontrem, sob comando militar ou militarmente utilizados ou ocupados por ordem legal de autoridade competente, ainda que de propriedade privada. É também aplicável a lei penal militar ao crime praticado a bordo de aeronaves ou navios estrangeiros, desde que em lugar sujeito à administração militar, e o crime atente contra as instituições militares.

2. A lei penal militar excepcional ou temporária possui disciplinamento diverso do contido no Código Penal (CP) comum, uma vez que preconiza, de forma expressa, a ultratividade da norma e impõe a incidência da retroatividade da lei penal mais benigna.

3. No atual Código Penal Militar (CPM), são prescritos os crimes militares e regulamentadas as infrações disciplinares.

4. Os crimes militares próprios correspondem aos crimes praticados por militares e previstos no Código Penal Militar.

5. Em relação ao tempo do crime, o Código Penal Militar adotou a teoria da atividade. Ainda com relação ao direito penal militar, julgue os seguintes itens.

6. No CPM, as circunstâncias que atenuam a pena incluem a prática de crime sob coação a que poderia ter resistido ou em cumprimento de ordem de autoridade superior.

7. Considerando-se que, em relação ao concurso de agentes, o CPM possui disciplinamento singular, entendendo o "cabeça" como o líder na prática de

determinados crimes, é correto afirmar que, havendo participação de oficiais em crime militar, ainda que de menor importância, para todos os efeitos penais, eles devem ser considerados como "cabeças".

8. As causas extintivas de punibilidade, previstas na parte geral do CPM, incluem a reabilitação, o ressarcimento do dano no peculato culposo e o perdão judicial.

9. No sistema penal militar, a ação penal deve ser, via de regra, pública incondicionada, salvo em relação a determinados crimes, previstos de forma expressa e excepcional, que impõem a observância da requisição ministerial; admite-se, ainda, a ação penal privada subsidiária da pública.

CESPE – STM – 2004 ANALISTA JUDICIÁRIO

1. De acordo com a legislação penal militar, os crimes culposos contra a vida, em tempo de paz, praticados por militar em serviço são considerados crimes militares.

2. De acordo com a legislação penal militar, em tempo de paz, são considerados crimes comuns e são julgados pelo tribunal do júri os crimes dolosos contra a vida cometidos por militar contra civil.

3. O civil que pratica o crime de furto de quantia em dinheiro pertencente a instituição militar comete, de acordo com a legislação penal militar, crime militar.

4. O Código Penal Militar (CPM), ao estabelecer a relação de causalidade no crime, adotou o princípio da equivalência dos antecedentes causais, ou da *conditio sine qua non*, o qual se contrapõe à teoria monista adotada pelo mesmo código quanto ao concurso de pessoas.

5. A legislação penal militar admite o uso, em situação especial, de meios violentos por parte do comandante para compelir os subalternos a executar serviços e manobras urgentes, para evitar o desânimo, a desordem ou o saque.

6. A embriaguez patológica recebe o mesmo tratamento que a embriaguez voluntária ou culposa no CPM, segundo o qual ambas isentam de pena o agente, por não possuir este consciência no momento da prática do crime.

7. É inimputável o agente que pratica o fato criminoso sem capacidade de entendimento e sem determinação, em razão de doença mental, desenvolvimento mental incompleto ou retardado.

8. O CPM, ao estabelecer que aquele que, de qualquer modo, concorrer para o crime incidirá nas penas a este cominadas, adotou, em matéria de concurso de agentes, a teoria monista.

9. O CPM estabelece que não se comunicam as condições ou circunstâncias de caráter pessoal, exceto quando elementares do crime, o que significa dizer que responde

por crime comum a pessoa civil que, juntamente com um militar, cometa, por exemplo, crime de peculato tipificado no CPM.

10. O CPM, ao adotar o princípio da participação de menor importância, estabeleceu uma exceção à teoria monista do concurso de agentes.

11. No direito penal militar, as penas principais são: morte, reclusão, detenção, prisão, impedimento, reforma e suspensão do exercício do posto, graduação, cargo ou função.

12. A legislação penal militar estabelece que a pena de morte é executada por fuzilamento e que, nessa situação, o condenado militar deverá deixar a prisão com o uniforme sem as insígnias, e o condenado civil deverá estar vestido decentemente, devendo ambos os condenados estar de olhos vendados no momento da execução, salvo se o recusarem.

13. De acordo com a legislação penal militar, a condenação da praça e a do civil a pena privativa de liberdade superior a dois anos implicam, respectivamente, a exclusão do militar das Forças Armadas e a perda da função pública do civil.

14. As medidas de segurança pessoais são não-detentivas e detentivas, sendo estas fixadas na mesma quantidade das penas privativas de liberdade cominadas abstratamente nos tipos penais.

15. A extinção da punibilidade dá-se, entre outras causas, pela prescrição, a qual, no curso da ação penal, é interrompida pela instauração do processo, pela sentença condenatória recorrível e pela prática de outro crime pelo acusado.

CESGRANRIO – TÉCNICO DE DEFESA AÉREA E CONTROLE DE TRÁFEGO AÉREO

1. O sargento Adelson recusa-se a obedecer a determinada ordem do Coronel Silva Matos em matéria de serviço. A que categoria de crimes militares pertence o crime praticado por ele (recusa de obediência)?

a) Da insubmissão.
b) Da desobediência.
c) Da insubordinação.
d) Do desrespeito a superior.
e) Dos crimes contra o dever funcional.

2. Como deverá ser executada a pena de morte no Brasil, de acordo com as regras do Código Penal Militar e do Código de Processo Penal Militar?

a) Por fuzilamento ou enforcamento, sendo o condenado apresentado em audiência pública perante o comandante do teatro das operações de guerra.
b) Por fuzilamento, admitindo-se a utilização de método que não atente contra a dignidade humana quando a hierarquia e a disciplina militares assim o exigirem.

c) Por fuzilamento, estando o condenado em uniforme comum e sem insígnias e com os olhos vendados, salvo se o recusar.
d) Por fuzilamento, preferencialmente, salvo se houver requerimento do condenado para que se proceda de outra forma, desde que não atentatória à dignidade humana e aos valores militares.
e) Pelo método adequado às operações de guerra, desde que não atentatório à dignidade do condenado.

3. Em matéria de lugar do crime, o artigo 6º do Código Penal Militar estabelece que "considera-se praticado o fato, no lugar em que se desenvolveu a atividade criminosa, no todo ou em parte, e ainda que sob forma de participação, bem como onde se produziu ou deveria produzir-se o resultado", consagrando a teoria da
a) ação múltipla.
b) ubiquidade.
c) ambivalência.
d) ação composta.
e) equivalência de territorialidade e extraterritorialidade.

4. A respeito das normas relativas à teoria do crime consagradas no Código Penal Militar, analise as afirmativas abaixo.
I. O Código Penal Militar, a exemplo do Código Penal comum, adota a teoria monista em matéria de concurso de agentes.
II. Sobre a punibilidade da tentativa, o Código Penal Militar, a exemplo do Código Penal comum, adota a teoria objetiva, pois a minorante obrigatoriamente aplicável ao crime tentado deve ser calculada com base na quantidade de atos de execução praticados pelo agente.
III. O Código Penal Militar adota, ainda influenciado por uma visão causalista da teoria do crime, as figuras do erro de fato e do erro de proibição.
IV. O Código Penal Militar, ao contrário do Código Penal comum, adota a teoria diferenciadora em matéria de estado de necessidade.

Estão corretas **APENAS** as afirmativas
a) I e II.
b) I e III.
c) I e IV.
d) II e III.
e) III e IV.

5. De acordo com o Código Penal Militar, aplica-se a lei penal brasileira:
a) a todo e qualquer crime militar praticado dentro e fora do território nacional.
b) a todo e qualquer crime militar praticado dentro e fora do território nacional, salvo quando praticado por estrangeiro.
c) aos crimes militares praticados em território nacional, somente.
d) aos crimes militares praticados em território nacional e aos crimes militares praticados em aeronaves ou embarcações nacionais de natureza privada quando em alto-mar ou no espaço aéreo correspondente, somente.

e) aos crimes militares praticados em território nacional e aos crimes militares praticados em aeronaves ou embarcações estrangeiras, desde que em lugar sujeito à autoridade militar brasileira, somente.

6. Pelas regras do Código Penal Militar, a(s) pena(s) principal(ais), além de morte, reclusão, detenção e prisão, é(são)

a) suspensão dos direitos políticos.
b) reforma e suspensão e perda dos direitos políticos.
c) perda do posto e patente, suspensão dos direitos políticos e menagem.
d) impedimento, suspensão do exercício do posto, graduação, cargo ou função e reforma.
e) impedimento, menagem, indignidade para o oficialato e incompatibilidade com o oficialato.

7. Qual dos crimes abaixo descritos **NÃO** é crime militar próprio?

a) "Conservação ilegal de comando" (Art. 168 do Código Penal Militar: *Conservar comando ou função legitimamente assumida, depois de receber ordem de seu superior para deixá-los ou transmiti-los a outrem*).
b) "Ordem arbitrária de invasão" (Art. 170 do Código Penal Militar: *Ordenar, arbitrariamente, o comandante de força, navio, aeronave ou engenho de guerra motomecanizado a entrada de comandados seus em águas ou território estrangeiro, ou sobrevoá-los*).
c) "Omissão de oficial" (Art. 194 do Código Penal Militar: *Deixar o oficial de proceder contra desertor, sabendo, ou devendo saber encontrar-se entre os seus comandados*).
d) "Desacato a superior" (Art. 298 do Código Penal Militar: *Desacatar superior, ofendendo-lhe a dignidade ou o decoro, ou procurando deprimir-lhe a autoridade*).
e) "Abandono de cargo" (Art. 330 do Código Penal Militar: *Abandonar cargo público, em repartição ou estabelecimento militar*).

8. **NÃO** faz parte do rol das causas de exclusão da culpabilidade previstas no Código Penal Militar:

a) obediência hierárquica.
b) estado de necessidade exculpante.
c) coação moral irresistível.
d) embriaguez proveniente de caso fortuito ou força maior.
e) aberração no golpe (*aberratio ictus*).

9. A ação penal relativa ao crime contra a honra praticado por militar da ativa contra outro militar da ativa em razão do exercício de função militar é de natureza:

a) pública incondicionada.
b) pública condicionada à requisição do comandante da Força à qual pertença o ofendido.
c) pública condicionada à representação do ofendido.
d) exclusivamente privada, sendo incabível a sucessão processual.

e) privada simples, podendo ser retomada pelo ascendente, descendente ou cônjuge em caso de morte do ofendido.

MARINHA DO BRASIL – CONCURSO DE ADMISSÃO AO QUADRO TÉCNICO – DIREITO – 2004

1. Um militar da ativa inseriu, em uma certidão pública, uma declaração falsa, com o fim de conseguir frequentar um curso na Marinha do Brasil, requisito necessário para uma promoção almejada. Em face do caso apresentado, é correto afirmar que esse militar cometeu o crime de:

a) Falsificação de documento, previsto no Código Penal Militar.
b) Certidão ou atestado ideologicamente falso, previsto no Código Penal Militar.
c) Falsidade ideológica, previsto no Código Penal Militar.
d) Uso de documento falso, previsto no Código Penal Militar.
e) Falsa identidade, previsto no Código Penal Militar.

2. De acordo com o Código Penal Militar NÃO é causa extintiva de punibilidade a:

a) morte do agente.
b) anistia e o indulto.
c) retroatividade da lei que não mais considera o fato como criminoso.
d) reabilitação.
e) retratação do agente, nos casos em que a lei admite.

3. Um militar da ativa da Marinha do Brasil ausentou-e do quartel onde servia. Duas semanas depois de desaparecido, sem nenhuma notícia, se apresentou voluntariamente ao quartel, alegando, mediante farta documentação, que, por sua esposa se encontrar terrivelmente doente e no hospital, não conseguiu se comunicar. Em face do caso apresentado, pode-se afirmar que este militar:

a) cometeu o crime de deserção especial, em razão da justificativa apresentada.
b) cometeu o crime de deserção, porém terá uma atenuante especial, em razão da apresentação voluntária.
c) não cometeu o crime de deserção, em razão da justificativa apresentada.
d) não cometeu o crime de deserção, em razão da apresentação voluntária.
e) cometeu o crime de deserção especial, em razão da apresentação voluntária.

4. Em razão de seu cargo, um indivíduo "A", militar da ativa da Marinha do Brasil, por negligência, contribuiu para que um indivíduo "B" desviasse uma quantia em dinheiro da Instituição. O Ministério Público Militar ofereceu denúncia em face do indivíduo "A", por peculato culposo. Após a sentença penal condenatória, não transitada em julgado, o indivíduo "B" devolveu o dinheiro. Em face do caso apresentado, assinale a opção correta:

a) O indivíduo "A" terá sua pena reduzida, em razão da devolução do dinheiro.
b) O indivíduo "A" terá desclassificado o crime, em razão da devolução do dinheiro.
c) A devolução do dinheiro não terá nenhuma influência na situação do indivíduo "A", somente no crime do indivíduo "B".

d) O indivíduo "A" terá extinta sua punibilidade, em razão da devolução do dinheiro.
e) Em razão da sentença já ter sido proferida, a devolução do dinheiro não terá nenhuma influência na situação do indivíduo "A".

5. Em um navio da Marinha do Brasil, que se encontrava em águas estrangeiras, após uma calorosa discussão, um indivíduo "A" atira em um indivíduo "B", que vem a falecer. Em face do caso apresentado, assinale a opção correta:
a) Somente será aplicada ao indivíduo "A" a lei brasileira se o fato for punível também no território estrangeiro em que foi praticado.
b) Uma vez que o navio se encontrava em águas estrangeiras, será aplicada ao indivíduo "A" a lei estrangeira e, somente depois disso, poderá ser aplicada a lei brasileira.
c) Em razão do princípio da Territorialidade, será aplicada ao indivíduo "A" a lei brasileira.
d) Deverão ser observadas as convenções, tratados e regras de direito internacional para a definição de qual lei deverá ser aplicada ao caso.
e) A lei brasileira somente será aplicada ao caso se o fato não for punível em território estrangeiro.

MARINHA DO BRASIL – CONCURSO DE ADMISSÃO AO QUADRO TÉCNICO – DIREITO – 2005

1. Um Cabo da Marinha do Brasil deixou de apresentar-se no momento da partida do navio em que servia, o qual suspendera do Rio de Janeiro com a finalidade de cumprir missão no exterior. Entretanto, 12 (doze) horas após a partida do navio, apresentou-se ao Comando do Primeiro Distrito Naval. Nesta hipótese, é correto afirmar que o militar:
a) Praticou crime de deserção especial, cuja pena cominada é de detenção (até três meses), por ter se apresentado à autoridade militar dentro de 24 (vinte e quatro) horas após a partida do navio.
b) Não praticou crime, pois sua apresentação à autoridade militar ocorreu em menos de 24 (vinte e quatro) horas da partida do navio.
c) Praticou crime de deserção especial, cuja pena será atenuada devido à sua posição hierárquica.
d) Praticou crime de deserção qualificada, haja vista que o navio partia para a missão no exterior.
e) Não praticou crime, pois o tipo é previsto somente em tempo de guerra.

2. Um militar em razão da função que exercia, solicita a um civil vantagem indevida para si, sem a qual não providenciaria a emissão de documento que o civil necessitava com urgência. De acordo com Código Penal Militar, o militar praticou crime de:
a) Extorsão.
b) Peculato.

c) Excesso de exação.
d) Desvio.
e) Concussão.

3. Em relação à aplicação da Lei Penal Militar, assinale a opção INCORRETA:
a) Os militares estrangeiros, quando em comissão ou estágio nas forças armadas brasileiras, ficam sujeitos à lei penal militar brasileira, ressalvado o disposto em tratados ou convenções internacionais.
b) O militar da reserva ou reformado, empregado na administração militar, equipara-se ao militar em situação de atividade.
c) Consideram-se como extensão do território nacional as aeronaves e os navios brasileiros, onde quer que se encontrem, sob comando militar ou militarmente utilizados ou ocupados por ordem legal de autoridade competente, ainda que de propriedade privada.
d) O tempo de guerra começa com a declaração ou reconhecimento do estado de guerra, ou com o decreto de mobilização se nele estiver compreendido aquele reconhecimento, e termina com a assinatura do tratado de paz.
e) Aos crimes praticados em tempo de guerra, salvo disposição especial, aplicam-se as penas cominadas para o tempo de paz, com o aumento de 1/3 (um terço).

4. Sobre a suspensão condicional da pena, de acordo com Código Penal Militar, é correto afirmar que:
a) É estendida às penas de reforma, suspensão do exercício de posto, graduação ou função.
b) Exclui a aplicação de medida de segurança não detentiva.
c) Pode ser revogada se o condenado deixar de cumprir qualquer das obrigações constantes da sentença.
d) É aplicável, em tempo de paz, por crime de insubordinação.
e) É revogada se, no decurso do prazo, o beneficiário cometer qualquer tipo de contravenção disciplinar.

MARINHA DO BRASIL – CONCURSO DE ADMISSÃO AO QUADRO TÉCNICO – DIREITO – 2006

1. Segundo o Código Penal Militar, em relação ao crime militar de evasão de preso ou internado, é INCORRETO afirmar que:
a) A simples fuga, sem violência à pessoa ou coisa, não deve constituir crime.
b) na evasão mediante violência, a regra é do concurso de crimes, ou seja, as penas são unificadas.
c) com a superveniência da deserção, serão aplicadas, cumulativamente, as penas correspondentes, praticando o militar crimes autônomos.
d) na evasão mediante arrombamento, a pena é mais branda.
e) se trata de crime contra a autoridade e o dever militar e, em se apresentando o militar, a pena é atenuada.

2. Levando em consideração a aplicação da Lei Penal Militar, assinale a opção correta:

a) Relativamente ao lugar do crime, o Código Penal Militar adotou um sistema misto que engloba a teoria da atividade e a teoria da ubiquidade.

b) Ninguém pode ser punido por fato que a lei posterior deixa de considerar crime, cessando, em virtude dela, a própria vigência de sentença condenatória irrecorrível e seus efeitos civis.

c) Aos crimes praticados a em tempo de guerra, salvo disposição especial, aplicam-se as penas cominadas para o tempo de paz, com aumento de metade.

d) As medidas de segurança regem-se pela lei vigente ao tempo da execução, prevalecendo, entretanto, se diversa, a lei vigente ao tempo da sentença.

e) Consideram-se crimes militares, os crimes previstos no Código Penal Militar, quando praticados por militar em situação de atividade que, embora não estando em serviço, use armamento de propriedade militar ou quando material bélico, sob guarda, fiscalização ou administração militar, para prática de ato ilegal.

3. Um militar da Marinha do Brasil, designado para um serviço de sentinela em sua unidade, no horário de 0h00min às 4h00min, se ausenta, voluntariamente embriagado, sem ordem superior, do seu posto antes de terminar o serviço. Nessa hipótese, é correto afirmar que:

a) Mesmo que o militar não tivesse ingerido bebida alcoólica e não estivesse embriagado, ainda assim existiria o delito de embriaguez em serviço.

b) O militar que abandonou o serviço que lhe cumpria, antes de terminá-lo, se tivesse também se ausentado da sua unidade por tempo superior a oito dias, haveria concurso aparente de normas.

c) Caso seja provado o pouco tempo de vida militar e primariedade do agente, se excluirá a culpabilidade.

d) O crime de abandono de posto é delito instantâneo, consumando-se no exato momento em que o militar se afasta do local onde deveria permanecer.

e) Uma vez que o militar estava inteiramente incapaz de entender o caráter criminoso do fato, a pena poderá ser reduzida de 1 a 2/3.

4. Levando em consideração o Estado de Necessidade, de acordo com o professor Rogério Greco, assinale a opção correta:

a) Para a teoria unitária, todo estado de necessidade é exculpante, ou seja, tem a finalidade de eliminar a ilicitude do fato típico praticado pelo agente.

b) Para a teoria unitária, não importa se o bem protegido pelo agente é de valor superior ou igual àquele que está sofrendo a ofensa, uma vez que, em ambas as situações, o fato será tratado sob a ótica das causas excludentes da ilicitude.

c) A teoria unitária adota a distinção entre estado de necessidade justificante e estado de necessidade exculpante.

d) O Código Penal optou pelo estado de necessidade exculpante, ou seja, aquele que tem por finalidade eliminar a ilicitude, elencando os elementos objetivos necessários à sua caracterização.

e) O Código Penal Militar adotou a teoria unitária, em que o estado de necessidade justificante haverá somente nas hipóteses em que o bem afetado for de valor inferior àquele que se defende.

5. Em relação à figura do erro no Código Penal Militar, é correto afirmar que:
a) Se o erro deriva de culpa, não responde o agente por crime culposo.
b) Se o erro é provocado por terceiro, responderá este pelo crime, a título de dolo ou culpa, conforme o caso.
c) No Direito Penal Militar, o erro é de direito, não podendo ser de fato.
d) A pena pode ser atenuada ou substituída por outra menos grave quando o agente, salvo em se tratando de crime que atente contra a Administração Militar, supõe lícito a fato, por ignorância, se escusável.
e) O agente é isento de pena quando o erro advém de culpa, por encobrir o motivo e as circunstâncias que tornam o fato criminoso.

MARINHA DO BRASIL – CONCURSO DE ADMISSÃO AO QUADRO TÉCNICO – DIREITO – 2007

1. O Código Penal Militar prevê o estado de necessidade como causa:
a) de isenção de pena.
b) de extinção de punibilidade.
c) de diminuição da pena.
d) excludente de culpabilidade.
e) atenuante.

2. Entre as penas acessórias definidas no Código Penal Militar pode-se afirmar que NÃO está prevista a:
a) suspensão do pátrio poder, tutela ou curatela.
b) suspensão dos direitos políticos.
c) interdição temporária de direito.
d) inabilitação para o exercício de função pública.
e) exclusão das forças armadas.

3. De acordo com o Código Penal Militar, NÃO é causa de extinção da punibilidade:
a) a anistia.
b) a graça.
c) o indulto.
d) o ressarcimento do dano no peculato culposo.
e) reabilitação.

MARINHA DO BRASIL – CONCURSO DE ADMISSÃO AO QUADRO TÉCNICO – DIREITO – 2008

1. A legislação penal castrense NÃO estabelece:
a) a pena de multa.
b) a suspensão condicional da pena.

c) o livramento condicional.
d) a pena de reforma.
e) a pena de morte.

2. Acerca dos crimes militares, é correto afirmar que:
a) não é possível ação penal privada subsidiária, por expressa previsão no Código Penal Militar nesse sentido.
b) Não é considerada para fins de reincidência, a condenação anterior por crime comum transitada em julgado.
c) se o agente pratica vários crimes punidos com detenção, a pena unificada não pode ultrapassar 15 (quinze) anos.
d) não é possível punir a tentativa com a mesma pena do crime consumado.
e) o estado de necessidade não configura excludente do crime, mas, tão-somente, excludente de culpabilidade.

3. Dos fatos abaixo narrados, assinale a opção que descarta a competência da Justiça Militar da União para o julgamento do sujeito ativo envolvido:
a) Militar da ativa que pratica crime contra sua esposa civil, no interior de sua residência, situada em vila militar, administrada pelo Comando do 2º Distrito Naval.
b) Motorista civil, abordado no semáforo por um soldado Fuzileiro Naval que executava serviço externo de policiamento de trânsito nas imediações do Comando do 1º Distrito Naval, que profere injusta ofensa contra o citado militar.
c) Civil, procurador de pensionista militar, que saca quantias depositadas indevidamente pelo Serviço de Inativos e Pensionistas da Marinha na conta bancária da citada pensionista, após o óbito desta, mesmo sabendo que os valores não eram mais devidos.
d) Civil que, ciente da procedência criminosa, recebe cópia da prova subtraída da Diretoria de Ensino da Marinha, relativa ao concurso de admissão ao Curso de Formação de Sargentos.
e) Militar no desempenho de serviço de garantia da lei e da ordem, legalmente requisitado para aquele fim, que pratica crime culposo contra civil.

4. Um jovem de 19 (dezenove) anos, alistado para o serviço militar obrigatório e devidamente convocado, deixou de apresentar-se para a incorporação dentro do prazo que lhe foi marcado, o que caracteriza crime de insubmissão. Nesta hipótese, é correto afirmar que:
a) o crime praticado não é considerado crime contra o serviço militar e o dever militar.
b) somente os militares poderão prender em flagrante o insubmisso.
c) a pena do insubmisso poderá ser diminuída pela apresentação voluntária dentro do prazo de um ano, contado do último dia marcado para a apresentação.
d) para a apuração do crime, deverá ser observado o procedimento ordinário previsto no Código de Processo Penal Militar.
e) aquele que, sabendo da convocação, proporciona meio para dificultar a incorporação do convocado, responde como partícipe do crime de insubmissão.

MARINHA DO BRASIL – CONCURSO DE ADMISSÃO AO QUADRO TÉCNICO – DIREITO – 2009

1. São crimes contra o serviço militar e o dever militar com esteio no Decreto-Lei nº 1.001, de 21.10.1969 – Código Penal Militar (CPM):

a) furto, roubo, estelionato e peculato.

b) traição, traição imprópria e cobardia.

c) insubmissão, deserção, favorecimento a desertor e abandono de posto.

d) hostilidade contra país estrangeiro, provocação a país estrangeiro, ato de jurisdição indevida e violação de território estrangeiro.

e) censurar ato de superior, responder de maneira desatenciosa ao superior, deixar deliberadamente de corresponder ao cumprimento do subalterno e ser descuidado no asseio do corpo e do uniforme.

2. W, militar estrangeiro de país considerado amigo da República Federativa do Brasil, encontra-se em solo pátrio realizando estágio profissional, em organização militar da Marinha do Brasil (MB), como representante militar de seu país de onde é oriundo. Entretanto, depois de decorridas algumas semanas de estágio, W desentende-se com um oficial da MB, no interior da sala de instrução em área sob administração militar, sem justo motivo. O fato ocorrido foi enquadrado como o delito previsto no artigo 209, §1º (lesão grave) do Decreto-Lei nº 1.001, de 21.10.1969 – Código Penal Militar (CPM). Em face do ocorrido, é correto afirmar que:

a) W não se encontra sujeito à legislação penal castrense brasileira, pois, trata-se de militar estrangeiro, embora não exista nenhuma ressalva em tratados ou convenções internacionais que o isente de responsabilidade penal militar na República Federativa do Brasil.

b) W encontra-se sujeito à legislação penal militar brasileira, desde que não haja tratados ou convenções internacionais que limitem a aplicabilidade daquela.

c) W não se encontra sujeito à legislação penal castrense brasileira, apenas ao Regulamento Disciplinar da Marinha – Decreto nº 88.545, de 26.07.1983 –, pois, trata-se de militar estrangeiro, embora não exista nenhuma ressalva em tratados ou convenções internacionais que o isente de responsabilidade penal militar na República Federativa do Brasil.

d) W, por se encontrar apenas realizando estágio profissional, embora não exista nenhuma ressalva em tratados e/ou convenções internacionais que o isente de responsabilidade penal militar na República Federativa do Brasil, transforma o fato delituoso praticado em uma situação atípica.

e) Não há previsão legal, em nosso ordenamento jurídico positivo, que possa exigir das autoridades militares, do Ministério Público Militar e/ou do Judiciário competentes qualquer ação em relação ao fato ocorrido.

3. N, menor de dezoito anos, aluno de Escola Preparatória de cadetes, pratica ato violento contra B, também menor de dezoito anos e aluno da mesma instituição de ensino militar, que se encontrava de plantão de alojamento, no

interior da escola. O fato, a princípio, foi enquadrado pelos superiores de N como tipificado no art. 158 (violência contra militar de serviço) do Decreto-Lei nº 1.001, de 21.10.1969 – Código Penal Militar (CPM). Diante do exposto, à luz do atual ordenamento jurídico constitucional positivo, em relação a N, é correto afirmar que:

a) praticou crime e responderá, penalmente, com base no art. 158, do Decreto-Lei nº 1.001, de 21.10.1969 – Código Penal Militar (CPM), haja vista o previsto no art. 51, do mesmo.
b) com fundamento no art. 228, da Constituição da república Federativa do Brasil, de 05.10.1988, cometeu ato infracional sujeito às regras do Estatuto da Criança e do Adolescente – lei nº 8.069, de 13.07.1990 –, e não às normas do CPM e/ou do Decreto-Lei nº 2848, de 07.12.1940 – Código Penal comum (CP).
c) por ser menor responderá somente às regras do CP.
d) por ser menor e ostentar a qualidade de aluno encontra-se somente sujeito à legislação trabalhista vigente – Decreto-lei nº 5.452, de 1º.05.1943 –, e nenhuma outra legislação.
e) o seu ato não importará em nenhuma medida legal.

4. O crime tipificado no art. 214 (calúnia), do Decreto-Lei nº 1.001, de 21.10.1969 – Código Penal Militar (CPM), é considerado pela doutrina como sendo:

a) crime militar impróprio.
b) crime militar próprio.
c) crime putativo.
d) crime impossível.
e) atípico.

5. Um soldado do Corpo de Fuzileiros Navais (CFN), estando de licença, em deslocamento motorizado de sua residência para o cinema em local fora da área sob administração militar, recebera ordem de uma praça da Polícia Militar para parar o veículo, a fim de ser revistado. Assim, o soldado do CFN, em cumprimento à determinação, estaciona o automóvel e, inicialmente, submete-se à revista. Porém, inconformado com a ocorrência, passa a agredir o policial militar que o abordara, física e moralmente, resultando, inclusive, lesões corporais leves. Diante dessa situação, tendo sido instaurado o devido processo, com espeque na Carta Magna positiva e na atual jurisprudência do Egrégio Supremo Tribunal Federal (STF), é correto afirmar:

a) A Justiça Militar Estadual será competente para julgar a ação criminal pertinente.
b) A Justiça Militar Federal será competente para julgar a ação criminal cabível.
c) A Justiça Federal comum será competente para julgar a denúncia.
d) A Justiça estadual comum será competente para julgar a ação criminal.
e) A Justiça do Trabalho será competente para julgar, por se tratar somente de relação de trabalho.

MARINHA DO BRASIL – CONCURSO DE ADMISSÃO AO QUADRO TÉCNICO – DIREITO – 2010

1. "Não constituem excludentes de culpabilidade, alegações de ordem particular ou familiar desacompanhadas de provas." Trata-se o presente texto, da Súmula nº 3, do STM. Os crimes a que esta súmula se refere são:
a) deserção e insubmissão.
b) insubordinação e insubmissão.
c) motim e revolta.
d) abandono de posto e dormir em serviço.
e) amotinamento e rigor excessivo.

38. A suspensão condicional da pena se aplica, em tempo de paz, no crime de:
a) violência contra superior.
b) insubordinação.
c) desrespeito a superior.
d) despojamento desprezível.
e) ofensa às forças armadas.

2. Analise as situações a seguir: SITUAÇÃO UM: João e Maria são casados, ele militar na ativa da Marinha do Brasil (MB), e ela militar na ativa do Exército Brasileiro (EB). Certo dia, ambos iniciaram uma discussão dentro de sua residência, culminando com uma lesão corporal grave desferida por João contra Maria. SITUAÇÃO DOIS: Marcos, Cabo da ativa da MB, tinha o costume de utilizar o telefone público ou "orelhão", que se localizava dentro das instalações de sua Organização Militar. Entretanto, estas ligações eram feitas usando de artifício eletrônico, acoplado ao "orelhão" situado em área militar, com o intuito de realizar "ligações" sem a devida contraprestação do pagamento. SITUAÇÃO TRÊS: Olegário, civil morador próximo de uma Organização Militar da MB, resolveu testar a segurança do quartel, e pulou o muro sem ser visto pelos sentinelas das guaritas (iludindo a vigilância). Considerando os contextos hipotéticos descritos acima, é correto afirmar que as situações um, dois e três, respectivamente, constituem crimes de competência das Justiças:
a) Militar; Militar; e Comum.
b) Comum; Comum; e Militar.
c) Militar; Militar; e Militar.
d) Militar; Comum; e Militar.
e) Comum; Comum; e Comum.

3. "A grande diferença está na comparação entre o bem jurídico protegido e o sacrificado. Quando o bem jurídico preservado é da mesma importância e natureza do violado (ou menos importante), exclui-se apenas a culpabilidade. Todavia, quando ocorre o oposto, isto é, ataca-se um determinado bem jurídico para salvar outro consideravelmente mais importante, deve ser excluída a ilicitude."

(SARAIVA, Alexandre. Código Penal Militar. Parte Geral. 2ª Ed. São Paulo: Método, 2009, p. 106). O doutrinador acima trata, respectivamente, de:

a) estado de necessidade; e legítima defesa.
b) exercício regular de direito; e estado de necessidade.
c) estado de necessidade justificante; e exculpante.
d) estrito cumprimento do dever legal; e exercício regular de direito.
e) estado de necessidade exculpante; e justificante.

MARINHA DO BRASIL – CONCURSO DE ADMISSÃO AO QUADRO TÉCNICO – DIREITO – 2011

1. De acordo com o Código Penal Militar, no crime de deserção, embora decorrido o prazo de prescrição, só extingue a punibilidade quando o desertor atinge a idade de:

a) 30 anos para Praça.
b) 45 anos para Oficial.
c) 35 anos para Praça.
d) 55 anos para Oficial.
e) 60 anos para Oficial.

2. Uma Praça da marinha do Brasil (MB) fez transação de caráter comercial no interior do navio em que servia, a exemplo de um Oficial da ativa que também comerciava a bordo. De acordo com o Código Penal Militar e o Regulamento Disciplinar da Marinha, a Praça e o Oficial respondem, respectivamente, por:

a) crime comum e crime militar.
b) contravenção disciplinar e crime militar.
c) crime militar e contravenção disciplinar.
d) crime militar e crime militar.
e) contravenção disciplinar e crime comum.

3. De acordo com o Código Penal Militar (CPM), assinale a opção que NÃO apresenta crimes militares em tempo de guerra:

a) Os especialmente previstos no CPM para o tempo de guerra.
b) Os crimes militares previstos para o tempo de paz.
c) Os crimes previstos no CPM, embora também o sejam com igual definição na lei penal comum ou especial, quando praticados, qualquer que seja o agente, em território estrangeiro militarmente desocupado.
d) Os crimes previstos no CPM, embora também o sejam com igual definição na lei penal comum ou especial, quando praticados, qualquer que seja o agente, em qualquer lugar, se comprometem ou podem comprometer a preparação, a eficiência ou as operações militares ou, de qualquer outra forma, atentam contra a segurança externa do País ou podem expô-la a perigo.

e) Os crimes definidos na lei penal comum ou especial, embora não previstos no CPM, quando praticados em zona de efetivas operações militares ou em território estrangeiro, militarmente ocupado.

4. De acordo com o Código Penal Militar, no Brasil, em tempo de guerra, a pena de morte é executada por:
a) afogamento.
b) enforcamento.
c) cadeira elétrica.
d) injeção letal.
e) fuzilamento.

MARINHA DO BRASIL – CONCURSO DE ADMISSÃO AO QUADRO TÉCNICO – DIREITO – 2012

1. Considere as assertivas abaixo, acerca do "concurso de agentes" no Direito Penal Militar.
I. De acordo com o Código Penal Militar, a pena é agravada em relação ao agente que promove ou organiza a cooperação no crime ou dirige a atividade dos demais agentes.
II. De acordo com o Código Penal Militar, a pena é atenuada em relação ao agente que instiga ou determina a cometer o crime alguém sujeito à sua autoridade, ou não punível em virtude de condição ou qualidade especial.
III. De acordo com o Código Penal Militar, a pena é atenuada com relação ao agente, cuja participação no crime é de somenos importância.
IV. De acordo com o Código Penal Militar, na prática de crime de autoria coletiva necessária, somente os oficiais podem ser considerados cabeças.
V. De acordo com o Código Penal Militar, o ajuste, a determinação ou instigação e o auxílio sempre são puníveis, ainda que o crime não chegue, pelo menos, a ser tentado.
Assinale a opção correta
a) Apenas as assertivas I, III e IV são verdadeiras.
b) Apenas as assertivas II e III são verdadeiras.
c) Apenas as assertivas III, IV e V são Verdadeiras.
d) Apenas a assertivas I é verdadeira.
e) Apenas as assertivas I e III são verdadeiras.

2. De acordo com o entendimento de Cláudio Amin Miguel e Ione de Souza Cruz na obra Elementos de Direito Penal Militar: parte geral, a teoria adotada pelo Código Penal Militar, no que se refere ao "estado de necessidade", foi a:
a) unitária.
b) da equidade.
c) diferenciadora.
d) mista.
e) da duplicidade.

3. De acordo com as disposições do Código Penal Militar, em relação ao crime de dano em navio de guerra ou mercante em serviço militar praticado na modalidade culposa, é correto afirmar que:

a) somente o comandante do navio pode ser sujeito ativo do referido crime.

b) caso um oficial seja condenado pela prática do referido crime, ele poderá receber a pena de suspensão do exercício do posto de 1 (um) a 3 (três) anos.

c) a pena de reforma não está entre as penas previstas para o referido crime caso o sujeito ativo seja um oficial.

d) se do referido crime resulta lesão corporal ou morte, aplica-se apenas a pena cominada ao crime culposo contra a pessoa.

e) caso um oficial seja condenado pela prática do referido crime, ele poderá receber a pena acessória de exclusão das forças armadas.

MARINHA DO BRASIL – CONCURSO DE ADMISSÃO AO QUADRO TÉCNICO – DIREITO – 2013

1. De acordo com as disposições do Código Penal Militar acerca "Da Insubordinação", a conduta de "recusar obedecer a ordem do superior sobre assunto ou matéria de serviço, ou relativamente a dever imposto em lei, regulamento ou instrução" corresponde ao tipo penal do crime de:

a) Desrespeito a superior.

b) Recusa de obediência.

c) Insubmissão.

d) Descumprimento da missão.

e) Revolta.

2. Assinale a opção que NÃO corresponde a tipo penal previsto no Código Penal Militar.

a) Dormir o militar, quando em serviço, como oficial de quarto ou de ronda, ou em situação equivalente, ou, não sendo oficial, em serviço de sentinela, vigia, plantão às máquinas, ao leme, de ronda ou em qualquer serviço de natureza semelhante.

b) Embriagar-se o militar, quando em serviço, ou apresentar-se embriagado para prestá-lo.

c) Deixar de participar, em tempo, à autoridade a que estiver diretamente subordinado, a impossibilidade de comparecer à Organização Militar ou a qualquer ato de serviço a que esteja obrigado a participar ou a que tenha que assistir.

d) Propalar fatos, que sabe inverídicos, capazes de ofender a dignidade ou abalar o crédito das forças armadas ou a confiança que estas merecem do público.

e) Deixar, no exercício de função, de observar lei, regulamento ou instrução, dando causa direta à prática de ato prejudicial à administração militar.

3. De acordo com as disposições do Código Penal Militar acerca "Das Penas' ', NÃO está prevista naquela norma como pena principal ou acessória a pena de:

a) multa.

b) morte.
c) reforma.
d) impedimento.
e) incompatibilidade com o oficialato.

4. De acordo com as disposições do Código Penal Militar acerca "Do Crime", é correto afirmar que:
a) a superveniência de causa relativamente independente não exclui a imputação ainda que, por si só, tenha produzido o resultado.
b) nos Crimes contra a autoridade ou disciplina militar, pune-se sempre a tentativa com a pena correspondente à pena do crime consumado.
c) o agente que, voluntariamente, desiste de prosseguir na execução ou impede que o resultado se produza, responde pelo crime que queria praticar, com pena reduzida.
d) tem a pena reduzida pela metade quem, ao praticar o crime, supõe, por erro plenamente escusável, a inexistência de circunstância de fato que o constitui ou a existência de situação de fato que tornaria a ação legítima.
e) a pena pode ser atenuada ou substituída por outra menos grave quando o agente, salvo em se tratando de crime que atente contra o dever militar, supõe lícito o fato, por ignorância ou erro de interpretação da lei, se escusáveis.

MARINHA DO BRASIL – CONCURSO DE ADMISSÃO AO QUADRO TÉCNICO – DIREITO – 2014

1. Analise as afirmativas abaixo, atinentes à prescrição no Código Penal Castrense.
I. São reduzidos de metade os prazos da prescrição, quando o criminoso era, ao tempo do crime, maior de 21 anos e menor de 24 anos.
II. No crime de deserção, embora decorrido o prazo da prescrição, está só extingue a punibilidade quando o desertor atinge a idade de 30 anos, e, se oficial, a de 45.
III. A prescrição começa a correr, no crime de insubmissão, do dia em que o insubmisso atinge a idade de 30 anos.

Assinale a opção correta.
a) apenas a afirmativa I é verdadeira.
b) apenas a afirmativa II é verdadeira.
c) apenas a afirmativa III é verdadeira.
d) apenas as afirmativas I e III são verdadeiras.
e) apenas as afirmativas I e II são verdadeiras.

2. De acordo com o Código Penal Militar, no tocante ao Título "Dos Crimes Contra o Patrimônio", assinale a opção que apresenta o tipo penal que admite modalidade culposa.
a) Furto de uso.
b) Roubo simples.

c) Chantagem.
d) Dano simples.
e) Dano em material ou aparelhamento de guerra.

3. Assinale a opção que NÃO corresponde a um Crime Contra o Serviço Militar e o Dever Militar, previsto no Código Penal Militar.
a) Amotinamento.
b) Insubmissão.
c) Deserção.
d) Abandono de posto.
e) Embriaguez em serviço.

4. Acerca do livramento condicional, previsto no Código Penal Militar, um dos requisitos para sua concessão é que o condenado, se primário, tenha cumprido
a) 1/2 (metade) da pena.
b) 1/3 (um terço) da pena.
c) 1/4 (um quarto) da pena.
d) 1/5 (um quinto) da pena.
e) 1/6 (um sexto) da pena.

5. O estado de necessidade esculpido no artigo 39 do Código Penal Militar ("não é igualmente culpado quem, para proteger direito próprio ou de pessoa a quem está ligado por estreitas relações de parentesco ou afeição, contra perigo certo e atual, que não provocou, nem podia de outro modo evitar, sacrifica direito alheio, ainda quando superior ao direito protegido, desde que não lhe era razoavelmente exigível conduta diversa") exclui
a) a tipicidade.
b) a ilicitude.
c) o dolo.
d) a culpabilidade.
e) o nexo de causalidade.

MARINHA DO BRASIL – CONCURSO DE ADMISSÃO AO QUADRO TÉCNICO – DIREITO – 2015

1. Com relação à suspensão condicional da pena prevista no Código Penal Militar, assinale a opção correta.
a) É cabível quando a pena privativa de liberdade não for superior a quatro anos.
b) Suspende a execução da pena privativa de liberdade por dois a seis anos.
c) É cabível quando aplicada a pena de reforma.
d) Não é revogada se o beneficiário militar é punido por infração disciplinar considerada grave.
e) É revogada obrigatoriamente se o condenado deixa de cumprir qualquer das obrigações.

2. Na coação moral irresistível, há exclusão da

a) culpabilidade, decorrente de inexigibilidade de conduta diversa.
b) culpabilidade, por inimputabilidade.
c) ilicitude.
d) tipicidade formal.
e) causalidade.

3. Com relação ao crime de insubmissão e seu processo, assinale a opção correta.

a) Pratica crime de insubmissão o militar que deixa de se apresentar no momento da partida do navio ou da aeronave.
b) Somente o militar estável pode praticar o crime de insubmissão.
c) Pratica crime de insubmissão o convocado que não se apresenta no local designado, dentro de oito dias, findo o prazo de trânsito ou férias.
d) O insubmisso que se apresentar e, ao ser submetido à inspeção de saúde, for considerado incapaz, ficará isento do processo e da inclusão.
e) O insubmisso que não for julgado no prazo de noventa dias, a contar do dia de sua apresentação voluntária ou captura, será posto em liberdade.

4. Segundo o Código Penal Militar, assinale a opção correta.

a) A perda do posto e da patente resulta da condenação à pena privativa de liberdade por tempo superior a dois anos, mas não implica perda das condecorações.
b) A ação penal somente pode ser promovida por denúncia do Ministério Público da Justiça Militar.
c) Violência contra superior, insubmissão e abandono de posto são espécies de crimes contra o serviço militar e o dever militar.
d) O crime de dano em material ou aparelhamento de guerra admite a modalidade culposa.
e) O direito alheio sacrificado no estado de necessidade nao pode ser superior ao direito protegido.

5. Segundo o Código Penal Militar, são penas acessórias a

a) perda do posto e da patente e a morte.
b) exclusão das Forças Armadas e a reforma.
c) suspensão do exercício de posto e a indignidade para o oficialato.
d) inabilitação para o exercício de função pública e a incompatibilidade com o oficialato.
e) reforma e a suspensão dos direitos políticos.

EXÉRCITO BRASILEIRO – ESFCEX – CONCURSO DE ADMISSÃO AO CFO/QC – DIREITO – 2006

1. O militar condenado à pena de reclusão ou de detenção por tempo igual ou superior a dois anos pode ser liberado condicionalmente, porém, o livramento condicional não se aplica ao condenado por crime cometido em:

a) manobra ou exercício.
b) operações de garantia da lei e da ordem.
c) tempo de guerra.
d) área sob administração militar.
e) tempo de licenciamento.

2. A prescrição da ação penal regula-se pelo máximo da pena privativa de liberdade cominada ao crime ou, sobrevindo sentença condenatória, regula-se pela pena imposta. Diante disso, em caso de pena de morte, por crime praticado durante o tempo de guerra, a prescrição se dá:
a) em cinquenta anos.
b) em trinta anos.
c) é imprescritível.
d) em vinte anos.
e) em dez anos.

3. Reunirem-se militares, assentindo em recusa conjunta de obediência, ou em resistência ou violência, em comum, contra superior, configura o crime de:
a) revolta.
b) insubordinação.
c) conspiração.
d) motim.
e) insubmissão.

4. O oficial do Exército Brasileiro sorteado para compor Conselho Especial ou Permanente de Justiça que, sem motivo legal, recusar-se a exercer a função, cometerá:
a) crime de insubordinação.
b) conduta atípica.
c) crime de resistência.
d) crime contra o serviço militar.
e) crime contra a administração da justiça militar.

5. Consideram-se crimes militares, em tempo de paz, os previstos no Código Penal Militar, embora também o sejam com igual definição na lei penal comum, quando praticados:
a) por civil contra militar em missão de garantia e preservação da ordem pública.
b) por civil contra civil, em lugar sob a administração militar.
c) os crimes dolosos contra a vida cometidos por militares contra civil.
d) por militar em situação fora de atividade militar contra civil.
e) por militar reformado contra civil, em lugar não sujeito à administração militar.

EXÉRCITO BRASILEIRO – ESFCEX – CONCURSO DE ADMISSÃO AO CFO/QC – DIREITO – 2007

1. Conforme preceitua o Código Penal Militar, aos crimes praticados em tempo de guerra, via de regra, aplicam-se:

a) as penas cominadas para o tempo de paz, com o aumento de 1/3 (um terço).
b) as penas cominadas para o tempo de paz, com o aumento de 1/2 (um meio).
c) as penas cominadas para o tempo de paz com o aumento de 2/3 (dois terços).
d) o dobro das penas cominadas para o tempo de paz.
e) as mesmas penas cominadas para o tempo de paz com aplicação de circunstâncias agravantes que variam de 1 a 2/3 (dois terços), se praticados por militares.

2. Analise as afirmativas sobre Pena e Medida de Segurança e, a seguir, assinale a alternativa correta.

I. Conforme preceitua o Código Penal Militar, não há que se falar em suspensão condicional da pena do condenado por crime cometido em tempo de guerra.
II. A exclusão do militar das forças armadas é uma pena principal.
III. A cassação de licença para direção de veículos motorizados, o exílio local e a proibição de frequentar determinados lugares, constituem medidas de segurança pessoais e não detentivas.
IV. O militar convocado que deixar de se apresentar à incorporação, dentro do prazo que lhe foi marcado, ou, apresentando-se antes do ato oficial de incorporação comete delito de deserção, cuja pena e privativa de liberdade por tempo superior a 2 (dois) anos, importando a perda das condecorações.

a) Somente I e II estão corretas.
b) Somente I e III estão corretas.
c) Somente I e IV estão corretas.
d) Somente II e IV estão corretas.
e) Somente III e IV estão corretas.

3. Segundo o Direito Penal Militar, o menor de 18 anos, civil, que pratica conduta tipificada como crime militar submete-se ao:

a) Estatuto dos Militares.
b) Código Penal Comum.
c) Código Penal Militar.
d) Estatuto da Criança e do Adolescente.
e) Regulamentos Disciplinares das Forças Armadas.

4. A praça condenada à pena privativa de liberdade, por tempo superior a dois anos, será:

a) excluída das Forças Armadas.
b) reformada.
c) transferida para reserva remunerada.

d) aposentada.
e) licenciada a bem da disciplina.

5. Assinale a alternativa correta em relação aos prazos prescricionais de execução das penas acessórias.
a) Ocorrem no mesmo tempo da pena principal.
b) Correspondem à metade do tempo previsto na pena principal.
c) Ocorrem em um ano.
d) São imprescritíveis.
e) Ocorrem em dois anos.

EXÉRCITO BRASILEIRO – ESFCEX – CONCURSO DE ADMISSÃO AO CFO/QC – DIREITO – 2008

1. A punibilidade no crime de deserção praticada por Oficial, embora decorrido o prazo de prescrição só é extinta quando o desertor atinge a idade de:
a) 45 anos.
b) 50 anos.
c) 55 anos.
d) 60 anos.
e) 70 anos.

2. Concede-se a suspensão condicional da pena nos crimes militares ao condenado por crime:
a) cometido em tempo de guerra.
b) de insubordinação.
c) de violência contra superior.
d) de deserção.
e) de lesão corporal leve.

3. Em relação à pena acessória, o Conselho Especial de Justiça:
a) ao condenar um oficial à pena superior a dois anos, poderá lhe aplicar a pena acessória de perda de posto e patente.
b) ao condenar um oficial à pena superior a dois anos, poderá lhe aplicar a pena acessória de indignidade para o oficialato.
c) ao condenar um oficial à pena superior a dois anos, poderá lhe aplicar a pena acessória de exclusão das Forças Armadas.
d) é incompetente para aplicar qualquer pena acessória ao oficial.
e) ao condenar um oficial à pena superior a dois anos, poderá lhe aplicar a pena acessória de incompatibilidade para o oficialato.

4. A condenação da praça na Justiça Militar da União a pena superior a dois anos importa na:
a) sua agregação.
b) perda de sua função militar.

c) exclusão das Forças Armadas.
d) suspensão temporária de sua atividade militar na Organização Militar (OM).
e) inabilitação para atividade militar.

EXÉRCITO BRASILEIRO – ESFCEX – CONCURSO DE ADMISSÃO AO CFO/QC – DIREITO – 2010

1. O crime de deserção, embora decorrido o prazo de prescrição, esta só extingue a punibilidade quando o desertor, sendo oficial, atinge a idade de:
a) 20 anos.
b) 30 anos.
c) 40 anos.
d) 50 anos.
e) 60 anos.

EXÉRCITO BRASILEIRO – ESFCEX – CONCURSO DE ADMISSÃO AO CFO/QC – DIREITO – 2011

1. Em relação ao crime de abandono de posto é correto afirmar:
a) é um crime de perigo. Consuma-se com a ocorrência de fatos lesivos à Organização Militar.
b) a prisão pode se efetivar, independentemente de ordem fundamentada de autoridade judiciária competente.
c) a alegação do pequeno lapso temporal de afastamento do posto é suficiente para elidir a ideia de ocorrência do crime.
d) é um crime material. Consuma-se com a simples criação de perigo para o bem jurídico protegido, sem produzir dano efetivo.
e) não há distinção entre posto e lugar de serviço. Ambos configuram um local amplo, onde o militar deve permanecer no exercício de qualquer função militar.

2. Quanto à aplicação da lei penal militar, assinale a resposta correta.
a) A lei excepcional é ultra-ativa, ou seja, aplica-se a fatos posteriores à sua vigência.
b) Os crimes militares previstos para o tempo de paz são considerados crimes militares em tempo de guerra, em qualquer hipótese.
c) O defeito de incorporação conhecido antes da prática do crime militar exclui a aplicação da lei penal respectiva.
d) A ocorrência de uma lei supressiva de incriminação faz cessar todos os efeitos da sentença penal condenatória irrecorrível, inclusive, os de natureza civil.
e) Não se aplica a lei penal militar brasileira ao crime cometido por militar brasileiro, em serviço, fora do território nacional, ainda que tratado internacional firmado pelo Brasil disponha nesse sentido.

EXÉRCITO BRASILEIRO – ESFCEX – CONCURSO DE ADMISSÃO AO CFO/QC – DIREITO – 2013

1. Analise o trecho abaixo e, em seguida, assinale a alternativa correta que completa as lacunas.

   Ao contrário do Código Penal Comum, o Código Penal Militar não prevê, no tipo penal de corrupção passiva, o verbo __________ como núcleo do tipo. No entanto, o CPM prevê os tipos penais de __________, __________, e __________ que não existem, atualmente, no CP comum.

a) solicitar – chantagem – furto de uso – desobediência a decisão judicial.
b) exigir – chantagem – deserção – furto de uso.
c) solicitar – chantagem – furto de uso – peculato culposo.
d) exigir – desobediência a decisão judicial – peculato culposo – perigo de inundação.
e) exigir – chantagem – furto de uso – desobediência a decisão judicial.

2. Nos termos do positivado no CPM e no CP comum, marque a alternativa correta.

a) Ao contrário do CP comum, e por sua natureza militar, o CPM adota a obediência hierárquica como causa de exclusão de culpa, sem que se questione se a ordem era legal ou não legal, vez que ao subordinado não é dado apreciar a ordem do superior.
b) Segundo positivado no CPM a obediência hierárquica, se caracterizada, exclui a ilicitude.
c) Segundo positivado no CPM, os crimes culposos são os praticados por imprudência, imperícia ou negligência.
d) A definição de crime culposo positivada no CPM não define o crime culposo com base em imprudência, imperícia ou negligência.
e) Se uma conduta é praticada em obediência hierárquica e é manifestamente criminosa, o autor da ordem não responde pelo crime, mas apenas os que a executaram, sabendo-se tratar de crime.

3. Assinale a alternativa correta, com base no positivado no CPM e no CP comum.

a) O tratamento dado à tentativa na parte geral do CPM é idêntico ao dado pelo CP.
b) A coação recebe tratamento idêntico no CP comum e no CPM.
c) O erro de tipo e o erro de proibição possuem previsão positivada no CPM.
d) A abordagem dada à desistência voluntária e ao arrependimento eficaz no CPM é idêntica à dada pelo CP Comum.
e) as causas de exclusão de ilicitude previstas no CP comum são as mesmas previstas no CPM.

4. Analise o texto abaixo e marque a alternativa correta, nos termos do positivado na Constituição e no CPM.

   Os cabos estabilizados do Exército, Jack, Joe, Mike e Andy aderem a uma greve nacional dos cabos armeiros do Exército, noticiada por e-mail, e que, de fato, ocorreu e atingiu unidades militares de vários estados. Não participaram de nenhuma reunião preparatória para a greve, nem de nenhum ato coletivo de greve, nem ajustaram entre si que participariam. Com isso, deveriam estar na formatura matinal de segunda feira no quartel, mas não compareceram dia nenhum a qualquer organização militar, só retornando ao quartel com o fim da greve, ficando 21 dias seguidos ausentes.

a) Como os Cabos citados não participaram de nenhuma reunião preparatória para a greve, nem de nenhum ato coletivo de greve, nem ajustaram entre si que participariam, não há que se falar em crime militar na conduta deles.

b) A constituição veda a greve de militares e, assim, os Cabos mencionados praticaram o crime de deserção.

c) Os militares citados estavam no exercício regular de direito, no caso, o Direito de greve, previsto na Constituição, o que exclui a ilicitude da conduta: não praticaram deserção.

d) Os militares citados praticaram crime de deserção, mas, neste caso, a ação penal está condicionada a requisição no Ministro da Defesa.

e) Os militares citados eram praças estabilizadas, não estavam no período de serviço militar obrigatório e, assim, não praticaram o crime de deserção, apenas o crime comum de abandono de função previsto no CP comum.

5. Nos termos do positivado no CPM e no CP comum, marque a alternativa correta.

a) O estado de necessidade exculpante recebe o mesmo tratamento no CPM e no CP comum.

b) O estado de necessidade recebe o mesmo tratamento no CPM e no CP comum.

c) O estado de necessidade como causa de exclusão de ilicitude recebe o mesmo tratamento dado no CPM e no CP comum.

d) No CPM existe previsão tanto de um estado de necessidade exculpante quanto de um estado de necessidade como causa de exclusão de ilicitude.

e) No CPM, estado de necessidade por inexigibilidade de conduta diversa exclui a ilicitude.

6. Analise as sentenças abaixo, de acordo com o CPM e a Constituição e, em seguida, assinale a alternativa que contém as afirmativas corretas.

I. O conceito de crimes propriamente militares está expressamente positivado no CPM, que os define como os crimes que só podem ser praticados por militares.

II. Segundo positivado na Constituição são crimes militares praticados por civis os que visam a atingir as instituições militares.

III. O Tenente Joe, do Exército, praticou crime de homicídio culposo contra o civil Joe no interior de uma unidade do Exército. Tratando-se de crime contra a vida de civil, será crime comum.

IV. O Soldado do Exército Jack foi encontrado, com uma arma não registrada de calibre restrito, de uso das Forças Armadas, no alojamento de uma unidade do Exército. A arma não teve sua origem identificada, apesar de periciada. A posse da arma por Jack caracteriza crime militar.

V. O civil Mike invade um acampamento de militares do Exército e, enquanto os militares estavam em manobra, furta objetos pessoais (pertencentes a cada militar) dos militares, contidos nos sacos verde-oliva (VO) que estão dentro das barracas. Pratica, assim, crime militar.

a) Somente I, II e III estão corretas.
b) Somente I e V estão corretas.
c) Somente IV está correta.
d) Somente IV e V estão corretas.
e) Somente V está correta.

EXÉRCITO BRASILEIRO – ESFCEX – CONCURSO DE ADMISSÃO AO CFO/QC – DIREITO – 2014

1. Analise as afirmativas abaixo, sobre o positivado no Código Penal Militar (CPM) em vigor, colocando entre parênteses a letra V, quando se tratar de afirmativa verdadeira, ou a letra F, quando se tratar de afirmativa falsa. A seguir, assinale a alternativa que apresenta a sequência correta.

( ) Os dispositivos do CPM que se referem ao tempo de guerra possuem natureza de lei temporária e, por isso, aplicam-se mesmo após encerrado o tempo de guerra.

( ) Se um militar brasileiro pratica um crime em missão no Haiti, ainda que segundo o CPM o crime seja considerado crime militar, o CPM não é aplicável em razão da limitação imposta pelo Princípio da Territorialidade.

( ) Segundo positivado no CPM, deve-se considerar como navio uma pequena lancha da Marinha do Brasil com três Fuzileiros Navais, comandada por um Capitão-Tenente da mesma Força Armada.

A) V – V – V
B) V – F – V
C) F – V – V
D) F – F – V
E) F – F – F

2. Analise as afirmativas e fundamentações sobre o positivado no Código Penal Militar (CPM) em vigor, colocando entre parênteses a letra V, quando se tratar de afirmativa verdadeira, ou a letra F, quando se tratar de afirmativa falsa. A seguir, assinale a alternativa que apresenta a sequência correta.

( ) O CPM prevê medidas de segurança patrimoniais.

( ) Ao contrário do Código Penal comum, o Código Penal Militar prevê, como agravante, a embriaguez, mesmo que não pré-ordenada, para crimes praticados por militar ou civil, exceto se ela decorre de caso fortuito ou força maior.

( ) O Soldado John recebe uma lata de talco do Soldado Peter que pede que ele entregue, sem ninguém saber, ao Soldado Harold. Pensando haver talco na lata, ele a leva ao Soldado Harold e é pego em flagrante no momento da entrega. Ela estava cheia de cocaína. Segundo positivado no CPM a conduta do Soldado John não seria típica, vez que excluído o dolo por se tratar de erro de tipo.

A) V – V – V
B) V – F – F

C) F - V - V
D) F - F - V
E) F - F - F

3. Analise as afirmativas abaixo, colocando entre parênteses a letra V, quando se tratar de afirmativa verdadeira, ou a letra F, quando se tratar de afirmativa falsa. A seguir, assinale a alternativa que apresenta a sequência correta.

( ) O Código Penal Militar prevê hipóteses de imputabilidade de menores de 18 anos. No entanto, tais dispositivos não foram recepcionados pela Constituição Federal de 1988.
( ) Em um motim liderado pelos Sargentos Pepper e Lennon, participa o Tenente Macartney que, no entanto, apenas segue as instruções daqueles dois, a exemplo das praças participantes. Por tal motivo, Macartney não pode ser considerado cabeça, nos termos do CPM.
( ) O CPM prevê a pena de impedimento, aplicável apenas ao crime de insubmissão.

A) V - V - V
B) V - F - V
C) F - V - V
D) F - F - V
E) F - V - F

4. Analise as afirmativas sobre os crimes militares em tempo de paz, colocando entre parênteses a letra V, quando se tratar de afirmativa verdadeira, ou a letra F, quando se tratar de afirmativa falsa. A seguir, assinale a alternativa que apresenta a sequência correta.

( ) O Código Penal Militar tem o Princípio da Insignificância positivado em seu texto, previsto para crimes como furto, roubo e peculato, ao contrário do Código Penal comum onde a aplicação de tal princípio se dá de forma supralegal.
( ) O Código Penal Militar prevê o tipo penal de furto de uso que não possui previsão no CP comum.
( ) O tratamento dispensado ao concurso de pessoas no CPM é idêntico ao dado pelo Código Penal comum.
( ) Segundo positivado no Código Penal Militar, a lesão corporal levíssima pode ser considerada infração disciplinar.

A) V - V - V - V
B) V - F - V - V
C) F - V - F - V
D) F - F - V - F
E) V - V - F - V

5. O Capitão de Fragata John comanda a Fragata Constituição, que é uma unidade da Marinha do Brasil. Quando a embarcação está na metade da distância entre o Brasil e a África, em pleno Atlântico, tem início um incêndio na torre de comando. Como todos os militares embarcados são treinados em combate a incêndio, o Comandante imediatamente inicia os procedimentos para apagar o fogo a todo

custo, vez que, caso contrário, ocorrerá o naufrágio. Organiza e comanda pessoalmente o pessoal da mangueira número 1. Em razão do extremo calor e gases nessas situações, é previsto o revezamento de militares com o primeiro homem da mangueira (homem que está mais à frente e direciona o jato de água). Após certo tempo, o segundo homem deve assumir no lugar do primeiro. No momento do revezamento, o Marinheiro Paul, que é o segundo homem da mangueira se nega a ir para frente e permanece impedindo a passagem para trás do Cabo Ringo, que é o primeiro no estreito corredor. Diante do risco da situação, o Capitão de Fragata John dá um forte soco no ombro de Paul que, assustado com a dor, encosta na parede e abre passagem para o recuo de Ringo. O soco provocou lesão corporal leve, posteriormente comprovada em laudo. Imediatamente, John empurra violentamente Paul, com a sola do pé nas costas e grita para que ele assuma a mangueira, xingando-o de covarde. O empurrão provocou lesão leve, também comprovada em laudo. Após isso, Paul assume como primeiro homem, o procedimento é bem sucedido e, em minutos, o incêndio é apagado. No momento em que a mangueira está sendo recolhida para ser enrolada, Paul ataca John com um soco, afirmando ser em repulsa à agressão sofrida e grita que o sonho acabou, que não quer mais ser militar, afastando-se de John, que está no chão, caído. O soco produz lesão leve no rosto de John, comprovada em laudo. Caído no chão após o soco, John vê Paul levando a mão ao coldre e abrindo, no típico movimento de quem vai sacar uma arma. Supondo que Paul vai pegar a arma para disparar contra ele, John pega a pesada mangueira a seu lado e, com a intenção de impedir o saque, com um rápido movimento, atinge a cabeça de Paul, matando-o. Ao socorrerem Paul, verificam que já havia morrido e que não havia nenhuma arma em seu coldre, apenas um maço de cigarros. Com base no caso acima, analise as afirmativas abaixo e, em seguida, assinale a alternativa correta, segundo o positivado no Código Penal Militar e Código de Processo Penal Militar.

I. O Capitão de Fragata John não praticou o crime militar de violência contra inferior ao chutar e empurrar o Marinheiro Paul, vez que a qualidade de inferior deixa de ser elemento constitutivo do crime quando a ação é praticada por comandante de navio, na iminência de perigo ou grande calamidade. Afastando-se a elementar, não se tipifica a violência contra inferior.

II. Ao matar o Marinheiro Paul com um golpe de mangueira por pensar que ele estava sacando uma arma, o Capitão de Fragata John pensou estar diante de um ataque iminente, atuando em erro de fato.

III. Apesar de atacar seu superior hierárquico, Paul não praticou o crime de violência contra superior, mas apenas o de lesão corporal, vez que agiu em repulsa à agressão sofrida, o que faz com que a condição de superior deixe de ser elemento constitutivo do crime.

IV. John praticou crime de lesão corporal contra Paul ao lhe dar um soco e empurrar com a sola do pé.

(A) Somente I e II estão corretas.
(B) Somente II e III estão corretas.
(C) Somente II e IV estão corretas.
(D) Somente II está correta.
(E) Somente I, III e IV estão corretas.

6. Harrison pulou o muro do quartel do 84o BIMtz do Exército, no Rio de Janeiro, sem ser visto. Aproximou-se da sentinela do posto 4, guarita que faz a segurança do paiol, encontrando o Soldado Paul, sentinela daquele posto, dormindo abraçado ao fuzil. Para subtrair o fuzil e facilitar seu ataque ao paiol, cortou o pescoço do militar com uma faca, que trouxera com tal finalidade, provocando a sua morte. Pegou o fuzil do militar e se dirigiu ao paiol, na intenção de arrombá-lo, vez que já servira naquele quartel e sabia que, apesar dos grandes cadeados, as dobradiças eram frágeis e expostas, facilmente arrombáveis com o pé de cabra que trazia consigo. Quando forçava a porta do paiol, ouviu ruído de gente chegando e correu em direção ao muro para pular para a rua e fugir, lucrando, ao menos, com o fuzil. No entanto, ao ouvir os gritos de " pare, largue a arma", carregou o fuzil com um golpe de segurança, destravou e começou a disparar rajadas contra dois militares que vinham chegando: os Sargentos Ringo e John, que se abrigaram e responderam aos tiros. Como eram dois atiradores de escol, acertaram dois disparos no peito e dois na cabeça de Harrison, causando a sua morte e cessando os disparos deste. As perícias comprovaram que os quatro disparos citados atingiram Harrison ainda vivo e causaram sua morte. Os dois sargentos se aproximaram do corpo e constataram que estava indubitavelmente morto. Irritado com a invasão, revoltado pelo fato de Harrison ter tentado matá-lo, Ringo, enquanto John chamava o oficial de dia, resolveu fazer como Aquiles, seu herói de infância, fez com Heitor durante a guerra de Tróia: amarrou o corpo de Harrison pelos calcanhares, amarrou ao parachoque de seu carro, já que não tinha biga, e o arrastou com desrespeito pelo quartel para todos verem. Perícia comprovou que, realmente, Harrison já estava morto, quando seu corpo foi arrastado. Também após tudo isso, foi constatado que o invasor era George Harrison: sargento que servira por mais de dez anos naquele quartel e que desertara desde o final do ano anterior.

   Com base no caso acima, analise as afirmativas abaixo e, em seguida, assinale a alternativa correta, segundo o positivado no Código Penal Militar e Código de Processo Penal Militar.

I. Antes de morrer, Paul, ao dormir em serviço, cometera o crime militar de dormir em serviço. Mas houve extinção de punibilidade em razão da morte de Paul.

II. A análise quanto à existência ou não da legítima defesa por parte dos sargentos que acertaram 4 disparos no invasor, de acordo com o positivado no CPM, cabe ao Ministério Público Militar e à Justiça Militar da União.

III. Ao amarrar o corpo pelos calcanhares e arrastá-lo pelo quartel com o carro, o Sargento Ringo praticou o crime militar de vilipêndio a cadáver.

IV. O ingresso clandestino praticado por Harrison foi crime-meio para o latrocínio consumado (ou tentado, a depender do doutrinador).

(A) Somente I e II estão corretas.

(B) Somente I, II e IV estão corretas.

(C) Somente II, III e IV estão corretas.

(D) Somente III e IV estão corretas.

(E) Somente I, III e IV estão corretas.

7. O Soldado Ringo, do 114º BIMtz em Salvador, quartel do Exército, está sendo processado por desrespeito a superior na Auditoria da 6a CJM. Após a oitiva das testemunhas, o MPM obtém e pede juntada aos autos de um vídeo de segurança que mostra áudio e imagem do desrespeito praticado por Ringo contra o Tenente John, no gabinete deste, naquela base. O pedido é deferido com anuência da defesa. No vídeo, fica claro que estavam na sala fechada o réu, o Tenente John e dois servidores civis Harrison e Paul. Nele, se ouve e vê a imagem do Tenente John dizendo calmamente que é a terceira vez que chama atenção do soldado por não fazer manutenção no fuzil após o tiro. Imediatamente, se vê o réu dizendo e gesticulando em amplos movimentos com os braços e dizendo "Ah, qual é, Tenente, fala sério". No mesmo instante, deu as costas para o oficial, que ainda falava calmamente, e disse, gritando "Tá bom, eu vou limpar sempre a droga desse fuzil. Que porre!" Com base no texto acima, marque a alternativa correta.

(A) O vídeo mostra que o Soldado Ringo, na verdade, praticou o crime de desacato a superior.

(B) O vídeo mostra que o Soldado Ringo, na verdade, praticou um crime de insubordinação.

(C) O vídeo confirma que o Soldado Ringo, na verdade, praticou o crime de desrespeito.

(D) O vídeo mostra que não se tipificou o crime de desacato a superior, nem um crime de insubordinação, nem o crime de desrespeito.

(E) O vídeo mostra que o Soldado Ringo praticou um crime de insubordinação e o de desacato a superior.

8. Analise as afirmativas abaixo, colocando entre parênteses a letra V, quando se tratar de afirmativa verdadeira, ou a letra F, quando se tratar de afirmativa falsa. A seguir, assinale a alternativa que apresenta a sequência correta.

( ) O General de Exército John (Comandante Militar do Leste), o Tenente Coronel Paul (Comandante do Batalhão de Policia do Exército) e o Coronel Ringo (Comandante da escola de Instrução Especializada), todos exercendo seus comandos no Rio de Janeiro – RJ, todos militares da ativa, não entrarão na lista para o próximo sorteio dos juízes-militares dos Conselhos de Justiça da 1a Circunscrição Judiciária Militar.

( ) O Coronel da Reserva do Exército Harrison está empregado na Administração Militar como Chefe da Seção de Inativos e Pensionistas (SIP) da 6a Região Militar. Ficou incomodado com as reclamações feitas pelo também Coronel Reformado John que, curtindo sua inatividade, foi àquela seção apenas para resolver um problema de seu pagamento. Harrison partiu para a agressão e esmurrou John, na SIP, provocando-lhe lesões corporais leves. Trata-se de hipótese de crime militar.

( ) Um país vizinho invadiu o Brasil passando por Pacaraima e conseguindo ocupar toda região Norte do território Brasileiro. Já em guerra, nos termos da Constituição, o Cabo Lennon pulou o muro do quartel do 84o BIMtz no Rio de Janeiro, em 23 de abril de 2014, e não mais apareceu, pois temia que o Rio de Janeiro fosse invadido e ele tivesse que arriscar sua vida em combate. Passou à condição de desertor em 2 de maio de 2014.

(A) V – F – F

(B) F – V – V

(C) V - V - V
(D) F - V - F
(E) F - F - V

FORÇA AÉREA BRASILEIRA – CIAAR – CONCURSO DE ADMISSÃO AO EAOT – DIREITO – 2002

1. De acordo com o artigo 9º do Código Penal Militar, são considerados crimes militares aqueles
a) definidos no Código Penal Comum, ainda que não previstos no Código Penal Militar, desde que praticados por militar, contra militar, ambos em situação de serviço.
b) definidos no Código Penal Comum, ainda que não previstos no Código Penal Militar, desde que praticados por militar, contra civil, ambos em situação de serviço.
c) previstos no Código Penal Militar, embora sejam previstos com igual definição na lei penal comum, por militar da reserva contra a ordem administrativa militar.
d) praticados por militar reformado durante o período de manobras.

2. Consideram-se crimes militares em tempo de guerra
a) os crimes militares previstos para o tempo de paz.
b) os crimes definidos em lei especialmente editada durante a guerra.
c) os crimes definidos nos tratados internacionais.
d) apenas os crimes praticados em campanha.

25. Configura-se o crime de deserção a ausência do militar sem licença por
a) até 8 dias.
b) mais de 8 dias
c) até 6 dias.
d) mais de 6 dias.

3. O convocado à incorporação que deixar de se apresentar dentro do prazo que lhe foi marcado ou, mesmo apresentando-se, ausentar-se antes do ato oficial de incorporação, pratica o crime de
a) abandono de posto.
b) resistência.
c) insubordinação.
d) insubmissão.

4. Assinale a alternativa correta. De acordo com a mais recente orientação do Supremo Tribunal Federal, firmada em sede de recurso extraordinário, a lei nº 9299, de 07 de agosto de 1996, que acrescentou o § único ao artigo 9º do Código Penal Militar e estabeleceu que os crimes dolosos contra a vida quando cometidos contra civil serão de competência da justiça comum, é
a) é inconstitucional porque a lei não pode definir os crimes militares.
b) é inconstitucional porque a lei não pode estabelecer competência.

c) é constitucional mas deve ser interpretada com redução de texto, desprezando--se a parte final do dispositivo.

d) é constitucional porque a CF/88 estabeleceu caber à lei definir os crimes militares.

FORÇA AÉREA BRASILEIRA - CIAAR - CONCURSO DE ADMISSÃO AO EAOT - DIREITO - 2003

1. A respeito do Direito Penal Militar, assinale a alternativa INCORRETA.

a) São crimes propriamente militares a deserção e o abandono de posto.

b) Os crimes militares quando dolosos contra a vida e cometidos contra civil, serão da competência da justiça comum.

c) Equiparam-se aos maiores de 18 (dezoito) anos, ainda que não tenham atingindo essa idade os alunos de colégios ou outros estabelecimento de ensino, sob a direção e disciplina militares, que já tenham completado 16 (dezesseis) anos.

d) Não há crime quando o comandante de navio, aeronave ou praça de guerra, na iminência de perigo ou grave calamidade, compele os subalternos, por meios violentos a executar serviços e manobras urgentes, para salvar a unidade ou vidas, ou evitar o desânimo, o terror, a desordem, a rendição, a revolta ou o saque.

2. No concurso de agentes, são considerados os cabeças, EXCETO:

a) os que dirigem, provocam, instigam ou excitam a ação.

b) quando cometidos por inferiores e um ou mais oficiais, são estes considerados cabeças.

c) os inferiores que exercem função de oficial.

d) quando cometidos por inferiores e um ou mais oficiais, será considerado cabeça aquele que exercia função de direção na execução do crime.

31. São qualificadoras do crime de furto, EXCETO:

a) quando a coisa furtada pertence à Fazenda Nacional.

b) se o furto for praticado durante a noite.

c) se o agente é primário e a coisa furtada for de pequeno valor.

d) se o furto for praticado com emprego de chave falsa.

3. É considerado crime contra a segurança externa do país:

a) violação de território estrangeiro.

b) motim.

c) conservação ilegal de comando.

d) crime de favorecimento a convocado.

4. Assinale a alternativa INCORRETA.

a) O crime é considerado impossível quando, por ineficiência absoluta do meio empregado ou por absoluta impropriedade do objeto, é impossível consumar-se.

b) A revelação de notícia, informação ou documento, cujo sigilo seja de interesse da segurança externa do Brasil é considerado crime militar em tempo e paz.

c) É considerada deserção especial prevista no código penal militar, quando o militar deixar de apresentar-se no momento da partida do navio ou aeronave, de que é tripulante, ou do deslocamento da unidade ou força em que serve.

d) O oficial da ativa pode comerciar ou tomar parte na administração ou gerência de sociedade comercial, ou dela ser sócio ou participar como acionista ou cotista em sociedade anônima, ou por cotas de responsabilidade limitada.

FORÇA AÉREA BRASILEIRA – CIAAR – CONCURSO DE ADMISSÃO AO EAOT – DIREITO – 2005

1. Ocorre o crime de Deserção Especial quando o militar

a) ausenta-se, sem licença da unidade em que serve, ou do lugar em que deve permanecer, por mais de 8 (oito) dias.

b) não se apresenta no lugar designado dentro de 8 (oito) dias, findo o prazo de trânsito ou férias.

c) deixa de apresentar-se no momento da partida do navio ou aeronave, de que é tripulante, ou do deslocamento da unidade ou força em que serve.

d) consegue exclusão do serviço ativo ou situação de inatividade, criando ou simulando incapacidade.

2. Em qual dos crimes militares abaixo é exigida a qualidade civil do sujeito ativo?

a) Deserção.

b) Insubmissão.

c) Deserção especial.

d) Insubordinação.

23. Figura como pena acessória no Código Penal Militar, EXCETO.

a) indignidade para o oficialato;

b) suspensão do exercício do posto, graduação, cargo ou função;

c) perda de posto e patente;

d) incompatibilidade com o oficialato.

3. Todas as afirmações abaixo estão corretas, EXCETO:

a) o tempo do crime militar será o momento da ação ou omissão, mesmo que diverso o do resultado;

b) o lugar do crime militar comissivo tanto poderá ser aquele em que se desenvolveu a atividade criminosa, no todo ou em parte, e ainda que sob forma de participação, como onde se produziu ou deveria produzir-se o resultado;

c) o militar da reserva ou reformado, empregado na administração militar, não se equipara ao militar em situação de atividade, para fins de aplicação da lei penal militar;

d) as medidas de segurança regem-se pela lei vigente ao tempo da sentença, embora outra esteja em vigência ao tempo da execução.

4. Assinale a proposição INCORRETA.

a) No concurso de crimes, o agente, mediante uma ou mais ação ou omissão, pratica dois ou mais crimes idênticos ou não.

b) No crime continuado, o agente, mediante mais de uma ação ou omissão, pratica dois ou mais crimes da mesma espécie e, pelas condições de tempo, lugar, maneira de execução e outras semelhantes, devem os subsequentes ser considerados como continuação do primeiro.

c) Nas penas da mesma espécie, a pena única é a soma de todas; se de espécies diferentes, a pena única é a mais grave, mas com aumento correspondente a metade do tempo das menos graves.

d) Quando ocorre mais de uma agravante ou mais de uma atenuante, o juiz deverá aplicar somente uma agravação, mas deverá aplicar todas as atenuações.

FORÇA AÉREA BRASILEIRA – CIAAR – CONCURSO DE ADMISSÃO AO EAOT – DIREITO – 2006

1. Considerando-se o que determina Código Penal Militar, é CORRETO afirmar que

a) a execução da pena de morte, quando em zona de operações de guerra, deve aguardar a determinação do Presidente da República para ser realizada.

b) a execução da pena de morte só deve ser realizada após sete dias da comunicação ao Presidente da República, da sentença definitiva transitada em julgado.

c) a pena de morte pode ser executada por fuzilamento ou qualquer outro meio.

d) a sentença definitiva de condenação à pena de morte deve ser, tão logo transite em julgado, comunicada ao Presidente da República, bem como aos Presidentes das duas Casas do Congresso Nacional e ao Presidente do Superior Tribunal Militar.

2. É CORRETO afirmar que, entre as circunstâncias atenuantes, segundo o Código Penal Militar, NÃO se inclui a de o réu

a) ter cometido o crime em estado de embriaguez por caso fortuito ou força maior.

b) ter cometido o crime por motivo de relevante valor social ou moral.

c) ter comportamento meritório anterior.

d) ter sofrido tratamento com rigor não permitido em lei.

3. Tendo-se em vista os chamados Crimes Militares em Tempo de Paz, é CORRETO afirmar que NÃO é considerado tentativa contra a Soberania do Brasil, crime previsto no art. 142 do Código Penal Militar,

a) contribuir para que terceiro se utilize de meio de comunicação, para dar indicação que possa pôr em perigo a segurança externa do Brasil.

b) desmembrar, por meio de movimento armado ou de tumultos planejados, o território nacional, desde que o fato atente contra a segurança externa do Brasil ou a sua soberania.

c) internacionalizar, por qualquer meio, região ou parte do território nacional.

d) submeter o território nacional, ou parte dele, à soberania de país estrangeiro.

4. É CORRETO afirmar que, entre os chamados Crimes de Periclitação da Vida e da Saúde segundo o Código Penal Militar, NÃO se inclui(em)
a) abandono de pessoa.
b) abandono de pessoa de que resulta lesão corporal de natureza grave.
c) maus-tratos.
d) omissão de socorro.

5. Tendo-se em vista os Crimes Militares em Tempo de Guerra, é CORRETO afirmar que, entre as condutas consideradas crime de Favor ao Inimigo, segundo o art. 356 do Código Penal Militar, NÃO se inclui
a) abandonar posição ou deixar de cumprir missão ou ordem.
b) perder, destruir, inutilizar ou deteriorar navio, aeronave, engenho de guerra motomecanizado, provisões ou qualquer elemento de ação militar.
c) propalar fatos, sabendo-os inverídicos, capazes de ofender a dignidade das forças armadas ou de abalar o crédito ou a confiança que merecem perante o público.
d) sacrificar ou expor a perigo de sacrifício força militar.

FORÇA AÉREA BRASILEIRA – CIAAR – CONCURSO DE ADMISSÃO AO EAOT – DIREITO – 2007

1. Todas as afirmativas estão corretas, EXCETO:
a) As medidas de segurança regem-se pela lei vigente ao tempo da sentença, que prevalece face à lei vigente ao tempo da execução, caso beneficie o condenado.
b) Ninguém pode ser punido por fato que lei posterior deixa de considerar crime, cessando, em virtude dela, a própria vigência de sentença condenatória irrecorrível, salvo quanto aos efeitos de natureza civil.
c) A lei posterior que, de qualquer outro modo, favorece o agente, aplica-se retroativamente, ainda quando já tenha sobrevindo sentença condenatória irrecorrível.
d) Para se reconhecer qual a mais favorável, a lei posterior e a anterior devem ser consideradas separadamente, cada qual no conjunto de suas normas aplicáveis ao fato.

2. Extingue-se a punibilidade:
a) pela decadência.
b) pela reabilitação.
c) pelo perdão da vítima.
d) pelo ressarcimento do dano, no peculato.

3. A prescrição da ação penal regula-se pelo máximo da pena privativa de liberdade cominada ao crime, verificando-se:
a) em seis anos, se o máximo da pena é superior a dois e não excede a quatro.
b) em dez anos, se o máximo da pena é superior a quatro e não excede a oito.
c) em quinze anos, se o máximo da pena é superior a doze.
d) em trinta anos, se a pena é de morte.

FORÇA AÉREA BRASILEIRA – CIAAR – CONCURSO DE ADMISSÃO AO EAOT – DIREITO – 2009

1. No que se refere ao tempo do crime, a legislação castrense adotou a teoria:
a) do resultado.
b) da ubiquidade.
c) mista.
d) da atividade.

2. "__________________________________ quando o comandante de navio, aeronave ou praça de guerra, na iminência de perigo ou grave calamidade, compele os subalternos, por meios violentos, a executar serviços e manobras urgentes, para salvar a unidade ou vidas, ou evitar o desânimo, o terror, a desordem, a rendição, a revolta ou o saque." Assinale a alternativa que completa corretamente a frase anterior:
a) Aplicar-se-á uma atenuante genérica
b) Não haverá crime
c) A pena será reduzida de um terço até metade
d) Extingue-se a punibilidade

3. No tocante à reincidência, assinale a alternativa INCORRETA:
a) Para efeito da reincidência, consideram-se também os crimes anistiados.
b) Verifica-se a reincidência quando o agente comete novo crime, depois de transitar em julgado a sentença que, no país ou no estrangeiro, o tenha condenado por crime anterior.
c) Não se toma em conta, para efeito da reincidência, a condenação anterior se, entre a data do cumprimento ou extinção da pena e o crime posterior, decorreu período de tempo superior a cinco anos.
d) Trata-se a reincidência de circunstância que sempre agrava a pena, quando não integrante ou qualificativa do crime.

4. São penas principais previstas no CPM, EXCETO:
a) Impedimento.
b) Morte.
c) Suspensão do exercício do posto, graduação, cargo ou função.
d) Perda da função pública, ainda que eletiva.

5. Trata-se de causa extintiva da punibilidade consignada no CPM:
a) O ressarcimento do dano, no peculato culposo.
b) A morte da vítima.
c) A graça.
d) O perdão aceito, nos crimes de ação privada.

6. "Art. 335, CPM: Usurpar o exercício de função em repartição ou estabelecimento militar: Pena – detenção, de três meses a dois anos". A usurpação de função na legislação penal militar é:
a) Crime contra a autoridade ou disciplina militar.
b) Crime contra o serviço militar e o dever militar.
c) Crime praticado por particular contra a administração militar.
d) Crime contra a administração da justiça militar.

7. Aquele que exigir imposto, taxa ou emolumento que sabe indevido ou, quando devido, empregar na cobrança meio vexatório ou gravoso, que a lei não autoriza, praticará o crime de:
a) Concussão.
b) Excesso de exação.
c) Desvio.
d) Corrupção passiva.

FORÇA AÉREA BRASILEIRA – CIAAR – CONCURSO DE ADMISSÃO AO EAOT – DIREITO – 2010

1. A respeito do Código Penal Militar assinale verdadeiro (V) ou falso (F) para os itens abaixo e a seguir, indique a opção com a sequência correta.
( ) Os militares estrangeiros, quando em comissão ou estágio nas forças armadas, ficam sujeitos à lei penal militar brasileira, ressalvado o disposto em tratados ou convenções internacionais.
( ) Diz-se crime praticado em presença do inimigo, quando o fato ocorre em zona de efetivas operações militares, ou na iminência ou em situação de hostilidade.
( ) Não é imputável quem, no momento da ação ou da omissão, não possui a capacidade de entender o caráter ilícito do fato ou de determinar-se de acordo com esse entendimento, em virtude de doença mental, de desenvolvimento mental incompleto ou retardado.
( ) O resultado de que depende a existência do crime somente é imputável a quem lhe deu causa. Considera-se causa a ação ou omissão sem a qual o resultado não teria ocorrido.
a) F – F – F – F.
b) F – V – V – F.
c) V – F – F – F.
d) V – V – V – V.

2. Praticar o militar ato de hostilidade contra país estrangeiro, expondo o Brasil a perigo de guerra, constitui
a) hostilidade contra país estrangeiro.
b) provocação a país estrangeiro.
c) ato de jurisdição indevida.
d) violação de território estrangeiro.

3. Caracteriza o crime de motim, reunirem-se militares.

I. Agindo contra a ordem recebida de superior, ou negando-se a cumpri-la.

II. Recusando obediência a superior, quando estejam agindo sem ordem ou praticando violência.

III. Assentindo em recusa conjunta de obediência, ou em resistência ou violência, em comum, contra superior.

IV. Ocupando quartel, fortaleza, arsenal, fábrica ou estabelecimento militar, ou dependência de qualquer deles, hangar, aeródromo ou aeronave, navio ou viatura militar, ou utilizando-se de qualquer daqueles locais ou meios de transporte, para ação militar, ou prática de violência, em desobediência a ordem superior ou em detrimento da ordem ou da disciplina militar.

a) Apenas I está correta.
b) Apenas I, II e IV estão corretas.
c) Apenas III e IV estão corretas.
d) I, II, III e IV estão corretas.

FORÇA AÉREA BRASILEIRA – CIAAR – CONCURSO DE ADMISSÃO AO EAOT – DIREITO – 2011

1. Quanto ao ordenamento jurídico penal militar vigente, analise os itens a seguir.

I. Furto qualificado: aquele quando praticado durante a noite.

II. Furto simples: se a coisa é subtraída para o fim de uso momentâneo e, a seguir, vem a ser imediatamente restituída ou reposta no lugar onde se achava.

III. Apropriação indébita simples: obter, para si ou para outrem, vantagem ilícita, em prejuízo alheio, induzindo ou mantendo alguém.

IV. Receptação: adquirir, receber ou ocultar em proveito próprio ou alheio, coisa proveniente de crime, ou influir para que terceiro, de boa-fé, a adquira, receba ou oculte.

V. Usura: destruir, inutilizar, deteriorar ou fazer desaparecer coisa alheia.

É correto o que se afirma somente em

a) I e III.
b) I e IV.
c) II, III e IV.
d) III, IV e V.

2. Assinale a alternativa que não corresponde ao rol das causas extintivas da punibilidade.

a) Reabilitação.
b) Ressarcimento do dano, no peculato-furto.
c) Anistia ou indulto.
d) Prescrição.

3. Sobre as penas principais previstas no Código Penal Militar, assinale a alternativa correta.

a) Por crime militar praticado em tempo de guerra, o civil não ficará sujeito a cumprir a pena.
b) O mínimo da pena de reclusão é de 30 (trinta) dias e o máximo é de 30 (trinta) anos.
c) O condenado pela justiça militar de uma região, distrito ou zona não poderá cumprir pena em estabelecimento de outra região, distrito ou zona.
d) A pena de morte é executada por fuzilamento.

FORÇA AÉREA BRASILEIRA – CIAAR – CONCURSO DE ADMISSÃO AO EAOT – DIREITO – 2012

1. Sobre o Código Penal Militar, analise as afirmativas abaixo.

I. Nos crimes omissivos, o fato considera-se praticado no lugar em que deveria realizar-se a ação omitida.
II. Aplica-se a lei penal militar, sem prejuízo de convenções, tratados e regras de direito internacional, ao crime cometido, no todo ou em parte, no território nacional ou fora dele, ainda que, neste caso, o agente esteja sendo processado ou tenha sido julgado pela justiça estrangeira.
III. Não é aplicável a lei penal militar ao crime praticado a bordo de aeronaves ou navios estrangeiros, mesmo que em lugares sujeitos à administração militar e o crime atente contra as instituições militares.

Estão corretas as afirmativas

a) I, II e III.
b) I e II, apenas.
c) I e III, apenas.
d) II e III, apenas.

2. Determinado agente comete um crime militar e é submetido à Medida de Segurança. Ocorre que, ao tempo da execução, outra lei está vigente. Em tal caso, a Medida de Segurança será regida pela lei

a) mais benéfica.
b) vigente ao tempo do fato.
c) vigente ao tempo da sentença.
d) vigente ao tempo da execução.

3. Sobre o Código Penal Militar, analise as afirmativas abaixo.

I. Diz-se crime praticado na presença do inimigo, quando praticado em território estrangeiro.
II. Consideram-se crimes militares, em tempo de guerra, dentre outros, os crimes militares previstos para o tempo de paz.
III. Aos crimes praticados em tempo de guerra, salvo disposição especial, aplicam-se as penas cominadas para o tempo de paz, com o aumento de metade.
IV. O tempo de guerra, para os efeitos da aplicação da lei penal militar, começa com a declaração ou o reconhecimento do estado de guerra, ou com o decreto de

mobilização, se nele estiver compreendido aquele reconhecimento, e termina quando ordenada a cessação das hostilidades.

Estão corretas apenas as afirmativas

a) I e III.
b) I e IV.
c) II e III.
d) II e IV.

FORÇA AÉREA BRASILEIRA – CIAAR – CONCURSO DE ADMISSÃO AO EAOT – DIREITO – 2015

1. Sobre a aplicação da pena no Código Penal Militar, marque a afirmativa correta.

a) Ter o agente cometido o crime em país estrangeiro é uma circunstância que sempre atenua a pena.
b) O Código Penal Militar determina expressamente que a pena unificada não pode ultrapassar de trinta anos, se é de reclusão, ou e quinze anos, se for de detenção.
c) Quando a lei determina a agravação ou atenuação da pena sem mencionar o quantum, deve o juiz fixá-lo entre um sexto e um quinto, guardados os limites da pena cominada ao crime.
d) Considera-se criminoso por tendência aquele que reincide pela segunda vez na prática de crime doloso da mesma natureza, punível com pena privativa de liberdade em período de tempo não superior a cinco anos, descontado o que se refere ao cumprimento de pena.

2. O Código Penal Militar considera praticado o crime no momento

a) do resultado.
b) de sua consumação.
c) tanto da ação ou omissão, quanto do resultado.
d) da ação ou omissão, ainda que outro seja o do resultado.

3. Estabelece o Código Penal Militar que se encontra em estado de necessidade "quem pratica o fato quem, para proteger direito próprio ou de pessoa a quem está ligado por estreitas relações de parentesco ou afeição, contra perigo certo e atual, que não provocou, nem podia de outro modo evitar, sacrifica direito alheio, ainda quando superior ao direito protegido, desde que não lhe era razoavelmente exigível conduta diversa". Essa hipótese de estado de necessidade exclui a

a) ação.
b) tipicidade.
c) culpabilidade.
e) antijuridicidade.

FORÇA AÉREA BRASILEIRA – CIAAR – CONCURSO DE ADMISSÃO AO EAOT – DIREITO – 2016

1. Considere as seguintes afirmativas sobre o Código Penal Militar

I. O defeito do ato de incorporação exclui a aplicação da lei penal militar.

II. O militar da reserva, ou reformado, conserva as responsabilidades e prerrogativas do posto ou graduação, para o efeito da aplicação da lei penal militar, quando pratica ou contra ele é praticado crime militar.

III. No cômputo dos prazos, inclui-se o dia do começo.

Está (ão) correta(s) apenas a(s) afirmativa(s)

a) I.
b) II.
c) I e II.
d) II e III.

2. Em relação ao crime militar e o lugar do crime, considera-se praticado o fato

a) Onde se produziu ou deveria produzir-se o resultado.
b) No lugar em que se desenvolveu a atividade criminosa.
c) No lugar em que se desenvolveu a atividade criminosa, no todo ou em parte, bem como onde se produziu ou deveria produzir-se o resultado.
d) No momento da ação ou omissão, no lugar em que se desenvolveu a ação criminosa, independentemente de onde deveria produzir-se o resultado.

3. Considere as seguintes afirmativas sobre a teoria do crime no Código Penal Militar

I. Pune-se a tentativa com a pena correspondente ao crime, diminuída de um a dois terços, podendo o juiz, no caso de excepcional gravidade, aplicar a pena do crime consumado.

II. O agente que, voluntariamente, desiste de prosseguir na execução ou impede que o resultado se produza, não responde por crime algum.

III. A pena pode ser atenuada ou substituída por outra menos grave quando o agente, salvo em se tratando de crime que atente contra o dever militar, supõe lícito o fato, por ignorância ou erro de interpretação da lei, se escusáveis.

Está (ão) correta(s) apenas a(s) afirmativa(s)

a) I.
b) I e II.
c) I e III.
d) II e III.

UESPI – 2014 – PM-PI – OFICIAL DA POLÍCIA MILITAR

1. Com relação à Lei Penal Militar, assinale a alternativa correta.

a) O defeito do ato de incorporação exclui a aplicação da lei penal militar, salvo se alegado ou conhecido antes da prática do crime.

b) O militar da reserva, ou reformado, conserva as responsabilidades e prerrogativas do posto ou graduação, para o efeito da aplicação da lei penal militar, apenas quando pratica crime militar.
c) Os militares estrangeiros, quando em comissão ou estágio nas forças armadas, ficam sujeitos à lei penal militar brasileira, ressalvado o disposto em tratados ou convenções internacionais.
d) A pena privativa da liberdade por mais de quatro anos, aplicada a militar, é cumprida em penitenciária militar e, na falta dessa, em estabelecimento prisional civil, ficando o recluso ou detento sujeito ao regime conforme a legislação penal comum, de cujos benefícios e concessões também poderá gozar.
e) A pena privativa da liberdade por mais de três anos, aplicada a militar, é cumprida em penitenciária militar e, na falta dessa, em estabelecimento prisional civil, ficando o recluso ou detento sujeito ao regime conforme a legislação penal comum, de cujos benefícios e concessões também poderá gozar.

2. Dentre as "Penas Principais" previstas no Código Penal Militar temos a "Pena de Morte", que é executada por fuzilamento. A sentença definitiva de condenação à morte é comunicada, logo que passe em julgado, ao Presidente da República, e não pode ser executada senão depois de:
a) 30 (trinta) dias após a comunicação.
b) 07 (sete) dias após a comunicação.
c) 15 (quinze) dias após a comunicação.
d) 05 (cinco) dias após a comunicação.
e) 02 (dois) dias após a comunicação.

3. Com relação às "Penas Principais" previstas no Código Penal Militar, assinale a alternativa correta.
a) O mínimo da pena de reclusão é de um ano, e o máximo de trinta anos; o mínimo da pena de detenção é de quinze anos, e o máximo de dez anos.
b) O mínimo da pena de reclusão é de um ano, e o máximo de trinta anos; o mínimo da pena de detenção é de trinta dias, e o máximo de quinze anos.
c) O mínimo da pena de reclusão é de um ano, e o máximo de trinta anos; o mínimo da pena de detenção é de dez dias, e o máximo de quinze anos.
d) O mínimo da pena de reclusão é de um ano, e o máximo de trinta anos; o mínimo da pena de detenção é de trinta dias, e o máximo de dez anos.
e) O mínimo da pena de reclusão é de um ano, e o máximo de trinta anos; o mínimo da pena de detenção é de dez dias, e o máximo de dez anos.

4. A perda de posto e patente é uma "Pena Acessória" prevista no Código Penal Militar e resulta da condenação a pena privativa de liberdade por tempo superior a:
a) dois anos, e importa a perda das condecorações.
b) dois anos, e não importa a perda das condecorações.
c) quatro anos, e não importa a perda das condecorações.
d) quatro anos, e importa a perda das condecorações.
e) oito anos, e não importa a perda das condecorações.

5. Fica sujeito à declaração de indignidade para o oficialato o militar condenado, qualquer que seja a pena, pelos crimes de:
a) traição, espionagem ou recusa de obediência.
b) traição, recusa de obediência ou covardia.
c) recusa de obediência, espionagem ou covardia.
d) oposição à ordem de sentinela, traição e espionagem.
e) traição, espionagem ou covardia.

6. Fica sujeito à declaração de incompatibilidade com o oficialato o militar condenado pelos crimes de:
a) praticar ato de hostilidade contra país estrangeiro, expondo o Brasil a perigo de guerra e provocar, diretamente, país estrangeiro a declarar guerra ou mover hostilidade contra o Brasil ou a intervir em questão que respeite à soberania nacional.
b) praticar, indevidamente, no território nacional, ato de jurisdição de país estrangeiro, ou favorecer a prática de ato dessa natureza e violar território estrangeiro, com o fim de praticar ato de jurisdição em nome do Brasil.
c) entrar em entendimento com país estrangeiro, ou organização nele existente, para gerar conflito ou divergência de caráter internacional entre o Brasil e qualquer outro país, ou para lhes perturbar a relações diplomáticas e tentar submeter o território nacional, ou parte dele, à soberania de país estrangeiro.
d) entrar ou tentar entrar em entendimento com país estrangeiro, para empenhar o Brasil à neutralidade ou à guerra, e praticar ato de hostilidade contra país estrangeiro, expondo o Brasil a perigo de guerra.
e) conseguir, para o fim de espionagem militar, notícia, informação ou documento, cujo sigilo seja de interesse da segurança externa do Brasil e provocar, diretamente, país estrangeiro a declarar guerra ou mover hostilidade contra o Brasil ou a intervir em questão que respeite à soberania nacional.

7. O crime militar de "recusar obedecer à ordem do superior sobre assunto ou matéria de serviço, ou relativamente a dever imposto em lei, regulamento ou instrução" prevê a seguinte pena:
a) reclusão, de dois a quatro anos, se o fato não constitui crime mais grave.
b) detenção, de um a dois anos, se o fato não constitui crime mais grave.
c) detenção, de dois a quatro anos, se o fato não constitui crime mais grave.
d) detenção, de seis meses a um ano, se o fato não constitui crime mais grave.
e) reclusão, de dois a seis anos, se o fato não constitui crime mais grave.

IOBV – 2015 – PM-SC – OFICIAL DA POLÍCIA MILITAR

1. A lei penal militar, disposta no Código Penal Militar, Decreto-Lei nº 1.001/69, utiliza-se de alguns princípios como o da legalidade e da retroatividade da lei mais benigna. Dentre os conceitos da aplicação desta Lei, é incorreto afirmar:
a) Considera-se praticado o fato, no lugar em que se desenvolveu a atividade criminosa, no todo ou em parte, e ainda que sob forma de participação,

bem como onde se produziu ou deveria produzir-se o resultado. Nos crimes omissivos, o fato considera-se praticado no lugar em que deveria realizar-se a ação omitida.

b) Para os efeitos da lei penal militar consideram-se como extensão do território nacional as aeronaves e os navios brasileiros, onde quer que se encontrem, sob comando militar ou militarmente utilizados ou ocupados por ordem legal de autoridade competente, ainda que de propriedade privada. É também aplicável a lei penal militar ao crime praticado a bordo de aeronaves ou navios estrangeiros, desde que em lugar sujeito à administração militar, e o crime atente contra as instituições militares.

c) É considerada militar, para efeito da aplicação deste Código, qualquer pessoa que, em tempo de paz ou de guerra, seja incorporada às forças armadas, para nelas servir em posto, graduação, ou sujeição à disciplina militar. Equipara-se ao subcomandante, para o efeito da aplicação da lei penal militar, toda autoridade com função de direção. O militar que, em virtude da função, exerce autoridade sobre outro de igual posto ou graduação, considera-se em função de direção e equipara-se ao subcomandante, para efeito da aplicação da lei penal militar.

d) Quando a lei penal militar se refere a "brasileiro" ou "nacional", compreende as pessoas enumeradas como brasileiros na Constituição do Brasil. Para os efeitos da lei penal militar, são considerados estrangeiros os apátridas e os brasileiros que perderam a nacionalidade. Quando este Código se refere a funcionários, compreende, para efeito da sua aplicação, os juízes, os representantes do Ministério Público, os funcionários e auxiliares da Justiça Militar.

2. De acordo com o Código Penal Militar, Decreto-Lei nº 1.001/69, sobre os conceitos das principais penas aplicáveis, é correto afirmar:

a) As penas principais são: morte; reclusão; detenção; prisão; impedimento; restritivas de direito; suspensão do exercício do posto, graduação, cargo ou função; reforma e multa.

b) A pena de morte é executada por fuzilamento. As penas de reforma, banimento ou pecuniárias serão cumpridas preferencialmente no domicílio militar do apenado.

c) A pena privativa de liberdade por menos de 2 (dois) anos, aplicada a militar, é cumprida em penitenciária militar e, na falta dessa, em estabelecimento prisional civil, ficando o recluso ou detento sujeito ao regime conforme a legislação penal comum, de cujos benefícios e concessões, também, poderá gozar.

d) A pena de suspensão do exercício do posto, graduação, cargo ou função consiste na agregação, no afastamento, no licenciamento ou na disponibilidade do condenado, pelo tempo fixado na sentença, sem prejuízo do seu comparecimento regular à sede do serviço. Não será contado como tempo de serviço, para qualquer efeito, o do cumprimento da pena.

3. Motim, no Código Penal Militar, é considerado um crime contra a autoridade ou disciplina militar. Consiste em reunirem-se militares ou assemelhados: agindo contra a ordem recebida de superior, ou negando-se a cumpri-la; recusando obediência a superior, quando estejam agindo sem ordem ou praticando violência; assentindo em recusa conjunta de obediência, ou em resistência ou violência,

em comum, contra superior; ocupando quartel, fortaleza, arsenal, fábrica ou estabelecimento militar, ou dependência de qualquer deles, hangar, aeródromo ou aeronave, navio ou viatura militar, ou utilizando-se de qualquer daqueles locais ou meios de transporte, para ação militar, ou prática de violência, em desobediência a ordem superior ou em detrimento da ordem ou da disciplina militar. Nas mesmas circunstâncias, se os agentes estavam armados, o crime é de:

a) Organização de grupo para a prática de violência.
b) Revolta.
c) Omissão de lealdade militar.
d) Conspiração.

4. Conforme o Código Penal Militar é crime punível com detenção, de um a dois anos:

a) Praticar violência contra oficial de dia, de serviço, ou de quarto, ou contra sentinela, vigia ou plantão.
b) Incitar à desobediência, à indisciplina ou à prática de crime militar.
c) Praticar o militar diante da tropa, ou em lugar sujeito à administração militar, ato que se traduza em ultraje a símbolo nacional.
d) Assumir o militar, sem ordem ou autorização, salvo se em grave emergência, qualquer comando, ou a direção de estabelecimento militar.

5. De acordo com o Código Penal Militar, não se admite expressamente a prática desse ilícito na forma culposa:

a) Descumprimento de missão.
b) Omissão de providências para evitar danos.
c) Omissão de providências para salvar comandados
d) Omissão de socorro.

6. Conforme o disposto no Código Penal Militar analise as proposições e assinale a única alternativa incorreta:

a) Recusa de função na Justiça Militar, denunciação caluniosa e coação são crimes contra a administração da justiça militar.
b) Traição, favor ao inimigo e aliciação de militar são crimes contra a administração militar e contra o dever funcional.
c) Segundo a doutrina predominante, deserção e abandono de posto são crimes propriamente militares.
d) Os crimes impropriamente militares são aqueles crimes tipificados como militares por força de lei, em razão de determinadas circunstâncias. Esse tipo de crime também encontra previsão na legislação penal comum, como o homicídio, a lesão corporal, o peculato, a concussão, entre outros.

UPENET – 2014 – PM-PE – OFICIAL DA POLÍCIA MILITAR

1. Sobre o Código Penal Militar, se um civil invade com o seu carro um quartel militar sem autorização, ele

a) comete crime previsto no Código Penal Comum e não, no Código Penal Militar.
b) não comete crime.
c) não pode cometer crime previsto no código penal militar, uma vez sendo civil.
d) comete crime de ingresso clandestino previsto no Código Penal Militar.
e) comete crime de desacato a militar previsto no Código Penal Militar.

2. De acordo com o Código Penal Militar, se dois soldados em atividade estão com suas armas no treinamento e um acaba disparando a arma e matando o outro, sendo considerado homicídio culposo, nesse caso

a) se trata de crime militar, porque foi praticado entre militares da ativa, mesmo que o crime de homicídio culposo esteja igualmente definido tanto no Código Penal quanto no Código Penal Militar.
b) se trata de crime militar, porque foi praticado entre militares da ativa, uma vez que o crime de homicídio culposo previsto no Código Penal Militar é definido de forma diferente do previsto no Código Penal.
c) se trata de crime de homicídio comum, porque não foi cometido em ação militar específica.
d) se trata de crime de homicídio comum, porque o crime de homicídio doloso está previsto no Código Penal.
e) se trata de crime militar, porque ocorreu dentro da circunscrição militar.

3. Sobre a aplicação da Lei Penal Militar, analise os itens a seguir:

I. Considera-se praticado o crime no momento da ação ou omissão, ainda que outro seja o do resultado.
II. Considera-se praticado o fato, no lugar em que se desenvolveu a atividade criminosa, no todo ou em parte, e ainda que sob a forma de participação, bem como onde se produziu ou deveria produzir-se o resultado.
III. Nos crimes omissivos, o fato considera-se praticado no lugar onde deveria realizar-se a ação omitida.
IV. No cômputo dos prazos, exclui-se o dia do começo e inclui-se o último dia.

Está CORRETO o que se afirma em

a) I e IV, apenas.
b) II, III e IV, apenas.
c) I, II e III, apenas.
d) II e III, apenas.
e) I, II, III e IV.

4. Sobre o crime no Código Penal Militar, analise os itens a seguir:

I. A omissão é relevante como causa quando o omitente devia e podia agir para evitar o resultado.
II. Pune-se a tentativa com a pena correspondente ao crime, diminuída de um a dois terços, podendo o juiz, no caso de excepcional gravidade, aplicar a pena do crime consumado.
III. O agente que, voluntariamente, desiste de prosseguir na execução ou impede que o resultado se produza, responde pelo crime consumado com redução de um a dois terços.

IV. Pelos resultados que agravam especialmente as penas só responde o agente quando os houver causado dolosamente.

Está CORRETO o que se afirma em

a) II e IV, apenas.
b) I, II e IV, apenas.
c) I, II e III, apenas.
d) I e II, apenas.
e) I, II, III e IV.

5. Sobre o livramento condicional previsto no Código Penal Militar, analise os requisitos a seguir:

I. O condenado à pena de reclusão ou de detenção por tempo igual ou superior a dois anos pode ser liberado condicionalmente, desde que tenha cumprido um terço da pena, se primário.

II. O condenado à pena de reclusão ou de detenção por tempo igual ou superior a dois anos pode ser liberado condicionalmente, desde que tenha cumprido dois terços da pena, se reincidente.

III. O condenado à pena de reclusão ou de detenção por tempo igual ou superior a dois anos pode ser liberado condicionalmente, desde que tenha reparado, salvo a impossibilidade de fazê-lo, o dano causado pelo crime.

IV. Se o condenado é primário e menor de vinte e um ou maior de setenta anos, o tempo de cumprimento da pena pode ser reduzido a um terço.

Está CORRETO o que se afirma em

a) I, III e IV, apenas.
b) I, II e III, apenas.
c) I, II e IV, apenas.
d) II, III e IV, apenas.
e) I, II, III e IV.

6. No Código Penal Militar, extingue-se a punibilidade, EXCETO

a) pela anistia ou indulto.
b) pela decadência.
c) pela retroatividade de lei que não mais considera o fato como crimino.
d) pela reabilitação.
e) pelo ressarcimento do dano no peculato culposo.

7. "Praticar o militar ato de hostilidade contra país estrangeiro, expondo o Brasil a perigo de guerra", constitui o seguinte crime previsto no Código Penal Militar:

a) provocação a país estrangeiro.
b) violação de território estrangeiro.
c) hostilidade contra país estrangeiro
d) sobrevoo em local interdito.
e) turbação de país estrangeiro.

8. Sobre o crime de violência contra superior previsto no Código Penal Militar: "Praticar violência contra superior", analise as afirmativas a seguir:

I. O crime se qualifica se o superior é comandante da unidade a que pertence o agente.

II. A consumação do crime exige a ocorrência de lesão corporal.

III. Para configurar o tipo penal, o crime deve ser praticado em serviço.

IV. Se a violência é praticada com arma, a pena é aumentada.

Está CORRETO o que se afirma em

a) I e IV, apenas.
b) I, II e III, apenas.
c) II e IV, apenas.
d) III e IV, apenas.
e) I, II, III e IV.

9. Sobre o crime de furto previsto no Código Penal Militar: "Subtrair, para si ou para outrem, coisa alheia móvel", analise as afirmativas a seguir:

I. Se o autor do delito for civil, o crime deve ser cometido contra as instituições militares.

II. O tipo penal não admite a modalidade culposa.

III. Equipara-se à coisa móvel a energia elétrica ou qualquer outra que tenha valor econômico.

IV. Será qualificado, se a coisa furtada pertencer à Fazenda Nacional.

Está CORRETO o que se afirma em

a) II e IV, apenas.
b) I, II e IV, apenas.
c) II e III, apenas.
d) I, III e IV, apenas.
e) I, II, III e IV.

10. "Apropriar-se de dinheiro, valor ou qualquer outro bem móvel, público ou particular, de que tem a posse ou detenção, em razão do cargo ou comissão, ou desviá-lo em proveito próprio ou alheio" constitui o seguinte crime previsto no Código Penal Militar:

a) Peculato-furto.
b) Desvio.
c) Corrupção passiva.
d) Corrupção ativa.
e) Peculato.

CRSP – PMMG – 2014 – PM-MG – OFICIAL DA POLÍCIA MILITAR

1. O Código Penal Militar trata dos crimes militares próprios e dos crimes militares impróprios. Assim, no Estado Democrático de Direito a que estão submetidas todas as Instituições civis e militares brasileiras do século XXI, o "conceito de crime

militar", apenas se satisfaz completamente, quando compreendemos e julgamos a ação humana praticada, em suas dimensões formal, material e constitucional. Partindo dessa afirmativa, marque "V", para as verdadeiras e "F", para as falsas:

( ) Crime militar, impróprio, pode ser praticado por militar da ativa, reserva, reformado e civil, nas mesmas circunstâncias de tempo, modo e lugar.

( ) O civil, em regra, não pratica crime propriamente militar, mas pode praticá-lo por exceção.

( ) O tráfico e a posse de entorpecentes, por militar estadual, dentro de Unidade Militar Estadual, embora haja previsão em legislação especial penal comum, pode se constituir em crime militar impróprio.

( ) O crime militar praticado em lugar sujeito à administração militar, é causa de agravamento da pena.

Marque a alternativa que contém a sequência de respostas CORRETA, na ordem de cima para baixo:

a) F, V, V, F.

b) V, F, F, V.

c) F, V, F, V.

d) V, F, V, F.

2. Levando em consideração apenas os dispositivos contidos no artigo 9º do Código Penal Militar, Dec. 1001/69-CPM, no seu aspecto meramente formal, sem qualquer interferência de posicionamentos doutrinários e jurisprudenciais, analise as afirmativas abaixo e marque "V", para as verdadeiras e "F", para as falsas:

( ) O crime de homicídio culposo contra civil, praticado por militar estadual em serviço, será considerado crime militar.

( ) O crime de homicídio doloso contra civil, praticado por militar estadual em serviço, será da competência da justiça comum.

( ) O crime de homicídio doloso contra militar estadual, praticado por militar estadual em serviço, será considerado crime comum.

( ) O crime de homicídio culposo contra militar estadual, praticado por militar estadual em seu período de folga, descanso ou repouso, será considerado crime comum.

Marque a alternativa que contem a sequência de respostas CORRETAS, na ordem de cima para baixo.

a) F, V, V, F.

b) V, V, F, F.

c) V, F, F, V.

d) F, F, V, V.

3. O Código Penal Militar (CPM), embora elaborado no ano de 1969, teve que se adequar a ordem Constitucional. Neste contexto, marque a alternativa CORRETA:

a) Comete crime de constrangimento ilegal o militar que, no estrito cumprimento do dever legal, mediante uso de força física, retira civil, integrante de torcida organizada, do interior do estádio de futebol, após se envolver em tumulto generalizado.

b) Se um militar estadual pratica vários crimes, em momentos e locais diversos, sendo condenado várias vezes, poderá ter sua pena agravada para aplicação de penas futuras, por ser considerado um criminoso "habitual ou por tendência".

c) O civil que esteja na prática de crime permanente de receptação, tráfico de entorpecentes ou extorsão mediante sequestro e venha a ingressar na PMMG por meio de concurso público, poderá responder pela prática de crime militar caso se mantenha na prática dos delitos quando em atividade militar ou em lugar sujeito a administração militar.

d) Quando policiais militares encontrarem-se em concurso de agentes, o cabeça será sempre o militar estadual com maior graduação ou posto (superior hierárquico), devendo ser considerado como o mentor intelectual do delito, não importando a participação dos subordinados na ação criminosa.

4. Marque a alternativa CORRETA. À luz do Código Penal Militar, podemos dizer em relação aos crimes cometidos em coautoria que:

a) A punibilidade de qualquer dos concorrentes é dependente da dos outros, determinando-se segundo a sua própria culpabilidade. Não se comunicam, outrossim, as condições ou circunstâncias de caráter pessoal, salvo quando elementares do crime.

b) A pena é diminuída em relação ao agente que promove ou organiza a cooperação no crime ou dirige a atividade dos demais agentes.

c) Reputam-se cabeças os agentes que, na pratica de qualquer crime cometido por subordinados, provocam, instigam ou excitam a ação.

d) Quem, de qualquer modo, concorre para o crime incide nas penas a este cominadas.

CRSP – PMMG – 2013 – PM-MG – OFICIAL DA POLÍCIA MILITAR

1. Dos crimes a seguir relacionados, marque a alternativa CORRETA que descreve os crimes existentes somente no Código Penal Militar:

a) reunião ilícita, desobediência, desacato, motim e deserção.

b) reunião ilícita, recusa de obediência, insubmissão e estupro de vulnerável.

c) reunião ilícita, recusa de obediência, rigor excessivo e atentado violento ao pudor.

d) atentado violento ao pudor, violência contra inferior, furto de uso e supressão de documento.

2. No Brasil, atualmente, além dos militares, o civil ainda é submetido, excepcionalmente, à lei penal militar. O conceito de crime militar em tempo de paz é bastante controvertido e, por vezes, determina debates acalorados no âmbito de nossas cortes superiores, especialmente, no que tange a posicionamentos do Superior Tribunal Militar em linha divergente com o Supremo Tribunal Federal. Partindo do princípio de que vivemos em um Estado Democrático de Direito, considere as afirmativas abaixo e marque a alternativa CORRETA.

a) Os militares da ativa, reserva e reformados que praticaram crimes em tempo de paz, em lugar sujeito à administração militar, somente poderão ser processados e julgados por tribunais militares.

b) Como o Código Penal Militar proíbe a crítica indevida de ato de superior ou de assunto atinente à disciplina militar, impede a liberdade de expressão e livre manifestação do pensamento dos militares.

c) Os crimes propriamente militares, assim como os impropriamente militares, somente autorizam a prisão do militar em caso de flagrante delito ou por ordem judicial.

d) Mediante a análise comparativa dos conceitos doutrinários, infere-se que a definição clássica romana de crime militar próprio continua sendo o fato praticado pelo militar, infringindo deveres militares resultantes de sua função ou profissão.

3. Em relação às penas principais previstas no Código Penal Militar, marque a alternativa CORRETA.

a) O mínimo da pena de reclusão é de 02 (dois) anos, e o máximo de 30 (trinta) anos.

b) A pena de morte é aplicada por fuzilamento em zonas de guerra e por enforcamento em tempo de paz.

c) O condenado militar a que sobrevier doença mental permanecerá recolhido em penitenciária militar.

d) A pena privativa de liberdade superior a 02 (dois) anos, aplicada a militar, é cumprida em penitenciária militar e, na falta dessa, em estabelecimento prisional civil.

4. Marque a alternativa CORRETA. De acordo com o Código Penal Militar, extingue-se a punibilidade do autor do fato pela:

a) anistia, graça ou indulto.

b) reabilitação e pela transação.

c) morte do agente e pela prescrição.

d) retroatividade de lei mais benéfica e pelo ressarcimento do dano no crime de peculato.

5. Em relação à aplicação da pena prevista no Código Penal Militar, marque a alternativa CORRETA.

a) são circunstâncias que sempre agravam a pena, quando não integrantes ou qualificativas do crime, a reincidência e ter o agente cometido o crime por motivo fútil ou torpe.

b) são circunstâncias que sempre atenuam a pena, ser o agente menor de 18 (dezoito) anos ou maior de 70 (setenta) anos.

c) quando ocorre mais de uma agravante ou mais de uma atenuante, o juiz deve considerar todas para aplicação da pena cominada ao crime.

d) no concurso de agravantes e atenuantes, a pena deve aproximar-se do seu limite mínimo.

GABARITO

VUNESP – TJM-SP – 2017 – Escrevente Técnico Judiciário				
1. C	2. A	3. B		
VUNESP – TJM-SP – 2016 – Juiz de Direito Substituto				
1. A	2. D	3. C	4. E	5. A
6. B	7. D	8. D	9. A	10. C
VUNESP – TJ-RJ – 2016 – Juiz de Direito Substituto				
1. B				
CESPE – DPU – Defensor Público Federal – 2017				
1. Errada.	2. Certa.	3. Certa.	4. Certa.	5. Errada.
6. Errada.	7. Certa.	8. Errada.	9. Errada.	10. Errada.
CESPE – DPU – Defensor Público Federal – 2015				
1. Errada.	2. Certa.	3. Errada.	4. Errada.	5. Certa.
6. ANULADA				
CESPE – DPU – Defensor Público Federal – 2010				
1. Errada.	2. Errada.	3. Certa.	4. Errada.	5. Errada.
CESPE – DPU – Defensor Público Federal – 2007				
1. Errada.	2. Certa.	3. Errada.	4. Certa.	5. Certa.
6. Errada.	7. Errada.	8. Errada.	9. Errada.	10. Certa.
CESPE – DPU – Defensor Público Federal – 2004				
1. Certa.	2. Errada.	3. Certa.	4. Certa.	5. Errada.
6. Certa.	7. Errada.	8. Errada.	9. Certa.	10. Errada.
11. Errada.	12. Certa.	13. Errada.	14. Certa.	15. Errada.
CESPE – DPU – Defensor Público Federal – 2001				
1. Certa.	2. Errada.	3. Certa.	4. Errada.	5. Errada.
MPU/MPM – Promotor de Justiça Militar – 2013				
1. B	2. B	3. C	4. A	5. D
6. C	7. C	8. C	9. B	10. C
11. D	12. B	13. C	14. B	15. C

16. B	17. C	18. C	19. B	20. B
21. D	22. B	23. A	24. C	25. C
26. C				
MPU/MPM – Promotor de Justiça Militar – 2005				
1. C	2. B	3. A	4. C	5. B
6. D	7. B	8. D	9. C	10. C
11. A	12. D	13. A	14. C	15. A
16. D	17. A	18. D	19. B	20. A
21. B	22. B	23. D	24. A	25. D
26. B	27. C	28. A	29. C .	30. B
CESPE – TJ/DFT. JUIZ Substituto – 2015				
1. E	2. E			
CESPE – MPE/ES. Promotor de Justiça Substituto. 2010				
1. C	2. D	3. E	4. A	
CESPE – STM – Juiz-Auditor Substituto da Justiça Militar da União – 2013				
1. E	2. B	3. B	4. E	5. B
7. D	8. B	9. D	10. D	11. B
12. A	13. E	14. A	15. A	16. B
17. C	20. C	21. E	22. A	23. E
24. E				
STM – Juiz-Auditor Substituto da Justiça Militar da União – 2005				
1. D	2. C	3. B	4. C	5. A
6. D	7. C	8. A	9. B	10. B
11. D	12. C	13. C	14. C	15. D
16. A	17. A			
CESPE – MPU – Analista – Direito – 2013				
1. Errado	2. Errado	3. Errado		
CESPE – STM – Analista Judiciário – Área Judiciária – 2018				
1. Errada	2. Errada	3. Certa	4. Errada	5. Certa
6. Certa	7. Errada	8. Errada	9. Errada	10. Certa

11. Certa.				
CESPE – STM – Analista Judiciário – Área Judiciária – 2011				
1. Errada	2. Certa	3. Certa	4. Errada	5. Errada
6. Certa	7. Certa	8. Certa.		
CESPE – STM – Analista Judiciário – Execução de Mandados – 2011				
1. Certa	2. Errada	3. Errada	4. Errada	5. Certa
6. Errada	7. Certa	8. Errada	9. Certa.	
CESPE – STM – Analista Judiciário – 2004				
1. Certa	2. Certa	3. Certa	4. Errada	5. Certa
6. Errada	7. Certa	8. Certa	9. Errada	10. Certa.
11. Certa.	12. Certa (a questão foi anulada pela banca, por tratar de tema não previsto no conteúdo programático para o cargo em questão).			
13. Certa	14. Errada	15. Errada.		
CESGRANRIO – Técnico de Defesa Aérea e Controle de Tráfego Aéreo				
1. C	2. C	3. B	4. C	5. A
6. D	7. E	8. E	9. A	
Marinha do Brasil – Concurso de Admissão ao QUADRO TÉCNICO – Direito – 2004				
1. C	2. E	3. B	4. D	5. C
Marinha do Brasil – Concurso de Admissão ao QUADRO TÉCNICO – Direito – 2005				
1. A	2. E	3. D	4. C	
Marinha do Brasil – Concurso de Admissão ao QUADRO TÉCNICO – Direito – 2006				
1. E	2. A	3. D	4. B	5. B
Marinha do Brasil – Concurso de Admissão ao QUADRO TÉCNICO – Direito – 2007				
1. D	2. C	3. B		
Marinha do Brasil – Concurso de Admissão ao QUADRO TÉCNICO – Direito – 2008				
1. A	2. C	3. A	4. C.	
Marinha do Brasil – Concurso de Admissão ao QUADRO TÉCNICO – Direito – 2009				
1. C	2. B	3. B	4. A	5. D

Marinha do Brasil – Concurso de Admissão ao QUADRO TÉCNICO – Direito – 2010				
1. A	2. E	3. D	4. E	
Marinha do Brasil – Concurso de Admissão ao QUADRO TÉCNICO – Direito – 2011				
1. E	2. B	3. C	4. E	
Marinha do Brasil – Concurso de Admissão ao QUADRO TÉCNICO – Direito – 2012				
1. E	2. C	3. B		
Marinha do Brasil – Concurso de Admissão ao QUADRO TÉCNICO – Direito – 2013				
1. B	2. C	3. A	4. E	
Marinha do Brasil – Concurso de Admissão ao QUADRO TÉCNICO – Direito – 2014				
1. C	2. E	3. A	4. A	5. D
Marinha do Brasil – Concurso de Admissão ao QUADRO TÉCNICO – Direito – 2015				
1. B	2. A	3. D	4. ANULADA	5. D
Exército Brasileiro – ESFCEX – Concurso de Admissão ao CFO/QC – Direito – 2006				
1. C	2. B	3. D	4. E	5. A
Exército Brasileiro – ESFCEX – Concurso de Admissão ao CFO/QC – Direito – 2007				
1. A	2. B	3. D	4. A	5. D
Exército Brasileiro – ESFCEX – Concurso de Admissão ao CFO/QC – Direito – 2008				
1. D	2. E	3. D	4. C	
Exército Brasileiro – ESFCEX – Concurso de Admissão ao CFO/QC – Direito – 2010				
1. E				
Exército Brasileiro – ESFCEX – Concurso de Admissão ao CFO/QC – Direito – 2011				
1. B	2. C			
Exército Brasileiro – ESFCEX – Concurso de Admissão ao CFO/QC – Direito – 2013				
1. A	2. D	3. D	4. B	5. D
6. E				
Exército Brasileiro – ESFCEX – Concurso de Admissão ao CFO/QC – Direito – 2014				
1. D	2. B	3. B	4. C	5. D
6. A	7. D	8. D		

<table>
<tr><th colspan="5">Força Aérea Brasileira – CIAAR – Concurso de Admissão ao EAOT – Direito – 2002</th></tr>
<tr><td>1. C</td><td>2. A</td><td>3. B</td><td>4. D</td><td>5. D</td></tr>
<tr><th colspan="5">Força Aérea Brasileira – CIAAR – Concurso de Admissão ao EAOT – Direito – 2003</th></tr>
<tr><td>1. C</td><td>2. D</td><td>3. C</td><td>4. A</td><td>5. D</td></tr>
<tr><th colspan="5">Força Aérea Brasileira – CIAAR – Concurso de Admissão ao EAOT – Direito – 2005</th></tr>
<tr><td>1. C</td><td>2. B</td><td>3. B</td><td colspan="2">4. ANULADA (As assertivas C e D estão erradas).</td></tr>
<tr><td>5. D</td><td colspan="4"></td></tr>
<tr><th colspan="5">Força Aérea Brasileira – CIAAR – Concurso de Admissão ao EAOT – Direito – 2006</th></tr>
<tr><td>1. B</td><td>2. A</td><td>3. A</td><td>4. D</td><td>5. C</td></tr>
<tr><th colspan="5">Força Aérea Brasileira – CIAAR – Concurso de Admissão ao EAOT – Direito – 2007</th></tr>
<tr><td>1. A</td><td>2. B</td><td>3. D</td><td colspan="2"></td></tr>
<tr><th colspan="5">Força Aérea Brasileira – CIAAR – Concurso de Admissão ao EAOT – Direito – 2009</th></tr>
<tr><td>1. D</td><td>2. B</td><td>3. A</td><td>4. D</td><td>5. A</td></tr>
<tr><td>6. C</td><td>7. B</td><td></td><td colspan="2"></td></tr>
<tr><th colspan="5">Força Aérea Brasileira – CIAAR – Concurso de Admissão ao EAOT – Direito – 2010</th></tr>
<tr><td>1. D</td><td>2. A</td><td>3. D</td><td colspan="2"></td></tr>
<tr><th colspan="5">Força Aérea Brasileira – CIAAR – Concurso de Admissão ao EAOT – Direito – 2011</th></tr>
<tr><td>1. B</td><td>2. B</td><td>3. D</td><td colspan="2"></td></tr>
<tr><th colspan="5">Força Aérea Brasileira – CIAAR – Concurso de Admissão ao EAOT – Direito – 2012</th></tr>
<tr><td>1. B</td><td>2. A</td><td>3. D</td><td colspan="2"></td></tr>
<tr><th colspan="5">Força Aérea Brasileira – CIAAR – Concurso de Admissão ao EAOT – Direito – 2015</th></tr>
<tr><td>1. B</td><td>2. D</td><td>3. C</td><td colspan="2"></td></tr>
<tr><th colspan="5">Força Aérea Brasileira – CIAAR – Concurso de Admissão ao EAOT – Direito – 2016</th></tr>
<tr><td>1. D</td><td>2. C</td><td>3. C</td><td colspan="2"></td></tr>
<tr><th colspan="5">UESPI. 2014 – PM-PI. Oficial da Polícia Militar</th></tr>
<tr><td>1. C</td><td>2. B</td><td>3. D</td><td>4. A</td><td>5. E</td></tr>
<tr><td>6. C</td><td>7. B</td><td colspan="3"></td></tr>
</table>

IOBV. 2015 – PM-SC – Oficial da Polícia Militar				
1. C	2. D	3. B	4. C	5. D
6. B				
UPENET – 2014 – PM-PE – Oficial da Polícia Militar				
1. D	2. A	3. C	4. D	5. D
6. B	7. C	8. A	9. E	10. E
CRSP – PMMG – 2014 – PM-MG – Oficial da Polícia Militar				
1. A	2. B	3. C	4. D	
CRSP - PMMG - 2013 - PM-MG - Oficial da Polícia Militar				
1. C	2. D	3. D	4. C	5. A

EDITORA JusPODIVM
www.editorajuspodivm.com.br